Ouvrage réalisé sous la direction de
Georges Décote et Joël Dubosclard
Agrégé de l'Université
Docteur ès Lettres
Agrégé de l'Université

XIXe SIÈCLE

Marie-Caroline Carlier - Alain Couprie
Joël Dubosclard - Michel Erre
Claude Eterstein - Jean-Pierre Jacques
Adeline Lesot - Ann-Deborah Levy
Françoise Rachmühl - Hélène Sabbah

Avec la collaboration de :
Sylvie Beauthier - Brigitte Bonhomme - Pascal Debailly
Christian Doumet - Hélène Potelet

TOME I

Itinéraires Littéraires
HATIER

SOMMAIRE

ISBN 2-218-02035-1

1. L'index des principaux auteurs et des œuvres, p. 564, vous renseignera sur les œuvres dont nous proposons des extraits pour chaque auteur mentionné ici.

SOMMAIRE

AVANT-PROPOS

Ce manuel est tout à la fois un recueil de textes, une histoire de la littérature et une étude des styles littéraires. Il nous a semblé particulièrement important d'équilibrer, dans un même volume, ces divers éléments, pour fournir à l'élève un outil de travail complet.

Les introductions d'ensemble à chacune des grandes parties de l'ouvrage donnent des repères précis sur la période étudiée et permettent une mise en perspective historique des textes.

Des introductions littéraires soulignent la singularité de chaque auteur et le replacent dans un mouvement ou une orientation esthétique. Des notions souvent vagues se trouvent ainsi explicitées : le lyrisme romantique (p. 61) ou le réalisme (p. 418), par exemple. Un autre pôle de groupement peut être une constante de l'écriture : sous le titre « La tentation de la dissonance » (p. 383) se retrouvent quelques poètes (Verlaine, Laforgue, Corbière, Cros) dont on pourra envisager de faire ainsi une approche thématique.

Chaque auteur est au centre d'un dossier comprenant :

- **un portrait biographique** qui fait apparaître les événements marquants d'une vie, comprendre les attaches d'un écrivain avec son milieu et son temps. Il fait de l'auteur, pour le lecteur, un personnage vivant et proche.
- **une présentation des œuvres** qui met en relief les sources d'inspiration, l'intégration de l'auteur à son époque, à un mouvement littéraire, son originalité personnelle.
- **des extraits des textes essentiels** de l'auteur étudié, précédés d'une introduction qui situe chacun d'eux dans son contexte immédiat.
  Les textes classiques des auteurs les plus marquants du XIXe siècle se trouvent en bonne place dans notre ouvrage, et tout élève pourra lire les extraits « incontournables » de la littérature. Mais y figurent également des auteurs que la sensibilité actuelle a remis au goût du jour.
- **un questionnaire** à la suite de chaque texte. Les questions offrent des pistes d'étude s'inscrivant dans la ligne actuelle de l'analyse littéraire, en conformité avec les instructions publiées dans le Bulletin Officiel de l'Éducation Nationale.
  Des propositions de **groupements de textes** offrent un choix intéressant et pertinent à l'enseignant désireux de préparer ses élèves à l'oral de l'épreuve anticipée de français.
- **une synthèse** qui analyse l'invention thématique et formelle propre à l'écrivain étudié.
- quelques **textes critiques** et des extraits d'**auteurs étrangers** qui apportent au lecteur un éclairage complémentaire sur l'écrivain dont il est question.

Enfin, **des « mises au point »** attirent l'attention de façon très diversifiée sur un mouvement (le symbolisme, le naturalisme), sur un genre formel (le poème en prose), sur des alliances esthétiques intéressantes et révélatrices (peinture et littérature).

L'iconographie riche et variée met en évidence les analogies historiques et esthétiques entre la peinture, la statuaire et la littérature. Elle fait comprendre au lecteur qu'il n'existe aucune rupture entre les arts, pas plus qu'il n'en existe entre les différentes formes de création et l'époque qui les voit naître.

Nous avons voulu réaliser un ouvrage qui, par la richesse de l'information liée à la clarté et à la facilité d'utilisation, s'adresse à l'élève d'aujourd'hui ; nous espérons que celui-ci considérera ce livre comme une véritable introduction aux livres.

INTRODUCTION AU XIXᴱ SIÈCLE

Étrange XIXe siècle qui porte en lui, inséparables, ces deux images contradictoires : celle du bourgeois replet caricaturé par Daumier, éclatant de satisfaction dans son gilet orné d'une montre en or, bien installé dans son époque et sa fortune, et celle du jeune homme mince et pâle, serré dans sa redingote noire, le front mélancolique, réfugié au sommet d'une montagne ou tombé au pied d'une barricade.

Siècle du mal de vivre mais aussi d'un espoir fou dans la science et le progrès de l'humanité, le XIXe siècle est d'abord une époque d'incertitude, de crises et de bouleversements dont la littérature enregistre, amplifie, critique ou prolonge les mouvements accélérés.

Claude MONET (1840-1926), *Le pont de l'Europe, Gare Saint-Lazare* (1877).
Paris, Musée Marmottan.

Un siècle de révolutions

1800 La Révolution française est terminée mais elle a appris au monde la liberté et les trois couleurs de la République. L'Ancien Régime est bien mort. Napoléon « perce sous Bonaparte ». Pendant une quinzaine d'années (le Consulat et le Premier Empire), la jeunesse de France va rêver de gloire militaire aux sons des canons de la Grande Armée : Vigny, collégien, crie : « Vive l'Empereur ! » Le père de Hugo est général.

1815 Fabrice, le héros de *La chartreuse de Parme* de Stendhal, voit la mort hideuse rôder sur le champ de bataille de Waterloo : crépuscule d'une illusion ou naissance d'un mythe ? Julien, autre héros de Stendhal, préférera se souvenir de la victoire d'Austerlitz et cachera, sous son lit, un portrait de Napoléon.

La France est battue, humiliée, envahie par les armées de l'étranger. Voici les Bourbons, le trône et l'Église restaurés. Le Noir triomphe du Rouge. Chateaubriand, d'abord ministre de Louis XVIII, refuse pourtant l'ultra-royalisme : on ne peut revenir en arrière. Mais comment inventer l'avenir ? s'interrogent les « enfants du siècle ».

1830 Les Romantiques livrent bataille pour la liberté du théâtre lors de la première d'*Hernani*, le drame de Victor Hugo. En juillet, c'est sur le pavé de Paris, au cours des « Trois Glorieuses », que se conquiert la liberté, et qu'elle se perd. Alexandre Dumas dénonce la confiscation du pouvoir, au détriment du peuple, par ces hommes nouveaux de la Monarchie de Juillet dont Balzac va faire le portrait dans *La comédie humaine* : ces notables et ces banquiers qui se placent au-dessus des lois ou les créent à leur mesure.

1848 48 est plus qu'une date révolutionnaire, c'est l'esprit de la République : celle-ci abolit la peine de mort et l'esclavage ; elle institue la liberté de la presse et le suffrage universel. Lamartine et Hugo sont députés. Michelet, l'historien libéral, est comblé : il croit voir le retour de 1789. Mais, en juin, la Garde nationale, au nom du Parti de l'Ordre, tire sur le peuple. L'espoir républicain et l'utopie socialiste s'effondrent frappés à mort par le coup d'État de Louis-Napoléon Bonaparte, le 2 décembre 1851. L'armée remplace le peuple dans la rue. Les libertés sont supprimées.

1852 Le règne de Napoléon III commence. Victor Hugo, de son exil, appelle sur la tête du nouvel empereur le châtiment de Dieu. D'autres écrivains préfèrent tourner le dos à l'histoire et se retirer dans la tour d'ivoire des poètes. L'ordre moral s'impose : les *Fleurs du mal* de Baudelaire sont condamnées en 1857 pour atteinte aux bonnes mœurs ! La France pourtant change de visage : si Emma Bovary, l'héroïne de Flaubert, rêve désespérément, dans son petit village normand, de la vie parisienne, c'est que Paris est le symbole d'une vie nouvelle. On y crée, comme dans toutes les villes du pays, des banques, des grands magasins, des gares, des usines, des boulevards. Zola voudra faire, dans *Les Rougon-Macquart*, le grand roman de cette activité moderne. La société industrielle naissante fait de la science sa nouvelle religion et assoit sa puissance sur l'expansion coloniale et le travail d'un prolétariat souvent misérable dont George Sand, Hugo ou Lamartine dénoncent l'aliénation.

1870-1871 C'est l'« Année terrible ». La guerre, l'invasion prussienne, le siège de Paris puis la répression sanglante de la Commune donnent aux débuts de la IIIe République une couleur tragique. Le « temps des cerises », chanté par J.-B. Clément, garde un goût d'amertume. Pourtant, la démocratie bourgeoise s'instaure durablement malgré crises, scandales financiers et « guerre scolaire » entre partisans et adversaires de l'instruction laïque. C'est l'époque de Pasteur et de Claude Bernard, le théoricien de la science expérimentale. La Tour Eiffel s'élève tandis que roule la première automobile, en attendant le cinématographe... L'esprit matérialiste et positiviste triomphe. Huysmans y voit le signe d'une époque haïssable, suffisante et vaine. Si la France d'alors s'ouvre au monde et découvre, par l'art, la richesse des civilisations asiatiques et africaines, elle voit, dans le même temps, une montée du nationalisme et de l'antisémitisme qu'avive la menace d'un nouveau conflit européen. L'Affaire Dreyfus (cet officier juif accusé à tort d'intelligences avec l'ennemi) divise la France. L'engagement de Zola en faveur de Dreyfus apparaît comme un fait remarquable dans cette fin de siècle où les écrivains boudent, en général, l'action politique, et préfèrent exprimer leur vision et parfois leur révolte dans l'écriture elle-même.

Nouvelles formes de l'écrit et de la lecture

Le mot « littérature » prend au XVIIIe siècle son sens moderne mais le livre est encore, à cette époque, un produit rare réservé à une élite sociale et intellectuelle de lettrés et de savants. Le XIXe siècle marque à cet égard une rupture capitale : on assiste tout d'abord à un développement considérable de l'instruction, de la création des lycées sous le Premier Empire à l'instauration de l'enseignement primaire obligatoire et laïque en 1882 par J. Ferry. Dès lors, le livre, même s'il reste assez coûteux et ne concerne qu'une minorité de la population, devient un objet de consommation plus courant pour un public de lecteurs toujours plus large.

Le système de l'édition française a d'ailleurs du mal à s'adapter à cette demande nouvelle et le nombre des titres publiés ne s'accroît fortement que pendant la seconde moitié du siècle (moins de 250 romans publiés en 1830, près de 1500 en 1890). Certains éditeurs comme celui de Zola, Charpentier, ou celui de Jules Verne, Hetzel, innovent et font fortune. Quant aux écrivains, ils vivent en général assez mal de leur plume. Balzac, Eugène Sue, Hugo, auteurs à forts tirages, font plutôt figure d'exceptions. Les livres de Stendhal, Musset ou Gautier dont les tirages sont plus modestes, voire confidentiels, obligent leurs auteurs à trouver d'autres sources de revenus. Voilà un des facteurs de la marginalisation sociale de l'écrivain au XIXe siècle : il lui est parfois difficile de s'adapter à un système qui considère le livre comme une simple marchandise.

Les circuits de diffusion de ce « produit » particulier se diversifient : dans la continuité du XVIIIe siècle, salons et cénacles sont les foyers intellectuels où l'œuvre est reçue (parfois lue en public), critiquée et même élaborée au contact d'autres expériences littéraires. Ainsi naissent des « écoles », des courants, des mouvements qui se regroupent autour d'un « maître » : Victor Hugo rassemble les Romantiques dans son Cénacle ; les Parnassiens font de Leconte de Lisle leur chef de file ; à Médan, chez Zola, se réunissent les partisans du Naturalisme.

Mais il existe une autre « littérature » qui échappe à ces pôles culturels : elle circule dans les campagnes grâce au colportage pratiqué activement jusqu'à la fin du siècle ; on la rencontre aussi en ville dans les « cabinets de lecture » où, moyennant un abonnement, on peut lire ou emprunter les livres et les journaux les plus variés. Ce qu'on lit en 1850 est très révélateur des tendances et des métamorphoses du XIXe siècle : le goût pour les ouvrages de vulgarisation scientifique va croissant et témoigne du développement considérable des connaissances dans ce domaine et de leurs multiples spécialisations. Aux progrès du rationalisme répond un fort courant de spiritualité qui s'épanouit dans une abondante littérature religieuse. La connaissance de l'étranger passe à cette époque par la découverte de sa production littéraire, qu'il s'agisse d'auteurs classiques (Shakespeare, Dante, Cervantès) ou de la révélation de nouveaux talents (les influences anglaises et allemandes sont prépondérantes dans la première moitié du siècle). Mais ce qui caractérise le mieux l'époque est l'extraordinaire succès rencontré par les ouvrages historiques : les « Histoire de France » se multiplient ainsi que les romans qui font de l'exploration du passé leur terrain d'élection. Le genre romanesque apparaît en définitive le plus propre à capter l'intérêt de tous les publics. Il donne lieu à une littérature populaire mais d'une qualité médiocre. Ce phénomène s'amplifie avec l'expansion de la presse à grand tirage qui est certainement la principale révolution de l'écrit au XIXe siècle.

Dès 1829, Émile de Girardin, dans *La Mode*, publie des articles et des feuilletons signés Balzac, Dumas ou George Sand. En 1836, avec *La Presse*, il invente le journal à bon marché en partie financé par la publicité. Dès lors, les titres se multiplient, de la feuille politique à la revue culturelle comme la célèbre *Revue des deux Mondes*. On ne compte plus les écrivains-journalistes et feuilletonistes de Nerval à Maupassant en passant par Sainte-Beuve qui inaugure une nouvelle forme de critique littéraire. La presse devient de plus en plus un outil économique et surtout un formidable moyen de pression politique. Ainsi, au cours de la Monarchie de Juillet, s'affrontent le journal des républicains, *Le National*, et l'organe du gouvernement, *Le Constitutionnel*. En 1863, Milland crée *Le Petit Journal* à un sou. Vingt ans plus tard, on trouve à Paris soixante quotidiens différents (contre une dizaine aujourd'hui !).

Ce processus a des conséquences importantes. Un fossé se creuse entre deux cultures : celle d'un public socialement privilégié qui a été formé par l'enseignement secondaire et supérieur et qui s'intéresse à la littérature, même s'il n'en apprécie pas toujours l'esprit créateur, et d'autre part la culture plus populaire des consommateurs de romans et de journaux à sensation.

L'écrivain devant la société et l'histoire

Restent à définir la place et la fonction de l'écrivain dans la société du XIXe siècle. Une étude sociologique de cette population particulière montre que les écrivains de cette période sont enfants de militaires ou de marins (24 %), d'industriels, de commerçants ou de banquiers (20 %), d'universitaires, de médecins et d'avocats (16 %)[1]. Cet ancrage social dans la moyenne bourgeoisie ou dans une petite noblesse sur le déclin est déterminant : ainsi les valeurs libérales défendues par ces classes moyennes contre la grande bourgeoisie au pouvoir trouvent leur expression dans le roman balzacien ou stendhalien des années 1830-1840. La représentation littéraire du peuple dans le roman du XIXe siècle découle elle-même de la distance sociale entre les écrivains et leur sujet : le nouveau prolétariat des villes.

Cela dit, être issu d'une catégorie sociale ne signifie pas qu'on en épouse automatiquement les valeurs ou les aspirations. D'autant que le métier d'écrivain ne donne guère d'assurances matérielles, ni même la certitude de la gloire ! Il signifie au contraire pour nombre de littérateurs du siècle un véritable déclassement. Il devient parfois la source de graves difficultés morales : l'écrivain ne veut ni ne peut en effet trouver sa place dans une société marchande, prise dans des préoccupations matérielles, limitant les désirs en même temps qu'elle les suscite, refusant les contestations parfois avec violence. Ainsi est née l'image un peu mythique du poète maudit, rejeté pour sa différence. Image assurément trop simple : certains écrivains réussissent à préserver leur existence personnelle de tout déséquilibre apparent et s'intègrent parfois avec facilité dans les structures sociales de leur époque, participant même à l'enthousiasme ambiant pour les idées de progrès universel. Pourtant leur œuvre traduit souvent une insatisfaction fondamentale, la conscience, plus ou moins lucide ou malheureuse, de la difficulté d'être, de l'impossibilité de s'épanouir dans un monde bouleversé, pauvre d'espoir, privé de sens. Voilà peut-être la marque d'une époque : le conflit entre l'individu et la société devient le thème dominant de la littérature d'alors.

Dégager les formes données, tout au long du siècle, à ce thème permet de distinguer les attitudes caractéristiques de l'écrivain devant l'histoire de son temps.

Pour la génération des « Précurseurs du Romantisme » (1800-1820) (cf. p. 9), le début du siècle se présente comme un paysage de ruines : celles qu'ont laissées les guerres napoléoniennes, mais surtout l'effondrement d'un ordre ancien parfois regretté parce que l'on ne se représente pas encore avec netteté ce qui doit en advenir. Entre deux époques, une sensibilité se cherche qui trouvera son identité dans la nostalgie, le repli sur soi. Ce qui ne signifie pas le refus de toute ouverture. Les premiers Romantiques cherchent au contraire dans le passé, la nature, le voyage, les moyens de reconstruire les significations et les valeurs de leur monde. Et c'est précisément à l'étranger, en Angleterre et en Allemagne, qu'ils découvrent une philosophie et une expression poétique de leur propre mal de vivre.

L'explosion du Romantisme (1820-1850) (cf. p. 57) amplifie le refus de la société nouvelle et l'affirmation parfois désespérée du Moi. Aristocratique, le Romantisme de la Restauration traduit un sentiment d'impuissance et de dégoût devant une modernité qui n'offre comme seule perspective que la course aux places et à la fortune. Ce romantisme du refus, de la solitude face au monde, devient, sous la Monarchie de Juillet, un romantisme de la révolte qui se conjugue avec un idéal humanitaire. L'artiste se trouve dès lors investi d'un rôle missionnaire : interrogeant l'histoire dont il écrit les drames passés, il doit guider le peuple, c'est-à-dire la force vive des Nations, vers la liberté et la vérité.

Après la tentative romantique pour donner au monde un sens plein et univoque, s'instaure une période complexe (1850-1900) (cf. p. 283) qui manifeste l'impossibilité d'une telle entreprise. Se multiplient alors les itinéraires singuliers en marge des valeurs sociales dominantes. Après l'échec de la Révolution de 1848 vient le temps des illusions perdues : à l'énergie de la révolte succède le désengagement. Malgré de notables exceptions (Hugo, Lamartine continuent leur « mission »), l'heure n'est plus à l'action politique mais plutôt aux tentations de la forme et de l'absolu, à un retrait à l'intérieur de l'art dont seule la souveraineté est reconnue. L'ambition de rendre compte de l'état de la société ne disparaît pas, mais l'écrivain n'est plus le héros d'une humanité à la recherche de son histoire, c'est une sorte de médecin qui en donne un aperçu clinique et qui en découvre les plaies : l'ignorance, l'aliénation, la corruption. Le mal de vivre, toujours présent, prend lui-même des formes nouvelles et s'invente d'autres remèdes : errance inquiète, recherche de la dissonance ou de la décadence, contestation du rationalisme, quête tragique d'un idéal inaccessible. Ainsi s'affirment face au conformisme social, moral et intellectuel sur lequel se fonde l'idéologie de la bourgeoisie en cette fin de siècle, des ruptures significatives dans les domaines de l'esthétique et de la pensée qui préfigurent la littérature de notre temps.

1. R. Escarpit, *Sociologie de la littérature*, Éd. P.U.F., 1958.

Caspar David FRIEDRICH (1774-1840), *Sur le voilier* (1818-1819). Leningrad, Musée de l'Ermitage.

LES PRÉCURSEURS DU ROMANTISME

« J'avais besoin de bonheur,
j'étais né pour souffrir. »
Senancour, *Oberman.*

AUX ORIGINES DU MAL DU SIÈCLE

Paru en 1802, *René*, roman autobiographique de Chateaubriand, est un témoignage essentiel sur l'état d'esprit de la génération du premier Romantisme. Écrit à la première personne, ce récit-confession peut être lu comme le chant d'ouverture d'un siècle qui poussera l'exaltation de l'individu jusque dans ses extrêmes conséquences : l'affirmation irréductible du Moi et le refus de l'existence sociale. Si le parcours du héros de *René* aboutit à un constat d'échec, à la solitude, au désespoir, ce n'est pas seulement l'effet d'une évolution psychologique mais, plus profondément, le résultat d'une fracture historique laissée béante entre l'Ancien Régime et le nouveau paysage de la France. Incertitude, inquiétude, conscience des imperfections de la modernité : tels sont les symptômes de ce fameux « mal du siècle » éprouvé par la génération de l'auteur de *René*. « Le passé et le présent sont deux statues incomplètes : l'une a été retirée toute mutilée du débris des âges ; l'autre n'a pas encore reçu sa perfection de l'avenir » (*René*). Germaine de Staël exprime cette même perception de l'incomplet de la destinée qui donne à l'homme un sentiment douloureux.

Méditation sur les ruines d'un monde qui a vécu, le premier Romantisme inscrit sa condamnation de la société nouvelle, inauthentique et corrompue, dans le mouvement critique qui fut celui de la philosophie des Lumières. Mais, de l'optimisme ou du pessimisme actif des penseurs du XVIIIe siècle, un renversement de perspective conduit les précurseurs du Romantisme à une forme de passivité ou à un retrait hors du champ social. Ce refus est d'autant plus radical qu'il est le fait d'aristocrates victimes du bouleversement révolutionnaire (Chateaubriand a dû émigrer, Senancour est presque ruiné). Pour eux, vivre anonyme dans la foule est une blessure d'amour-propre. Se sentant incapables de « rapetisser [leur] vie pour la mettre au niveau de la société » (*René*), ils préfèrent un exil volontaire, font de leur existence un perpétuel voyage, et refusent avec dédain les satisfactions immédiates que donnerait la prise de responsabilités. (L'itinéraire politique de Chateaubriand est à cet égard plutôt une exception.)

Leur mal de vivre commence donc par l'ennui, l'indécision, la nostalgie du temps passé, l'angoisse du présent, une insatisfaction perpétuelle. Mal redoutable parce qu'il résiste à l'analyse de soi et persiste malgré les tentatives pour le chasser. Oberman, le héros de Senancour, dira : « Il y a en moi une inquiétude qui ne me quittera pas : c'est un besoin que je ne connais pas, que je ne conçois pas, qui me commande, qui m'absorbe, qui m'emporte au-delà des êtres périssables. » Cette soif d'absolu, d'éternité indissociable du « mal du siècle », traduit une angoisse majeure liée au Temps : les héros du premier Romantisme ont souvent le sentiment d'un vieillissement précoce, étonnant chez des êtres jeunes, peut-être parce que pour eux « chaque heure dans la société ouvre un tombeau, et fait couler des larmes » (*René*). La tentation du suicide est alors la forme extrême de leur mélancolie : ultime moyen pour échapper au démon d'un cœur désirant et fatalement déçu.

Ph. © by permission of the Birmingham Museum and Art Gallery

John MARTIN (1789-1854), *Manfred sur la Jungfrau* (1837). Birmingham, City Museums and Art Gallery.
Le thème de l'aquarelle est tiré du drame de Byron, *Manfred* (1817).

Jean-Joseph TAILLASSON (1745-1809), *Héro et Léandre* (1798). Ville de Blaye.

Léandre, jeune homme de la ville d'Abidos, traversait l'Hellespont à la nage pour rejoindre Héro, prêtresse de Vénus. Un flambeau, en haut d'une tour, le guidait. Longtemps l'Amour l'accompagna... Mais un jour, sur le point d'arriver au rivage, Léandre trouva la mort dans les flots. Héro ne voulut pas lui survivre.

LE LYRISME DE LA PASSION

La sombre mélancolie ne saurait définir à elle seule les premiers Romantiques. Elle ne doit pas éclipser l'autre versant de leur personnalité livré au feu dévorant de la sensibilité et de l'imagination. Le « vague des passions » évoqué par Chateaubriand ne signifie pas la faiblesse du sentiment mais au contraire le « développement de grandes passions exercées sur elles-mêmes, sans but et sans objet ». Marqué par son intensité et son inconstance, le sentiment, chez les Romantiques, entre dans la spirale de l'enthousiasme et du désespoir. La souffrance elle-même devient délectable ; la mélancolie, volupté.

Le XVIIIe siècle, en réhabilitant la passion, la sensibilité, le naturel comme critères d'authenticité, a préparé cette recherche de l'émotion si caractéristique de l'identité romantique. La génération de Chateaubriand et de Germaine de Staël a pleuré en lisant *La nouvelle Héloïse* de Jean-Jacques Rousseau et découvert, dans *Les confessions*, que la grandeur de l'homme réside dans le sentiment de sa singularité et le pouvoir de son imagination.

A travers ce renouveau de la sensibilité qui l'élève et le définit, le Moi devient un point d'ancrage plus ou moins rassurant dans l'océan tourmenté de l'Histoire. C'est essentiellement dans le domaine romanesque et dans la floraison des écrits à la première personne (journaux intimes, romans épistolaires, mémoires et confessions) que s'épanouit, chez les auteurs du premier Romantisme, le lyrisme de la passion.

Toutefois, faute d'un renouvellement des formes poétiques, il existe parfois chez eux un décalage entre le sentiment et son expression. Encore pris dans le moule d'une rhétorique classique et dans une éthique de la maîtrise de soi, leur lyrisme cherche ce souffle libérateur d'énergie et cette part de rêve que saura lui communiquer la génération suivante des Lamartine, Vigny, Hugo.

UN ESPACE POÉTIQUE EUROPÉEN

Sans attendre ce renouveau poétique, Chateaubriand et surtout Mme de Staël ont contribué, dès le début du siècle, à un élargissement décisif de l'horizon esthétique et culturel de la France. En faisant partager au public français leur enthousiasme pour les littératures anglaise et allemande, ils donnent naissance à un courant de sympathie entre les différentes cultures européennes et ils rendent hommage aux véritables fondateurs du Romantisme.

Le mot « romantique » vient en effet d'Angleterre et caractérise à l'origine l'émotion du lecteur de romans. Adapté en allemand sous la forme « romantisch », il désigne, dans cette langue, les œuvres qui s'inspirent de la chevalerie et du christianisme du Moyen Age, et s'opposent aux classiques. C'est précisément la définition que retient Germaine de Staël dans *De l'Allemagne* (1810-1813). Elle précise que l'authenticité du Romantisme tient à son enracinement dans les traditions d'un peuple.

Ce retour aux sources du folklore s'est engagé dès 1760 en Angleterre où Macpherson recueille des « Fragments d'ancienne poésie » attribués à un barde écossais du IIIe siècle : Ossian. Ces légendes nocturnes, brumeuses et mélancoliques, ont un extraordinaire retentissement parce qu'elles s'apparentent à l'exaltation lyrique des premiers Romantiques. Elles nourriront les rêveries passionnées des grands poètes anglais : William Blake (1757-1827), Percy Shelley (1792-1822) et surtout George Byron (1788-1824) qui voudra faire de sa propre vie une légende héroïque.

L'entreprise des frères Grimm qui rassemblent les vieux contes germaniques (les « Märchen ») rejoint les préoccupations de Macpherson et illustre l'attrait du merveilleux pour les Romantiques allemands. Ceux-ci recherchent dans cette mythologie les ferments d'une identité nationale mais aussi un nouveau langage symbolique susceptible de donner un sens à la totalité du monde. A l'échelle individuelle, c'est dans la conquête, par l'écriture, du domaine des rêves qu'ils tentent de restaurer l'harmonie entre l'homme et la nature. La rêverie est donc, selon eux, un moyen d'accéder au monde invisible, d'échapper à l'angoisse du temps et de retrouver cet âge d'or où l'univers entier parlait un langage intelligible et où l'homme sentait en lui, comme chaque atome vivant, le souffle divin de la création. Novalis, un des plus grands poètes romantiques allemands, écrit : « [Chaque rêve] n'est-il pas un phénomène extraordinaire et sans même invoquer son origine divine, une déchirure significative dans ce voile mystérieux dont les mille plis retombent sur notre vie intérieure ? » Le rêve, inscrit en poésie, devient une lumière de la connaissance, « annonciation » de la Nature dans son caractère authentique et sacré, élément essentiel d'une nouvelle sensibilité religieuse et antirationaliste qui est en fait une religion de la sensibilité. C'est précisément dans le refuge de la nature que Werther, le héros de Goethe, cherchait la consolation de ses souffrances, l'écho vivant de son cœur et de son aspiration à l'infini. Ce personnage auquel s'identifieront plusieurs générations de jeunes gens porte en lui déjà la dualité caractéristique du héros romantique : l'infinie tristesse de l'homme livré à l'instabilité des choses de ce monde et la quête enthousiaste de l'absolu. N'est-ce pas la contradiction même d'un Chateaubriand, le premier grand Romantique français ?

Ph. © Ralph Kleinhempel

Baron François GÉRARD (1770-1837), *Ossian évoque les fantômes au son de la harpe sur les bords du Lora* (après 1801). Hambourg, Kunsthalle Museum.

Un nouvel horizon : Mme de Staël, Constant, Senancour

« Vous connaissez [...] ce cœur étranger
à tous les intérêts du monde, solitaire au milieu des hommes, et
qui souffre pourtant de l'isolement auquel il est condamné. »
Benjamin Constant, *Adolphe*.

Baron François GÉRARD (1770-1837), *Corinne au Cap Misène*, Musée des Beaux-Arts de Lyon.
Chateaubriand et Mme de Staël.

Incertitudes de la destinée

C'est en Suisse, à Coppet, que naît, sous l'influence de Germaine de Staël et sous le double signe de l'exil et de la liberté, notre XIXe siècle littéraire. Ainsi, sur la frontière de deux pays et de deux époques, se dessine une sensibilité neuve à la recherche de sa propre définition.

L'incertitude du temps historique est alors comme intériorisée par une génération d'écrivains voyageurs, insatisfaits, instables jusque dans leurs attachements sentimentaux, inquiets de découvrir le nouveau langage qui donnerait forme à leurs aspirations. Conscient d'inaugurer une ère nouvelle, Chateaubriand écrit : « C'est madame de Staël, c'est Benjamin Constant... c'est moi enfin qui les premiers avons parlé cette langue. » Il conviendrait d'ajouter Étienne de Senancour à ces précurseurs du Romantisme. Chez lui, l'ennui approfondi par la solitude et par le vertige du temps qui passe, est un mal absolu. « Lueur isolée dans l'incertitude ténébreuse », son existence lui donne d'abord le sentiment d'une différence irréductible, difficile toutefois à cerner. Il éprouve ensuite tragiquement l'aridité d'une vie sans amour et le caractère chimérique de ses espoirs. Il fait dire à Oberman : « Je veux un bien, un rêve, une espérance enfin qui soit toujours devant moi, au-delà de moi, plus grande que mon attente elle-même, plus grande que tout ce qui passe. »

On retrouve cette volonté de dépassement mêlée à un profond désespoir chez Adolphe, le héros de Benjamin Constant, que son incapacité à trouver sa propre vérité conduit à la destruction de son avenir et du seul être qui pouvait lui donner le bonheur. L'amour impossible entre Adolphe et Ellénore, le malentendu qui s'épaissit entre eux sont révélateurs d'un échec qui touche à la vie tout entière et à la faculté même de communiquer. La forme du roman, qui mêle curieusement au feu des passions la froide lucidité de l'analyse de soi, témoigne de cette difficulté d'être qui est aussi une difficulté à dire puisque la connaissance semble être toujours en retard sur le sentiment lui-même. Ce délai est moins frappant chez Oberman qui, dans ses lettres, tente de se saisir au jour le jour. Les deux héros partagent pourtant la même conscience de la brièveté de la vie humaine, de sa vanité au regard de la nature.

De la résignation à l'émancipation

Havre de paix et d'éternité, la nature ne peut délivrer totalement ces personnages de leur mélancolie. Quand ils trouvent refuge dans son immensité, ils y rencontrent, plutôt qu'un réconfort, le miroir vrai de leur dénuement ou, dans l'obscurité d'un crépuscule, le reflet poétique mais funèbre d'une jeunesse qui veut déjà s'éteindre après avoir tenté l' « étreinte de l'impossible » (Sainte-Beuve).

Ainsi Oberman semble, dans ses lettres, ne rompre le silence d'une vie inutile que pour célébrer ce même silence étendu à l'univers tout entier. Au demeurant, son discours s'épure de tout cri. Son lyrisme est un murmure qui tente de transcender la souffrance. L'isolement qu'il recherche apparaît comme la marque d'une singularité hautaine, en marge des conventions sociales.

Cette situation marginale de l'être d'exception muré dans sa douleur est admirablement décrite dans *Adolphe* à travers le personnage d'Ellénore dont la pureté de sentiments ne peut s'accommoder du préjugé et ne recule devant aucun sacrifice. Cette figure féminine, incarnation romantique de l'amour absolu et fatal, en contradiction avec la société, s'apparente aux héroïnes des romans de madame de Staël, *Delphine* et *Corinne*. Leur désir de liberté, le pouvoir de leur esprit et la précarité de leur destin illustrent précisément les réflexions que l'amie de Benjamin Constant développe dans *De la littérature* sur la condition de la femme de génie.

Mais Germaine de Staël ne se résigne pas à l'injustice de son sort. Sa critique des conventions et son désir d'émancipation s'étendent à l'écriture elle-même. En définitive, c'est elle qui ouvre au Romantisme une autre voie que celle de la délectation dans l'échec en proposant un renouveau des formes littéraires en France au contact des influences européennes, un retour aux sources de notre culture et une critique de ce qui, dans le classicisme, entrave la liberté de la création, l'envol de l'imagination et l'exaltation du sentiment.

Johan Christian Clausen DAHL (1788-1857), *Bouleau suspendu au bord d'un précipice* (1849). Bergen Kommune, Billedgalleri.

Madame de Staël
1766-1817

Marguerite GÉRARD, *Mme de Staël et sa fille* (vers 1805). Collections du Château de Coppet.

Après une longue période de désaffection, on admet à nouveau que Mme de Staël est bien une figure hors du commun qui exerça, à une époque charnière, une influence considérable tant sur le plan politique que littéraire, et qui nous a laissé des œuvres d'un intérêt et d'une beauté incontestables.

Une structure fondamentale : l'image du Père

Toute sa vie durant, c'est une passion totale que Germaine de Staël voua à son père, le banquier genevois Necker, dernier grand ministre de Louis XVI.

Peut-être ce sentiment exclusif et dévorant explique-t-il en partie l'échec de son mariage avec le baron de Staël, ambassadeur de Suède à Paris, mais surtout la poursuite d'un amour idéal et d'un chimérique bonheur, quête éperdue que la naissance de cinq enfants ne parvint pas à assouvir.

Ce qui est certain, c'est que les nombreuses et tumultueuses liaisons de Mme de Staël, même celle qui l'unit à Benjamin Constant pendant de si longues années, représentent autant de vaines et douloureuses tentatives pour atteindre un amour absolu, toujours ardemment souhaité, mais jamais totalement réalisé.

Une projection romanesque

Les héroïnes des deux grands romans de Mme de Staël, *Delphine* (1802) et *Corinne* (1807), ressemblent par bien des points à leur créatrice : femmes intelligentes et passionnées à la fois, elles contestent la valeur de certains codes sociaux et bravent l'opinion, la première par générosité, la seconde en raison même de son génie créateur.

Toutes deux vivent une longue et douloureuse passion, finalement condamnée par son inadéquation aux règles de la société ; et après de multiples souffrances, elles sont amenées, l'une à se suicider, l'autre à se laisser inconsciemment mourir. Toutes deux symbolisent le conflit entre l'individu et la société, conflit rendu plus tragique si l'on est femme, davantage encore si l'on est femme de génie.

Un nouveau regard sur le monde

La sympathie de Mme de Staël pour la Révolution et l'originalité des idées exprimées dans *De la littérature* (1800) inquiètent Bonaparte.

La hardiesse de certaines de ses conceptions politiques (exaltation des idées libérales), religieuses (supériorité du protestantisme), sociales (rôle actif de la femme, droit au divorce), exprimées dans *Delphine*, aggravent la tension des rapports entre Bonaparte et Mme de Staël, condamnée à l'exil en 1803.

Ces dix années d'interdiction de séjour à Paris, si elles l'ont parfois désespérée, ont cependant eu pour effet positif de lui ouvrir les portes de l'Europe et celles de voies nouvelles en littérature.

Trouvant souvent refuge dans le château familial vaudois de Coppet, elle voyage le reste du temps, infatigablement, et découvre l'Allemagne, l'Italie, la Russie, l'Angleterre.

De cette errance pathétique naîtront des idées neuves, exaltées — en particulier dans *De l'Allemagne* (1813) — dont l'influence sera considérable, puisqu'elles sont à l'origine de l'élaboration des théories romantiques en France.

On doit aussi à cet exil une correspondance passionnante et une œuvre posthume, *Dix années d'exil* (1821), riche en documents historiques et souvenirs personnels.

Ainsi, le destin de Mme de Staël semble placé sous le signe de deux passions contradictoires, mais déterminantes : l'amour du Père, la haine du Tyran. Si elles expliquent ses difficultés à vivre, sans doute ont-elles également permis aux fibres les plus secrètes de son énergie, de son cœur et de sa pensée de s'exprimer.

De l'influence des passions (1796), essai.
De la littérature considérée dans ses rapports avec les institutions sociales (1800), essai. → p. 17.
Delphine (1802), roman.
Corinne (1807), roman.
De l'Allemagne (1813), essai, interdit en 1810 par Napoléon. → p. 18.
Considérations sur la Révolution (1818), essai, œuvre posthume.
Dix années d'exil (1821), essai, œuvre posthume.

Le château de Mme de Staël à Coppet, sur le lac de Genève. Collections du Château de Coppet.

De la littérature

1800

Dans cet extrait apparaissent clairement des revendications « féministes » dont l'écho nous semble singulièrement moderne. Il est temps que les femmes changent de statut, ou plutôt que change le regard que les hommes portent sur elles. Il est temps qu'elles acquièrent le droit de manifester leur supériorité, sans être pour autant mises au ban de la société.

C'est ici l'affirmation théorique d'un droit que Mme de Staël analysera plus tard concrètement et subtilement dans *Corinne*.

L'existence des femmes en société est encore incertaine sous beaucoup de rapports. Le désir de plaire excite leur esprit ; la raison leur conseille l'obscurité ; et tout est arbitraire dans leur succès comme dans leurs revers.

Il arrivera, je le crois, une époque quelconque, où des législateurs philosophes donneront une attention sérieuse à l'éducation que les femmes doivent recevoir, aux lois civiles qui les protègent, aux devoirs qu'il faut leur imposer, au bonheur qui peut leur être garanti ; mais, dans l'état actuel, elles ne sont pour la plupart, ni dans l'ordre de la nature, ni dans l'ordre de la société. Ce qui réussit aux unes perd les autres ; les qualités leur nuisent quelquefois, quelquefois les défauts leur servent ; tantôt elles sont tout, tantôt elles ne sont rien. Leur destinée ressemble, à quelques égards, à celle des affranchis chez les empereurs : si elles veulent acquérir de l'ascendant, on leur fait un crime d'un pouvoir que les lois ne leur ont pas donné ; si elles restent esclaves, on opprime leur destinée.

Certainement il vaut beaucoup mieux, en général, que les femmes se consacrent uniquement aux vertus domestiques ; mais ce qu'il y a de bizarre dans les jugements des hommes à leur égard, c'est qu'ils leur pardonnent plutôt de manquer à leurs devoirs que d'attirer l'attention par des talents distingués ; ils tolèrent en elles la dégradation du cœur en faveur de la médiocrité de l'esprit, tandis que l'honnêteté la plus parfaite pourrait à peine obtenir grâce pour une supériorité véritable. [...]

Dès qu'une femme est signalée comme une personne distinguée, le public en général est prévenu contre elle. Le vulgaire ne juge jamais que d'après certaines règles communes, auxquelles on peut se tenir sans s'aventurer. Tout ce qui sort de ce cours habituel déplaît d'abord à ceux qui considèrent la routine de la vie comme la sauvegarde de la médiocrité. Un homme supérieur déjà les effarouche ; mais une femme supérieure, s'éloignant encore plus du chemin frayé, doit étonner, et par conséquent importuner davantage. Néanmoins un homme distingué ayant presque toujours une carrière importante à parcourir, ses talents peuvent devenir utiles aux intérêts de ceux mêmes qui attachent le moins de prix aux charmes de la pensée. L'homme de génie peut devenir un homme puissant, et, sous ce rapport, les envieux et les sots le ménagent ; mais une femme spirituelle n'est appelée à leur offrir que ce qui les intéresse le moins, des idées nouvelles ou des sentiments élevés : sa célébrité n'est qu'un bruit fatigant pour eux. [...]

Ce n'est pas tout encore : l'opinion semble dégager les hommes de tous les devoirs envers une femme à laquelle un esprit supérieur serait reconnu : on peut être ingrat, perfide, méchant envers elle sans que l'opinion se charge de la venger. *N'est-elle pas une femme extraordinaire ?* Tout est dit alors ; on l'abandonne à ses propres forces, on la laisse se débattre avec la douleur. L'intérêt qu'inspire une femme, la puissance qui garantit un homme, tout lui manque souvent à la fois : elle promène sa singulière existence, comme les Parias de l'Inde, entre toutes les classes dont elle ne peut être, toutes les classes qui la considèrent comme devant exister par elle seule : objet de la curiosité, peut-être de l'envie, et ne méritant en effet que la pitié.

De la littérature, II, 4.

Pour préparer l'étude du texte

1. Étudier la structure du texte en montrant son efficacité sur le plan de la démonstration (énoncé de la thèse, cas général, cas particulier, aggravation de l'un à l'autre).
2. Analyser toutes les formulations qui mettent en relief l'arbitraire de la condition féminine en général.
3. Montrer en quoi se trouve aggravée la situation de la femme supérieure (poids et nature des préjugés, déviation des comportements masculins habituels).

Pour un groupement de textes

La femme au XIXe siècle.

Balzac, *La physiologie du mariage*, *Mémoires de deux jeunes mariées*.
G. Sand, *Consuelo*, *Indiana*.
Michelet, *La femme*.
Marie d'Agoult (Daniel Stern), *Essai sur la liberté considérée comme principe et fin de l'activité humaine*.
F. Tristan, *Promenades dans Londres*.
J. d'Héricourt, *La femme affranchie*.

Ary SCHEFFER (1795-1858), *Lénore. Les morts vont vite* (vers 1830). Lille, Musée des Beaux-Arts.
La *Ballade* du poète allemand Bürger (1747-1797), popularisée par Mme de Staël, évoque l'attente d'une jeune fille dont le fiancé est à la guerre ; il revient, couvert de sa cuirasse, l'emmène sur son cheval, à travers la nuit, et répète qu'ils seront bientôt arrivés, car « les morts vont vite »...

De l'Allemagne

1813

C'est à la fois d'une profonde originalité et d'une véritable audace que fait preuve Mme de Staël, en mettant en évidence les limites de la littérature « classique », inspirée des Anciens grecs et latins, seuls maîtres admis et suivis depuis plusieurs siècles, et en préconisant, à l'image de la nouvelle littérature allemande, dite « romantique », le retour à des sources plus vivantes, plus authentiques et plus fécondes : celles qu'offre le sol national lui-même.

La poésie païenne doit être simple et saillante comme les objets extérieurs ; la poésie chrétienne a besoin des mille couleurs de l'arc-en-ciel pour ne pas se perdre dans les nuages. La poésie des Anciens est plus pure comme art, celle des modernes fait verser plus de larmes, mais la question pour nous n'est pas entre la poésie classique et la poésie romantique, mais entre l'imitation de l'une et l'inspiration de l'autre. La littérature des Anciens est chez les modernes une littérature transplantée : la littérature romantique ou chevaleresque est chez nous indigène, et c'est notre religion et nos institutions qui l'ont fait éclore. Les écrivains imitateurs des Anciens se sont soumis aux règles du goût les plus sévères ; car ne pouvant consulter ni leur propre nature, ni leurs propres souvenirs, il a fallu qu'ils se conformassent aux lois d'après lesquelles les chefs-d'œuvre des Anciens peuvent être adaptés à notre goût, bien que toutes les circonstances politiques et religieuses qui ont donné le jour à ces chefs-d'œuvre soient changées. Mais ces poésies d'après l'antique, quelque parfaites qu'elles soient, sont rarement populaires, parce qu'elles ne tiennent, dans le temps actuel, à rien de national. [...]

Quelques critiques français ont prétendu que la littérature des peuples germaniques était encore dans l'enfance de l'art ; cette opinion est tout à fait fausse : les hommes les plus instruits dans la connaissance des langues et des ouvrages des Anciens n'ignorent certainement pas les inconvénients et les avantages du genre qu'ils adoptent ou de celui qu'ils rejettent ; mais leur caractère, leurs habitudes et leurs raisonnements les ont conduits à préférer la littérature fondée sur les souvenirs de la chevalerie, sur le merveilleux du Moyen Age, à celle dont la mythologie des Grecs est la base. La littérature romantique est la seule qui soit susceptible encore d'être perfectionnée, parce qu'ayant ses racines dans notre propre sol, elle est la seule qui puisse croître et se vivifier de nouveau ; elle exprime notre religion ; elle rappelle notre histoire : son origine est ancienne, mais non antique.

La poésie classique doit passer par les souvenirs du paganisme pour arriver jusqu'à nous : la poésie des Germains est l'ère chrétienne des beaux-arts : elle se sert de nos impressions personnelles pour nous émouvoir : le génie qui l'inspire s'adresse immédiatement à notre cœur, et semble évoquer notre vie elle-même comme un fantôme le plus puissant et le plus terrible de tous.

De l'Allemagne, II, 11.

Pour préparer le commentaire composé

1. Analyser les oppositions établies entre la littérature classique et la littérature romantique (origines, transmission, thèmes caractéristiques, conditions de survie).
2. Étudier la suprématie de la littérature romantique.
3. Étudier le caractère profondément nouveau des critères d'appréciation de la littérature : émotion, authenticité, adaptation aux données sociales et historiques.

Mme de Staël ayant vécu à une époque de mutations politiques, économiques et sociales, il est tout à fait compréhensible que son œuvre porte les marques de ces transformations, tout en restant fortement liée à tout ce qui a précédé la Révolution.

Un féminisme ambigu

Mme de Staël, à travers toute son œuvre, revendique pour les femmes d'esprit le droit de faire entendre leur voix et de manifester librement leur supériorité. On remarquera qu'il s'agit donc d'une élite fort réduite, l'écrivain semblant se désintéresser du sort des autres femmes, c'est-à-dire de celles qui ne possèdent pas de qualités « intellectuelles ».

Il subsiste toutefois, chez Mme de Staël, une attitude beaucoup plus traditionnelle : la conviction que la passion amoureuse se doit d'être la raison de vivre de toute femme, même si, comme pour Delphine ou Corinne, elle entraîne la souffrance, le désespoir et même la mort.

Une fidélité absolue aux Lumières

Imprégnée des idées philosophiques du XVIIIe siècle, Mme de Staël croit à la valeur toute-puissante de la Raison, guide irremplaçable de l'homme.

Comme les auteurs de l'*Encyclopédie*, elle est convaincue que l'écrivain doit assumer un rôle actif dans la société et servir celle-ci sur tous les plans. La littérature devient alors arme de combat et se propose comme garant de toute forme de liberté. Et, en effet, s'il est une valeur qui demeurera chère à Mme de Staël jusqu'à sa mort, c'est bien le droit à la liberté de pensée.

Des idées neuves et l'élaboration d'une doctrine romantique

Au cours de ses périples incessants, particulièrement en Allemagne, l'écrivain va découvrir des formes de pensée différentes, qui vont la conduire à une conception nouvelle de la poésie et de la création littéraire en général. C'est dans *De l'Allemagne* qu'elle expose ces théories audacieuses, qui exerceront une influence considérable en France et ouvriront la voie au Romantisme dans notre pays.

En effet, Mme de Staël a découvert avec bonheur que les Allemands, refusant de se borner à l'imitation des Anciens, ont renoué avec leurs traditions populaires et légendaires : aussi encourage-t-elle les Français à utiliser, eux aussi, leurs ressources d'origine et à rejeter les règles tyranniques du « bon goût » pour se livrer à « l'enthousiasme », unique vraie source de beauté, de vérité et même d'amélioration morale.

Benjamin Constant
1767-1830

Portrait anonyme de Benjamin Constant, à la mine de plomb et craie blanche. Collections du Château de Coppet.

Sous le signe de la mobilité

Benjamin Constant naît à Lausanne en 1767. Très jeune, il révèle des talents incontestables d'écriture. Sa remarquable intelligence s'épanouit dans une éducation cosmopolite : Constant fréquente les universités en Angleterre et en Allemagne. Sa pensée politique et philosophique s'affirme ensuite au contact de Mme de Staël et du groupe de penseurs qui l'entoure dans son château de Coppet.

La vie de Constant s'inscrit tout entière sous le signe de la mobilité. Son instabilité caractérielle est légendaire, surtout dans le domaine amoureux. Il connaît un premier mariage malheureux (1789), puis une relation tourmentée avec Germaine de Staël qui, malgré des disputes et des infidélités continuelles, durera près de 14 ans (1794-1808). Les *Journaux intimes* et *Adolphe* rendent compte des difficultés de Constant à quitter sa maîtresse. Il épouse enfin, en secondes noces, une femme qu'il a plusieurs fois délaissée, Charlotte de Hardenberg, qui lui inspira un roman autobiographique, *Cécile*. Sur le plan politique, on constate un revirement identique : après s'être opposé à Napoléon sous le Consulat et l'Empire, il le soutient pendant les Cent-Jours. Constant reste néanmoins toujours fidèle à un idéal de liberté dont témoigne toute sa carrière politique. Il s'enflamme pour de nobles causes : lutte contre la traite des Noirs, défense de la liberté de la presse. Sous la Restauration, il est l'un des principaux orateurs libéraux.

La nécessité de l'écriture

L'existence de Constant est continuellement tournée vers l'écriture : sa vie intérieure et sentimentale donne lieu aux *Journaux intimes*, écrits entre 1804 et 1816, à une importante correspondance et à des récits autobiographiques ; son activité politique s'exprime par des articles véhéments et des discours. Ses réflexions philosophiques et religieuses sont consignées dans *De la religion considérée dans sa source, ses formes et ses développements* (1824-1825). Il semble bien que Constant ait essayé de conjurer sa mobilité sentimentale et intellectuelle par l'écriture. Celle-ci est pour lui un moyen de se connaître mais aussi d'acquérir une certaine stabilité.

Adolphe (1816), roman. → p. 21.
De la religion considérée dans sa source, ses formes et ses développements (1824-1825), essai.
Le cahier rouge (publié en 1907), récit autobiographique.
Cécile (publié en 1951), récit.
Journaux intimes (la seule édition complète est celle d'A. Roulin et Ch. Roth, Paris, Gallimard, 1952).

Adolphe

1816

Adolphe, jeune homme timide et solitaire, s'éprend, ou croit s'éprendre par désœuvrement, par besoin d'être aimé et par amour-propre, de la maîtresse officielle du comte de P., Ellénore, de dix ans plus âgée que lui. Très vite, le jeune homme découvre qu'il ne l'aime plus et que cette relation le tient prisonnier. Adolphe désire quitter cette femme mais la douleur de celle-ci l'empêche toujours d'y parvenir. Ellénore apprendra en fait la vérité par une tierce personne et en mourra. Adolphe reste seul, désespéré par ses remords et sa faiblesse. Certes, ce roman peut être considéré comme l'histoire d'un être faible et égoïste. Mais l'incertitude d'Adolphe correspond aussi à un malaise plus profond : celui d'un jeune homme qui ne parvient pas à vivre dans un univers mouvant, fragile, et qui connaît l'ennui, le vague des rêveries et les souffrances de l'amour impossible. Constant souligne lui-même la portée générale de ce roman : « J'ai voulu peindre une des principales maladies morales de notre siècle : cette fatigue, cette incertitude, cette analyse perpétuelle qui place une arrière-pensée à côté de tous les sentiments, et qui les corrompt dès la naissance. »

« mon mouvement naturel est de fuir pour délibérer en paix »

Dès les premières pages du roman, Adolphe analyse son propre caractère en insistant sur l'influence exercée par son père dans le développement de sa personnalité. Ce dernier, homme timide cachant ses sentiments sous une froideur apparente, est responsable du tempérament solitaire et taciturne d'Adolphe, peu enclin aux manifestations affectives. Cette page contient déjà tous les éléments psychologiques qui infléchiront le cours de ce récit.

Ma contrainte avec lui[1] eut une grande influence sur mon caractère. Aussi timide que lui, mais plus agité, parce que j'étais plus jeune, je m'accoutumai à renfermer en moi-même tout ce que j'éprouvais, à ne former que des plans solitaires, à ne compter que sur moi pour leur exécution, à considérer les avis, l'intérêt, l'assistance et jusqu'à la seule présence des autres comme une gêne et comme un obstacle. Je contractai l'habitude de ne jamais parler de ce qui m'occupait, de ne me soumettre à la conversation que comme à une nécessité importune et de l'animer alors par une plaisanterie perpétuelle qui me la rendait moins fatigante, et qui m'aidait à cacher mes véritables pensées. De là une certaine absence d'abandon qu'aujourd'hui encore mes amis me reprochent, et une difficulté de causer sérieusement que j'ai toujours peine à surmonter. Il en résulta en même temps un désir ardent d'indépendance, une grande impatience des liens dont j'étais environné, une terreur invincible d'en former de nouveaux. Je ne me trouvais à mon aise que tout seul, et tel est même à présent l'effet de cette disposition d'âme que, dans les circonstances les moins importantes, quand je dois choisir entre deux partis, la figure humaine me trouble, et mon mouvement naturel est de fuir pour délibérer en paix. Je n'avais point cependant la profondeur d'égoïsme qu'un tel caractère paraît annoncer : tout en ne m'intéressant qu'à moi, je m'intéressais faiblement à moi-même. Je portais au fond de mon cœur un besoin de sensibilité dont je ne m'apercevais pas, mais qui, ne trouvant point à se satisfaire, me détachait successivement de tous les objets qui tour à tour attiraient ma curiosité. Cette indifférence sur tout s'était encore fortifiée par l'idée de la mort, idée qui m'avait frappé très jeune, et sur laquelle je n'ai jamais conçu que les hommes s'étourdissent si facilement.

Adolphe, ch. 1.

Pour préparer le commentaire composé

1. Étudier dans le texte comment est exprimée la formation d'un caractère indépendant (origines, étapes, insistance sur le goût de la solitude).
2. Préciser quelles sont les conséquences de cette volonté et de ce besoin d'indépendance sur le plan de la vie sociale et de la vie affective.
3. En quoi l'auteur a-t-il une attitude de moraliste ?

1. Le père d'Adolphe. Il s'agit ici d'un trait autobiographique.

Ph. © Gérard Reinhold, Leipzig-Mölkau
© Staatliche Kunstsammlungen, Dresde

Caspar David FRIEDRICH (1774-1840), *L'entrée du cimetière* (1825). Dresde, Staatliche Kunstsammlungen Gemäldegalerie.

« j'allais vivre sans elle dans ce désert du monde »

Dans le dernier chapitre du roman, Adolphe prend conscience que la disparition d'Ellénore le laissera définitivement seul. Confronté au vide de son existence, il ne saura pas profiter de sa liberté.

C'était une de ces journées d'hiver où le soleil semble éclairer tristement la campagne grisâtre, comme s'il regardait en pitié la terre qu'il a cessé de réchauffer. Ellénore me proposa de sortir. « Il fait bien froid, lui dis-je. — N'importe, je voudrais me promener avec vous. » Elle prit mon bras ; nous marchâmes longtemps sans rien dire ; elle avançait avec peine, et se penchait sur moi presque tout entière. « Arrêtons-nous un instant. — Non, me répondit-elle, j'ai du plaisir à me sentir encore soutenue par vous. » Nous retombâmes dans le silence. Le ciel était serein ; mais les arbres étaient sans feuilles ; aucun souffle n'agitait l'air, aucun oiseau ne le traversait : tout était immobile, et le seul bruit qui se fit entendre était celui de l'herbe glacée qui se brisait sous nos pas. « Comme tout est calme, me dit Ellénore ; comme la nature se résigne ! Le cœur aussi ne doit-il pas apprendre à se résigner ? » Elle s'assit sur une pierre ; tout à coup elle se mit à genoux, et, baissant la tête, elle l'appuya sur ses deux mains. J'entendis quelques mots prononcés à voix basse. Je m'aperçus qu'elle priait. Se relevant enfin : « Rentrons, dit-elle, le froid m'a saisie. J'ai peur de me trouver mal. Ne me dites rien ; je ne suis pas en état de vous entendre. »

A dater de ce jour, je vis Ellénore s'affaiblir et dépérir. Je rassemblai de toutes parts des médecins autour d'elle : les uns m'annoncèrent un mal sans remède, d'autres me bercèrent d'espérances vaines ; mais la nature sombre et silencieuse poursuivait d'un bras invisible son travail impitoyable. Par moments, Ellénore semblait reprendre à la vie. On eût dit quelquefois que la main de fer qui pesait sur elle s'était retirée. Elle relevait sa tête languissante ; ses joues se couvraient de couleurs un peu plus vives ; ses yeux se ranimaient : mais tout à coup, par le jeu cruel d'une puissance inconnue, ce mieux mensonger disparaissait, sans que l'art en pût deviner la cause. Je la vis de la sorte marcher par degrés à la destruction. Je vis se graver sur cette figure si noble et si expressive les signes avant-coureurs de la mort. Je vis, spectacle humiliant et déplorable ! ce caractère énergique et fier recevoir de la souffrance physique mille impressions confuses et incohérentes, comme si, dans ces instants terribles, l'âme, froissée par le corps, se métamorphosait en tous sens pour se plier avec moins de peine à la dégradation des organes.

Un seul sentiment ne varia jamais dans le cœur d'Ellénore : ce fut sa tendresse pour moi. Sa faiblesse lui permettait rarement de me parler ; mais elle fixait sur moi ses yeux en silence, et il me semblait alors que ses regards me demandaient la vie que je ne pouvais plus lui donner. Je craignais de lui causer une émotion violente ; j'inventais des prétextes pour sortir : je parcourais au hasard tous les lieux où je m'étais trouvé avec elle ; j'arrosais de mes pleurs les pierres, le pied des arbres, tous les objets qui me retraçaient son souvenir.

Ce n'était pas les regrets de l'amour, c'était un sentiment plus sombre et plus triste. L'amour s'identifie tellement à l'objet aimé que dans son désespoir même il y a quelque charme. Il lutte contre la réalité, contre la destinée ; l'ardeur de son désir le trompe sur ses forces, et l'exalte au milieu de sa douleur. La mienne était morne et solitaire ; je n'espérais point mourir avec Ellénore ; j'allais vivre sans elle dans ce désert du monde, que j'avais souhaité tant de fois de traverser indépendant. J'avais brisé l'être qui m'aimait ; j'avais brisé ce cœur, compagnon du mien, qui avait persisté à se dévouer à moi, dans sa tendresse infatigable ; déjà l'isolement m'atteignait. Ellénore respirait encore, mais je ne pouvais déjà plus lui confier mes pensées. J'étais déjà seul sur la terre ; je ne vivais plus dans cette atmosphère d'amour qu'elle répandait autour de moi. L'air que je respirais me paraissait plus rude, les visages des hommes que je rencontrais plus indifférents ; toute la nature semblait me dire que j'allais à jamais cesser d'être aimé.

Adolphe, ch. 10.

Pour préparer l'étude du texte

1. Étudier les correspondances entre le paysage et les états d'âme des personnages dans le premier paragraphe.
2. Étudier tous les éléments qui concourent à l'expression d'une progression du mal dans le deuxième paragraphe. Par qui est vue cette progression ?
3. Mettre en évidence les oppositions qui révèlent (l. 23-37) la complexité et les contradictions des sentiments du narrateur.

Autobiographie et roman d'analyse

L'œuvre de Benjamin Constant repose sur le goût de l'introspection comme en témoignent l'écriture du journal intime, d'une autobiographie inachevée, *Le cahier rouge* (1811), et de deux romans autobiographiques : *Cécile* et *Adolphe*.

Adolphe, son œuvre la plus célèbre, ressortit à la tradition du roman d'analyse. Constant étudie d'abord le rôle de l'ennui et de l'amour-propre dans la naissance de l'amour : parce qu'il désire être amoureux et être aimé, Adolphe se persuade qu'il aime. Les lettres qu'il écrit l'enflamment par un effet d'autosuggestion. Les obstacles, les refus nourrissent ensuite cette passion et lui confèrent un caractère obsessionnel, exclusif. Constant analyse encore subtilement les relations de l'amour et du temps en évoquant non pas le malheur de n'être pas aimé mais celui d'être aimé quand on n'aime plus. Adolphe ressent l'amour d'Ellénore comme un lien qui le tient prisonnier et déplore la perte de sa jeunesse. Le baron de T. définit avec lucidité l'avenir qui attend Adolphe : « Elle vous sera chaque jour moins agréable, vous lui serez chaque jour plus nécessaire. »

Amour et langage

Adolphe met surtout en cause les relations de l'amour et du langage. La tension du roman repose sur une parole différée à l'infini, indicible : l'aveu de la disparition de l'amour. La dissimulation, les silences forment les véritables leitmotive de ce roman. Constant fait le procès du langage. Les mots se montrent souvent impropres à traduire les sentiments amoureux : « La parole, toujours grossière et trop générale, peut bien servir à les désigner, mais ne sert jamais à les définir. » Le langage est encore trompeur ou destructeur. Tantôt les mots abusent celui qui les emploie ou celle à qui ils sont adressés, tantôt ils révèlent cruellement la vérité et provoquent l'irréparable : la lettre dans laquelle Adolphe annonce au baron de T. qu'il va quitter Ellénore provoque la mort de celle-ci.

Écriture classique et sensibilité romantique

Par son dépouillement et sa rigueur, *Adolphe* est un grand roman classique. Le récit se concentre sur l'analyse des sentiments et rejette tout élément purement descriptif ou anecdotique. L'analyse psychologique est en fait le véritable ressort dramatique du roman. Selon la tradition classique, elle tend souvent à la généralisation (« l'homme », « les hommes ») et s'exprime sous forme de maximes.

Cependant, à la suite des romans de Chateaubriand — *René* en 1802 — et de Senancour — *Oberman* en 1804 —, *Adolphe* (1816) s'inscrit dans la lignée des grandes œuvres romantiques à caractère autobiographique. La personnalité d'Adolphe présente de nombreux traits romantiques : il se sent différent des autres hommes, solitaire, incompris. Il connaît l'ennui et la vanité de la vie sociale, découvre l'inconstance des sentiments et ressent un profond malaise devant l'existence. S'il aspire à une autre vie, ses désirs restent vagues. Velléitaire, incapable d'agir, Adolphe mesure sans cesse son impuissance. D'autres éléments confirment le caractère romantique de cette œuvre : la passion excessive et autodestructrice d'Ellénore, l'évocation d'une nature mélancolique, en accord avec l'état d'âme des personnages.

Senancour
1770-1846

David d'Angers (1788-1856), *Senancour*, médaillon en bronze. Paris, Musée Carnavalet.

Une enfance solitaire

Étienne Pivert de Senancour est né à Paris le 16 novembre 1770 de parents âgés et austères. Élevé dans un climat de tristesse et de piété dévote, l'enfant, mélancolique et solitaire, se renferme sur lui-même, passant de longues heures à lire et à dessiner des paysages de rêve. Pourtant ce petit Parisien ne connaît guère la campagne. Mais, un jour, elle lui sera révélée lors de vacances passées à Fontainebleau, où il restera seul, des heures durant, au cœur de la forêt en communion avec la nature.

La fugue en Suisse

A l'âge de dix-neuf ans, il n'a aucune vue précise de son avenir, ne se sentant fait pour rien. Son père décidera pour lui de sa carrière : il entrera au séminaire de Saint-Sulpice. Mais, empreint des idées des philosophes, il n'a aucune vocation religieuse. Il prend donc la décision de s'enfuir. Le 14 août 1789, alors que la Révolution bat son plein, il se met en route vers la Suisse et traverse avec émotion ces paysages chers à Rousseau dont il est un fervent disciple. Séduit par les beautés de la montagne, il gravit les pentes des hauts sommets et découvre d'autres mondes, « au milieu de l'éclat du soleil et des glacières ». Il se fixe à Fribourg et épouse la fille de ses hôtes, Marie Daguet, dont il se séparera rapidement.

Un écrivain méconnu

Senancour rentre en France pour apprendre qu'il est ruiné par la Révolution. En 1795, il publie un premier roman, très peu connu, *Aldomen ou le bonheur dans l'obscurité* : le héros, Aldomen, traînant « l'ennui d'exister », rencontre l'amour et s'enferme dans une retraite paisible en Suisse. En 1799, ce sont les *Rêveries sur la nature primitive de l'homme* : s'inspirant de Rousseau, il se pose, dans cet ouvrage, en adversaire du progrès et prône le retour à l'état de nature. En 1804, paraît son œuvre maîtresse, *Oberman*, un roman par lettres, qui demeura méconnu à son époque. A quarante ans, Senancour est un homme écrasé par le sentiment de l'échec. Il repousse le secours de la religion chrétienne et mène une existence recluse, tiraillé entre le néant des choses d'ici-bas et l'appel de l'infini qu'il a toujours senti sourdre en lui. Il se tourne alors vers une foi d'origine mystique, pressentant l'existence d'un au-delà et d'un Être suprême. Éclipsé par la gloire de Chateaubriand, il écrit contre lui en 1816 les *Observations critiques sur le « Génie du Christianisme »*. Solitaire, infirme, soigné par sa fille, Senancour arrive au déclin de sa triste vie. Un semblant de gloire va l'atteindre lorsqu'en 1833 Sainte-Beuve préface la seconde édition d'*Oberman* qui deviendra *Obermann* avec un double « n », ce qui lui confère, semble-t-il, une résonance plus germanique et plus romantique. En 1833, paraît encore un autre roman par lettres, *Isabelle*, réplique féminine d'*Oberman*. Senancour s'éteignit le 10 janvier 1846 à Saint-Cloud, oublié de tous. Son fils fit inscrire sur sa tombe ces paroles qui résumaient toute sa vie : « Éternité, sois mon asile ».

Oberman

1804

Le héros, Oberman, est un jeune homme en proie à un profond mal de vivre : à vingt ans, désenchanté de tout, il est consumé par un incurable ennui. Il quitte précipitamment Paris pour la Suisse et découvre la « beauté sublime » de la montagne. A la recherche d'un absolu que le monde d'ici-bas ne peut lui offrir, Oberman, « l'homme des hauteurs » (telle est la signification de son nom), entre en quelque sorte en extase sur les cimes des hautes montagnes, seul, « dans l'immobilité silencieuse ». Un sentiment de paix et d'éternité l'envahit. Lorsqu'il redescend dans la vallée, il retrouve « la longue chaîne des sollicitudes et des ennuis ». Rappelé à Paris pour affaires, il se rend dans la forêt de Fontainebleau qui l'a tant enchanté dans son enfance, mais cette terre de plaine n'a plus le pouvoir de le satisfaire désormais. Six années ont passé et Oberman n'a toujours rien fait, ne se décidant à choisir ni un état, ni une femme, ni un lieu pour vivre, ne sachant que vouloir. A quoi d'ailleurs cela lui servirait-il ? La mort qui anéantit toute chose rend tout effort stérile et inutile... Le livre touche à sa fin : Oberman retourne en Suisse après avoir reçu un héritage. Il s'installe à Imenström, lieu imaginaire réunissant les bienfaits de la montagne et de la plaine. Il y goûtera un certain bien-être, dans un confort rustique, vivant au rythme de la nature. Il prend la résolution d'écrire. Son ami d'enfance viendra le rejoindre et partagera sa solitude.

« je parcourus avidement ces solitudes »

Senancour restitue dans cette lettre l'émotion qu'il a ressentie lorsqu'il s'est enfoncé pour la première fois dans la forêt de Fontainebleau. Souvenir d'adolescence où se profile déjà l'univers imaginaire de l'écrivain. La description suit le mouvement de l'âme et laisse transparaître bon nombre d'éléments symboliques qui réapparaîtront comme un leitmotiv au fil des pages.

« J'avais, je crois, quatorze, quinze et dix-sept ans lorsque je vis Fontainebleau. Après une enfance casanière, inactive et ennuyée, si je sentais en homme à certains égards, j'étais enfant à beaucoup d'autres. Embarrassé, incertain ; pressentant tout peut-être, mais ne connaissant rien ; étranger à ce qui m'environnait, je n'avais d'autre caractère décidé que d'être inquiet et malheureux. La première fois je n'allais point seul dans la forêt ; je me rappelle peu de ce que j'y éprouvais, je sais seulement que je préférais ce lieu à tous ceux que j'avais vus et qu'il fut le seul où je désirai de retourner. L'année suivante, je parcourus avidement ces solitudes ; je m'y égarais à dessein, content lorsque j'avais perdu toute trace de ma route et que je n'apercevais aucun chemin fréquenté.

Ph. © Ralph Kleinhempel

Caspar David FRIEDRICH (1774-1840), *Le voyageur au-dessus de la mer de nuages* (vers 1818). Hambourg, Kunsthalle.

Quand j'atteignais l'extrémité de la forêt, je voyais avec peine ces vastes plaines nues et ces clochers dans l'éloignement. Je retournais aussitôt, je m'enfonçais dans le plus épais du bois ; et quand je trouvais un endroit découvert et fermé de toutes parts, où je ne voyais que des sables et des genièvres, j'éprouvais un sentiment de paix, de liberté, de joie sauvage, pouvoir de la nature sentie pour la première fois dans l'âge facilement heureux. Je n'étais pas gai, pourtant : presque heureux, je n'avais que l'agitation du bien-être. Je m'ennuyais en jouissant, et je rentrais toujours triste. Plusieurs fois j'étais dans les bois avant que le soleil parût. Je gravissais les sommets encore dans l'ombre ; je me mouillais dans la bruyère pleine de rosée ; et quand le soleil paraissait, je regrettais la clarté incertaine qui précède l'aurore. J'aimais les fondrières, les vallons obscurs, les bois épais ; j'aimais les collines couvertes de bruyère ; j'aimais beaucoup les grès renversés et les rocs ruineux[1] ; j'aimais bien plus ces sables vastes et mobiles, dont nul pas d'homme ne marquait l'aride surface sillonnée çà et là par la trace inquiète de la biche ou du lièvre en fuite. Quand j'entendais un écureuil, quand je faisais partir un daim, je m'arrêtais, j'étais assez bien, et pour un moment, je ne cherchais plus rien. C'est à cette époque que je remarquai le bouleau, arbre solitaire qui m'attristait déjà et que depuis je ne rencontre jamais sans plaisir. J'aime le bouleau ; j'aime cette écorce blanche, lisse et crevassée, cette tige agreste ; ces branches qui s'inclinent vers la terre ; la mobilité des feuilles ; et tout cet abandon, simplicité de la nature, attitude des déserts. »

Oberman, lettre XI.

Pour préparer l'étude du texte

1. Étudier les étapes du récit en montrant comment la découverte progressive de la forêt s'approfondit jusqu'à devenir un remède au mal de vivre.
2. Récapituler et analyser les éléments consolateurs de la nature. Quelles relations s'établissent entre le paysage et les états d'âme ?
3. Quelles sont, d'après ce texte, les caractéristiques du vague des passions ?

Pour une étude comparée

Senancour, *Oberman*, lettre XI.
Chateaubriand, *René*, cf. p. 35.
Étudier comment s'exprime, dans les deux textes, un accord profond entre la sensibilité et la nature. En déduire les caractéristiques et les fonctions du paysage romantique.

« cette solennelle permanence que nulle langue n'exprimera »

Oberman a atteint le sommet des Dents du Midi. Là, perdu dans un monde vaporeux, immatériel, silencieux, il entre en contemplation et éprouve le sentiment de la permanence et de l'éternité.

Insensiblement des vapeurs s'élevèrent des glacières et formèrent des nuages sous mes pieds. L'éclat des neiges ne fatigua plus mes yeux, et le ciel devint plus sombre encore et plus profond. Un brouillard couvrit les Alpes, quelques pics isolés sortaient seuls de cet océan de vapeur ; des filets de neige éclatante, retenus dans les fentes de leurs aspérités, rendaient le granit plus noir et plus sévère. Le dôme neigeux du mont Blanc élevait sa masse inébranlable sur cette mer grise et mobile, sur ces brumes amoncelées que le vent creusait et soulevait en ondes immenses. Un point noir parut dans leurs abîmes ; il s'éleva rapidement, il vint droit à moi, c'était le puissant aigle des Alpes, ses ailes étaient humides et son œil farouche ; il cherchait une proie, mais à la vue d'un homme il se mit à fuir avec un cri sinistre ; il disparut en se précipitant dans les nuages. Ce cri fut vingt fois répété ; mais par des sons secs sans aucun prolongement, semblables à autant de cris isolés dans le silence universel. Puis tout rentra dans un calme absolu ; comme si le son lui-même eût cessé d'être et que la propriété des corps sonores eût été effacée de l'univers. Jamais le silence n'a été connu dans les vallées tumultueuses : ce n'est que sur les cimes froides que règne cette immobilité, cette solennelle permanence que nulle langue n'exprimera, que l'imagination n'atteindra pas.

Oberman, lettre VII.

Pour préparer le commentaire composé

Étudier
1. la modification du paysage avec l'altitude ;
2. la présentation d'un monde inaccessible ;
3. le silence absolu : celui des lieux, celui du narrateur.

1. Qui tombent en ruine.

Eugène CUVELIER, *Paysage de la forêt de Fontainebleau, « L'orage »* (vers 1860). Paris, Musée d'Orsay. Don de M. Jacques Foucart.

Une analyse du mal du siècle

Le personnage d'Oberman incarne une forme précise et originale du mal du siècle. Avide d'infini, assoiffé d'absolu, il souffre des limites que lui impose sa destinée terrestre. Il en résulte un dégoût de l'existence et un incurable ennui. Toutefois, l'expérience d'Oberman dépasse une attitude proprement romantique : au-delà d'une vague mélancolie qu'il pourrait entretenir à plaisir ou d'un besoin d'amour resté inassouvi, il souffre d'un mal existentiel, lié à la condition humaine : incapable de donner un sens à sa vie, inadapté à la société, il préfigure l'angoisse métaphysique des héros du XXe siècle.

Un paysage état d'âme

Le roman s'organise autour du paysage qui n'est qu'une projection de l'imaginaire d'Oberman. Il nous laisse des pages pénétrantes, riches en symboles, où se dessine un univers triste, désertique, solitaire, révélant le tragique d'une inquiétude irrémédiable : paysages en noir et blanc, aux épais ombrages, aux sombres sapins et aux cimes neigeuses. Monde froid et stérile où le règne minéral est omniprésent : grès, schistes, rocs, granit, landes sablonneuses. La végétation n'est guère luxuriante : quelques bouleaux solitaires, quelques hêtres épars, des aunes ou des coudriers esseulés. Parfois, on entend au loin le brame d'un cerf, le cri sinistre de l'aigle des Alpes ou le gémissement de l'effraie[1]. La nature offre une image de mélancolie et d'incertitude, s'apparentant profondément à l'âme du héros : le paysage est un état d'âme.

Une esthétique classique

Senancour cultive une expression sobre, austère même, fuyant les débordements romantiques. Le lexique est simple et peu varié, les qualificatifs discrets. Les descriptions, peu colorées, ne visent guère à l'effet : *Oberman* est l'histoire d'une conscience avant d'être une peinture pittoresque. Pourtant, ces paysages baignés d'une luminosité particulière sont empreints d'une poésie certaine qui enveloppe d'un charme indéfinissable la méditation existentielle.

1. Sorte de chouette.

François-René de Chateaubriand
1768-1848

Anne-Louis GIRODET (1767-1824), *Portrait de Chateaubriand.* Musée de Saint-Malo.

« Après avoir campé sous la hutte de l'Iroquois et sous la tente de l'Arabe, [...] je me suis assis à la table des rois pour retomber dans l'indigence. »[1] Tel est l'étonnant raccourci que Chateaubriand nous donne de sa vie, changeante et fascinante à l'image de l'histoire bouleversée de son temps. Mais s'il a su, avec passion, observer les événements et y participer, Chateaubriand a surtout annoncé en France, avec plus de vingt ans d'avance, le Romantisme.

Né sous le signe de la tempête

Né à Saint-Malo le 4 septembre 1768 pendant un violent orage, Chateaubriand aurait pu attribuer son enfance turbulente et son adolescence tourmentée à cette « tempête dont le bruit berça son premier sommeil »[2].

Dernier enfant d'une famille de la vieille noblesse bretonne, François-René reçoit une éducation étrange, faite de rigueur et de liberté mêlées. Une instruction rudimentaire doit en effet suffire à ce cadet, destiné à la marine. On le laisse donc jouer avec les « polissons de la ville »[3]. Puis, au collège, il se fait remarquer par les professeurs pour sa mémoire exceptionnelle... et par les élèves pour son audace dans la désobéissance. A quinze ans, il renonce brusquement à la carrière de marin : « J'ai en moi l'impossibilité d'obéir. »[4]

De retour chez ses parents au château de Combourg, immense demeure sombre et inquiétante, il connaît alors, entre seize et dix-huit ans, « deux années de délire »[5] : une existence désœuvrée entre un père silencieux, une mère mélancolique, et Lucile, sa plus jeune sœur, à qui il confie ses rêveries exaltées. C'est elle qui encourage l'adolescent à écrire : « Tu devrais peindre tout cela. »[6] Il est amoureux d'une créature imaginaire, la *Sylphide.* Cette agitation fébrile aboutit à une tentative de suicide. Mais Chateaubriand renonce à se tuer, se détourne aussi de la prêtrise, qu'il avait envisagée, et décide de se faire soldat.

1. *Mémoires d'outre-tombe*, quatrième partie, XLIV, 8.
2. *Ibid.*, première partie, I, 2.
3. *Ibid.*, première partie, I, 4.
4. *Ibid.*, première partie, II, 8.
5. *Ibid.*, première partie, III, 11.
6. *Ibid.*, première partie, III, 7.

Du voyage choisi au voyage forcé

Autant son enfance était oisive, autant la jeunesse de Chateaubriand est dominée par l'aventure. Le jeune officier fait d'abord l'expérience des contrastes de l'histoire : quelque temps après sa présentation à la cour de Louis XVI, il est témoin de la prise de la Bastille. Puis, en 1791, il s'embarque pour l'Amérique ; le récit qu'il fera de ce voyage accordera moins d'importance à sa rencontre avec George Washington, qu'à un bref séjour parmi les Indiens. Charmé par la poésie d'un continent encore presque vierge, et par l'exotisme du monde enchanté des « *sauvages* », il leur consacrera un récit et un roman[1].

A la nouvelle de l'arrestation de Louis XVI, Chateaubriand rentre en France, puis rejoint à l'étranger l'armée des Princes, soutien de la monarchie. Blessé, très affaibli, il gagne l'Angleterre. Sa famille et la jeune femme qu'un mariage de convenance lui a fait épouser à son retour d'Amérique sont restées en France ; tous seront emprisonnés. C'est d'Angleterre que Chateaubriand apprendra la mort de son frère, de sa mère et de sa sœur Julie. Quant à lui, il vit d'abord dans la misère ; il écrit l'*Essai sur les révolutions* (1797). Il tombe amoureux de la fille du pasteur qui le loge, mais c'est une idylle sans lendemain : « Je suis marié ! »[2] En 1800, Chateaubriand rentre clandestinement dans une France métamorphosée. « La France m'était aussi nouvelle que me l'avaient été autrefois les forêts de l'Amérique. »[3]

Le génie et la gloire

Dès 1801, Chateaubriand publie *Atala*, repris un an plus tard dans le *Génie du Christianisme*, qui contient aussi *René*. L'ensemble connaît un succès que le « besoin de foi »[4] de l'époque ne suffit pas à expliquer. Le public est avant tout séduit par l'expression d'une nouvelle sensibilité, par ce mal du siècle dont Chateaubriand est en France le premier porte-parole. De plus, les longues phrases épousant le rythme du souffle, et l'harmonie des sonorités font de certaines pages de véritables poèmes lyriques en prose, qui évoquent à merveille de vastes tableaux, ainsi que les correspondances entre l'homme et la nature.

L'auteur du *Génie* plaît à Bonaparte (les deux hommes se fascinent mutuellement) qui fait de lui son ambassadeur à Rome. Mme de Beaumont, sa maîtresse, vient l'y rejoindre et meurt près de lui ; cette mort rend plus poignante, pour Chateaubriand, la mélancolie des ruines.

Sous prétexte d'aller « chercher des images »[5] pour écrire un roman sur les premiers Chrétiens, il s'embarque vers l'Orient (1806-1807). C'est un voyageur encombré d'érudition, mais qui garde pourtant une certaine fraîcheur juvénile : il est assez enthousiaste, par exemple, pour goûter à l'eau de toutes les rivières célèbres qu'il traverse, et pour rapporter en France des cailloux dérobés aux sites en ruine.

A son retour, Chateaubriand s'installe dans sa retraite de la Vallée-aux-Loups, et écrit[6]. Depuis l'assassinat du duc d'Enghien[7], il s'oppose à l'empereur. Il publie contre lui un pamphlet, *De Buonaparte et des Bourbons* (1814), qui marque la fin de ce qu'il appelle sa carrière littéraire. Il lui reste, certes, beaucoup à écrire encore, mais ses activités politiques occuperont désormais le premier plan.

« Force est d'avancer »

L'itinéraire politique de Chateaubriand présente des revirements surprenants : il se rallie au Consulat, puis devient ennemi de Napoléon ; il contribue à la Restauration[8], mais, le régime une fois en place, il l'attaque dans son journal ultra-royaliste, *Le Conservateur*[9] ; il favorise la chute de Charles X, mais manifeste sa fidélité à la famille royale en exil après 1830...

En réalité, loin d'être incohérente, l'évolution politique de Chateaubriand obéit à trois principes constants. Tout d'abord, sa vocation d'opposant. D'autre part, son individualisme, qui lui interdit d'adhérer à un système. Enfin, malgré ses convictions royalistes, son intuition lui souffle que l'avenir est dans la démocratie, et que le progrès est inéluctable. « Force est d'avancer avec l'intelligence humaine. Respectons la majesté du temps. »[10]

1. *Atala* (1801) et *Les Natchez* (1826).
2. *Mémoires d'outre-tombe*, première partie, X, 9.
3. *Ibid.*, deuxième partie, XIII, 31.
4. Préface du *Génie du Christianisme*.
5. Préface de l'*Itinéraire de Paris à Jérusalem*. Ce roman sera *Les martyrs*.
6. *Les martyrs* (1809), *Itinéraire de Paris à Jérusalem* (1811), début des *Mémoires d'outre-tombe*.
7. Le duc d'Enghien était un Bourbon, et appartenait à l'opposition royaliste. Soupçonné d'avoir participé à un complot, il est fusillé en 1804.
8. Ministre de l'Intérieur de Louis XVIII en exil pendant les Cent-Jours (restauration provisoire de l'Empire par Napoléon de mars à juin 1815), pair de France en 1815, il obtient, outre diverses ambassades, le ministère des Affaires étrangères de 1822 à 1824.
9. Fondé en 1816, quand paraît, dans le même esprit, *De la monarchie selon la Charte*.
10. *Mémoires d'outre-tombe*, première partie, VII, 11.

Jean-François HUE (1751-1823), *La rade et le port de Saint-Malo.* Paris, Musée de la Marine.

« A mon âge, on n'a plus que les impuissances de la vie »

Cependant, Chateaubriand travaille, depuis 1809, à un vaste projet, ses *Mémoires d'outre-tombe*, destinés à n'être publiés qu'après sa mort. Il les achève en 1841, mais pendant sept ans, aidé de sa femme, il les remanie. Or ces sept dernières années, que les *Mémoires* n'évoquent pas, sont peut-être les plus émouvantes de son existence : Chateaubriand est déchiré entre sa passion de la vie et sa hantise de la vieillesse. Il a connu la gloire et l'a aimée ; il a eu de nombreuses maîtresses, et celles que l'on connaît, telle Juliette Récamier, la dernière, se distinguent par leur beauté et leur esprit. Comment peut-il renoncer au monde et à l'amour alors que son âme est encore jeune ?

Pour amener le vieillard à accepter cet abandon, son confesseur lui demande d'écrire la *Vie de Rancé* (1844). Rancé, au XVIIe siècle, avait quitté une existence mondaine et brillante pour devenir trappiste. Chateaubriand fait de cette biographie un prétexte à des réflexions intimes, où reparaît, comme un leitmotiv, le thème du vieillissement. On ne retrouve pas, dans cette dernière œuvre, la pensée ordonnée qui était, jusque-là, celle de Chateaubriand. Parfois déconcertant et mystérieux, ce livre a été redécouvert par la critique moderne, qui lui attribue une place importante dans l'œuvre de Chateaubriand.

D'outre-tombe

Chateaubriand, paralysé, meurt à Paris en juillet 1848, à l'âge de quatre-vingts ans. Comme il l'avait souhaité, il est enterré sur l'îlot du Grand-Bé, devant Saint-Malo, « au bord de la mer [qu'il avait] tant aimée »[1]. Les *Mémoires d'outre-tombe* commencent à paraître en feuilleton trois mois après sa mort ; ainsi Chateaubriand continue-t-il, au-delà du tombeau, d'imprimer sa pensée au XIXe siècle : « Je me suis rencontré entre deux siècles comme au confluent de deux fleuves ; j'ai plongé dans leurs eaux troublées, m'éloignant à regret du vieux rivage où je suis né, nageant avec espérance vers une rive inconnue. »[2]

Essai sur les révolutions (1797), texte politique.
Atala (1801), récit. → p. 31.
René (1802), récit. → p. 35.
Génie du Christianisme (1802), essai. → p. 38.
Les martyrs (1809), roman.
Itinéraire de Paris à Jérusalem (1811), récit de voyage. → p. 41.
Aventures du dernier Abencérage (1826), conte.
Voyage en Amérique (1827), récit de voyage.
Vie de Rancé (1844), biographie.
Mémoires d'outre-tombe (1848-1850), autobiographie. → p. 42.

1. Avant-propos des *Mémoires d'outre-tombe.*
2. *Mémoires d'outre-tombe*, quatrième partie, XLIV, 8.

Atala

1801

Le récit d'*Atala* fut publié en 1801, un an avant le *Génie du Christianisme*, dont il faisait partie. Chateaubriand s'est souvenu des paysages d'Amérique ; mais l'œuvre s'inscrit aussi dans une lignée issue de Rousseau, et tributaire du mythe du « bon sauvage », comme le roman de Bernardin de Saint-Pierre, *Paul et Virginie* (1787). On y trouve en effet une nature providentielle, et la peinture de mœurs naïves, illustrées notamment par des chansons indiennes, poèmes en prose simples et imagés, d'un exotisme insolite.

L'intention de Chateaubriand était, par ce récit, d'illustrer « le triomphe du christianisme sur le sentiment le plus fougueux et la crainte la plus terrible, l'amour et la mort ». Mais la portée édifiante de l'œuvre a été perdue de vue par les lecteurs, qui ont surtout retenu le pittoresque indien, et, plus encore, le mythe de l'amour impossible, contrarié par un interdit religieux. Le sacrifice d'Atala devint le modèle de la passion condamnée, dont la mort reste la seule issue.

Un *prologue* situe le récit. Lors d'une chasse au castor sur les bords du Meschacébé (Mississippi), René, un jeune Français adopté par les Indiens Natchez, prie Chactas, le vieux sachem aveugle, de lui conter ses aventures.

Vient ensuite le *récit* proprement dit. Blessé dans un combat, Chactas a été recueilli adolescent par un Espagnol, Lopez. Vers l'âge de vingt ans, il choisit de reprendre sa vie sauvage, mais il est bientôt capturé par une tribu ennemie et condamné à mort. La fille du chef, la chrétienne Atala, vient le délivrer : une première fois, il refuse de s'évader, par amour pour elle ; à la seconde tentative, ils s'enfuient ensemble.

Seuls dans la forêt vierge, Chactas et Atala vivent un amour parfait. Pourtant la jeune fille se refuse toujours à son compagnon. Un soir d'orage, elle lui apprend que son véritable père est... Lopez. La coïncidence attise leur amour, et Atala va céder à Chactas, quand la foudre manque de les frapper. Dans leur fuite, ils rencontrent un missionnaire, le père Aubry, qui les recueille.

Le lendemain, la jeune fille est à l'agonie ; elle avoue s'être empoisonnée pour ne pas trahir le serment de sa mère, qui l'avait vouée à la virginité ; elle meurt peu après. Chactas et le père Aubry l'enterrent dans la forêt, et le jeune Indien jure qu'il se convertira à la religion d'Atala.

L'auteur dit enfin, dans l'*épilogue*, sa quête de traces laissées par les héros, et sa rencontre avec la fille de René.

« Le désert déroulait maintenant devant nous ses solitudes démesurées. »

Chactas, qu'une tribu indienne allait supplicier, vient d'être délivré par Atala, la fille du chef, et ils ont fui ensemble dans la forêt. Après un premier moment de félicité, l'inquiétude reparaît ; pourtant, une nature providentielle pourvoit à tous les besoins des fugitifs.

Nous ne tardâmes pas à nous apercevoir que nous avions peu gagné à ma délivrance. Le désert déroulait maintenant devant nous ses solitudes démesurées. Sans expérience de la vie des forêts, détournés de notre vrai chemin, et marchant à l'aventure, qu'allions-nous devenir ? Souvent, en regardant Atala, je me rappelais cette antique histoire d'Agar[1], que Lopez[2] m'avait fait lire, et qui est arrivée dans le désert de Bersabée, il y a bien longtemps, alors que les hommes vivaient trois âges de chêne.

Atala me fit un manteau avec la seconde écorce du frêne, car j'étais presque nu. Elle me broda des mocassines de peau de rat musqué, avec du poil de porc-épic. Je prenais soin à mon tour de sa parure. Tantôt je lui mettais sur la tête une couronne de ces mauves bleues, que nous trouvions sur notre route, dans des cimetières indiens abandonnés ; tantôt je lui faisais des colliers avec des graines rouges d'azaléa ; et puis je me prenais à sourire, en contemplant sa merveilleuse beauté.

Quand nous rencontrions un fleuve, nous le passions sur un radeau ou à la nage. Atala appuyait une de ses mains sur mon épaule ; et, comme deux cygnes voyageurs, nous traversions ces ondes solitaires.

Souvent, dans les grandes chaleurs du jour, nous cherchions un abri sous les mousses des cèdres. Presque tous les arbres de la Floride, en particulier le cèdre et le chêne vert, sont couverts d'une mousse blanche qui descend de leurs rameaux jusqu'à terre. Quand la nuit, au clair de la lune, vous apercevez sur la nudité d'une savane une yeuse isolée revêtue de cette draperie, vous croiriez voir un fantôme, traînant après lui ses longs voiles. La scène n'est pas moins pittoresque au grand jour ; car une foule de papillons, de mouches brillantes, de colibris, de perruches vertes, de geais d'azur, vient s'accrocher à ces mousses, qui produisent alors l'effet d'une tapisserie en laine blanche, où l'ouvrier européen[3] aurait brodé des insectes et des oiseaux éclatants.

C'était dans ces riantes hôtelleries, préparées par le grand Esprit, que nous nous reposions à l'ombre. Lorsque les vents descendaient du ciel pour balancer ce grand cèdre, que le château aérien, bâti sur ses branches, allait flottant, avec les oiseaux et les voyageurs endormis sous ses abris, que mille soupirs sortaient des corridors et des voûtes du mobile édifice, jamais les merveilles de l'ancien monde[4] n'ont approché de ce monument du désert.

Chaque soir nous allumions un grand feu, et nous bâtissions la hutte du voyage, avec une écorce élevée sur quatre piquets. Si j'avais tué une dinde sauvage, un ramier, un faisan des bois, nous le suspendions devant le chêne embrasé, au bout d'une gaule plantée en terre, et nous abandonnions au vent le soin de tourner la proie du chasseur. Nous mangions des mousses appelées tripes de roches, des écorces sucrées de bouleau, et des pommes de mai, qui ont le goût de la pêche et de la framboise. Le noyer noir, l'érable, le sumac[5], fournissaient le vin à notre

1. Esclave égyptienne d'Abraham, dont elle a un fils, Ismaël, elle est chassée sur l'ordre de Sara, l'épouse d'Abraham, après la naissance d'un fils légitime, Isaac. Agar erre dans le désert de Bersabée avec son enfant. Dieu entend ses lamentations et fait apparaître près d'elle un puits (*Genèse*, 21).
2. Père adoptif de Chactas.
3. Chactas a voyagé en France. Le roman des *Natchez* raconte son séjour aux bagnes de Marseille et de Toulon, puis sa visite à Versailles.
4. L'Europe, l'Asie et l'Afrique, par opposition au nouveau monde, l'Amérique.
5. Arbuste de la famille des térébinthacées, qui contient un suc laiteux.

table. Quelquefois j'allais chercher parmi les roseaux une plante, dont la fleur allongée en cornet contenait un verre de la plus pure rosée. Nous bénissions la Providence qui, sur la faible tige d'une fleur, avait placé cette source limpide au milieu des marais corrompus, comme elle a mis l'espérance au fond des cœurs ulcérés par le chagrin, comme elle a fait jaillir la vertu du sein des misères de la vie.

Atala.

Pour préparer l'étude du texte

1. Étudier l'évolution du texte en montrant en particulier, par l'observation des temps verbaux, le passage fréquent du récit à la description.
2. Analyser les différentes images de la nature. En quoi consiste sa beauté ? sa générosité ?
3. La présence divine. Comment apparaît-elle ? Quelle est sa signification ?

Pour un groupement de textes

L'homme et la nature.

La Bible (Ancien Testament), extraits de la *Genèse*, des *Psaumes*.
Rousseau, *Les confessions* (livre XII), Rousseau à l'île Saint-Pierre.
Chateaubriand, *Atala*, *Le voyage en Amérique*.
Hugo, *Les feuilles d'automne*, « Soleils couchants » (poème VI).
Baudelaire, *Les fleurs du mal*, « Correspondances », « La vie antérieure » (« Spleen et Idéal »), cf. p. 319.
Supervielle, *Gravitations*, « Le matin du monde ».

Luis MONROY (1845-1918), *La mort d'Atala*. Mexico, Musée National d'Art.

« La lune prêta son pâle flambeau à cette veillée funèbre. »

Atala vient de mourir. Le père Aubry propose à Chactas de l'enterrer avec toute la pompe chrétienne, mais l'Indien refuse : la tombe d'Atala doit rester aussi obscure que l'a été sa vie.

Nous convînmes que nous partirions le lendemain au lever du soleil, pour enterrer Atala sous l'arche du pont naturel, à l'entrée des Bocages de la mort[1]. Il fut aussi résolu que nous passerions la nuit en prières auprès du corps de cette sainte.

Vers le soir, nous transportâmes ses précieux restes à une ouverture de la grotte[2], qui donnait vers le nord. L'hermite[3] les avait roulés dans une pièce de lin d'Europe, filé par sa mère : c'était le seul bien qui lui restât de sa patrie, et depuis longtemps il le destinait à son propre tombeau. Atala était couchée sur un gazon de sensitives[4] de montagnes ; ses pieds, sa tête, ses épaules et une partie de son sein étaient découverts. On voyait dans ses

1. Cimetière des Indiens.
2. Où vit le vieil ermite.
3. Orthographe du XIXe siècle.
4. Plante dont les feuilles se rétractent quand on les touche.

cheveux une fleur de magnolia fanée... celle-là même que j'avais déposée sur le lit de la vierge pour la rendre féconde. Ses lèvres, comme un bouton de rose cueilli depuis deux matins, semblaient languir et sourire. Dans ses joues d'une blancheur éclatante, on distinguait quelques veines bleues. Ses beaux yeux étaient fermés, ses pieds modestes étaient joints, et ses mains d'albâtre pressaient sur son cœur un crucifix d'ébène ; le scapulaire[1] de ses vœux était passé à son cou. Elle paraissait enchantée[2] par l'Ange de la mélancolie, et par le double sommeil de l'innocence et de la tombe. Je n'ai rien vu de plus céleste. Quiconque eût ignoré que cette jeune fille avait joui de la lumière, aurait pu la prendre pour la statue de la Virginité endormie.

Le religieux ne cessa de prier toute la nuit. J'étais assis en silence au chevet du lit funèbre de mon Atala. Que de fois, durant son sommeil, j'avais supporté sur mes genoux cette tête charmante ! Que de fois je m'étais penché sur elle, pour entendre et pour respirer son souffle ! Mais à présent aucun bruit ne sortait de ce sein immobile, et c'était en vain que j'attendais le réveil de la beauté !

La lune prêta son pâle flambeau à cette veillée funèbre. Elle se leva au milieu de la nuit, comme une blanche vestale[3] qui vient pleurer sur le cercueil d'une compagne. Bientôt elle répandit dans les bois ce grand secret de mélancolie, qu'elle aime à raconter aux vieux chênes et aux rivages antiques des mers. De temps en temps, le religieux plongeait un rameau fleuri dans une eau consacrée, puis, secouant la branche humide, il parfumait la nuit des baumes du ciel. Parfois il répétait sur un air antique quelques vers d'un vieux poète nommé Job ; il disait :

« J'ai passé comme une fleur ; j'ai séché comme l'herbe des champs.

Pourquoi la lumière a-t-elle été donnée à un misérable, et la vie à ceux qui sont dans l'amertume du cœur ? »[4]

Ainsi chantait l'ancien des hommes. Sa voix grave et un peu cadencée allait roulant dans le silence des déserts. Le nom de Dieu et du tombeau sortait de tous les échos, de tous les torrents, de toutes les forêts. Les roucoulements de la colombe de Virginie, la chute d'un torrent dans la montagne, les tintements de la cloche qui appelait les voyageurs[5], se mêlaient à ces chants funèbres, et l'on croyait entendre dans les Bocages de la mort le chœur lointain des décédés, qui répondait à la voix du Solitaire.

Cependant une barre d'or se forma dans l'orient. Les éperviers criaient sur les rochers, et les martres rentraient dans le creux des ormes : c'était le signal du convoi d'Atala. Je chargeai le corps sur mes épaules ; l'hermite marchait devant moi, une bêche à la main. Nous commençâmes à descendre de rocher en rocher ; la vieillesse et la mort ralentissaient également nos pas. A la vue du chien qui nous avait trouvés dans la forêt, et qui maintenant, bondissant de joie, nous traçait une autre route, je me mis à fondre en larmes. Souvent la longue chevelure d'Atala, jouet des brises matinales, étendait son voile d'or sur mes yeux ; souvent, pliant sous le fardeau, j'étais obligé de le déposer sur la mousse, et de m'asseoir auprès, pour reprendre des forces. Enfin, nous arrivâmes au lieu marqué par ma douleur ; nous descendîmes sous l'arche du pont. O mon fils ! il eût fallu voir un jeune sauvage et un vieil hermite, à genoux l'un vis-à-vis de l'autre dans un désert, creusant avec leurs mains un tombeau pour une pauvre fille dont le corps était étendu près de là, dans la ravine desséchée d'un torrent !

Quand notre ouvrage fut achevé, nous transportâmes la beauté dans son lit d'argile. Hélas, j'avais espéré de préparer une autre couche pour elle ! Prenant alors un peu de poussière dans ma main, et gardant un silence effroyable, j'attachai, pour la dernière fois, mes yeux sur le visage d'Atala. Ensuite, je répandis la terre du sommeil sur un front de dix-huit printemps ; je vis graduellement disparaître les traits de ma sœur, et ses grâces se cacher sous le rideau de l'éternité ; son sein surmonta quelque temps le sol noirci, comme un lis blanc s'élève du milieu d'une sombre argile : « Lopez[6], m'écriai-je alors, vois ton fils inhumer ta fille ! » Et j'achevai de couvrir Atala de la terre du sommeil.

Atala.

Pour préparer le commentaire composé

1. Une scène naturelle. Repérer et analyser tous les éléments qui insistent sur le caractère simple et naturel de la scène.
2. Une scène d'une grande beauté. Étudier ce qui contribue à créer l'harmonie et la beauté de cette scène (structure régulière du récit, images, rythmes, évocation des éléments de la nature).
3. Une scène ayant un grand pouvoir d'émotion. Analyser ce qui confère au texte son pouvoir d'émotion (expression du chagrin, du regret, opposition entre le passé et le présent, entre les espoirs et la réalité).

Pour un groupement de textes

La mort des héroïnes.

— La mort d'Iseult : *Tristan et Iseult* (Éd. F. Michel, tome III, vers 558-680).
— La mort de Marie : Ronsard, *Œuvres*, (1578), « Sur la mort de Marie ».
— La mort d'Henriette d'Angleterre : Bossuet, *Oraison funèbre d'Henriette d'Angleterre.*
— La mort de Manon : Abbé Prévost, *Manon Lescaut.*
— La mort de Chloé : Vian, *L'écume des jours* (ch. 62).
— La mort de Nusch : Éluard, *Le temps déborde*, « Ma morte vivante ».

1. Petit morceau d'étoffe bénit, consacrant le serment de la mère d'Atala.
2. Soumise à une puissance magique, à un sortilège qui la pétrifie.
3. Prêtresse de Vesta chez les anciens Romains. Vouée à la virginité, elle entretenait le feu sacré. La lune est l'astre de la déesse Artémis, vierge et chaste, comme Atala.
4. Extraits du psaume CII et de *Job*, III, 20 (Ancien Testament).
5. La cloche de la mission du père Aubry, qui sonne la nuit pour orienter les voyageurs.
6. Père adoptif de Chactas.

Eugène DELACROIX (1798-1863), *Les Natchez* (1824-1825). Paris, Musée du Louvre, Cabinet des Dessins.

Bientôt elle [la lune] répandit dans les bois ce grand secret de mélancolie, qu'elle aime à raconter aux vieux chênes, et aux rivages antiques des mers.[1]

*Phrase formée [...] d'un élan bref et d'une lente retombée élargissante : type ici privilégié de vision et d'écriture. Mais qu'est-ce que ce « grand secret » ? Rien d'autre peut-être que le mouvement même d'une grandeur condamnée à toujours s'agrandir sans jamais vraiment réussir à se donner. La beauté d'une phrase comme celle-ci tient sans doute au fait que l'épanchement lumineux y ouvre et révèle devant lui toute une richesse échelonnée d'espaces : celui de la forêt et du feuillage (regroupé autour de quelques personnages vénérables : les vieux chênes) ; puis celui, à la fois vaste et multiple, de la mer (*des *mers) ; celui du passé enfin (*vieux *chênes, rivages *antiques*), qui s'étend derrière tous les autres, leur conférant comme une seconde profondeur. Cette diffusion engendre pourtant une « mélancolie », accordée à la mort d'Atala qu'elle éclaire. C'est qu'en dépit de son don d'expansion, la clarté lunaire ne comble pas le vide — vide des choses ou du cœur — comme le ferait l'éclat solaire. Elle se contente de le traverser familièrement de sa vibration toute négative. Elle l'éveille donc et le fait être en tant que vide, un vide qu'elle nous permet sensuellement de parcourir. Lumière grise : nuit devenue éclairante, tout en gardant une obscurité de nuit [...]. Lumière morte aussi, et sans initiative, puisque reflétée à partir d'un autre astre. Lumière désertique enfin : point de vie sur la lune. Chateaubriand ne l'oublie pas : pour tout cela sans doute la plus apte à émouvoir notre propre désert.*

Jean-Pierre Richard, Paysage de Chateaubriand, *Éd. du Seuil, 1967.*

1. *Atala.*

René

1802

Ce récit fait pendant à celui d'*Atala* : à son tour, quelques années plus tard, René, le Français adopté par les Indiens Natchez, raconte au vieux sachem Chactas et au père Souël, un missionnaire, les raisons de son exil en Amérique et de la mélancolie qui l'entraîne dans les bois, loin de son épouse indienne.

Orphelin de mère à sa naissance, René a connu une enfance agitée, avec pour seule affection celle de sa sœur Amélie. Un long voyage lui fait découvrir son instabilité, mais, de retour chez lui, il se trouve plus encore en proie à une exaltation sans motif qui lui fait aimer les manifestations de la nature répondant à son état d'esprit, comme le vent et les tempêtes (c'est le « vague des passions »[1]). Il veut se tuer, mais sa sœur l'en empêche. Cependant, après quelques mois passés auprès de René, Amélie dépérit mystérieusement. Elle entre au couvent, et, pendant la cérémonie de prise de voile, laisse comprendre à son frère qu'elle se sacrifie pour étouffer l'amour coupable qu'elle lui porte. Tourmenté par la douleur, le jeune homme s'embarque peu après pour l'Amérique.

Enfin, René explique à Chactas qu'il vient d'apprendre, par une lettre, la mort d'Amélie. Le vieux sachem a été ému par ce récit, mais le père Souël réprimande René : il a abandonné la société pour des rêveries inutiles ; ses maux ne sont que néant ; il doit retourner auprès de son épouse. Un dernier paragraphe rapporte que René a suivi ce conseil, sans trouver le bonheur, avant de mourir dans une bataille entre Français et Natchez.

Le récit est partiellement autobiographique : comme René, François-René de Chateaubriand a connu une enfance délaissée, l'affection d'une sœur aînée, la tentation du suicide ; comme lui, il s'est embarqué pour l'Amérique. Mais l'essentiel, dans *René*, n'est pas l'intrigue. Elle est presque inexistante, s'effaçant pour mieux laisser une impression de vide. Or, c'est ce vide même qui est au centre de l'œuvre : la mélancolie de René naît de son insatisfaction, de son impuissance à agir, de la frustration de ses désirs (on pense à Senancour, l'auteur d'*Oberman* — cf. p. 24). Toutes ses aspirations restent à l'état de virtualités, aucune ne se réalise : l'amour d'Amélie est un amour impossible, René voyage en vain à la recherche du bonheur, c'est un poète mais il n'écrit pas. Il semble que les forces de la jeunesse, révélées ici comme forces de rupture et de révolte, demeurent inexploitées. On retrouvera dans la génération romantique ce même sentiment, notamment dans *La confession d'un enfant du siècle* de Musset (cf. p. 87). *René* sera en effet très lu et très imité, surtout à partir de 1815, et connaîtra un retentissement excessif selon l'auteur lui-même :

« ... si René *n'existait pas, je ne l'écrirais plus ; s'il m'était possible de le détruire, je le détruirais. Une famille de René poètes et de René prosateurs a pullulé : on n'a plus entendu que des phrases lamentables et décousues ; il n'a plus été question que de vents et d'orages, que de maux inconnus livrés aux nuages et à la nuit. »*[2]

Il reste que *René* est un livre-phare dans l'histoire littéraire. Certes, le père Souël apporte en conclusion une morale conforme à la bienséance : « On n'est point, monsieur, un homme supérieur parce qu'on aperçoit le monde sous un jour odieux. [...] Quiconque a reçu des forces, doit les consacrer au service de ses semblables. » Mais ce qu'on a surtout retenu de l'œuvre, ce sont les sentiments du héros. D'une part, il met en question la valeur de la vie sociale, il refuse de « rapetisser [sa] vie, pour la mettre au niveau de la société ». En cela, *René* est une œuvre contestataire. D'autre part, le public a été sensible à la souffrance de René, et à l'exaltation de cette souffrance comme marque d'un esprit supérieur : « Si tu souffres plus qu'un autre des choses de la vie, dit Chactas à René, il ne faut pas t'en étonner ; une grande âme doit contenir plus de douleur qu'une petite. »

« Levez-vous vite, orages désirés... »

Déçu par ses voyages, René est rentré en France. Là, il cherche à dissiper son inquiétude en se mêlant à la vie parisienne, mais en vain. Bientôt, il se retire dans un faubourg ; et enfin, pour mieux s'isoler, il va « [s']ensevelir dans une chaumière » à la campagne. Il se livre alors à une rêverie exaltée, qui culmine dans ce célèbre appel aux orages.

La solitude absolue, le spectacle de la nature, me plongèrent bientôt dans un état presque impossible à décrire. Sans parents, sans amis, pour ainsi dire seul sur la terre, n'ayant point encore aimé[3], j'étais accablé d'une surabondance de vie. Quelquefois je rougissais subitement, et je sentais couler dans mon cœur, comme des ruisseaux d'une lave ardente ; quelquefois je poussais des cris involontaires, et la nuit était également troublée de mes songes et de mes veilles. Il me manquait quelque chose pour remplir l'abîme de mon existence : je descendais dans la vallée, je m'élevais sur la montagne, appelant de toute la force de mes désirs l'idéal objet d'une flamme[4] future ; je l'embrassais dans les vents ; je croyais l'entendre dans les gémissements du fleuve ; tout était ce fantôme imaginaire, et les astres dans les cieux, et le principe même de la vie dans l'univers.

Toutefois, cet état de calme et de trouble, d'indigence et de richesse, n'était pas sans quelques charmes : un jour je m'étais amusé à effeuiller une branche de saule sur un ruisseau, et à attacher une idée à chaque feuille que le courant entraînait. Un roi qui craint de perdre sa couronne par une révolution subite, ne ressent pas des angoisses plus vives que les miennes, à chaque accident qui menaçait les débris de mon rameau. O faiblesse des mortels ! O enfance du cœur humain qui ne vieillit jamais ! Voilà donc à quel degré de puérilité notre superbe[5] raison peut descendre ! Et encore est-il vrai que bien des hommes attachent leur destinée à des choses d'aussi peu de valeur que mes feuilles de saule.

1. *Génie du Christianisme*, deuxième partie, III, 9.
2. *Mémoires d'outre-tombe*, deuxième partie, XIII, 10.
3. La première édition ajoutait : « mais cherchant à aimer ».
4. Métaphore classique de l'amour.
5. Au sens premier du terme : orgueilleuse.

Horace VERNET (1789-1863), *Joseph Vernet attaché à un mât étudie les effets de la tempête* (1822). Avignon, Musée Calvet.

Mais comment exprimer cette foule de sensations fugitives, que j'éprouvais dans mes promenades ? Les sons que rendent les passions dans le vide d'un cœur solitaire ressemblent au murmure que les vents et les eaux font entendre dans le silence d'un désert : on en jouit, mais on ne peut les peindre.

L'automne me surprit au milieu de ces incertitudes : j'entrai avec ravissement dans le mois des tempêtes. Tantôt j'aurais voulu être un de ces guerriers errant au milieu des vents, des nuages et des fantômes ; tantôt j'enviais jusqu'au sort du pâtre que je voyais réchauffer ses mains à l'humble feu de broussailles qu'il avait allumé au coin d'un bois. J'écoutais ses chants mélancoliques, qui me rappelaient que dans tout pays, le chant naturel de l'homme est triste, lors même qu'il exprime le bonheur. Notre cœur est un instrument incomplet, une lyre où il manque des cordes, et où nous sommes forcés de rendre les accents de la joie sur le ton consacré aux soupirs.

Le jour, je m'égarais sur de grandes bruyères terminées par des forêts. Qu'il fallait peu de chose à ma rêverie ! une feuille séchée que le vent chassait devant moi, une cabane dont la fumée s'élevait dans la cime dépouillée des arbres, la mousse qui tremblait au souffle du nord sur le tronc d'un chêne, une roche écartée, un étang désert où le jonc flétri murmurait ! Le clocher solitaire s'élevant au loin dans la vallée a souvent attiré mes regards ; souvent j'ai suivi des yeux les oiseaux de passage qui volaient au-dessus de ma tête. Je me figurais les bords ignorés, les climats lointains où ils se rendent ; j'aurais voulu être sur leurs ailes. Un secret instinct me tourmentait ; je sentais que je n'étais moi-même qu'un voyageur ; mais une voix du ciel semblait me dire : « Homme, la saison de ta migration n'est pas encore venue ; attends que le vent de la mort se lève, alors tu déploieras ton vol vers ces régions inconnues que ton cœur demande. »

« Levez-vous vite, orages désirés, qui devez emporter René dans les espaces d'une autre vie ! » Ainsi disant, je marchais à grands pas, le visage enflammé, le vent sifflant dans ma chevelure, ne sentant ni pluie, ni frimas, enchanté[1], tourmenté, et comme possédé par le démon de mon cœur.

La nuit, lorsque l'aquilon ébranlait ma chaumière, que les pluies tombaient en torrent sur mon toit, qu'à travers ma fenêtre je voyais la lune sillonner les nuages amoncelés, comme un pâle vaisseau qui laboure les vagues[2], il me semblait que la vie redoublait au fond de mon cœur, que j'aurais eu la puissance de créer des mondes. Ah ! si j'avais pu faire partager à une autre les transports que j'éprouvais ! O Dieu ! si tu m'avais donné une femme selon mes désirs ; si, comme à notre premier père, tu m'eusses amené par la main une Ève tirée de moi-même[3]... Beauté céleste ! je me serais prosterné devant toi ; puis te prenant dans mes bras, j'aurais prié l'Éternel de te donner le reste de ma vie.

Hélas ! j'étais seul, seul sur la terre ! Une langueur secrète s'emparait de mon corps. Ce dégoût de la vie que j'avais ressenti dès mon enfance, revenait avec une force nouvelle. Bientôt mon cœur ne fournit plus d'aliment à ma pensée, et je ne m'apercevais de mon existence que par un profond sentiment d'ennui.

René.

1. Soumis à un pouvoir magique, ensorcelé.
2. Cf. *Mémoires d'outre-tombe*, p. 44.
3. On pense à la *Sylphide*, l'amante imaginaire de Chateaubriand adolescent (cf. p. 46).

Pour préparer l'étude du texte

1. Étudier les différentes fonctions de la nature : nature référence, nature cadre de la rêverie, nature inspiratrice.
2. Montrer comment s'exprime l'accord profond entre les différents aspects de la nature et les états d'âme du narrateur.
3. Le « vague des passions » : contradictions, aspirations vers un « ailleurs », sentiment douloureux du néant.

Pour un groupement de textes

Le vague des passions.

Senancour, *Oberman*, cf. p. 25.
B. Constant, *Adolphe*, cf. p. 21.
Chateaubriand, *René* ; le *Génie du Christianisme* (IIe partie : « Du vague des passions »).
Musset, *Confession d'un enfant du siècle*, ch. 1 et 2, cf. p. 88.

Le héros de ce roman par lettres est très proche de Goethe ; il lui ressemble par sa sensibilité excessive, qui le fait osciller entre l'exaltation et le désespoir. Mais Werther incarne aussi les tourments de toute une génération : il est le premier héros romantique. Ce roman eut une grande influence sur la littérature européenne du XIXe siècle.

Le sentiment si plein, si chaleureux, que mon cœur a de la vivante nature, ce sentiment qui m'inondait de tant de volupté, qui du monde qui m'entourait me faisait un paradis, me devient maintenant un intolérable bourreau, un démon tourmenteur qui, où que j'aille, me poursuit. Quand autrefois, du haut des rochers, mes regards s'en allant par-delà la rivière, jusqu'aux lointaines collines, parcouraient la fertile vallée et voyaient autour d'eux tout germer, tout pousser ; [...] lorsqu'ensuite j'entendais autour de moi les oiseaux animer la forêt, et que, par millions, des essaims de moucherons dansaient vaillamment dans le dernier et rouge rayon du soleil, [...] comme je recevais tout cela en mon cœur enflammé, comme je me sentais, en cette débordante plénitude, presque devenir dieu, comme les magnifiques images du monde infini, toutes porteuses de vie, défilaient en mon âme ! [...] — Ah ! que de fois ne me suis-je pas, alors, souhaité les ailes de la grue qui passait au-dessus de ma tête, afin de m'envoler vers les rivages de l'immense mer, afin de boire à la coupe écumante de l'infini ces vitales délices qui vous enflent le cœur, afin de sentir, ne fût-ce qu'un instant, dans mon faible sein, une goutte de la félicité de l'Être en qui et par qui tout est engendré.

W. Goethe, Les souffrances du jeune Werther, *livre I, lettre du 18 août, Traduction de H. Buriot-Darsiles, Éd. Aubier-Montaigne.*

Hippolyte Victor Valentin SEBRON (1801-1879), *La grande cataracte du Niagara, effet d'hiver* (1855). Rouen, Musée des Beaux-Arts.
Le Niagara constituait, au début du XIXe, une sorte de symbole américain. Voir l'extrait du *Génie du Christianisme*, p. 39.

Génie du Christianisme

1802

Par sa singularité et par son succès, le *Génie du Christianisme* fait date dans l'histoire littéraire et l'histoire des idées : cette apologie de la religion chrétienne, parue en 1802, marque la fin de la période antireligieuse liée à la Révolution, et coïncide avec le début d'un renouveau de la foi.

La naissance de l'œuvre

Chateaubriand explique ainsi sa brusque conversion : il aurait reçu en Angleterre une lettre de sa sœur Julie lui apprenant la mort de leur mère, et cette lettre lui serait parvenue alors que Julie elle-même était déjà morte. « Ces deux voix sorties du tombeau [...] m'ont frappé. Je suis devenu chrétien [...], ma conviction est sortie du cœur : j'ai pleuré et j'ai cru. »[1]

Dès lors, il aurait écrit comme sous l'effet d'une illumination : « Le titre [...] que je trouvai sur-le-champ m'inspira. Je me mis à l'ouvrage ; je travaillai avec l'ardeur d'un fils qui bâtit un mausolée à sa mère. »[2]

Il est possible, en réalité, que Chateaubriand ait commencé d'écrire le *Génie* avant la mort de sa mère. On peut donc douter de sa sincérité lorsqu'il évoque l'origine de l'œuvre. Cependant, le *Génie* est bien un ouvrage chrétien et plein de conviction. Selon la formule de Pierre Moreau, « Ce n'est pas le livre d'un converti, c'est le livre qui le convertira ».[3]

En outre, le *Génie du Christianisme* se situe au confluent de l'évolution spirituelle de Chateaubriand, et de l'évolution idéologique de la France : le livre répond aux aspirations des Français, à leur soif de religion après la période révolutionnaire où les églises étaient fermées. Chateaubriand a été instruit de ce nouvel état des esprits par son ami Fontanes, qui l'a rejoint en Angleterre. Enfin, le *Génie* s'accorde avec les vues de Napoléon, qui vient de se réconcilier avec l'Église (Concordat, 1801). La seconde édition de l'ouvrage (1803) est dédiée au Premier Consul.

Une apologie d'un genre nouveau

Traditionnellement, une apologie se présente comme une démonstration : elle prouve l'existence de Dieu, l'excellence du Christianisme. Chateaubriand rompt avec la tradition et renouvelle le genre.

La religion chrétienne a été, dans sa doctrine et ses institutions, bafouée par la Révolution. Le *Génie du Christianisme* lui rend sa dignité. On l'a accusée d'être née de la barbarie ; Chateaubriand répond : « De toutes les religions qui ont jamais existé, la religion chrétienne est la plus poétique, la plus humaine, la plus favorable à la liberté, aux arts et aux lettres. »[4]

Il ne s'agit pas, cependant, d'un retour en arrière : l'auteur tient compte de l'évolution des idées. Ainsi, puisqu'on ne connaît plus Dieu, il ne faut pas poser son existence en principe, mais, au contraire, partir de l'expérience : constatant les « merveilles de la nature », en déduire l'existence de Dieu :

« Il est un Dieu ; les herbes de la vallée et les cèdres de la montagne le bénissent, l'insecte bourdonne ses louanges, l'éléphant le salue au lever du jour, l'oiseau le chante dans le feuillage, la foudre fait éclater sa puissance, et l'Océan déclare son immensité. »[5]

Chateaubriand choisit de s'adresser non pas à la raison de ses lecteurs, mais à leur sensibilité : il fait appel à « tous les enchantements de l'imagination et tous les intérêts du cœur »[6] : émotion provoquée par une scène ou une cérémonie touchante, plaisir esthétique devant un paysage ou une œuvre d'art. C'est par les sentiments que doit renaître la foi chrétienne.

C'est pourquoi, plutôt qu'à des réflexions théologiques arides, Chateaubriand a consacré les chapitres du *Génie* à des thèmes nouveaux : de vastes fresques de la nature sauvage (débarrassée de la mythologie antique) ; des méditations sur les ruines ou les cathédrales gothiques ; des pages de critique littéraire où l'on redécouvre, entre autres, la Bible et le Moyen Age.

D'autre part, Chateaubriand a l'habileté de présenter la religion comme un garant de l'ordre social : « Sans le Christianisme, le naufrage de la société et des lumières eût été total. »[7] Il répond ainsi au besoin d'ordre qu'éprouvent les Français après une longue période de troubles.

Le *Génie* est donc une remarquable œuvre de propagande, qui montre l'intuition historique de Chateaubriand, et son habileté à concilier tous les arguments possibles. Mais la véritable force du livre, ce qui a fait son succès, c'est d'avoir su présenter le Christianisme sous un jour nouveau, plus accessible et plus affectif.

1. Première préface du *Génie du Christianisme*.
2. *Mémoires d'outre-tombe*, première partie, XI, 5.
3. Pierre Moreau, *La conversion de Chateaubriand*, deuxième partie, ch. 5, Éd. Alcan, 1933.
4. *Génie du Christianisme*, première partie, I, 1.
5. *Ibid.*, première partie, V, 2.
6. Nouvelle préface du *Génie du Christianisme*.
7. *Génie du Christianisme*, quatrième partie, VI, 13.

« le beau spectacle d'une nuit dans les déserts du Nouveau Monde »

Dans une partie du *Génie du Christianisme* intitulée « Existence de Dieu prouvée par les merveilles de la nature », Chateaubriand évoque les prodiges de la flore et de la faune, avant de tracer deux tableaux, « deux perspectives de la nature » vues en Amérique. Voici la seconde.

Un soir, je m'étais égaré dans une forêt, à quelque distance de la cataracte de Niagara ; bientôt je vis le jour s'éteindre autour de moi, et je goûtai, dans toute sa solitude, le beau spectacle d'une nuit dans les déserts du Nouveau Monde.

Une heure après le coucher du soleil, la lune se montra au-dessus des arbres, à l'horizon opposé. Une brise embaumée, que cette reine des nuits amenait de l'orient avec elle, semblait la précéder dans les forêts, comme sa fraîche haleine. L'astre solitaire monta peu à peu dans le ciel : tantôt il suivait paisiblement sa course azurée ; tantôt il reposait sur des groupes de nues qui ressemblaient à la cime de hautes montagnes couronnées de neige. Ces nues, ployant et déployant leurs voiles, se déroulaient en zones diaphanes[1] de satin blanc, se dispersaient en légers flocons d'écume, ou formaient dans les cieux des bancs d'une ouate éblouissante, si doux à l'œil, qu'on croyait ressentir leur mollesse et leur élasticité.

La scène sur la terre n'était pas moins ravissante : le jour bleuâtre et velouté de la lune descendait dans les intervalles des arbres, et poussait des gerbes de lumière jusque dans l'épaisseur des plus profondes ténèbres. La rivière qui coulait à mes pieds, tour à tour se perdait dans le bois, tour à tour reparaissait brillante des constellations de la nuit, qu'elle répétait dans son sein. Dans une savane, de l'autre côté de la rivière, la clarté de la lune dormait sans mouvement sur les gazons : des bouleaux agités par les brises, et dispersés çà et là, formaient des îles d'ombres flottantes sur cette mer immobile de lumière. Auprès, tout aurait été silence et repos, sans la chute de quelques feuilles, le passage d'un vent subit, le gémissement de la hulotte ; au loin, par intervalles, on entendait les sourds mugissements de la cataracte de Niagara, qui, dans le calme de la nuit, se prolongeaient de désert en désert, et expiraient à travers les forêts solitaires.

La grandeur, l'étonnante mélancolie de ce tableau ne sauraient s'exprimer dans les langues humaines ; les plus belles nuits en Europe ne peuvent en donner une idée. En vain, dans nos champs cultivés, l'imagination cherche à s'étendre ; elle rencontre de toutes parts les habitations des hommes ; mais dans ces régions sauvages, l'âme se plaît à s'enfoncer dans un océan de forêts, à planer sur le gouffre des cataractes, à méditer au bord des lacs et des fleuves, et, pour ainsi dire, à se trouver seule devant Dieu.

Génie du Christianisme, I, V, 12.

Pour préparer le commentaire composé

1. Repérer et analyser les éléments (harmonie, lumière, charme, grandeur) qui font de ce paysage un paysage de rêve.
2. Montrer qu'il s'agit cependant d'un paysage réel en soulignant les données temporelles, spatiales, géographiques.
3. Beauté du monde et existence de Dieu : comment Chateaubriand passe-t-il de l'une à l'autre?

Pour une étude comparée

La nature, l'homme et Dieu.

Chateaubriand, le *Génie du Christianisme*.
Rousseau, *Les confessions*, livre XII (Rousseau à l'île Saint-Pierre).

Des églises gothiques

La troisième partie du *Génie du Christianisme* affirme l'excellence des Chrétiens dans le domaine de la littérature et des beaux-arts. A propos de l'architecture, Chateaubriand énonce une idée fondamentale : chaque style est attaché à un lieu, à un peuple. Selon lui, le style gothique, typiquement français, serait né du spectacle des forêts de chênes.

Ce texte réhabilite des monuments considérés, depuis la Renaissance, comme barbares (gothique vient de *Goths*). A la suite de Chateaubriand, la génération romantique remettra le Moyen Age à l'honneur (cf. Victor Hugo, *Notre-Dame de Paris*, p. 266).

Les forêts ont été les premiers temples de la Divinité, et les hommes ont pris dans les forêts la première idée de l'architecture. Cet art a donc dû varier selon les climats. Les Grecs ont tourné l'élégante colonne corinthienne[2], avec son chapiteau de feuilles, sur le modèle du palmier. Les énormes piliers du vieux style égyptien représentent le sycomore[3], le figuier oriental, le bananier et la plupart des arbres gigantesques de l'Afrique et de l'Asie.

Les forêts des Gaules ont passé à leur tour dans les temples de nos pères, et nos bois de chênes ont ainsi maintenu leur origine sacrée[4]. Ces voûtes ciselées en feuillages, ces jambages qui appuient les murs, et finissent brusquement comme des troncs brisés, la fraîcheur des voûtes, les ténèbres du sanctuaire, les ailes obscures, les passages secrets, les portes abaissées, tout retrace les labyrinthes des bois dans l'église gothique, tout en fait sentir la religieuse horreur, les mystères de la divinité. Les deux tours hautaines, plantées à l'entrée de l'édifice,

1. Transparentes.
2. Colonne dont le chapiteau (sommet) est orné de feuilles d'acanthe.
3. Figuier originaire d'Égypte.
4. Les druides gaulois pratiquaient leur culte dans les bois.

Ernst Ferdinand OEHME (1797-1855), *Cathédrale en hiver* (1821). Dresde, Staatliche Kunstsammlungen, Gemäldegalerie.

surmontent les ormes et les ifs du cimetière, et font un effet pittoresque sur l'azur du ciel. Tantôt le jour naissant illumine leurs têtes jumelles ; tantôt elles paraissent couronnées d'un chapiteau de nuages, ou grossies dans une atmosphère vaporeuse. Les oiseaux eux-mêmes semblent s'y méprendre, et les adopter pour les arbres de leurs forêts : des corneilles voltigent autour de leurs faîtes, et se perchent sur leurs galeries. Mais tout à coup des rumeurs confuses s'échappent de la cime de ces tours, et en chassent les oiseaux effrayés. L'architecte chrétien, non content de bâtir des forêts, a voulu, pour ainsi dire, en imiter les murmures ; et, au moyen de l'orgue et du bronze suspendu[1], il a attaché au temple gothique jusqu'au bruit des vents et des tonnerres, qui roulent dans la profondeur des bois. Les siècles, évoqués par ces sons religieux, font sortir leurs antiques voix du sein des pierres, et soupirent dans la vaste basilique : le sanctuaire mugit comme l'antre de l'ancienne Sibylle[2] ; et, tandis que l'airain[3] se balance avec fracas sur votre tête, les souterrains voûtés de la mort se taisent profondément sous vos pieds.

Génie du Christianisme, III, I, 8.

Pour préparer l'étude du texte

Montrer comment s'exprime et se développe, dans le texte, la théorie selon laquelle la religion s'enracine dans la nature :
— la forêt temple ;
— l'église forêt ;
— « recréer des forêts ».

1. Les cloches.
2. Prêtresse d'Apollon et devineresse qui prédisait l'avenir dans une grotte.
3. Le bronze (des cloches des églises).

Itinéraire de Paris à Jérusalem

1811

Le périple de Chateaubriand le mène à Jérusalem par la Grèce ; il reviendra par l'Espagne, où l'attend sa maîtresse, Nathalie de Noailles. Cela explique peut-être l'incroyable rapidité de ce voyage : il passe moins d'un mois en Grèce, pas plus de deux jours à Athènes. Mais cette hâte a une autre raison : Chateaubriand est déçu par les lieux dont il avait rêvé. C'est seulement en rédigeant, après son retour, le récit de ce voyage, qu'il transfigure son souvenir (souvent en s'inspirant des relations d'autres voyageurs). Il parvient alors à ressusciter la Grèce antique, qu'il n'avait pas retrouvée sur place.

« J'ai vu du haut de l'Acropolis le soleil se lever »

Chateaubriand et son guide se trouvent parmi les ruines du Parthénon, sur l'Acropole (citadelle) d'Athènes. L'auteur vient d'énumérer les monuments qu'ils peuvent voir.

Il faut maintenant se figurer tout cet espace tantôt nu et couvert d'une bruyère jaune, tantôt coupé par des bouquets d'oliviers, par des carrés d'orges, par des sillons de vignes ; il faut se représenter des fûts de colonnes et des bouts de ruines anciennes et modernes, sortant du milieu de ces cultures ; des murs blanchis et des clôtures de jardin traversant les champs : il faut répandre dans la campagne des Albanaises qui tirent de l'eau ou qui lavent à des puits les robes des Turcs[1] ; des paysans qui vont et viennent, conduisant des ânes, ou portant sur leur dos des provisions à la ville : il faut supposer toutes ces montagnes dont les noms sont si beaux, toutes ces ruines si célèbres, toutes ces îles, toutes ces mers non moins fameuses, éclairées d'une lumière éclatante. J'ai vu du haut de l'Acropolis le soleil se lever entre les deux cimes du mont Hymette[2] : les corneilles qui nichent autour de la citadelle, mais qui ne franchissent jamais son sommet, planaient au-dessous de nous ; leurs ailes noires et lustrées étaient glacées de rose par les premiers reflets du jour ; des colonnes de fumée bleue et légère montaient dans l'ombre, le long des flancs de l'Hymette, et annonçaient les parcs ou les chalets des abeilles[3] ; Athènes, l'Acropolis et les débris du Parthénon se coloraient des plus belles teintes de la fleur du pêcher ; les sculptures de Phidias[4], frappées horizontalement d'un rayon d'or, s'animaient et semblaient se mouvoir sur le marbre par la mobilité des ombres du relief ; au loin, la mer et le Pirée[5] étaient tout blancs de lumière ; et la citadelle de Corinthe, renvoyant l'éclat du jour nouveau, brillait sur l'horizon du couchant, comme un rocher de pourpre et de feu.

Du lieu où nous étions placés, nous aurions pu voir, dans les beaux jours d'Athènes, les flottes sortir du Pirée pour combattre l'ennemi ou pour se rendre aux fêtes de Délos[6] ; nous aurions pu entendre éclater au théâtre de Bacchus[7] les douleurs d'Œdipe[8], de Philoctète[9] et d'Hécube[10] ; nous aurions pu ouïr les applaudissements des citoyens aux discours de Démosthène[11]. Mais, hélas ! aucun son ne frappait notre oreille. À peine quelques cris échappés à une populace esclave[12] sortaient par intervalles de ces murs qui retentirent si longtemps de la voix d'un peuple libre. Je me disais, pour me consoler, ce qu'il faut se dire sans cesse : Tout passe, tout finit dans ce monde. Où sont allés les génies divins qui élevèrent le temple sur les débris duquel j'étais assis ? Ce soleil, qui peut-être éclairait les derniers soupirs de la pauvre fille de Mégare[13], avait vu mourir la brillante Aspasie[14]. Ce tableau de l'Attique[15], ce spectacle que je contemplais, avait été contemplé par des yeux fermés depuis deux mille ans. Je passerai à mon tour : d'autres hommes aussi fugitifs que moi viendront faire les mêmes réflexions sur les mêmes ruines. Notre vie et notre cœur sont entre les mains de Dieu : laissons-le donc disposer de l'une comme de l'autre.

Itinéraire de Paris à Jérusalem, première partie.

Pour préparer l'étude du texte

1. Étudier précisément la structure du texte en soulignant sa double évolution temporelle et spatiale :
— le présent historique, la vision de la campagne ;
— le lever de soleil sur la ville ;
— le passé grandiose dans la baie du Pirée.

2. Comment s'explique la méditation sur le temps ? Étudier les lignes 19-27 en mettant en relief les points suivants :
— la variété des temps verbaux ;
— l'opposition des contextes politiques ;
— l'expression d'une condition humaine éphémère.

Pour un groupement de textes

La fascination de l'Orient au XIXe siècle.

Nerval, cf. p. 136.
Flaubert, cf. p. 431.

1. Athènes faisait partie de l'Empire ottoman.
2. Montagne au sud-est d'Athènes, dont le sommet dessine une double courbe.
3. L'Hymette est célèbre pour son miel.
4. Sculpteur athénien (vers 490-430 av. J.-C.).
5. Port d'Athènes.
6. Ile (l'une des Cyclades) où se célébraient les fêtes d'Apollon.
7. Dionysos, dieu qui présidait aux représentations théâtrales.
8. Héros de deux tragédies de Sophocle (Ve siècle av. J.-C.).
9. L'un des chefs grecs de *L'Iliade*, héros d'une tragédie de Sophocle.
10. Reine de Troie, héroïne d'une tragédie d'Euripide (Ve siècle av. J.-C.).
11. Homme politique athénien (384-322 av. J.-C.).
12. Les Grecs soumis aux Turcs.
13. Une jeune malade que Chateaubriand a vue quelques jours plus tôt.
14. Femme grecque, compagne de Périclès (Ve siècle av. J.-C.).
15. Péninsule grecque où est située Athènes.

Mémoires d'outre-tombe

1848-1850

L'autobiographie de Chateaubriand est composée de quatre grandes parties qui regroupent quarante-quatre livres, eux-mêmes divisés en chapitres[1]. L'auteur distingue dans son existence « trois carrières successives » correspondant aux trois premières parties : « Depuis ma première jeunesse jusqu'en 1800, j'ai été soldat et voyageur ; depuis 1800 jusqu'en 1814, [...] ma vie a été littéraire ; depuis la Restauration jusqu'[en 1830], ma vie a été politique. »[2] La quatrième partie retrace une dernière carrière (1830-1841), synthèse des trois premières.

Un demi-siècle de travail

Le projet initial de l'ouvrage, dont le titre était *Mémoires de ma vie*, remonte à 1803 ; il faudra quarante-cinq ans pour que les *Mémoires* soient publiés. Leur rédaction proprement dite commence en 1809, alors que Chateaubriand réside à la Vallée-aux-Loups, près de Paris, où il s'est retiré. A partir de cette date, il y travaille de manière intermittente, et aboutit en 1826 à un premier manuscrit. Mais vers 1832, le projet change d'orientation : il s'élargit de l'autobiographie à l'histoire et prend son titre définitif, *Mémoires d'outre-tombe*. Ce sera un message adressé aux vivants par-delà le tombeau.

L'ensemble est achevé en 1841, mais, bien avant, Chateaubriand s'inquiète déjà de l'accueil qui sera réservé, après sa mort, à son œuvre maîtresse : il en lit quelques passages dans le salon de Mme Récamier, trouve un éditeur qui s'engage à ne publier les *Mémoires* qu'après la mort de l'auteur. Il ne pourra empêcher cet éditeur de vendre au journal *La Presse* le droit de publier l'œuvre en feuilleton, et les *Mémoires* paraîtront donc presque en même temps en épisodes (1848-1850) et en volumes.

« Il ne faut présenter au monde que ce qui est beau »

Chateaubriand ne prétend pas faire de ses *Mémoires* un recueil de confidences, à la différence des *Confessions* de Rousseau :

« ... ce ne seront point des confessions pénibles pour mes amis [...]. Je n'entretiendrai pas non plus la postérité du détail de mes faiblesses ; je ne dirai de moi que ce qui est convenable à ma dignité d'homme [...]. Il ne faut présenter au monde que ce qui est beau... »[3]

En réalité, il trace un autoportrait assez flatteur. Il accommode les faits selon les besoins du récit et de la morale. Ainsi, il prétend avoir été rappelé d'Amérique par la nouvelle de l'arrestation de Louis XVI, mais on sait qu'il est parti pour échapper à ses créanciers. Sa sœur Lucile meurt en 1804 ; elle s'est très probablement suicidée. Or les suicidés n'ont pas droit à des funérailles religieuses. Il serait donc indécent que l'auteur du *Génie du Christianisme* assiste à ses obsèques. Il prétendra ignorer à quel endroit Lucile a été enterrée, pour expliquer qu'il ne lui ait pas fait élever de monument. En fait, l'endroit était connu, mais c'est la dépense qui a retenu l'écrivain. Pourtant, sa douleur était certainement sincère : « Je n'ai pas été un seul jour sans la pleurer. »[4]

Il ne s'agit pas ici de faire le procès de Chateaubriand ; il ne prétendait ni à la véracité, ni à la sincérité. Outre la pudeur qu'ils supposent, ces mensonges, parmi d'autres, permettent de déceler la part du romanesque dans les *Mémoires* : l'auteur récrit sa vie pour la rendre exemplaire, la transformer en destin, s'accomplir dans l'écriture. Selon André Maurois, l'existence de Chateaubriand et ses *Mémoires* sont respectivement « une tentative manquée pour faire de sa vie une œuvre d'art, puis une autre, réussie, pour faire sur sa vie une œuvre d'art. »[5]

On rencontre pourtant dans les *Mémoires* des récits où l'auteur ne prend pas la pose. Ainsi, il raconte avec humour une chasse royale à Versailles, où il s'est montré piètre cavalier : « Je restai derrière à me débattre avec *l'Heureuse*, qui ne voulait pas se laisser enfourcher par son nouveau maître. » Bientôt, la jument s'emballe et « vient au grand galop donner dans une troupe de chasseurs, écartant tout sur son passage, ne s'arrêtant qu'au heurt du cheval d'une femme qu'elle faillit culbuter, au milieu des éclats de rire des uns, des cris de frayeur des autres. »[6] Ailleurs, Chateaubriand révèle des considérations inattendues, comme celle-ci : « Si j'avais pétri mon limon, peut-être me fussé-je créé femme, en passion d'elles ; ou si je m'étais fait homme, je me serais octroyé d'abord la beauté. »[7] Ces passages nous révèlent un Chateaubriand moins parfait et plus humain ; ils complètent une figure qui, sans eux, pourrait avoir la raideur d'une statue.

L'histoire et le temps

Par son rôle d'homme politique, Chateaubriand a été amené à côtoyer les grands de son temps, et à analyser les situations et les faits. Ainsi les *Mémoires* dépassent-ils la pure autobiographie pour faire une place à l'histoire.

L'histoire n'est pas seulement, pour Chateaubriand, l'objet de témoignages. Toujours prompts à révéler un trait marquant de leur époque, les *Mémoires* contiennent quelques portraits brillants, dont certains touchent à la caricature. Ainsi de Louis-Philippe : « Philippe est un sergent de ville : l'Europe peut lui cracher au visage ; il s'essuie, remercie, et montre sa patente de roi. »[8]

Mais Chateaubriand est surtout un écrivain visionnaire. Son sens de l'analogie lui permet de rapprocher des époques lointaines pour mieux les comprendre en les éclairant l'une par l'autre, et même pour prévoir l'avenir :

« A Rome le règne de l'homme fut substitué au règne de la loi : on passa de la république à l'empire ; notre révolution s'accomplit en sens contraire : on incline à passer de la royauté à la république, ou, pour ne spécifier aucune forme, à la démocratie ; cela ne s'effectuera pas sans difficulté. »[9]

1. Nous donnons ici le plan des *Mémoires*, et non un résumé, auquel la richesse de l'œuvre se prêterait difficilement. Pour plus de détails, on se reportera à la biographie de l'auteur.
2. *Mémoires d'outre-tombe*, préface testamentaire, 1833.
3. *Ibid.*, deuxième partie, XV, 7.
4. *Ibid.*, deuxième partie, XVII, 6.
5. André Maurois, *René ou la vie de Chateaubriand*, Éd. Grasset, 1956.
6. *Mémoires d'outre-tombe*, première partie, IV, 9.
7. *Ibid.*, première partie, IV, 6.
8. *Ibid.*, quatrième partie, XLIII, 1.
9. *Ibid.*, quatrième partie, XLIV, 3.

Écrit en 1841, sous la Monarchie de Juillet, ce texte peut sembler prophétique, annonçant la révolution de 1848, et les obstacles qui devaient s'opposer, pendant de nombreuses années, à l'instauration de la République.

Chateaubriand réunit dans une même vision historique le passé et l'avenir : ce point de vue, fondamental, est pour l'écrivain un moyen de chercher à maîtriser le temps. Les *Mémoires* traduisent en effet une conscience très nette de l'écoulement du temps, perçu comme la destruction des monuments, des civilisations et de la mémoire, et comme l'approche de la mort, que l'écriture doit enrayer en fixant souvenirs et pensées, en les immortalisant.

Parvenu au dernier chapitre des *Mémoires*, Chateaubriand écrit : « Mon monument est achevé. » Son autobiographie est en effet un second tombeau, qui doit rappeler son souvenir aux vivants, à la manière des pyramides d'Égypte :

« L'idée de vaincre le temps par un tombeau, de forcer les générations, les mœurs, les lois, les âges, à se briser au pied d'un cercueil, ne saurait être sortie d'une âme vulgaire. Si c'est là de l'orgueil, c'est du moins un grand orgueil. »[1]

Ces mots de l'*Itinéraire de Paris à Jérusalem* pourraient s'appliquer aux *Mémoires d'outre-tombe*, car Chateaubriand entend bien, par cette œuvre, triompher du temps, en accédant à une gloire éternelle.

James FORBES (1749-1819), *Vue de la Vallée aux Loups* (1817). Sceaux, Musée de l'Ile de France.

1. *Itinéraire de Paris à Jérusalem*, sixième partie.

« Entre la mer et la terre... »

Entre le récit de sa petite enfance et celui de son départ pour le collège, Chateaubriand insère quelques lignes sur la Bretagne. Plus qu'une description, il donne des paysages une interprétation poétique.

Entre la mer et la terre s'étendent des campagnes pélagiennes[1], frontières indécises des deux éléments : l'alouette de champ y vole avec l'alouette marine ; la charrue et la barque à un jet de pierre l'une de l'autre, sillonnent la terre et l'eau. Le navigateur et le berger s'empruntent mutuellement leur langue : le matelot dit *les vagues moutonnent*, le pâtre dit *des flottes de moutons*. Des sables de diverses couleurs, des bancs variés de coquillages, des varechs, des franges d'une écume argentée, dessinent la lisière blonde ou verte des blés. Je ne sais plus dans quelle île de la Méditerranée, j'ai vu un bas-relief représentant les Néréides attachant des festons au bas de la robe de Cérès[2].

Mais ce qu'il faut admirer en Bretagne, c'est la lune se levant sur la terre et se couchant sur la mer.

Établie par Dieu gouvernante de l'abîme, la lune a ses nuages, ses vapeurs, ses rayons, ses ombres portées[3] comme le soleil ; mais comme lui, elle ne se retire pas solitaire ; un cortège d'étoiles l'accompagne. A mesure que sur mon rivage natal elle descend au bout du ciel, elle accroît son silence qu'elle communique à la mer ; bientôt elle tombe à l'horizon, l'intersecte[4], ne montre plus que la moitié de son front qui s'assoupit, s'incline et disparaît dans la molle intumescence[5] des vagues. Les astres voisins de leur reine, avant de plonger à sa suite, semblent s'arrêter, suspendus à la cime des flots. La lune n'est pas plus tôt couchée, qu'un souffle venant du large brise l'image des constellations[6], comme on éteint les flambeaux après une solennité.

Mémoires d'outre-tombe, première partie, I, 6.

Pour préparer l'étude du texte

1. Analyser tous les procédés stylistiques par lesquels s'exprime la confusion entre la mer et la terre (l. 1-6).
2. Étudier comment s'opère la personnification de la lune. Montrer que dans les lignes 8-14 son mouvement est assimilé à un véritable rituel.

Pour une étude comparée

Comparer les lignes 1-6 de ce texte au poème de Rimbaud, « Marine » (*Illuminations*, cf. p. 361), en soulignant les similitudes dans l'expression de la confusion des deux univers marin et terrestre.

Apparition de Combourg

Chateaubriand avait commencé d'écrire ses *Mémoires* en 1809, puis avait interrompu son travail. En 1817, une circonstance singulière l'amène à le reprendre : il entend, dans le parc de Montboissier, « aux confins de la Beauce et du Perche », le chant d'une grive, qui lui rappelle soudain son adolescence. Ce phénomène de mémoire involontaire née d'une sensation sera au centre de l'œuvre de Marcel Proust au XXe siècle.

Hier au soir je me promenais seul ; le ciel ressemblait à un ciel d'automne ; un vent froid soufflait par intervalles. A la percée d'un fourré, je m'arrêtai pour regarder le soleil : il s'enfonçait dans des nuages au-dessus de la tour d'Alluye, d'où Gabrielle[7], habitante de cette tour, avait vu comme moi le soleil se coucher il y a deux cents ans. Que sont devenus Henri et Gabrielle ? Ce que je serai devenu quand ces *Mémoires* seront publiés.

Je fus tiré de mes réflexions par le gazouillement d'une grive perchée sur la plus haute branche d'un bouleau. A l'instant, ce son magique fit reparaître à mes yeux le domaine paternel[8] ; j'oubliai les catastrophes dont je venais d'être le témoin[9], et, transporté subitement dans le passé, je revis ces campagnes où j'entendis si souvent siffler la grive. Quand je l'écoutais alors, j'étais triste de même qu'aujourd'hui ; mais cette première tristesse était celle qui naît d'un vague désir de bonheur, lorsqu'on est sans expérience ; la tristesse que j'éprouve actuellement vient de la connaissance des choses appréciées et jugées. Le chant de l'oiseau dans les bois de Combourg m'entretenait d'une félicité que je croyais atteindre ; le même chant dans le parc de Montboissier me rappelait des jours perdus à la poursuite de cette félicité insaisissable. Je n'ai plus rien à apprendre, j'ai marché plus vite qu'un autre, et j'ai fait le tour de la vie. Les heures fuient et m'entraînent ; je n'ai pas même la certitude de pouvoir achever ces *Mémoires*. Dans combien de lieux ai-je déjà commencé à les écrire, et dans quel lieu les finirai-je ? Combien de temps me promènerai-je au bord des bois ? Mettons à profit le peu d'instants qui me restent ; hâtons-nous de peindre ma jeunesse, tandis que j'y touche encore[10] : le navigateur, abandonnant pour jamais un rivage enchanté, écrit son journal à la vue de la terre qui s'éloigne et qui va bientôt disparaître.

Mémoires d'outre-tombe, première partie, III, 1.

1. Marines (du grec *pélagos*, la pleine mer).
2. Les Néréides sont des divinités marines, et Cérès (Déméter), la déesse de la terre cultivée.
3. Ombre projetée par un objet sur une surface, un autre objet.
4. Le croise. Verbe rare (cf. « intersection »).
5. Gonflement. Mot savant, généralement employé à propos d'organes.
6. Leur reflet dans l'eau.
7. Gabrielle d'Estrées, maîtresse d'Henri IV.
8. Le château de Combourg, où l'auteur a passé une partie de son adolescence.
9. La chute de l'Empire (1815), et ses conséquences.
10. Chateaubriand a quarante-neuf ans.

Pour préparer le commentaire composé

Étudier

1. l'expression du temps et la tristesse devant sa fuite ;
2. la conscience d'une expérience douloureuse de la vie ;
3. le rôle consolateur et compensateur de l'écriture autobiographique.

Pour une étude comparée

Chateaubriand, épisode de la grive de Montboissier.
Proust, *Du côté de chez Swann*, première partie, « Combray » : « Et tout d'un coup [...] l'édifice immense du souvenir. »

CHARPENTIER, *Le château de Combourg.*

Soirées à Combourg

Après ses années de collège, François-René de Chateaubriand vient habiter, avec ses parents et sa sœur, au château de Combourg. De seize à dix-huit ans, il y connaît la vie régulière et austère que son père inflige à la famille. Ce texte célèbre évoque les soirées.

A huit heures, la cloche annonçait le souper. Après le souper, dans les beaux jours, on s'asseyait sur le perron. Mon père, armé de son fusil, tirait les chouettes qui sortaient des créneaux à l'entrée de la nuit. Ma mère, Lucile et moi, nous regardions le ciel, les bois, les derniers rayons du soleil, les premières étoiles. A dix heures, on rentrait et l'on se couchait.

Les soirées d'automne et d'hiver étaient d'une autre nature. Le souper fini et les quatre convives revenus de la table à la cheminée, ma mère se jetait, en soupirant, sur un vieux lit de jour[1] de siamoise flambée[2] ; on mettait devant elle un guéridon avec une bougie. Je m'asseyais près du feu avec Lucile ; les domestiques enlevaient le couvert et se retiraient. Mon père commençait alors une promenade, qui ne cessait qu'à l'heure de son coucher. Il était vêtu d'une robe de ratine[3] blanche, ou plutôt d'une espèce de manteau que je n'ai vu qu'à lui. Sa tête, demi-chauve, était couverte d'un grand bonnet blanc qui se tenait tout droit. Lorsqu'en se promenant, il s'éloignait du foyer, la vaste salle était si peu éclairée par une seule bougie qu'on ne le voyait plus ; on l'entendait seulement encore marcher dans les ténèbres : puis il revenait lentement vers la lumière et émergeait peu à peu de l'obscurité, comme un spectre, avec sa robe blanche, son bonnet blanc, sa figure longue et pâle. Lucile et moi, nous échangions quelques mots à voix basse, quand il était à l'autre bout de la salle ; nous nous taisions quand il se rapprochait de nous. Il nous disait, en passant : « De quoi parliez-vous ? » Saisis de terreur, nous ne répondions rien ; il continuait sa marche. Le reste de la soirée, l'oreille n'était plus frappée que du bruit mesuré de ses pas, des soupirs de ma mère et du murmure du vent.[4]

Dix heures sonnaient à l'horloge du château : mon père s'arrêtait ; le même ressort, qui avait soulevé le marteau de l'horloge, semblait avoir suspendu ses pas. Il tirait sa montre, la montait[5], prenait un grand flambeau d'argent surmonté d'une grande bougie, entrait un moment dans la petite tour de l'ouest, puis revenait, son flambeau à la main, et s'avançait vers sa chambre à coucher dépendante de la petite tour de l'est. Lucile et moi, nous nous tenions sur son passage ; nous l'embrassions, en lui souhaitant une bonne nuit. Il penchait vers nous sa joue sèche et creuse, sans nous répondre, continuait sa route et se retirait au fond de la tour, dont nous entendions les portes se refermer sur lui.

Le talisman était brisé ; ma mère, ma sœur et moi, transformés en statues par la présence de mon père, nous recouvrions les fonctions de la vie. Le premier effet de notre désenchantement[6] se manifestait par un débordement de paroles : si le silence nous avait opprimés, il nous le payait cher.

Mémoires d'outre-tombe, première partie, III, 3.

Pour préparer le commentaire composé

1. L'expression d'un rituel. Étudier les temps verbaux, les repères chronologiques et spatiaux, les répétitions des actions.
2. Étudier la puissance du père : une image effrayante, une attitude autoritaire, un départ libérateur.
3. Étudier les caractéristiques de la narration autobiographique : fidélité de la mémoire, précision, spontanéité, recherches esthétiques.

« Je me composai donc une femme de toutes les femmes que j'avais vues... »

De seize à dix-huit ans, Chateaubriand vit « deux années de délire » dans le château familial de Combourg. L'adolescent, livré à lui-même, se crée une compagne imaginaire.

Je me composai donc une femme de toutes les femmes que j'avais vues : elle avait la taille, les cheveux et le sourire de l'étrangère qui m'avait pressé contre son sein[7] ; je lui donnai les yeux de telle jeune fille du village, la fraîcheur de telle autre. Les portraits des grandes dames du temps de François Ier, de Henri IV et de Louis XIV, dont le salon était orné, m'avaient fourni d'autres traits, et j'avais dérobé des grâces jusqu'aux tableaux des Vierges suspendus dans les églises.

Cette charmeresse[8] me suivait partout invisible ; je m'entretenais avec elle, comme avec un être réel ; elle variait au gré de ma folie : Aphrodite sans voile, Diane vêtue d'azur et de rosée, Thalie[9] au masque riant, Hébé[10] à la coupe de la jeunesse, souvent elle devenait une fée qui me soumettait la nature. Sans cesse, je retouchais ma toile ; j'enlevais un appas à ma beauté pour le remplacer par un autre. Je changeais aussi ses parures ; j'en empruntais à tous les pays, à tous les siècles, à tous les arts, à toutes les religions. Puis, quand j'avais fait un chef-d'œuvre, j'éparpillais de nouveau mes dessins et mes couleurs ; ma femme unique se transformait en une multitude de femmes, dans lesquelles j'idolâtrais séparément les charmes que j'avais adorés réunis.

Pygmalion[11] fut moins amoureux de sa statue : mon embarras était de plaire à la mienne. Ne me reconnaissant rien de ce qu'il fallait pour être aimé, je me prodiguais ce qui me manquait. Je montais à cheval comme Castor et Pollux[12], je jouais de la lyre comme Apollon ; Mars maniait ses armes avec moins de force et d'adresse : héros de roman ou d'histoire, que d'aventures fictives j'entassais sur des fictions ! Les ombres des filles de Morven[13], les sultanes de Bagdad et de Grenade, les châtelaines des vieux manoirs ; bains, parfums, danses, délices de l'Asie, tout m'était approprié par une baguette magique.

1. Divan.
2. Étoffe de soie et de coton, passée à la flamme pour en éliminer le duvet.
3. Épais tissu de laine.
4. Chateaubriand a supprimé un paragraphe de la première version : le père s'asseyait auprès d'eux et leur racontait des épisodes de sa vie.
5. La remontait.
6. Fin de l'enchantement, du *charme* qui les pétrifiait.
7. Le narrateur et une femme en visite à Combourg s'étaient heurtés par hasard.
8. Féminin rare de « charmeur » (magicien).
9. Muse de la comédie.
10. Déesse grecque personnifiant la jeunesse.
11. Sculpteur légendaire, il eut pour sa statue un amour si passionné, qu'Aphrodite la transforma en femme (Galatée).
12. Héros grecs jumeaux, fils de Jupiter et de Léda.
13. Montagne d'Écosse.

Voici venir une jeune reine, ornée de diamants et de fleurs (c'était toujours ma sylphide[1]) ; elle me cherche à minuit, au travers des jardins d'oranger, dans les galeries d'un palais baigné des flots de la mer, au rivage embaumé de Naples ou de Messine, sous un ciel d'amour que l'astre d'Endymion[2] pénètre de sa lumière ; elle s'avance, statue animée de Praxitèle[3], au milieu des statues immobiles, des pâles tableaux et des fresques silencieusement blanchies par les rayons de la lune : le bruit léger de sa course sur les mosaïques des marbres se mêle au murmure insensible de la vague. La jalousie royale nous environne. Je tombe aux genoux de la souveraine des campagnes d'Enna[4] ; les ondes de soie de son diadème dénoué viennent caresser mon front, lorsqu'elle penche sur mon visage sa tête de seize années, et que ses mains s'appuient sur mon sein palpitant de respect et de volupté.

Au sortir de ces rêves, quand je me retrouvais un pauvre petit Breton obscur, sans gloire, sans beauté, sans talents, qui n'attirerait les regards de personne, qui passerait ignoré, qu'aucune femme n'aimerait jamais, le désespoir s'emparait de moi : je n'osais plus lever les yeux sur l'image brillante que j'avais attachée à mes pas.

Mémoires d'outre-tombe, première partie, III, 10.

Pour préparer l'étude du texte

1. En analysant les temps des verbes, montrer que le texte suit un cheminement qui va du réel au réel en passant par des situations imaginées, puis actualisées et présentées comme vécues.
2. Une femme idéale et constamment métamorphosée. Étudier l'expression de la multiplicité des images féminines. De quels traits de caractère cette multiplicité est-elle révélatrice chez le narrateur ?
3. Le rôle de la mythologie : références, idéal, refus du présent.

Pour un groupement de textes

La femme rêvée.

Nerval, « Fantaisie » *(Petits châteaux de Bohême)*, « Artémis » *(Les chimères)*, cf. p. 135.
Arvers, « Sonnet » *(Mes heures perdues)*.
Musset, « Chanson de Fortunio » *(Le chandelier)*.
Fromentin, *Dominique* (ch. 6).
Verlaine, « Mon rêve familier » *(Poèmes saturniens)*, p. 387.

Soirée à Combourg.

Dans *A la recherche du temps perdu*, Marcel Proust évoque la vieille marquise de Villeparisis qui raconte ses souvenirs au jeune narrateur : parmi les écrivains que recevait son père, Chateaubriand.

M. de Chateaubriand venait souvent chez mon père. Il était du reste agréable quand on était seul, parce qu'alors il était simple et amusant, mais, dès qu'il y avait du monde, il se mettait à poser et devenait ridicule ; devant mon père, il prétendait avoir jeté sa démission à la face du roi[5] et dirigé le conclave[6], oubliant que mon père avait été chargé par lui de supplier le roi de le reprendre, et l'avait entendu faire sur l'élection du pape les pronostics les plus insensés. [...] Quant aux phrases de M. de Chateaubriand sur le clair de lune, elles étaient tout simplement devenues une charge[7] à la maison. Chaque fois qu'il faisait clair de lune autour du château, s'il y avait quelque invité nouveau, on lui conseillait d'emmener M. de Chateaubriand prendre l'air après le dîner. Quand ils revenaient, mon père ne manquait pas de prendre à part l'invité : « M. de Chateaubriand a été bien éloquent ? — Oh ! oui. — Il vous a parlé du clair de lune. — Oui, comment savez-vous ? — Attendez, ne vous a-t-il pas dit, et il lui citait la phrase. — Oui, mais par quel mystère ? — Et il vous a parlé même du clair de lune dans la campagne romaine. — Mais vous êtes sorcier. » Mon père n'était pas sorcier, mais M. de Chateaubriand se contentait de servir toujours un même morceau tout préparé.

Marcel Proust, A l'ombre des jeunes filles en fleurs, *IIe partie, 1918.*

1. Génie aérien féminin, et, par extension, créature idéale. Chateaubriand a ajouté le terme après 1830 : emprunté à Rousseau (*Confessions*, livre XI), il avait été mis en honneur par les Romantiques (notamment Hugo).
2. Personnage de la mythologie grecque, aimé de Séléné, la lune. Elle obtient qu'il dorme éternellement, et elle le rejoint chaque nuit.
3. Sculpteur athénien du IVe siècle av. J.-C.
4. Ville de Sicile.
5. Chateaubriand a démissionné de l'ambassade de Berlin en 1821.
6. Assemblée des cardinaux pour l'élection d'un pape. Chateaubriand était ambassadeur à Rome quand Pie VIII fut élu, en 1829.
7. On en faisait des imitations comiques.

Mes joies de l'automne

Ce texte célèbre se rattache à la période que Chateaubriand adolescent a vécue à Combourg. Il illustre un thème fondamental pour l'auteur : l'accord entre ses émotions et l'aspect de la nature (cf. *René*, p. 35).

Plus la saison était triste, plus elle était en rapport avec moi : le temps des frimas, en rendant les communications moins faciles, isole les habitants des campagnes : on se sent mieux à l'abri des hommes.

Un caractère moral s'attache aux scènes de l'automne : ces feuilles qui tombent comme nos ans, ces fleurs qui se fanent comme nos heures, ces nuages qui fuient comme nos illusions, cette lumière qui s'affaiblit comme notre intelligence, ce soleil qui se refroidit comme nos amours, ces fleuves qui se glacent comme notre vie, ont des rapports secrets avec nos destinées.

Je voyais avec un plaisir indicible le retour de la saison des tempêtes, le passage des cygnes et des ramiers, le rassemblement des corneilles dans la prairie de l'étang, et leur perchée à l'entrée de la nuit sur les plus hauts chênes du grand Mail[1]. Lorsque le soir élevait une vapeur bleuâtre au carrefour des forêts, que les complaintes ou les lais[2] du vent gémissaient dans les mousses flétries, j'entrais en pleine possession des sympathies[3] de ma nature. Rencontrais-je quelque laboureur au bout d'un guéret ? je m'arrêtais pour regarder cet homme germé à l'ombre des épis parmi lesquels il devait être moissonné, et qui retournant la terre de sa tombe avec le soc de la charrue, mêlait ses sueurs brûlantes aux pluies glacées de l'automne : le sillon qu'il creusait était le monument destiné à lui survivre. Que faisait à cela mon élégante démone[4] ? Par sa magie, elle me transportait au bord du Nil, me montrait la pyramide égyptienne noyée dans le sable, comme un jour le sillon armoricain caché sous la bruyère[5] : je m'applaudissais d'avoir placé les fables de ma félicité[6] hors du cercle des réalités humaines.

Le soir, je m'embarquais sur l'étang, conduisant seul mon bateau au milieu des joncs et des larges feuilles flottantes du nénuphar. Là, se réunissaient les hirondelles prêtes à quitter nos climats. Je ne perdais pas un seul de leurs gazouillis : Tavernier[7] enfant était moins attentif au récit d'un voyageur. Elles se jouaient sur l'eau au tomber du soleil, poursuivaient les insectes, s'élançaient ensemble dans les airs, comme pour éprouver leurs ailes, se rabattaient à la surface du lac, puis se venaient suspendre aux roseaux que leur poids courbait à peine, et qu'elles remplissaient de leur ramage confus.

Mémoires d'outre-tombe, première partie, III, 12.

Pour préparer le commentaire composé

Étudier

1. les analogies entre la saison et les états d'âme du narrateur ;
2. les images du temps et de la mort ;
3. le plaisir de l'introspection et de l'écriture autobiographique.

Pour un groupement de textes

L'automne.

Rousseau, *Rêveries du promeneur solitaire*, « Seconde promenade ».
Lamartine, « L'automne » *(Méditations poétiques).*
Hugo, *Toute la lyre* (XXXV).
Baudelaire, « Chant d'automne » (*Les fleurs du mal*, « Spleen et Idéal »), cf. p. 327.
Verlaine, « Chanson d'automne » *(Poèmes saturniens)*, cf. p. 389.
Apollinaire, « Automne malade » *(Alcools).*

Prise de la Bastille

Au début de l'été 1789, la révolution, jusque-là parlementaire, devient populaire. Une milice bourgeoise s'est formée, elle s'arme et arme le peuple. Or le gouverneur de la Bastille a refusé de leur livrer des armes et a répondu à leur demande par des coups de fusil ; en conséquence, la Bastille, prison d'État, est détruite par le peuple. L'événement symbolise la chute de l'Ancien Régime. On voit ici le travail d'historien de Chateaubriand, qui va du témoignage à l'interprétation des faits. Il faut se souvenir qu'il est lui-même un noble.

Le 14 juillet, prise de la Bastille. J'assistai, comme spectateur, à cet assaut contre quelques invalides[8] et un timide gouverneur : si l'on eût tenu les portes fermées, jamais le peuple ne fût entré dans la forteresse. Je vis tirer deux ou trois coups de canon, non par les invalides, mais par des gardes françaises[9], déjà montés sur les tours. De Launay[10], arraché de sa cachette, après avoir subi mille outrages, est assommé sur les marches de l'Hôtel de Ville ;

1. Allée bordée d'arbres.
2. Le lai est une forme poétique du Moyen Age, à sujet narratif ou lyrique.
3. « Sympathie » signifie, au sens classique, similitude de sentiments. Ici, le terme désigne l'harmonie des sentiments du narrateur avec les éléments.
4. Esprit femelle. Il s'agit de la Sylphide (cf. p. 46).
5. La pyramide est le monument du pharaon, comme le sillon est celui du paysan. L'un et l'autre sont voués à la disparition.
6. L'adolescent s'est créé un bonheur imaginaire et vit dans ses rêves.
7. Jean-Baptiste Tavernier (1605-1689), voyageur français qui visita l'Europe et l'Asie.
8. La forteresse n'était gardée que par une centaine d'invalides et de suisses.
9. Gardes du roi, qui ont pris le parti des manifestants.
10. Gouverneur de la Bastille.

le prévôt des marchands[1], Flesselles, a la tête cassée d'un coup de pistolet ; c'est ce spectacle que des béats sans cœur trouvaient si beau. Au milieu de ces meurtres, on se livrait à des orgies, comme dans les troubles de Rome, sous Othon et Vitellius[2]. On promenait dans des fiacres *les vainqueurs de la Bastille*, ivrognes heureux, déclarés conquérants au cabaret ; des prostituées et des *sans-culottes* commençaient à régner, et leur faisaient escorte. Les passants se découvraient, avec le respect de la peur, devant ces héros, dont quelques-uns moururent de fatigue au milieu de leur triomphe. Les clefs de la Bastille se multiplièrent ; on en envoya à tous les niais d'importance dans les quatre parties du monde. Que de fois j'ai manqué ma fortune ! Si moi, spectateur, je me fusse inscrit sur le registre des vainqueurs, j'aurais une pension aujourd'hui.

Les experts accoururent à l'autopsie de la Bastille. Des cafés provisoires s'établirent sous des tentes ; on s'y pressait, comme à la foire Saint-Germain ou à Longchamp ; de nombreuses voitures défilaient ou s'arrêtaient au pied des tours, dont on précipitait les pierres parmi des tourbillons de poussière. Des femmes élégamment parées, des jeunes gens à la mode, placés sur différents degrés des décombres gothiques[3], se mêlaient aux ouvriers demi-nus qui démolissaient les murs, aux acclamations de la foule. A ce rendez-vous se rencontraient les orateurs les plus fameux, les gens de lettres les plus connus, les peintres les plus célèbres, les acteurs et les actrices les plus renommés, les danseuses les plus en vogue, les étrangers les plus illustres, les seigneurs de la cour et les ambassadeurs de l'Europe : la vieille France était venue là pour finir, la nouvelle pour commencer.

Tout événement, si misérable ou si odieux qu'il soit en lui-même, lorsque les circonstances en sont sérieuses et qu'il fait époque, ne doit pas être traité avec légèreté : ce qu'il fallait voir dans la prise de la Bastille (et ce que l'on ne vit pas alors), c'était, non l'acte violent de l'émancipation d'un peuple, mais l'émancipation même, résultat de cet acte.

On admira ce qu'il fallait condamner, l'accident, et l'on n'alla pas chercher dans l'avenir les destinées accomplies d'un peuple, le changement des mœurs, des idées, des pouvoirs politiques, une rénovation de l'espèce humaine, dont la prise de la Bastille ouvrait l'ère, comme un sanglant jubilé[4]. La colère brutale faisait des ruines, et sous cette colère était cachée l'intelligence qui jetait parmi ces ruines les fondements du nouvel édifice.

Mais la nation qui se trompa sur la grandeur du fait matériel, ne se trompa pas sur la grandeur du fait moral : la Bastille était à ses yeux le trophée de sa servitude ; elle lui semblait élevée à l'entrée de Paris, en face des seize piliers de Montfaucon[5], comme le gibet de ses libertés. En rasant une forteresse d'État, le peuple crut briser le joug militaire, et prit l'engagement tacite de remplacer l'armée qu'il licenciait : on sait quels prodiges enfanta le peuple devenu soldat.

Mémoires d'outre-tombe, première partie, V, 8.

Pour préparer l'étude du texte

1. Un récit orienté. Montrer par quelles techniques stylistiques et par quelles formulations Chateaubriand donne à son récit une tonalité ironique et nettement critique.
2. L'interprétation. Analyser l'art de la démonstration (l. 21-33), le ton didactique, la généralisation, les oppositions.

C'est ainsi que l'on punit les traîtres (1789), eau-forte anonyme. Paris, Bibliothèque Nationale.

Le 22 juillet 1789, Chateaubriand vit sans doute passer, rue de Richelieu, un groupe d'hommes élevant, au bout de piques, deux têtes « échevelées » : c'étaient celles du conseiller d'État Foullon et de l'intendant de Paris Bertier de Sauvigny.

1. Chef de l'administration municipale de Paris.
2. Empereurs romains (32-69 et 15-69 ap. J.-C.).
3. La Bastille avait été construite en 1370.
4. Absolution des péchés, accordée par le pape lors d'une année sainte.
5. Colline de Paris, près du Faubourg du Temple, où, jusqu'au XVIIIe siècle, s'élevaient des gibets.

Vie de soldat

En 1792, Chateaubriand rejoint l'armée des Princes, qui marche sur Thionville. Cette armée, « composée de gentilshommes classés par provinces et servant en qualité de simples soldats », est, selon Chateaubriand, la « dernière représentation de l'ancienne France militaire ».

Le récit illustre la rencontre d'un homme et de l'Histoire ; il mêle aventure personnelle et aventure collective : à la veille du siège de Thionville, il fait une place à des préoccupations quotidiennes.

Nous plantions au hasard nos tentes, dont nous étions sans cesse obligés de battre la toile afin d'en élargir les fils et d'empêcher l'eau de la traverser. Nous étions dix soldats par tente ; chacun à son tour était chargé du soin de la cuisine : celui-ci allait à la viande, celui-ci au pain, celui-ci au bois, celui-ci à la paille. Je faisais la soupe à merveille ; j'en recevais de grands compliments, surtout quand je mêlais à la ratatouille du lait et des choux, à la mode de Bretagne. J'avais appris chez les Iroquois à braver la fumée, de sorte que je me comportais bien autour de mon feu de branches vertes et mouillées. Cette vie de soldat est très amusante ; je me croyais encore parmi les Indiens. En mangeant notre gamellée sous la tente, mes camarades me demandaient des histoires de mes voyages ; ils me les payaient en beaux contes ; nous mentions tous comme un caporal au cabaret avec un conscrit[1] qui paye l'écot[2].

Une chose me fatiguait, c'était de laver mon linge ; il le fallait, et souvent : car les obligeants voleurs[3] ne m'avaient laissé qu'une chemise empruntée à mon cousin Armand, et celle que je portais sur moi. Lorsque je savonnais mes chausses[4], mes mouchoirs et ma chemise au bord d'un ruisseau, la tête en bas et les reins en l'air, il me prenait des étourdissements ; le mouvement des bras me causait une douleur insupportable à la poitrine. J'étais obligé de m'asseoir parmi les prêles[5] et les cressons, et au milieu du mouvement de la guerre, je m'amusais à voir couler l'eau paisible.

Mémoires d'outre-tombe, première partie, IX, 10.

Pour préparer le commentaire composé

Étudier

1. le récit d'une expérience personnelle contraignante ;
2. le témoignage sur une vie de groupe ;
3. l'image d'un anti-héros.

« Arrêtez !... je suis marié ! »

Émigré en Angleterre, Chateaubriand vit en donnant des leçons de français dans la petite ville de Bungay. L'une de ses élèves, Charlotte Ives, est la fille du pasteur qui le loge. Une idylle muette s'est nouée entre elle et le narrateur. La scène est révélatrice de l'aspect romanesque des *Mémoires.*

Je voyais venir avec consternation le moment où je serais obligé de me retirer. La veille du jour annoncé comme celui de mon départ, le dîner fut morne. A mon grand étonnement, M. Ives se retira au dessert en emmenant sa fille, et je restai seul avec madame Ives ; elle était dans un embarras extrême. Je crus qu'elle m'allait faire des reproches d'une inclination qu'elle avait pu découvrir mais dont jamais je n'avais parlé. Elle me regardait, baissait les yeux, rougissait ; elle-même, séduisante dans ce trouble, il n'y a point de sentiment qu'elle n'eût pu revendiquer pour elle. Enfin, brisant avec effort l'obstacle qui lui ôtait la parole : « Monsieur, me dit-elle en anglais, vous avez vu ma confusion : je ne sais si Charlotte vous plaît, mais il est impossible de tromper une mère ; ma fille a certainement conçu de l'attachement pour vous. M. Ives et moi nous nous sommes consultés ; vous nous convenez sous tous les rapports ; nous croyons que vous rendrez notre fille heureuse. Vous n'avez plus de patrie[6] ; vous venez de perdre vos parents[7] ; vos biens sont vendus[8] ; qui pourrait donc vous rappeler en France ? En attendant notre héritage, vous vivrez avec nous. »

De toutes les peines que j'avais endurées, celle-là me fut la plus sensible et la plus grande. Je me jetai aux genoux de Mme Ives ; je couvris ses mains de mes baisers et de mes larmes. Elle croyait que je pleurais de bonheur, et elle se mit à sangloter de joie. Elle étendit le bras pour tirer le cordon de la sonnette ; elle appela son mari et sa fille : « Arrêtez ! » m'écriai-je ; « je suis marié ![9] » Elle tomba évanouie.

Je sortis, et sans entrer dans ma chambre, je partis à pied. J'arrivai à Beccles[10], et je pris la poste[11] pour Londres, après avoir écrit à Mme Ives une lettre dont je regrette de n'avoir pas gardé de copie.

Mémoires d'outre-tombe, première partie, X, 9.

1. Soldat nouvellement recruté.
2. Prix à payer par convive pour une boisson ou un repas pris en commun.
3. On a dérobé à Chateaubriand ses chemises, mais on lui a laissé le manuscrit d'*Atala*, qu'il avait emporté (d'où le terme d'*obligeants*).
4. Sorte de guêtres hautes.
5. Plante poussant dans des endroits humides.
6. Ayant quitté la France révolutionnaire, Chateaubriand se considère comme un exilé.
7. L'auteur vient d'apprendre la mort de son frère et de sa belle-sœur, guillotinés. Sa mère, ses sœurs, sa femme, attendent le même sort. Son père était mort en 1786.
8. Les biens des émigrés avaient été confisqués et vendus.
9. Chateaubriand s'était marié en 1792, mais ne vécut avec sa femme qu'à partir de 1804.
10. La ville voisine, à seize kilomètres environ.
11. Voiture transportant le courrier.

Pour préparer l'étude du texte

1. L'art du récit. Analyser la manière précise, rapide, de raconter la scène et la façon de ménager les effets.
2. Le malentendu. Montrer qu'il est aggravé par l'attitude du narrateur.
3. Le dénouement. Analyser sa rapidité. L'attitude du narrateur est-elle courageuse ou lâche ?

« Je vois les reflets d'une aurore dont je ne verrai pas se lever le soleil. »

Après avoir récapitulé sa vie et l'histoire de son temps, Chateaubriand achève ses *Mémoires* par une conclusion solennelle, où se mêlent encore destin national et destin individuel. Ce sont les dernières lignes de l'œuvre.

Grâce à l'exorbitance[1] de mes années, mon monument est achevé. Ce m'est un grand soulagement ; je sentais quelqu'un qui me poussait : le patron de la barque[2] sur laquelle ma place est retenue m'avertissait qu'il ne me restait qu'un moment pour monter à bord. Si j'avais été le maître de Rome, je dirais, comme Sylla[3], que je finis mes *Mémoires* la veille même de ma mort ; mais je ne conclurais pas mon récit par ces mots comme il conclut le sien : « J'ai vu en songe un de mes enfants qui me montrait Métella, sa mère, et m'exhortait à venir jouir du repos dans le sein de la félicité éternelle. » Si j'eusse été Sylla, la gloire ne m'aurait jamais pu donner le repos et la félicité.

Des orages nouveaux se formeront ; on croit pressentir des calamités qui l'emporteront sur les afflictions dont nous avons été accablés ; déjà, pour retourner au champ de bataille, on songe à rebander ses vieilles blessures. Cependant, je ne pense pas que des malheurs prochains éclatent : peuples et rois sont également recrus[4] ; des catastrophes imprévues ne fondront pas sur la France : ce qui me suivra ne sera que l'effet de la transformation générale. On touchera sans doute à des stations pénibles ; le monde ne saurait changer de face sans qu'il y ait douleur. Mais, encore, un coup, ce ne seront point des révolutions à part ; ce sera la grande révolution allant à son terme. Les scènes de demain ne me regardent plus ; elles appellent d'autres peintres : à vous, messieurs.

En traçant ces derniers mots, ce 16 novembre 1841, ma fenêtre qui donne à l'ouest sur les jardins des Missions étrangères[5], est ouverte : il est six heures du matin ; j'aperçois la lune pâle et élargie ; elle s'abaisse sur la flèche

Johan Heinrich FUSSLI (1741-1825), *Solitude à l'aube* (1794-1796). Zürich, Kunsthaus.

1. Nombre excessif (Chateaubriand a soixante-treize ans).
2. Charon, nocher des Enfers, qui fait traverser aux morts l'Achéron.
3. Dictateur romain (138-78 av. J.-C.) qui ordonna des massacres et des proscriptions.
4. Épuisés.
5. Rue du Bac, à Paris.

des Invalides à peine révélée par le premier rayon doré de l'Orient : on dirait que l'ancien monde finit, et que le nouveau commence. Je vois les reflets d'une aurore dont je ne verrai pas se lever le soleil. Il ne me reste qu'à m'asseoir au bord de ma fosse ; après quoi je descendrai hardiment, le crucifix à la main, dans l'éternité.

Mémoires d'outre-tombe, quatrième partie, XLIV, 9.

Pour préparer le commentaire composé

Étudier

1. l'obsession et l'attente de la mort ;
2. une ouverture prophétique : la venue du jour, d'une transformation générale, d'un monde nouveau ;
3. l'éternité de l'écriture, le pouvoir de l'autobiographie.

Pour un groupement de textes

L'écriture autobiographique.

Rousseau, *Les confessions* (Préambule, début du livre VII).
Stendhal, *Vie de Henry Brulard.*
Proust, *A la recherche du temps perdu,*
Du côté de chez Swann (« Combray »).
Gide, *Si le grain ne meurt* (début de la 2e partie).
Mauriac, *Commencements d'une vie.*
Nathalie Sarraute, *Enfance.*
S. de Beauvoir, *Tout compte fait.*
Sartre, *Les mots.*

Ce que l'on veut maintenant, c'est atteindre le centre et le cœur de ces mémoires, *le principe de vie qui les anime [...].*

Ce principe doit être cherché dans un conflit, vécu par Chateaubriand à la fois avec la plus dramatique sincérité et la plus spectaculaire ostentation, le conflit d'un devenir qui, de toute part, du dehors et du dedans, assaillait sa conscience, et d'une conscience qui, en dépit de ces évidences, se voulait et se cherchait, une, *qui, dans les conditions de sa propre expérience de soi et du monde, quêtait le fondement sur lequel appuyer l'affirmation de son être.*

Il n'est guère possible de trouver l'exemple d'une conscience obsédée d'un appétit de bonheur et de puissance plus exalté, d'une volonté plus exaspérée d'extension et d'augmentation de soi, d'accaparement et d'annexion de la conscience d'autrui, — et, en même temps, d'un sentiment plus convaincu de la vanité de la conquête et de l'effort même, de l'irréalité de la proie, d'une angoisse plus irritée de sa propre inconsistance. « Emportez-moi, orages désirés ! »[1] Car il est las de ce qu'il a. Mais il est d'avance lassé de ce qu'il pourrait avoir. Les orages ne peuvent rien lui apporter. Ils ne peuvent que l'emporter toujours. Son vœu n'est point dans l'ailleurs où ils le pourraient déposer. Cet ailleurs serait alors un ici, et un présent. Il ne réclame d'eux que leur vol, l'absence à tout ce qui menace d'être une possession et un moment actuels. Selon une formule qui lui était familière, il « ne se prend à rien »[2] [...].

Il convient d'analyser cette disposition contradictoire qui fut à l'origine même de son besoin de créer, des thèmes et des mythes de sa création, du portrait de soi où il a voulu s'envisager et qu'il a laissé pour établir dans la conscience d'autrui une image enfin définitive où se contempler. De son inexplicable cœur, de son inconsistance, de sa mobilité fuyante comme une ombre, faire une œuvre stable, une fixité.

André Vial, Chateaubriand et le temps perdu, *Éd. Julliard, 1963.*

Les premières atteintes du mal du siècle

Chateaubriand a été l'un des premiers en France, avec Benjamin Constant et Senancour, à exprimer les sentiments qui devaient dominer la littérature romantique, et, en particulier, l'ennui.

L'ennui est un point commun entre René et Chateaubriand : « Je ne m'apercevais de mon existence que par un profond sentiment d'ennui », déclare le premier ; et le second écrit dans les *Mémoires d'outre-tombe* : « Tout me lasse : je remorque avec peine mon ennui avec mes jours, et je vais partout bâillant ma vie »[3]. Chez Chateaubriand, l'ennui naît du désœuvrement, du sentiment d'inutilité, et il atteint les dimensions d'un véritable tourment moral : indifférent à tout, incapable de prendre intérêt ou plaisir à quoi que ce soit, l'être qui s'ennuie est condamné à une perpétuelle mélancolie.

1. Citation approximative de *René* : « Levez-vous vite, orages désirés, qui devez emporter René... » (cf. p. 35).
2. *Mémoires d'outre-tombe*, première partie, IX, 1.
3. *Ibid.*, première partie, VIII, 4.

C'est de l'ennui que résulte le mal de vivre qu'illustrent *René* et les *Mémoires d'outre-tombe*, et que décrit le *Génie du Christianisme* : « L'imagination est riche, abondante et merveilleuse ; l'existence pauvre, sèche et désenchantée. On habite avec un cœur plein un monde vide, et sans avoir usé de rien on est désabusé de tout. »[1] Tel est le vague des passions, né d'une quête insatisfaite de l'absolu par un être confiné dans un monde trop étroit. Ce sentiment se manifeste par une alternance d'exaltation et de désespoir, et aboutit à une angoisse profonde, voire à la haine de la vie (« Ma mère m'infligea la vie »[2], écrit Chateaubriand) et à un désir de mort.

Le mal de Chateaubriand doit être replacé dans l'histoire. D'une part, une nouvelle sensibilité littéraire est apparue depuis Rousseau et depuis Goethe (*Les souffrances du jeune Werther* ont été traduites en français dès 1775) ; ces auteurs portent une grande attention à la souffrance, dont ils font même une valeur, le signe d'une supériorité morale. D'autre part, la jeunesse de Chateaubriand s'est déroulée à une époque de transition (« Je me suis rencontré entre deux siècles »[3]) : l'ancien monde s'est écroulé, mais le nouveau tarde à s'établir. Face à ce vide, il préfère, comme René, rester en marge de la société, du moins dans son œuvre.

Voyages et exotisme

L'expérience que Chateaubriand a faite des voyages est ambiguë : pour lui, en effet, voyager, c'est d'une part s'arracher à sa patrie, s'exiler ; mais c'est aussi, d'autre part, s'échapper vers un Ailleurs. L'œuvre de Chateaubriand reflète cette expérience : « Des auteurs français de ma date, écrit-il, je suis quasi le seul dont la vie ressemble à ses ouvrages : [...] c'est dans les bois que j'ai chanté les bois, sur les vaisseaux que j'ai peint l'Océan [...], dans l'exil que j'ai appris l'exil »...[4] Il donne en effet de ses périples des relations détaillées, même si elles sont souvent fantaisistes, dans ses récits de voyages : *Itinéraire de Paris à Jérusalem*, *Voyage en Amérique*, et de nombreux chapitres des *Mémoires d'outre-tombe*.

Louis DUPRE, *L'Acropolis, vue de la maison du consul de France* (1819). Paris, Bibliothèque des Arts Décoratifs.

1. *Génie du Christianisme*, deuxième partie, III, 9.
2. *Mémoires d'outre-tombe*, première partie, I, 2.
3. *Ibid.*, quatrième partie, XLIV, 8.

D'autre part, Chateaubriand a peuplé sa fiction de personnages voyageurs. D'*Atala* à *René*, par exemple, se répondent les deux traversées inverses de Chactas, l'Indien qui a vu l'Europe, et de René, l'Européen exilé volontaire en Amérique. De même, Aben Hamet, le *Dernier Abencerage*, est un Maure d'Espagne exilé sur le sol africain. Vivre le voyage comme un exil appartiendra à la sensibilité romantique.

Chateaubriand a aussi été l'un des premiers à mettre à l'honneur l'exotisme. Les décors de ses romans et de ses nouvelles font une large place à la « couleur locale », celle des paysages (végétation, monuments) ou celle des mœurs : l'Amérique pour *Atala* et *René*, l'Espagne pour *Les aventures du dernier Abencerage*, la Grèce, notamment, pour *Les martyrs*. Dans cette dernière œuvre, l'exotisme géographique se double d'un exotisme historique, puisque les aventures d'Eudore et de Cymodocée nous plongent dans l'histoire du IIIe siècle avant Jésus-Christ.

Mais aucun voyage réel ne permet de s'évader aussi totalement que le voyage immobile de la rêverie et de l'imagination. C'est un des rôles de la Sylphide, que s'est créée le jeune Chateaubriand : « Par sa magie, elle me transportait au bord du Nil... »[1] Ce voyage imaginaire est aussi le seul qui ne déçoive jamais.

Un écrivain face à l'histoire

Chateaubriand est d'abord chroniqueur. Il a été témoin d'événements marquants, comme les premiers mouvements populaires de la Révolution à Paris : « Le 14 juillet, prise de la Bastille. J'assistai, comme spectateur, à cet assaut... » Mais, non content de rapporter les faits, Chateaubriand les analyse et sait en extraire la signification essentielle : « Ce qu'il fallait voir dans la prise de la Bastille [...], c'était, non l'acte violent de l'émancipation d'un peuple, mais l'émancipation même, résultat de cet acte. »[2]

De plus, Chateaubriand a été amené à participer directement aux événements de son temps, soit par force, comme lors de son exil en Angleterre, soit de sa propre initiative, lorsqu'il a pris part à la vie politique, comme pair de France ou comme ambassadeur : « J'ai mis ma main dans le siècle. »[3]

Mais ce qui rend indissolubles, dans l'œuvre de Chateaubriand, son histoire et l'Histoire, c'est la similitude qu'il voit entre elles. D'une part, notre existence est comme le reflet en miniature de l'épopée humaine : pour Chateaubriand, la vie humaine et l'histoire entière de l'humanité se ressemblent, parce que, cheminant comme l'homme de sa naissance à sa déchéance, toute civilisation connaît, comme lui, une succession d'échecs et de victoires. Les ruines sont aux cités ce que les souvenirs sont aux hommes : à la fois un point de repère et le signe cruel de l'écoulement du temps. D'autre part, les *Mémoires* retracent parallèlement la vie de Chateaubriand et celle de son époque ; ils les entremêlent dans une même chronique ; ainsi, ils opèrent la synthèse de la mémoire collective et de la mémoire individuelle.

De plus, à la fin des *Mémoires*, s'adressant déjà comme « d'outre-tombe » aux générations suivantes, il assimile les leçons du passé et en tire un enseignement pour l'avenir.

L'écriture et le temps perdu

La nostalgie des ruines. Les *Mémoires d'outre-tombe* sont traversés par la hantise de l'écoulement du temps, des changements et des destructions qu'il entraîne. D'où la nostalgie du passé, et en particulier de l'enfance : « Notre enfance laisse quelque chose d'elle-même aux lieux embellis par elle, comme une fleur communique son parfum aux objets qu'elle a touchés. »[4]

De là vient aussi le goût de Chateaubriand pour les ruines, qui sont le symbole même des assauts du temps, et le prétexte à des réflexions douloureuses.

Permanence du style. Le style de Chateaubriand est émouvant et persuasif : il fait partager ses enthousiasmes ou sa mélancolie. « On ne vit que par le style », écrivait-il lui-même. Il avait commencé par écrire des vers (qu'il n'a jamais publiés), mais, même en prose, il est resté poète (d'où son surnom d'Enchanteur). La qualité musicale de ses phrases tient essentiellement à trois caractéristiques : d'une part, les échos sonores, allitérations et assonances, qui introduisent dans la prose les harmonies de la poésie ; d'autre part, les procédés rhétoriques empruntés à l'art du discours, répétitions, balancements, groupes binaires, que rend plus sensible la lecture à haute voix ; enfin, et surtout, le rythme de la phrase : après un crescendo rapide, elle redescend lentement, épousant la respiration, comme la phrase du chant : « Les sons que rendent les passions dans le vide d'un cœur solitaire/ressemblent au murmure que les vents et les eaux font entendre dans le silence d'un désert. »[5] (16 syllabes/24 syllabes). Or ce mouvement correspond aussi à une attitude

1. *Mémoires d'outre-tombe*, première partie, III, 12.
2. *Ibid.*, première partie, V, 8.
3. *Ibid.*, quatrième partie, XLIV, 8.
4. *Ibid.*, première partie, II, 6.
5. *René*, (extrait, cf. p. 36).

morale qui est au cœur même de l'expérience de Chateaubriand : après un court moment de curiosité enthousiaste, il découvre la fatalité de l'ennui, et son intérêt retombe dans une lente agonie. Et si la magie du style de Chateaubriand survit aux modes et charme encore ses lecteurs, c'est parce que sa musique est indissolublement liée à la mélancolie du sens.

Écrire pour l'éternité. Hanté par la terreur du devenir, et surtout par son propre vieillissement et par sa mort, Chateaubriand a cherché à se construire, de son vivant, un monument éternel comme les pyramides d'Égypte : ses *Mémoires d'outre-tombe* doivent assurer sa pérennité. Ils garantiront la permanence, par-delà les siècles, de son nom et de son personnage.

L'écriture est aussi un défi lancé à l'anéantissement de la mémoire, un outil de reconstitution du passé, comme elle le sera, au XXe siècle, pour Marcel Proust. Mais l'objet de Proust est de faire revivre le souvenir et d'aboutir, après une patiente « recherche », au « temps retrouvé ». L'optique de Chateaubriand est autre : pour lui, l'élaboration littéraire du souvenir apporte la découverte des changements et des disparitions ; mais il ne se limite pas à cette découverte. Il se livre, dans les *Mémoires*, à un va-et-vient incessant entre le moment dont il se souvient et le moment où il écrit ; il s'interroge sur les métamorphoses dont il a pris consience ; il parvient ainsi à dégager les constantes fondamentales, immuables, de son être et du monde. Et, parce qu'elle parvient à recréer le mouvement même du temps, et donc à le maîtriser, l'écriture est, pour Chateaubriand, salvatrice.

Henri Félix Emmanuel PHILIPPOTEAUX (1815-1884), *Les fouilles de Torre Vergata*, illustration pour *Les mémoires d'outre-tombe*. Paris, Bibliothèque des Arts Décoratifs.

L'AUTOBIOGRAPHIE

La première moitié du XIXe siècle voit se développer une expression particulière de la littérature intime : l'autobiographie. On doit attribuer ce phénomène à l'influence littéraire des *Confessions* de Rousseau, qui reste le précurseur, admiré ou critiqué. Il faut y voir surtout l'idée romantique selon laquelle le Moi et l'investigation personnelle sont les moyens privilégiés pour accéder à la vérité.

Le goût de l'introspection

Le besoin d'épanchement que connaît le début du XIXe siècle peut être dû aux troubles de l'Histoire qui entraînèrent par réaction une tendance au repliement sur soi ; sans doute aussi résulte-t-il de la marginalisation de l'artiste dans une société qui devient matérialiste. De toute évidence, l'intérêt porté à la vie personnelle va de pair avec le triomphe de la notion d'individu telle que l'exalta le Romantisme. L'esprit romantique, ayant révélé les richesses de la vie intérieure, trouva dans l'autobiographie le mode d'écriture qui permettait de retrouver par le souvenir le fil d'Ariane de l'aventure personnelle et de fixer les états psychiques les plus obscurs et les plus ténus.

Cette quête de soi-même s'opère suivant diverses tendances : elle est confrontation de l'homme et de l'Histoire chez Chateaubriand ; expression du mal de vivre pour Senancour ; affirmation de sa différence avec Stendhal ; exploration de l'inconscient dans *Aurélia* de Nerval.

L'individuel et le collectif

Le Romantisme a célébré l'idée de la diversité des êtres. Chaque individu étant unique, le récit de ses expériences et l'analyse de soi deviennent l'expression privilégiée de sa différence. De plus, l'écrit intime paraît propre à rendre compte, mieux qu'un autre, de la mobilité et de la complexité du Moi, que ce soit dans l'autobiographie rétrospective et chronologique ou dans la forme « éclatée » du fragment ou du journal.

Cette recherche du Moi en ce qu'il a d'unique et de plus intime n'exclut pas toujours l'intérêt porté à la collectivité humaine. Chateaubriand, dans les *Mémoires d'outre-tombe*, voulait entreprendre l'histoire de ses sentiments et de ses idées, mais très vite son destin individuel se confond avec la marche de l'Histoire. Quel que soit son désir de s'affirmer comme unique, d'accentuer sa particularité, l'écrivain qui parle de lui se reconnaît, explicitement ou non, comme symbole d'un état, d'une classe, d'une époque. Pour la plupart, les héros de romans autobiographiques sont l'image d'une génération (Musset, *La confession d'un enfant du siècle*). Benjamin Constant écrivait au sujet d'*Adolphe* : « J'ai voulu peindre une des principales maladies morales de notre siècle. »[1]

Un genre littéraire ?

Les récits autobiographiques étaient-ils, aux yeux de leurs auteurs et du public, des œuvres littéraires ? On peut en douter si l'on en croit l'aveu désinvolte de Stendhal dans *Vie de Henry Brulard* : « N'étant bon à rien [...] j'écris ceci », ou dans *Souvenirs d'égotisme* : « Pour employer mes loisirs dans cette terre étrangère, j'ai envie d'écrire un petit mémoire... » On sait de plus que Stendhal laissa ces deux œuvres inachevées et ne les publia pas.

A dire vrai, l'autobiographie n'est pas un genre reconnu. Seul Chateaubriand lui donnera ses lettres de noblesse à partir de 1841 avec les *Mémoires d'outre-tombe*. Le plus souvent, le désir de parler de soi s'exprime dans des formes diverses comme le journal (Stendhal, Vigny), les mémoires, le récit de vie (George Sand), le roman personnel.

Il faut faire une place à part au roman à la première personne (*Adolphe* de Benjamin Constant, ou *Oberman* de Senancour). Les auteurs y racontent de toute évidence leur propre vie mais ils s'en défendent et utilisent des artifices destinés à égarer le lecteur (prétendue découverte d'un manuscrit, échange de lettres, etc.). La plupart des romans personnels sont des autobiographies qui ne s'avouent pas. Pudeur ? Souci moral ? Ou bien ces écrivains ont-ils voulu donner à leurs révélations la caution du genre romanesque ? Ces questions illustrent bien les ambiguïtés de la littérature d'introspection au début du XIXe siècle.

Johan Heinrich FUSSLI (1741-1825), *Autoportrait.* Londres, National Portrait Gallery.

1. Fragments cités par J.-H. Bornecque dans l'édition d'*Adolphe* parue chez Garnier, p. 304.

Eugène DELACROIX (1798-1863), *La Grèce expirant sur les ruines de Missolonghi* (vers 1826). Musée des Beaux-Arts de Bordeaux.

LE ROMANTISME

« Esclave, il sent un cœur né pour la liberté. »
Lamartine, *Méditations poétiques.*

L'ESPRIT ROMANTIQUE

Romantisme ? Comment fondre dans un mot singulier la diversité des courants et des expériences, des sensibilités et des doctrines, des créations et des genres qui s'épanouissent dans plusieurs pays européens, à l'aube du XIXe siècle ? Cette unité problématique fait précisément la richesse de ce mouvement, dynamique dans ses contradictions, ses exigences et ses refus.

Le Romantisme français, inséparable des conditions historiques de son émergence et de ses racines européennes, connaît, entre 1820 et 1850, une évolution importante qui rend plus difficile encore toute tentative de synthèse. Les Romantiques, sous la Restauration, affirment leur contestation du monde moderne et bourgeois, par la nostalgie de la France des troubadours et des chevaliers, nimbée de poésie et d'héroïsme par le charme du souvenir. Moins passéistes et plus volontiers tournés vers un accomplissement collectif du devenir historique, les Romantiques de la Monarchie de Juillet rêvent d'une révolution qui engloberait tout à la fois l'art et la politique.

Mais qu'il soit aristocratique et ultraroyaliste ou libéral et plébéien, l'esprit romantique se définit toujours par trois éléments principaux :

— tout d'abord, une exigence de bonheur, de vérité, de liberté et de plénitude qui répond chez l'individu au sentiment de sa propre valeur et qui se manifeste par une énergie passionnée ;

— ensuite, la conscience désenchantée et souvent ironique de tout ce qui, dans la société, fait obstacle à l'épanouissement individuel : le règne du mensonge et de l'argent, du préjugé moral et de la tyrannie, la fuite inexorable du temps et l'incertitude de l'avenir, l'insatisfaction des désirs et la vanité de l'action ;

— enfin, une volonté de dépasser l'échec par la méditation poétique, le voyage, le rêve, l'exaltation de la nature mais aussi la révolte, le défi lancé au monde, la création artistique elle-même.

Le Romantisme ne se réduit pas, on le voit, à la prépondérance ou aux outrances du Moi, au pittoresque moyenâgeux ou aux demi-teintes d'une sentimentalité larmoyante. Autant de clichés qui masquent l'essentiel, c'est-à-dire la contradiction vécue de la réalité et du rêve, de l'ambition et de la désillusion, du présent et du passé, du présent et de l'avenir.

Francesco HAYEZ (1791-1881), *Le baiser.* Milan, Palais Royal.

Prosper DEBIA (1791-1876),
Classiques et Romantiques (1832), détail.
Montauban, Musée Ingres.

UNE INTERROGATION DE L'HISTOIRE ET DE L'ART

Le projet de Chateaubriand dans les *Mémoires d'outre-tombe* : recomposer par l'écriture sa propre destinée tout en interrogeant les grands événements qui lui donnent sens, inaugure le corps à corps romantique du Moi et de l'histoire. Celle-ci se constitue d'ailleurs comme science tout au long du XIXe siècle.

Le Romantisme est d'abord une interrogation du présent, d'un état social et moral récusé parce qu'il stérilise les ambitions et sclérose l'imagination. Cette contestation, politique à l'origine, aboutit, dans le domaine esthétique, à un rejet des formes et des contraintes qui s'imposent au créateur depuis deux siècles. C'est d'abord dans un cercle d'écrivains libéraux rassemblés autour de Stendhal et de Mérimée que s'élaborent les critiques les plus vigoureuses du classicisme. A partir de 1825, Victor Hugo et ses amis du salon de l'Arsenal, Lamartine, Nodier, Nerval, Gautier, Dumas, Balzac, Delacroix, viennent renforcer les rangs des « Modernes » romantiques contre les « Anciens » de l'Académie. Ainsi naît, dans une tumultueuse bataille d'idées par journaux et libelles interposés, une fraternité entre artistes, écrivains, poètes, musiciens, qui donne une certaine unité à leur mouvement.

Ce que les membres du « Cénacle » de Victor Hugo refusent, ce sont les autorités et les modèles, les limites et les règles dont le classicisme a entravé l'expression poétique, étouffant ainsi l'excès de la passion, la part du rêve et de la démesure, la beauté sous l'apparence monstrueuse, l'âme révoltée si caractéristiques de l'homme et de son histoire.

Le genre théâtral devient le champ de bataille de la modernité contre la « vieillerie poétique ». En 1823, dans *Racine et Shakespeare*, Stendhal célèbre la liberté de création du théâtre élisabéthain. La *Préface* de *Cromwell*, en 1827, permet à Victor Hugo de préciser les conceptions romantiques : le drame, genre poétique des temps modernes, transgressant les frontières de la comédie et de la tragédie, « peint la vie » dans sa vérité et sa totalité, c'est-à-dire dans son mélange de sublime et de grotesque. A la fois historique et critique, le drame doit faire entrer le peuple sur la scène littéraire. Éclairant le présent par le spectacle du passé, il annonce aussi les temps nouveaux. Ces exigences auront des conséquences dans le domaine romanesque et dans l'apparition d'une littérature populaire.

A la recherche de la vérité, le Romantisme est, dans le même temps, créateur de mythes. Dans les années 1825, chacun s'essaye au roman médiéval à la façon de Walter Scott. Le Moyen Age et la Renaissance apparaissent alors les époques héroïques par excellence. Ce sont pourtant l'histoire et la société modernes qui vont offrir à Balzac et Stendhal les éléments de nouvelles chroniques et de nouvelles mythologies romanesques. La légende napoléonienne est l'exemple même de ces transfigurations qui font d'un homme vaincu (l'Empereur meurt à Sainte-Hélène en 1821) un personnage sublime.

Prince ou fils du peuple, duchesse ou forçat, les héros romantiques trouvent dans l'histoire le sens de leur destin, de leur combat et souvent de leur échec. Héros déclassés, parias ou dandys, ils présentent au monde, comme une provocation, leur visage ironique et mélancolique. Mais leur mal de vivre n'est pas forcément synonyme d'égoïsme, d'impuissance et de renoncement. Dans l'élargissement du Moi au monde, se dessinent les formes d'un nouveau lyrisme.

Majesté de la souffrance, puissance du rêve

C'est tout naturellement dans la poésie personnelle que la génération des années 1820-1850 va trouver son domaine d'élection. Ossian, Shakespeare, Byron, Dante ou Goethe, tous ces écrivains du passé ou du présent qui enthousiasment les Romantiques, sont, d'abord, des poètes. « La poésie est le réel absolu. Plus une chose est poétique, plus elle est vraie », écrit Novalis. Vérité du cœur touché par la passion, vérité de la nature où les Romantiques cherchent non seulement un refuge propice à la méditation mais aussi un langage authentique et universel, un miroir de leurs sentiments et de la création.

Le poète, selon la théorie germanique du déchiffrement, est une sorte de mage, interprète de la vie profonde et secrète de l'univers qu'il lit comme un livre ouvert. Confidentiel, le chant de l'âme qui aime et qui souffre tend à se mêler aux voix harmonieuses de la nature. Le sentiment y gagne en majesté d'autant que la forme elle-même du poème, par le vers et par l'image, trouve chez Lamartine ou Vigny, Hugo ou Nerval, une puissance renouvelée. Puissance d'évocation, pouvoir du rêve qui s'ouvre des domaines inexplorés et donne naissance à une littérature de la Surnaturalité et du Fantastique.

Le rêve, chez les Romantiques, est un voyage vers l'ailleurs souvent associé à l'exotisme méditerranéen et oriental, mais il permet aussi une exploration des profondeurs de l'être et du temps. Vision, contemplation, il donne au poète un pouvoir prophétique : celui d'annoncer, dans l'ombre encore profonde, la venue de l' « ange Liberté » et du « géant Lumière » (cf. Victor Hugo, « Stella »).

A cet instant, l'écriture change de sens et d'enjeu : le lyrisme peut devenir politique quand la destinée individuelle s'ouvre à l'histoire des autres, dans un mouvement d'humanité solidaire qui permet d'échapper à la déchirure intime, au mal du siècle. Élégiaque ou satirique, la création romantique témoigne d'une insatisfaction qui est une perpétuelle recherche.

Charles Lock EASTLAKE (1793-1865), *« Le rêve » de Byron* (1829). Londres, The Tate Gallery.

C'est à travers la poésie de Byron, et notamment de son *Rêve*, que la Grèce fut révélée aux contemporains de Delacroix. Byron avait réussi à allier à l'actualité l'Orient éternel, mystérieux, coloré...

L'EXPLOSION LYRIQUE : LAMARTINE, MUSSET, VIGNY

Préparé par Rousseau, Delille, Chénier, prolongé par Chateaubriand, le courant sensible qui s'épanouit et atteint son apogée dans les années 1810-1835 est inséparable des bouleversements historiques et sociaux qui ont marqué le passage d'un siècle à l'autre. L'écroulement des espoirs nés avec la Révolution, puis avec l'Empire, la négation des valeurs jusque-là considérées comme traditionnellement indiscutables créent un malaise profond. Celui-ci s'exprime sous des formes diversifiées, parfois contradictoires, exaltation enthousiaste de l'âme, ou repli douloureux sur soi, alternance de pessimisme ou d'espoir. Dans tous les cas, la primauté accordée à l'individu, au Moi, et à son analyse, prend la forme d'un lyrisme de la passion ou de la plainte, prédominant dans les œuvres littéraires, et déterminant le choix de genres nouveaux et de modalités d'écriture originales.

Mais ce Moi, qui cherche son équilibre et sa place dans une société en mutation, ne se sépare pas toujours du reste de l'humanité. La sensibilité exacerbée se tourne aussi vers les autres, dans un élan humanitaire qui s'interroge sur la condition humaine, sur son évolution, sur ses faiblesses.

Cette littérature du cœur est donc caractérisée par une double inspiration : celle du Moi, et celle des autres, tant il est difficile de dissocier l'individu, même le plus original, du destin de l'humanité.

Gustave DORE (1832-1883), *La Parque et l'Amour* (1877), terre cuite. Strasbourg, Musée d'Art Moderne.
Les trois Parques, divinités du Destin, sont les fileuses qui assurent le déroulement de l'existence de chaque être humain. La dernière, Atropos, est représentée ici s'apprêtant, de ses ciseaux terrifiants, à couper le fil de la vie, symbolisée par la jeune beauté de l'Amour.

L'EXALTATION DU MOI

Des conditions historiques incertaines, une ère nouvelle angoissante expliquent que l'on veuille vivre et profiter des richesses de la vie, avec frénésie, passion et parfois désespoir. En même temps, l'intérêt passionné pour les sentiments, la vie intérieure, les problèmes du cœur et de l'âme font que le poète se regarde vivre, aimer et souffrir, dans un constant phénomène de dédoublement. « Je » est sujet, et « moi » est objet. Ainsi s'expliquent la prédominance du « je » dans les œuvres de cette époque et le choix de formes littéraires qui favorisent ce dédoublement : dialogue avec la Muse *(Les Nuits*[1]*)*, récit allégorique (« La mort du loup »[2]), substitution héros/poète *(Jocelyn*[3]*)*, textes autobiographiques.

Le lyrisme personnel prend pour source d'inspiration les relations du poète avec tout ce qui l'entoure ; il adopte tantôt le ton de l'épanchement élégiaque (les *Harmonies poétiques*[3]), tantôt celui de l'exaltation douloureuse *(Les Destinées*[2]*)*. Les thèmes traités reviennent de manière obsessionnelle :
— L'homme et le temps : la conscience de la fragilité de la vie, la nostalgie d'un passé trop vite enfui valorisent le souvenir, reste précieux d'une expérience que le poète pare de tous les charmes de ce qui n'est plus.
— L'homme et la nature : parce qu'il se sent inadapté à un monde ouvert à l'industrie et à la technologie, le poète cherche refuge auprès d'une nature protectrice et compréhensive *(Méditations poétiques*[3], *Les Destinées*[2]*)*, dont il célèbre la beauté.
— L'homme et l'amour : la recherche de l'équilibre personnel et du bonheur passe par une relation passionnée avec la femme aimée, compagne et inspiratrice. Elle se confond avec la Muse ; sa présence apaisante, mystérieuse ou orageuse, permet au poète de mieux comprendre les secrets du monde *(Les Destinées*[2]*)*, ou la complexité de l'âme humaine *(Les Nuits*[1]*)*

Ainsi se trouve privilégiée l'émotion comme élément essentiel de la vie. L'importance accordée à l'expression des fluctuations de la vie intérieure explique les modifications subies, peu à peu, par les genres et les styles. La spontanéité, les élans du cœur, la volonté de saisir cette émotion dans son authenticité et son caractère immédiat conduisent à l'adoption d'une expression mieux adaptée : rupture progressive du rythme régulier de l'alexandrin dans le sens d'une harmonie, images, métaphores et rapprochements qui tentent de cerner, sans les figer, les limites incertaines du sentiment.

Gustave BOULANGER (1824-1888), *Allégorie de la poésie.* Collection particulière.

1. Musset.
2. Vigny.
3. Lamartine.

J.-J. GRANDVILLE (1803-1847), Illustration pour *Les Français peints par eux-mêmes* (1840-1842). Collection particulière.

UN LYRISME HUMANITAIRE

Mais le Romantisme qui se penche avec intérêt sur le Moi est aussi celui qui, intégré à une époque mouvante, s'intéresse aux autres. Avant le célèbre cri de Hugo : « Ah ! insensé qui crois que je ne suis pas toi ! »[1], Lamartine et Vigny ont tourné vers l'humanité un regard chargé de compassion et de compréhension. Et Musset, pourtant si profondément individualiste, a cherché à expliquer les causes de ce « mal du siècle » qui a atteint leur génération commune.

Les poètes et les écrivains du début du siècle ont en effet conscience que l'homme est pris dans un mouvement d'évolution irréversible, qui le domine, et dont ils jugent intéressant d'analyser le processus et les espoirs. Les hymnes (les *Harmonies poétiques*[2]), les poèmes épiques (*Jocelyn*[2], *Éloa*[3]), les ouvrages à tendance historique (*Servitude et grandeur militaire*[3]) sont de nature à analyser, et à célébrer, dans un panthéisme qui rappelle parfois Rousseau, Dieu, la nature et l'humanité, ou à dénoncer les différentes formes de faiblesse et d'asservissement humains. S'intéresser au devenir de l'homme implique que l'on se penche sur les différents âges de sa vie et de son histoire. On trouve donc plusieurs thèmes nouveaux, qui s'inscrivent dans le courant sensible de l'époque :

— L'intérêt pour l'enfance et l'adolescence : ces âges négligés jusqu'alors sont perçus comme l'aube de la vie et, à ce titre, chargés d'espoirs et de promesses. Musset décrit avec effusion cette jeunesse perdue : « Alors il s'assit sur un monde en ruine une jeunesse soucieuse »[4], et l'on s'attendrit sur ces ébauches d'hommes dont, plus tard, Hugo soulignera à la fois le courage et la misère.

— La vision d'une humanité en marche : la succession historique des générations est décrite comme un long cortège d'êtres angoissés sur lesquels pèsent le malheur et le poids de la faute, par des poètes dont la sensibilité reste très imprégnée de sentiment religieux. Le cheminement des hommes vers Dieu, le salut ou le progrès est présenté de manière pathétique, dans un élan d'inspiration qui souligne avec émotion la fragilité humaine face à l'éternité de la nature (*Les Destinées*[3]).

— L'inspiration politique et sociale : l'interrogation pathétique sur le destin de l'humanité entraîne les poètes sur la voie d'un engagement historique et leur poésie se voit investie d'une mission civilisatrice. Le lyrisme humanitaire de l'« Ode sur les Révolutions »[2], ou des « Oracles »[3], célèbre, avec des accents enthousiastes, le pouvoir de l'humanité de se dégager d'un conservatisme sclérosé pour s'orienter vers les lumières du progrès social.

L'émotion, la passion, l'élan, toutes ces manifestations d'une sensibilité toujours en éveil sont mises au service d'une fraternité utopique dont la révolution de 1830 viendra éteindre la fougue.

Il faut en effet constater que l'histoire se charge de rappeler à la réalité les poètes emportés par les illusions du cœur : après 1830, le triomphe de l'esprit bourgeois apporte aux débordements du lyrisme des limites contraignantes. Dans une douloureuse prise de conscience, le Romantisme adolescent accède à la maturité.

1. Hugo, *Les Contemplations*.
2. Lamartine.
3. Vigny.
4. Musset, *La confession d'un enfant du siècle* (1re partie).

Alphonse de Lamartine
1790-1869

Théodore CHASSERIAU (1819-1856), *Lamartine* (1844). Paris, Musée du Louvre.

Un enfant du dix-huitième siècle

Le monde où naît Alphonse de Lamartine, en 1790, est modelé selon deux ordres immuables : celui de la nature, d'un côté[1] ; celui de l'aristocratie provinciale, de l'autre[2]. Le village de Milly, près de Mâcon, et la famille catholique et royaliste composent un décor d'origine auquel il restera toujours attaché, et dont pourtant il cherchera toujours à dissiper la pesanteur dans les tourbillons du monde. Ainsi, sa vie ne sera rythmée que par un va-et-vient entre le mouvement des ailleurs (urbains, amoureux, politiques...) et l'immobilité du lieu originel : « Milly ou la terre natale ».

Dissiper : tel est bien le mot clef. Dissipation d'écolier d'abord, à Bussières, auprès de l'abbé Dumont (le futur Jocelyn) ; dissipation encore lorsqu'à onze ans il s'échappe de la pension lyonnaise où la famille a cru bon de l'envoyer. Ce n'est qu'au collège des Jésuites de Belley, dans l'Ain, que se dessinent l'enthousiasme pour l'étude et les goûts littéraires : Virgile, Horace, *Atala*, le *Génie du Christianisme*, Ossian... Dissipation toujours : la famille a, en 1811, rassemblé des fonds pour permettre au jeune conscrit des armées de l'Empire d'acheter un remplaçant ; elle se cotise encore pour l'aider à tromper, en Italie, l'ennui des longues vacances auxquelles le contraint le refus de servir l' « usurpateur » Napoléon.

A Florence, à Rome, puis à Naples, Lamartine façonne à la fois sa stature culturelle et son « style » amoureux. D'un côté, la fascination pour les hauts lieux de l'Antiquité et un certain goût pour l'encyclopédisme ; de l'autre, un fastueux libertinage, qui le conduit, à Naples, dans les bras de cette Antoniella dont il fera sa Graziella. Sous l'un et l'autre aspect, Lamartine apparaît comme un enfant du dix-huitième siècle.

1. « Quand tout change pour toi, la nature est la même », *Méditations poétiques*, « Le vallon », v. 51.

2. « Heureux celui que Dieu a fait naître d'une bonne et sainte famille ! », *Confidences*, livre 1.

L'amour, la politique

Ce qui l'attache, en revanche, à l'atmosphère du dix-neuvième siècle, c'est l'aristocratique ennui dont il commence, comme son idole Chateaubriand, et comme son contemporain Adolphe[1], à affecter la pose.

Au retour de Naples, l'installation à Milly est une rude épreuve. Ce que veut Lamartine, c'est retrouver la fièvre des grandes métropoles. Rastignac avant la lettre, il « monte » à Paris dans l'espoir d'y assouvir ses deux passions de dissipateur impénitent : le jeu et les femmes.

Depuis son retour d'Italie, Lamartine exerce, grâce à l'entremise de son père, la charge de maire de Milly. Début involontaire d'une carrière politique pour laquelle son ambition ne tardera pas à envisager une dimension nationale.

La naissance du poète

Chez Lamartine, la poésie s'enfante dans l'ennui, et naît de la douleur. Ou plus exactement, de la mise en scène de la douleur.

En 1816, l'épisode où apparaît Julie Charles et l'aventure brève mais brutale qui s'ensuit sont décisifs pour son œuvre poétique. La belle créole soigne à Aix-les-Bains une maladie pulmonaire ; Lamartine y vient apaiser les troubles nerveux qu'il connaît depuis de nombreuses années déjà. La rencontre est un coup de foudre ; les mois qui la suivent, une fébrile attente, ponctuée de fugitives retrouvailles à Paris. Le mal de Julie empire ; elle meurt en décembre 1817. Au cours de l'été précédent, Lamartine a écrit « Le lac » qui relie l'angoisse de l'amour menacé à l'une des hantises les plus typiques de cette génération : celle de la fuite du temps.

« O Temps, suspends ton vol ! et vous, heures propices,
Suspendez votre cours !
Laissez-nous savourer les rapides délices
Des plus beaux de nos jours ! »[2]

Ce ne sont là que les prémices d'un ensemble de vingt-quatre poèmes, les *Méditations poétiques* qui, publiés en mars 1820, connaissent d'emblée un succès considérable.

« Le lac » de Lamartine mis en musique par Niedermeyer.
Paris, Bibliothèque Nationale.

1. *Adolphe* de Benjamin Constant paraît en 1816.

2. *Méditations poétiques*, « Le lac », v. 21-24.

L'homme arrivé

Immédiatement, le grand joueur des années d'incertitude atteint la célébrité et sa carrière prend un nouvel essor : avec l'appui des milieux catholiques, Lamartine est nommé second attaché d'ambassade à Naples, puis, à partir de 1825, secrétaire d'ambassade à Florence. Sa récente rencontre avec Mary-Ann Birch aboutit, après que l'Anglaise eut abjuré la foi anglicane, au mariage. Entre Paris, Londres et le château de Saint-Point en Mâconnais, Lamartine mène la vie la plus harmonieuse qui lui ait été donnée de vivre jusque-là. En 1822, il devient le père d'une petite Julia, et parallèlement les œuvres se succèdent : les *Nouvelles méditations poétiques* (1823), *La mort de Socrate* (1823) et le *Dernier chant du pèlerinage d'Harold* (1825) jalonnent ce parcours au fil duquel se construit la notion même de romantisme en littérature. Les *Harmonies poétiques et religieuses* (1830) marquent l'apogée de cette période faste, couronnée, la même année, par la réception à l'Académie française.

La chute d'un ange

Il est temps pour Lamartine d'entreprendre la réalisation d'un vieux désir, rendu plus vif par la mode et par l'exemple de Chateaubriand : celui d'un voyage en Orient. « Je suis né oriental et je mourrai tel », écrira-t-il plus tard.

Confronté à l'imaginaire, le réel offre parfois d'amères déconvenues. Lamartine s'approche bien, comme il l'a souhaité, du tombeau du Christ en Terre sainte. Mais c'est pour y perdre sa propre fille, Julia, qui meurt à Beyrouth en 1832. Ce qu'il retient de la Terre sainte, c'est la parabole de Gethsémani, nom qu'il donne au poème consacré à « la mort de Julia »[1].

Rude épreuve pour un sentiment religieux qui avait déjà vacillé dans les années d'adolescence. Désormais, Lamartine ne sera plus éloigné du déisme du *Vicaire savoyard* de Rousseau. Jusqu'à sa mort, il exprimera à la fois la méfiance que lui inspire la religion institutionnelle, et son aspiration vers une religion rationnelle, dont il tend d'ailleurs à se croire le chantre.

La « politique rationnelle »

A une religion rationnelle répond naturellement une politique rationnelle[2] — on eût dit « éclairée » au siècle précédent.

C'est en Orient, en avril 1833, que Lamartine apprend son élection à Bergues (Nord) comme député. Dès lors, il ne cessera de siéger à la Chambre jusqu'en 1851. Deux décennies au cours desquelles ses positions évoluent : elles le conduisent de plus en plus à gauche, depuis le légitimisme contemporain des *Méditations*, jusqu'à son accession au pouvoir en 1848, en passant par le « parti social » dont il définissait les options dès 1834.

En politique, Lamartine fait, sous certains aspects, figure d'attardé du Siècle des Lumières. La fonction qu'il assigne au poète, guide inspiré du peuple, n'est qu'une réincarnation du rôle naguère imparti au « philosophe ». Son idée du peuple, en outre, est tout entière dérivée du monde exemplairement laborieux de l'*Encyclopédie*. La notion de propriété privée, à laquelle il demeurera toujours attaché, y figure d'ailleurs comme l'un des piliers de l'ordre, du travail et de la morale collective. *Jocelyn*, l'épopée inspirée par la vie de l'abbé Dumont, qui paraît en 1836, et *La chute d'un ange* (1838) sont tout empreints de cette fraternité humaine et de cet esprit évangélique qui fondent la démocratie selon Lamartine.

Pourtant, son action et sa prose politiques nous laissent l'image d'un précurseur visionnaire. Les causes qu'il choisit de défendre nous parlent par leur justesse et leur justice[3]. Démocrate, il l'est hors des théories, de cette manière lyrique — et si peu « rationnelle », en vérité... — qui lui attirera vite la faveur de toute une jeunesse ralliée, en politique comme en art, à la cause du Romantisme.

1. « Mon cœur au lieu de sang ne roule que des larmes... »
2. C'est le titre que Lamartine donne à un essai de 1831.
3. Discours sur les chemins de fer (1842) ; pour l'abolition de l'esclavage ; sur les caisses d'épargne, la liberté des cultes, la séparation de l'Église et de l'État (1845) ; en faveur des caisses de retraite des vieux travailleurs (1846)...

Antoine MONTFORT (1802-1884), *Les vieux cèdres sur le Mont Liban* (1837). Paris, Musée du Louvre.

L'homme de Quarante-Huit

Lorsque survient la Révolution, à la fin de février 1848, Lamartine passe publiquement pour le chef de file de l'opposition à Louis-Philippe. Aux élections législatives du 23 avril, il est élu dans dix départements. Certes, il pourrait se prévaloir de cette faveur populaire pour réclamer l'instauration d'un pouvoir exécutif taillé à sa mesure. Il n'en fait rien. De la même façon, en octobre, bien que le succès de Louis-Napoléon Bonaparte commence à éveiller ses craintes, il ne s'abstient pas de défendre l'élection du futur président de la République au suffrage universel. Fatale honnêteté ! Et au soir du 10 décembre 1848, avec les résultats de l'élection présidentielle, s'achève pratiquement sa carrière politique : ses 17 910 voix font figure de camouflet face aux cinq millions et demi de Louis-Napoléon.

Les « travaux forcés littéraires »

Lorsqu'il se retire de l'arène politique, Lamartine n'est pas un homme nanti. Sa prodigalité, son goût du luxe le condamnent à l'endettement, aux emprunts, et de plus en plus... à l'écriture. Auteur populaire, il n'a plus d'autre ressource que de publier. D'où ces compilations de vieillesse, cette *Histoire de la Turquie* (1855), cette *Histoire de la Russie* (1855), ces *Portraits et biographies* (1865), cette *Vie du Tasse* (1866), ces souvenirs politiques consignés dans l'*Histoire de la Révolution de 1848* (1849) ou ses *Mémoires politiques* (1863), enfin et surtout ce *Cours familier de littérature* (1856 à 1869) où il nous livre ses goûts et agacements littéraires.

La fin ? Elle est un contrepoint d'échéances financières et de sursauts d'orgueil. « Je suis à la littérature depuis mon lever jusqu'à midi, le reste de ma journée est à mes créanciers », écrit-il. Puis la santé se détériore. Frappé d'apoplexie en 1867, Lamartine perd la raison. Il ne parle plus. Ne se meut plus. Il succombera à une seconde apoplexie, le 28 février 1869. Valentine de Cessiat, la nièce qu'il venait d'épouser en secret, est légataire universelle. Elle hérite de deux millions de dettes.

LES ŒUVRES POÉTIQUES

Méditations poétiques (1820) et **Nouvelles méditations poétiques** (1893). → p. 68.
Dernier chant du pèlerinage d'Harold (1825).
Harmonies poétiques et religieuses (1830). → p. 70.
Jocelyn (1836).

Méditations poétiques
1820

Publié en mars 1820, ce petit recueil de vingt-quatre pièces constitue un véritable événement poétique. Le public s'arracha le mince tirage de cinq cents exemplaires sans nom d'auteur, contraignant l'éditeur Nicolle à une seconde édition signée dès le mois d'avril.

« *Je suis le premier,* écrit Lamartine dans la préface, *qui ai fait descendre la poésie du Parnasse et qui ai donné à ce qu'on nommait la Muse, au lieu d'une lyre à sept cordes de convention, les fibres mêmes du cœur de l'homme, touchées et émues par les innombrables frissons de l'âme et de la nature.* »

Toucher l'homme en laissant parler le cœur : telle est l'ambition qui séduit le public de 1820. Le résultat est un mélange d'évocations ou d'allusions personnelles, et de formules oratoires portées par une musique des vers qui signe d'emblée le ton lamartinien.

Le lac

Le lac, l'une des plus fameuses de ces pages, fut esquissé dès l'été 1817, et fait référence à l'absence de l'être aimé (Julie Charles) sur les rives du lac où avait lieu naguère la rencontre avec le poète.

Ainsi, toujours poussés vers de nouveaux rivages,
Dans la nuit éternelle emportés sans retour,
Ne pourrons-nous jamais sur l'océan des âges
Jeter l'ancre un seul jour ?

O lac ! l'année à peine a fini sa carrière,
Et près des flots chéris qu'elle devait revoir,
Regarde ! je viens seul m'asseoir sur cette pierre
Où tu la vis s'asseoir !

Tu mugissais ainsi sous ces roches profondes ;
Ainsi tu te brisais sur leurs flancs déchirés ;
Ainsi le vent jetait l'écume de tes ondes
Sur ses pieds adorés.

Un soir, t'en souvient-il ? nous voguions en silence ;
On n'entendait au loin, sur l'onde et sous les cieux,
Que le bruit des rameurs qui frappaient en cadence
Tes flots harmonieux.

Tout à coup des accents inconnus à la terre
Du rivage charmé frappèrent les échos ;
Le flot fut attentif, et la voix qui m'est chère
Laissa tomber ces mots :

« O Temps, suspends ton vol ! et vous, heures propices,
Suspendez votre cours !
Laissez-nous savourer les rapides délices
Des plus beaux de nos jours !

Assez de malheureux ici-bas vous implorent :
Coulez, coulez pour eux ;
Prenez avec leurs jours les soins qui les dévorent ;
Oubliez les heureux.

Mais je demande en vain quelques moments encore,
Le temps m'échappe et fuit ;
Je dis à cette nuit : « Sois plus lente » ; et l'aurore
Va dissiper la nuit.

Aimons donc, aimons donc ! de l'heure fugitive,
Hâtons-nous, jouissons !
L'homme n'a point de port, le temps n'a point de rive ;
Il coule, et nous passons ! »

Temps jaloux, se peut-il que ces moments d'ivresse,
Où l'amour à longs flots nous verse le bonheur,
S'envolent loin de nous de la même vitesse
Que les jours de malheur ?

Hé quoi ! n'en pourrons-nous fixer au moins la trace ?
Quoi ! passés pour jamais ? quoi ! tout entiers perdus ?
Ce temps qui les donna, ce temps qui les efface,
Ne nous les rendra plus ?

Éternité, néant, passé, sombres abîmes
Que faites-vous des jours que vous engloutissez ?
Parlez : nous rendrez-vous ces extases sublimes
Que vous nous ravissez ?

O lac ! rochers muets ! grottes ! forêt obscure !
Vous que le temps épargne ou qu'il peut rajeunir,
Gardez de cette nuit, gardez, belle nature,
Au moins le souvenir !

Qu'il soit dans ton repos, qu'il soit dans tes orages,
Beau lac, et dans l'aspect de tes riants coteaux,
Et dans ces noirs sapins, et dans ces rocs sauvages
Qui pendent sur tes eaux !

Qu'il soit dans le zéphyr qui frémit et qui passe,
Dans les bruits de tes bords par tes bords répétés,
Dans l'astre au front d'argent qui blanchit ta surface
De ses molles clartés !

Que le vent qui gémit, le roseau qui soupire,
Que les parfums légers de ton air embaumé,
Que tout ce qu'on entend, l'on voit ou l'on respire,
Tout dise : « Ils ont aimé ! »

Méditations poétiques.

Pour préparer le commentaire composé

Étudier

1. l'omniprésence douloureuse et obsessionnelle du temps : temps verbaux, divisions, personnification du temps ;
2. les effets destructeurs du temps : caractère éphémère du présent, disparition des sentiments, fragilité humaine ;
3. le pouvoir revivifiant de la nature : la nature éternelle, le lac complice et témoin d'un amour durable.

Pour un groupement de textes

Sentiment du temps et lyrisme personnel.

Lamartine, « L'automne » *(Méditations poétiques).*
Hugo, « Tristesse d'Olympio » *(Les rayons et les ombres),* cf. p. 250 ; « Soleils couchants » *(Les feuilles d'automne).*
Nerval, « Delphica » *(Les chimères).*

Le vallon

Le Moi, la mort et Dieu : telles sont les trois figures thématiques de cette rêverie, à propos de laquelle on ne peut manquer d'évoquer le Chateaubriand de *René.* Toute l'originalité de Lamartine réside ici dans le lien qu'il établit de l'une à l'autre. Un lien, ou un lié presque musical que tissent à la fois l'unité enveloppante d'un paysage (le vallon) et plus largement de la nature, et la trame d'une écriture de l'écoulement (cf. strophe 4), du glissement (cf. vers 60) et de la fusion (cf. vers 11, 55 et 56).

Mon cœur, lassé de tout, même de l'espérance,
N'ira plus de ses vœux importuner le sort ;
Prêtez-moi seulement, vallon de mon enfance,
Un asile d'un jour pour attendre la mort.

Voici l'étroit sentier de l'obscure vallée :
Du flanc de ces coteaux pendent des bois épais,
Qui, courbant sur mon front leur ombre entremêlée,
Me couvrent tout entier de silence et de paix.

Là, deux ruisseaux cachés sous des ponts de verdure
Tracent en serpentant les contours du vallon ;
Ils mêlent un moment leur onde et leur murmure,
Et non loin de leur source ils se perdent sans nom.

La source de mes jours comme eux s'est écoulée ;
Elle a passé sans bruit, sans nom et sans retour ;
Mais leur onde est limpide, et mon âme troublée
N'aura pas réfléchi les clartés d'un beau jour.

La fraîcheur de leurs lits, l'ombre qui les couronne,
M'enchaînent tout le jour sur les bords des ruisseaux ;
Comme un enfant bercé par un chant monotone,
Mon âme s'assoupit au murmure des eaux.

Ah ! c'est là qu'entouré d'un rempart de verdure,
D'un horizon borné qui suffit à mes yeux,
J'aime à fixer mes pas, et, seul dans la nature,
A n'entendre que l'onde, à ne voir que les cieux.

J'ai trop vu, trop senti, trop aimé dans ma vie ;
Je viens chercher vivant le calme du Léthé.
Beaux lieux, soyez pour moi ces bords où l'on oublie :
L'oubli seul désormais est ma félicité.

Mon cœur est en repos, mon âme est en silence ;
Le bruit lointain du monde expire en arrivant,
Comme un son éloigné qu'affaiblit la distance,
A l'oreille incertaine apporté par le vent.

D'ici je vois la vie, à travers un nuage,
S'évanouir pour moi dans l'ombre du passé ;
L'amour seul est resté, comme une grande image
Survit seule au réveil dans un songe effacé.

Repose-toi, mon âme, en ce dernier asile,
Ainsi qu'un voyageur qui, le cœur plein d'espoir,
S'assied, avant d'entrer, aux portes de la ville,
Et respire un moment l'air embaumé du soir.

Comme lui, de nos pieds secouons la poussière ;
L'homme par ce chemin ne repasse jamais ;
Comme lui, respirons au bout de la carrière
Ce calme avant-coureur de l'éternelle paix.

Tes jours, sombres et courts comme des jours d'automne,
Déclinent comme l'ombre au penchant des coteaux ;
L'amitié te trahit, la pitié t'abandonne,
Et, seule, tu descends le sentier des tombeaux.

Mais la nature est là qui t'invite et qui t'aime ;
Plonge-toi dans son sein qu'elle t'ouvre toujours :
Quand tout change pour toi, la nature est la même,
Et le même soleil se lève sur tes jours.

De lumière et d'ombrage elle t'entoure encore :
Détache ton amour des faux biens que tu perds ;
Adore ici l'écho qu'adorait Pythagore,
Prête avec lui l'oreille aux célestes concerts.

Suis le jour dans le ciel, suis l'ombre sur la terre ;
Dans les plaines de l'air vole avec l'aquilon ;
Avec le doux rayon de l'astre du mystère,
Glisse à travers les bois dans l'ombre du vallon.

Dieu, pour le concevoir, a fait l'intelligence :
Sous la nature enfin découvre son auteur !
Une voix à l'esprit parle dans son silence :
Qui n'a pas entendu cette voix dans son cœur ?

Méditations poétiques.

Pour préparer l'étude du texte

1. Montrer que le vallon, lieu privilégié, est étroitement lié aux moments de la vie : enfance, évolution, mort.
2. Analyser les différentes fonctions de la nature.
3. Une tonalité élégiaque : quels sont les éléments lexicaux, phonétiques et rythmiques qui créent le charme mélancolique de ce poème ?

Harmonies poétiques et religieuses

1830

Réconcilier la pensée et le rythme, la philosophie et la poésie dans une visée harmonieuse, telle est l'aspiration de Lamartine dans les *Harmonies poétiques et religieuses.* Que cette réconciliation passe par la foi, c'est déjà ce que laissaient présager les *Méditations poétiques.* Mais, ici, c'est moins de religion qu'il s'agit que d'un déisme au sens de Rousseau, ainsi qu'en témoigne cette troisième *Harmonie,* « Hymne au matin ». Comme la plupart des quarante-sept poèmes, cette page fut écrite pendant le séjour de Lamartine à Florence, entre 1825 et 1828.

Hymne au matin

Mais tandis, ô mon Dieu, qu'aux yeux de ton aurore
Un nouvel univers chaque jour semble éclore,
Et qu'un soleil flottant dans l'abîme lointain
Fait remonter vers toi les parfums du matin,
D'autres soleils cachés par la nuit des distances,
Qu'à chaque instant là-haut tu produis et tu lances,
Vont porter dans l'espace, à leurs planètes d'or,
Des matins plus brillants et plus sereins encor.
Oui, l'heure où l'on t'adore est ton heure éternelle ;
Oui, chaque point des cieux pour toi la renouvelle ;
Et ces astres sans nombre épars au sein des nuits
N'ont été par ton souffle allumés et conduits
Qu'afin d'aller, Seigneur, autour de tes demeures,
L'un l'autre se porter la plus belle des heures,
Et te faire bénir par l'aurore des jours,
Ici, là-haut, sans cesse, à jamais et toujours.

Oui, sans cesse un monde se noie
Dans les feux d'un nouveau soleil ;
Les cieux sont toujours dans la joie,
Toujours un astre a son réveil ;
Partout où s'abaisse ta vue,
Un soleil levant te salue ;
Les cieux sont un hymne sans fin !
Et des temps que tu fais éclore,
Chaque heure, ô Dieu, n'est qu'une aurore,
Et l'éternité qu'un matin !

Montez donc, flottez donc, roulez, volez, vents, flamme,
Oiseaux, vagues, rayons, vapeurs, parfums et voix !
Terre, exhale ton souffle ! homme, élève ton âme !
Montez, flottez, roulez, accomplissez vos lois !

Montez, volez à Dieu ! plus haut, plus haut encore !
Dans les feux du soleil sa splendeur vous a lui ;
Reportez dans les cieux l'hommage de l'aurore,
Montez, il est là-haut ; descendez, tout est lui !

Et toi, jour, dont son nom a commencé la course,
Jour qui dois rendre compte au Dieu qui t'a compté,
La nuit qui t'enfanta te rappelle à ta source ;
Tu finis dans l'éternité.

Tu n'es qu'un pas du temps, mais ton Dieu te mesure ;
Tu dois de son auteur rapprocher la nature ;
Il ne t'a point créé comme un vain ornement,
Pour semer de tes feux la nuit du firmament,
Mais pour lui rapporter aux célestes demeures
La gloire et la vertu sur les ailes des heures,
Et la louange à tout moment !

Harmonies poétiques et religieuses.

Pour préparer le commentaire composé

Étudier

1. le ton élogieux et enthousiaste, les exclamations, les anaphores ;
2. le sentiment religieux : omniprésence d'un dieu créateur ;
3. la poésie au service de la religion : la justification du titre *Harmonies poétiques et religieuses.*

Pour un groupement de textes

La célébration de l'aurore.

Chateaubriand, *Itinéraire de Paris à Jérusalem,* cf. p. 41.
Hugo, « Le satyre » *(La légende des siècles).*
Rimbaud, « Aube » *(Illuminations),* cf. p. 359.
A. Samain, « Matin sur le port » *(Le chariot d'or).*
Valéry, « Matin » *(Mélanges).*
Supervielle, « Le matin du monde » *(Gravitations).*

Novissima verba ou Mon âme est triste jusqu'à la mort

Page tardive des *Harmonies* (1829) — le titre lui-même signifiant « Dernières paroles » —, « Novissima verba » fait allusion, dès son sous-titre, à l'une des ultimes paroles du Christ en croix. Partant de cette évocation, elle déploie une méditation amère et sombre traversée par un doute universel, et seulement éclairée à la fin par l'ébauche d'un ressaisissement.

Il s'agit de l'un des plus longs textes des *Harmonies poétiques et religieuses* sur la composition duquel Lamartine s'étend complaisamment dans le *Commentaire*. Retenons qu'il fut rédigé d'un trait, en seize heures, et que ce jaillissement n'est sans doute pas étranger à l'écoulement continu de ces vers qui parviennent, par instants, à diluer le sens au profit d'une pure musique verbale. Lamartine l'a noté plus d'une fois : l'écriture, chez lui, se présente sous la forme d'une urgence irrépressible. Le Moi qui s'y exprime, ou s'y « épanche », en même temps qu'il libère une énergie latente dans le langage, entre en communication de plus en plus étroite avec le monde.

La nuit roule en silence, autour de nos demeures,
Sur les vagues du ciel la plus noire des heures ;
Nul rayon sur mes yeux ne pleut du firmament,
Et la brise n'a plus même un gémissement,
Une plainte qui dise à mon âme aussi sombre :
« Quelque chose avec toi meurt
et se plaint dans l'ombre ! »
Je n'entends au-dehors que le lugubre bruit
Du balancier qui dit : « Le temps marche et te fuit ! »

Au-dedans, que le pouls, balancier de la vie,
Dont les coups inégaux, dans ma tempe engourdie,
M'annoncent sourdement que le doigt de la mort
De la machine humaine a pressé le ressort,
Et que, semblable au char qu'un coursier précipite,
C'est pour mieux se briser qu'il s'élance plus vite.

Et c'est donc là le terme ! — Ah ! s'il faut une fois
Que chaque homme à son tour élève enfin la voix,
C'est alors, c'est avant qu'une terre glacée
Engloutisse avec lui sa dernière pensée ;
C'est à cette heure même où, près de s'exhaler,
Toute âme a son secret qu'elle veut révéler,
Son mot à dire au monde, à la mort, à la vie,
Avant que pour jamais, éteinte, évanouie,
Elle en ait disparu, comme un feu de la nuit
Qui ne laisse après soi ni lumière ni bruit !
Que laissons-nous, ô vie, hélas ! quand tu t'envoles ?
Rien, que ce léger bruit des dernières paroles,
Court écho de nos pas, pareil au bruit plaintif
Que fait en palpitant la voile de l'esquif,
Au murmure d'une eau courante et fugitive
Qui gémit sur sa pente et se plaint à sa rive.
Ah ! donnons-nous du moins ce charme consolant
D'entendre murmurer ce souffle en l'exhalant !
Parlons, puisqu'un vain son que suit un long silence
Est le seul monument de toute une existence,
La pierre qui constate une vie ici-bas ;
Comme ces marbres noirs qu'on élève au trépas
Dans ces champs, du cercueil solitaire domaine,
Qui marquent d'une date une poussière humaine,
Et disent à notre œil, de néant convaincu :
« Un homme a passé là ! cette argile a vécu ! »

Harmonies poétiques et religieuses.

Pour préparer le commentaire composé

Étudier

1. une image pessimiste de la condition humaine ;
2. la consolation des dernières paroles ;
3. la poésie, source d'immortalité.

Ph. © J.-P. Lagiewsky

Gustave DORE (1832-1883), *Cimetière au bord du lac* (1885). Collection Claude Rebeyrat.

LES ŒUVRES EN PROSE

Mémoires et souvenirs

Histoire de la Révolution de 1848 (1849).
Les confidences (1849) et **Les nouvelles confidences** (1851).
Mémoires politiques (1863).

Œuvres historiques

Histoire des Girondins (1847).

Correspondance

Correspondance de Lamartine, publiée par Madame Valentine de Lamartine.
Lettres des années sombres et lettres inédites de Lamartine, publiées par Henri Guillemin. → p. 72.

Cours familier de littérature (1856-1869)

J.-J. Rousseau. Son faux Contrat social et le vrai Contrat social.
Balzac et ses œuvres.

Les voyages

Voyage en Orient (1835).

DAVID D'ANGERS (1788-1856), *Lamartine en 1828*, croquis.

Correspondance

La correspondance de Lamartine, qui nous renseigne en général très fidèlement sur les mobiles de sa conduite, prend dans cette lettre de 1849, adressée à sa nièce Valentine, un tour fantastique et bouleversant. Le poète déçu, le politique désabusé, cherche à s'y tromper lui-même par un étourdissement de projets. L'équilibre, maintenu jusque-là entre la vie et le rêve, semble se rompre, au profit d'un délire qui pourrait passer pour mégalomaniaque s'il n'était en réalité touchant de faiblesse.

Un sentiment profond unit, à la fin de sa vie, Lamartine à Valentine de Cessiat. Sentiment suffisamment partagé, pour qu'il conduise la nièce à rompre un projet de mariage, et Lamartine à l'épouser en 1868.

Il est assez saisissant de voir comment le vers poétique de jadis se transforme ici en une prose haletante, saccadée, démesurée, et où le vague n'est plus l'apanage d'un sentiment cosmique, mais d'une vision hallucinée.

« J'ai 26 volumes en métier. »

« Mon cher ange,

« Tu m'accuses bien sûr et cependant je suis bien innocent. Je n'ai une minute ni nuit ni jour. J'ai été malade de rhumatismes. J'ai 26 volumes en métier. La Chambre, le Conseil d'État, 100 lettres par jour, les yeux usés, la main lasse mais le cœur pour vous plein, jeune, vieux, tendre, ardent, compatissant, aimant, voyant, regrettant, espérant, admirant, bénissant, chérissant, invoquant comme quand j'étais *Raphaël* et mille millions de fois plus encore. Oui, amie, l'âme est immatérielle et infinie comme Dieu lui-même. Je le sens avec évidence quand je pense à vous. Je suis votre père et cependant aussi votre frère, votre Passé et cependant aussi votre Présent, votre Présent et cependant aussi votre Avenir. Je vous vois naître, grandir, embellir, fleurir, fructifier et cependant je vous vois aussi après moi vivre, charmer, aimer, vous souvenir, vieillir et venir me rejoindre dans le séjour de l'éternelle jeunesse, et cependant je suis un oncle vieillissant, se sentant vieillir, faner, affaiblir. Vous êtes des nièces incomparables en toute espèce de satisfaction physique et morale. Cœurs et âmes de prédilection pour la nature et je vous aime comme si je vous avais *créées*. Je vous ai envoyé *Raphaël*. Mauvaise première édition. L'autre qui se fait est parfaite. Paris est dans l'ivresse, on ne rencontre que femmes ayant un *Raphaël* sous leur manchon. En soixante-douze heures 3 000 exemplaires sont partis. Dans huit jours, il y en aura 10 000. On s'écrie partout *universellement* que jamais la langue n'a tant brûlé, que c'est écrit avec un charbon sur la peau du cœur. Hélas ! Que diraient-ils donc si je l'avais écrit sous l'impression d'autres circonstances ou à d'autres époques de ma vie passée ? Mais je l'ai dit dans la préface, ce qu'il y a de plus divin dans l'âme de l'homme n'en sort jamais. Écrire c'est profaner.

Les *Confidences* aussi ont un succès *inouï*. Du haut en bas, du prince au portier, curés, paysans, femmes, collégiens, on en vend *quatre-vingt mille exemplaires* par jour. On n'y suffit pas. Tu vas lire *Graziella* qui est bien grec et napolitain. Dis-moi ce que tu en penses. J'en écrirai une autre bien supérieure à la fin de ma vie sensible et encore plus pure et plus diamant que Graziella ! Puis je n'écrirai plus que des cantiques pour Dieu. Mais j'y mettrai toujours les noms que j'ai le plus aimés ! C'est le grain d'encens éternel sur l'autel du cœur.

Dis à ta maman que je vais changer l'abbé Dumont. Je ne le ferai pas prêtre, il ne sera prêtre qu'après et par désespoir.

En même temps je poursuis ma grande entreprise de mes *Œuvres choisies* par souscription. Cela s'annonce bien. Le *prodigieux* succès d'étonnement universel de tout ce que je publie en ce moment est un gage du succès de l'entreprise. Paris et la France dans toutes les classes, excepté le *juste milieu*, me reviennent avec passion. Je suis suivi dans les rues comme un rayon et non comme un homme. Je me refuse à tout. Secret dans mon isolement, modeste et laborieux avec Dieu et votre pensée. Voilà tout et c'est assez. Je ne cesse de prier pour vous le soir, le matin, à midi et la nuit. Notre conversation est dans le ciel. Priez aussi et ne vous occupez pas du reste. Amusez-vous, lisez, aimez, excusez le temps, espérez de l'avenir, en un mot, appliquez-vous à être le moins malheureuses possible dans la vie. Et ne vous tourmentez jamais pour moi. Je ne suis pas égoïste, ou plutôt mon moi, c'est vous. Adieu, mon cher ange, je t'embrasse bien. »

Lettre à Valentine de Cessiat, du 21 juillet 1849.

Pour préparer l'étude du texte

1. Étudier l'expression, dans le texte, d'une activité frénétique : effets d'accumulation, indications temporelles, accélération du rythme.
2. Montrer comment se manifeste la fierté des succès : les chiffres, les éloges, les manifestations d'admiration.
3. La négation de la vieillesse. Montrer que tous les comportements de l'auteur ont pour objectif de faire oublier la réalité omniprésente de l'âge.

Victor ADAM (1801-1866), *A. de Lamartine. Illustration de ses œuvres*, lithographies. Paris, Bibliothèque Nationale.

Le repos et l'expansion

Une large part de la poétique lamartinienne réside dans la dialectique du repos et de l'expansion infinie. Cette dialectique peut revêtir diverses formes.

Dans le temps, elle recouvrira le désespoir de la fuite du temps opposé au rêve de fixité dans l'instant (cf. « Le lac », p. 68).

Dans l'espace, ce sera la prédilection accordée à certains lieux de repliement ou de recueillement, comparables à des havres où le moi se protège du monde : le vallon, le golfe, la grotte, le lac, le foyer... En général, on retrouve autour de cette thématique quelques gestes symboliques : s'arrêter à l'étape, demeurer, se perdre, s'ensevelir (par exemple, dans la verdure), mourir.

Inversement, le monde n'est jamais si éloigné qu'il ne traverse, de ses appels assourdis, le lieu du recueillement : ce sont les « échos lointains », les murmures, les rayons du soleil qui filtrent à travers la frondaison épaisse des bois...

Dans l'ordre biographique, il n'est pas difficile de repérer les mouvements auxquels renvoie cette alternance d'élans et de replis : projection dans l'action politique (qui culmine en 1848), puis retrait dans l'écriture ; toute la vie de Lamartine étant rythmée par cette pulsion entre deux lieux emblématiques et opposés : Milly (ou Saint-Point, ou le Mâconnais en général) et Paris.

La Nature : entre le foyer et le désert

La maison, le foyer sont dotés pour Lamartine d'un pouvoir exceptionnellement vivant et parlant. Reliés, dans l'histoire personnelle, au charme des origines, ils en épousent totalement la valeur rassurante (cf. « Milly ou la terre natale », « La vigne et la maison ») et nostalgique à la fois :

> « Efface ce séjour, ô Dieu ! de ma paupière,
> Ou rends-le-moi semblable à celui d'autrefois,
> Quand la maison vibrait comme un grand cœur de pierre
> De tous ces cœurs joyeux qui battaient sous ses toits ! »
>
> (« La vigne et la maison »)

A l'autre extrémité de l'horizon, les menaces obscures du monde s'incarnent dans les lieux vides, arides, inhabités : dans les déserts (« Puis la porte à jamais se ferma sur le vide. / Et l'ortie envahit les cours !... »). Rarement l'imaginaire s'arrête-t-il à la contemplation brute des déserts. Mais au moins le désert est-il une tentation présente et sensible en tout lieu déserté.

Le chemin qui part de la maison s'engage dans la nature : bois, vallons, golfes, prairies fumantes, tels sont les avatars de cette grande entité primordiale à travers laquelle Lamartine — comme son Jocelyn — rejoint la grandeur du divin, et sur laquelle il fonde toute théologie. Mais la nature demeure un espace et une puissance essentiellement ambivalents :
— tantôt proche du foyer, elle en mime l'accueil, la protection et la chaleur : telle est la grotte dans *Jocelyn* ;
— tantôt traversée par la tentation des déserts, elle se fait hostile, ou n'engendre qu'indifférence :

> « La végétation, comme une mer de plantes,
> Avait tout recouvert de ses vagues grimpantes ;
> La liane et la ronce entravaient chaque pas ;
> L'herbe que je foulais ne me connaissait pas. »
>
> *(Jocelyn)*

Dieu

Nombre de pages, en vers ou en prose, à travers la variété des thèmes abordés, témoignent, en définitive, d'une quête de l'absolu. Comme si le « mystère suprême » était une préoccupation centrale au sein de laquelle tout s'ordonne et se confond. Pour cruciale qu'elle soit, cette préoccupation n'en admet pas moins des positions variées, voire contradictoires.

Le respect du Dieu de l'enfance est une donnée de départ, liée à la vénération de Lamartine pour sa mère, et à la pression du milieu familial. Ce catholicisme orthodoxe s'exprime dans les *Méditations poétiques* et dans les *Harmonies poétiques et religieuses.*

Très vite, cependant, il entre en conflit avec un déisme rationnel que Lamartine hérite de ses lectures des philosophes du XVIIIe siècle, et principalement de Rousseau.

Conflit qui s'exprime et, d'une certaine façon, se résout dans l'opposition entre religion et foi, institution et sentiment personnel.

Dans le *Voyage en Orient*, c'est une tout autre solution qui se dessine (et que n'ont pas manqué de stigmatiser les tenants du parti catholique, tels que Vigny) : l'éloge d'autres religions, en l'occurrence l'islam, ce « catholicisme purifié ».

Caspar David FRIEDRICH (1774-1840), *Le crucifix dans la montagne* (vers 1812). Berlin, Archiv für Kunst und Geschichte.

Le lyrisme lamartinien

Un Moi agrandi aux dimensions du monde

Pour Lamartine, comme pour tous les poètes de l'époque romantique, le Moi parlant est au centre de l'expérience poétique.

Mais ce Moi n'est pas le sujet isolé d'une aventure unique. Il réunit, dans son expression, l'universalité et l'éternité d'une humanité immuable (« le cœur », « l'âme »...) dont chaque être participe.

Ainsi, le Je peut-il être dilué, sans perdre de sa force, en ses équivalents collectifs (« nous ») ou même impersonnels (« De là, l'œil enchanté voit au pied des coteaux, / Gênes, fille des mers... », *Dernier chant du pèlerinage d'Harold*).

Ce sujet universel et immuable est confronté aux mouvements et aux changements du temps et du monde :

« Oui, sans cesse un monde se noie
Dans les feux d'un nouveau soleil... »

(Harmonies poétiques et religieuses)

Le mystère interpellé

De sa position paradoxale de singularité et d'universalité, le Je tire le pouvoir de s'adresser au monde (à l' « univers ») avec une proximité qui définit la hauteur du lyrisme lamartinien :

« Terre, exhale ton souffle ! homme, élève ton âme ! »

(Harmonies poétiques et religieuses)

Lorsque cette interpellation se tourne vers Dieu, Lamartine retrouve la forme religieuse de l'invocation. La même invocation qui, d'ailleurs, s'adresse indifféremment à la mort, à la vie, à l'âme, au temps, à la nuit..., et qui, loin d'isoler, en les nommant, des essences, les noie, bien au contraire, dans la confusion générale du mystère, qui est mutisme. Car toute interpellation demeure sans réponse.

Ainsi, au Je universel et diffus, répond la confusion du mystère surnaturel. Le lyrisme de Lamartine tient, comme celui de Verlaine, à la charge émotionnelle du halo.

La netteté des traits

Mais cette poésie puise en même temps sa force de la netteté des images ponctuelles, de la parfaite précision des figures qui, ainsi, se détachent sur le fond fantastique des lointains évasifs.

La métaphore, au lieu d'ouvrir le propos sur un horizon imprécis, tend au contraire, bien souvent, à incarner l'abstraction, à lui donner tout son poids existentiel, sa chair ou sa matière.

Une écriture de la fusion

Le lyrisme lamartinien, c'est la rencontre de cette netteté et de ce halo, dans une écriture où les forces de fusion (voire de confusion) semblent primer sur le sens.

Cette « musique du vers », tant admirée, consiste en une maîtrise absolue des pouvoirs phonétiques du français, une exploitation systématique de leurs ressorts (assonances, allitérations...).

Mais cette musique n'est pas seulement une harmonie des sons. Elle intègre également l'efficacité d'une langue, où savamment balancées s'opposent la simplicité et la généralité du vocabulaire. Comme chez Racine, point de terme vraiment rare dans toute cette poésie. Mais les concepts familiers (« l'eau », « le rayon », « la nuit », « la vague »...) se mêlent ici aux substantifs poétiques qui ont surtout une valeur d'amplification poétique, d'où l'académisme n'est d'ailleurs pas absent. Ainsi : le « char de la nuit », le « coursier » synonyme de « cheval », ou l' « urne » mise pour « vase ».

PERNOT, *Vue de Saint-Point* (vers 1835). Mâcon, Musée Lamartine.

Alfred de Musset
1810-1857

Charles LANDELLE (1812-1908), *Alfred de Musset* (1854). Versailles, Château.

Des débuts éblouissants, une fin douloureuse et solitaire, et, entre les deux, un itinéraire mouvementé, telle est la vie de Musset, le plus déconcertant des « enfants du siècle ».

Les premiers succès

« Bienvenu au monde » comme il le dit lui-même, Musset est un enfant, puis un adolescent heureux. Il appartient à une famille aisée, affectueuse, cultivée[1]. Des études brillantes au lycée Henri-IV lui permettent d'obtenir trois fois des récompenses au Concours général. Tout lui est facile : écrire de la poésie, dessiner, chanter. Il est vrai qu'après son baccalauréat, il rechigne un peu à poursuivre ses études : il abandonne successivement le droit, puis la médecine. Il préfère de loin la fréquentation des écrivains de l'époque, Hugo, Vigny, Lamartine, Nodier, Sainte-Beuve, ou celle, moins recommandable, d'une jeunesse dorée, dandys qui hantent les mauvais lieux de la capitale. Il n'en trouve pas moins le temps de traduire l'ouvrage de T. de Quincey, *Confession of an opium-eater*[2].

En 1830, le voilà brusquement célèbre après la publication des *Contes d'Espagne et d'Italie* : il charme et agace. On parle de lui.

Les premières fêlures

Pourtant, l'apparence frivole et séductrice n'est qu'une façade : elle cache un être angoissé, insatisfait.

En littérature, Musset s'éloigne de ses amis romantiques. Dans le poème intitulé « Les pensées secrètes de Raphaël », il s'affirme héritier du classicisme du siècle précédent. Après 1830, le refus d'un engagement politique fait de lui un solitaire. Enfin, l'échec de sa première pièce, *La nuit*

1. Son grand-père était poète et son père, essayiste reconnu, était un spécialiste de J.-J. Rousseau.

2. La traduction de Musset *(L'Anglais mangeur d'opium)* n'est pas très fidèle. Ce texte inspira Berlioz pour sa *Symphonie fantastique* (1830).

vénitienne, est une blessure cuisante. Il décide de ne plus écrire pour la scène : désormais ses pièces seront à lire, non à représenter. C'est sous le titre *Un spectacle dans un fauteuil* (1832), que sont publiés *La coupe et les lèvres*, *A quoi rêvent les jeunes filles* et *Namouna*.

Dans sa vie sentimentale, le jeune émule de Don Juan souffre du caractère superficiel et décevant de liaisons trop faciles. Derrière un cynisme avoué se dissimule une grande sensibilité qu'atteint la mort de son père en 1832.

Les souffrances de la vie

Les années 1833-1835 sont marquées par une liaison mouvementée qui bouleverse la vie du jeune homme, le mûrit, lui inspire des textes douloureux. George Sand a vingt-neuf ans lorsqu'il la rencontre et qu'ils deviennent amants. C'est une femme libérée, féministe, autoritaire. Lui est plus jeune, et plus vulnérable. Au cours d'un voyage en Italie, sur les traces de Roméo et Juliette, George entame une nouvelle liaison avec le docteur Pagello, venu soigner Musset. Ce dernier s'efface et rentre à Paris en mars 1834. La liaison reprend cependant avec le retour de George Sand. Ces amours tumultueuses sont entrecoupées de ruptures violentes et de fragiles réconciliations. Tout se termine en mars 1835.

La production littéraire de Musset se ressent du drame : *Fantasio*, *On ne badine pas avec l'amour*, *Lorenzaccio* (1834) sont imprégnés d'amertume et de chagrin. *Les Nuits* (1835-1837) apparaissent comme l'itinéraire d'une libération. Il faut exorciser la souffrance. *Le chandelier* (1835), *Il ne faut jurer de rien* (1836), *Un caprice* (1837) témoignent de l'étourdissante fantaisie des *Contes d'Espagne et d'Italie*. Quant à *La confession d'un enfant du siècle* (1836), elle établit le bilan d'une adolescence profondément marquée par les circonstances historiques : la trahison seule n'explique pas le pessimisme de Musset.

Eugène LAMI (1800-1890), *Un salon parisien*, détail. Collection privée.

La déchéance

A vingt-huit ans, Musset connaît une véritable déchéance. C'est « un jeune homme de beaucoup de passé », dit cruellement de lui le poète allemand Henri Heine. Atteint d'une maladie de cœur, il tente d'oublier ses souffrances dans l'ivresse, dans l'opium, dans de nombreuses liaisons sans lendemain. Conscient de ce triste bilan, il écrit dans « Tristesse » :

« J'ai perdu ma force et ma vie,
Et mes amis et ma gaîté ;
J'ai perdu jusqu'à la fierté
Qui faisait croire à mon génie. »

L'histoire d'un merle blanc traduit encore les élans d'une fraîcheur qui n'a pas tout à fait disparu. Musset reçoit quelques honneurs : il est fait chevalier de la Légion d'honneur en 1845 ; il est élu à l'Académie française en 1852... Mais ces récompenses officielles ressemblent peu au poète primesautier et irrévérencieux qu'il a été.

Méprisé par les nouvelles générations[1], il meurt dans l'indifférence en 1857.

L'ŒUVRE POÉTIQUE

« Mes premiers vers sont ceux d'un enfant,
Les seconds d'un adolescent,
Les derniers à peine d'un homme. »

Musset, « Au lecteur », préface à l'édition des *Premières Poésies*, 1840.

Contes d'Espagne et d'Italie (décembre 1829), recueil comprenant une quinzaine de pièces en vers. → p. 79.

Namouna (décembre 1832), conte en vers.

Rolla (1833), récit en vers.

Les Nuits (1835-1837), quatre longs poèmes lyriques : **Nuit de Mai** (juin 1835) ; **Nuit de Décembre** (décembre 1835) ; **Nuit d'Août** (août 1836) ; **Nuit d'Octobre** (octobre 1837). → p. 83.

Tristesse (1840), poème isolé, non destiné à la publication. → p. 86.

Contes d'Espagne et d'Italie

1829

Avec les *Contes d'Espagne et d'Italie*, publiés en décembre 1829, le tout jeune Musset — il n'a que dix-neuf ans connaît d'emblée un extraordinaire succès : « La lune, comme un point sur un i » devint vite une expression à la mode, cependant que la France entière se mit à fredonner « L'Andalouse ».

Il faut reconnaître que le recueil comportait tous les ingrédients propres à attirer l'attention : d'atroces récits de crimes passionnels sur fond espagnol ou vénitien ; de la couleur locale poussée jusqu'au bariolage (tel ce « dragon jaune et bleu qui dormait dans du foin ») ; une rare insolence dans le traitement de la versification ; partout, désinvolture, aisance effrontée, trouvailles impertinentes.

Maurice SAND, *Alfred de Musset en 1841*, dessin. La Chatre, Musée George Sand.

1. Musset a été détesté par la plupart des poètes de la seconde moitié du XIXe siècle, qui ont fait de lui le modèle du Romantique larmoyant.

L'Andalouse

Ce poème-chanson fut mis en musique et devint un immense succès populaire dans les années 1830-1840.

Avez-vous vu, dans Barcelone,
Une Andalouse au sein bruni ?
Pâle comme un beau soir d'automne !
C'est ma maîtresse, ma lionne[1] !
La marquesa d'Amaëgui !

J'ai fait bien des chansons pour elle,
Je me suis battu bien souvent.
Bien souvent j'ai fait sentinelle,
Pour voir le coin de sa prunelle
Quand son rideau tremblait au vent.

Elle est à moi, moi seul au monde.
Ses grands sourcils noirs sont à moi,
Son corps souple et sa jambe ronde,
Sa chevelure qui l'inonde,
Plus longue qu'un manteau de roi !

C'est à moi son beau col[2] qui penche
Quand elle dort dans son boudoir,
Et sa basquina[3] sur sa hanche,
Son bras dans sa mitaine blanche,
Son pied dans son brodequin noir !

Vrai Dieu ! Lorsque son œil pétille
Sous la frange de ses réseaux[4],
Rien que pour toucher sa mantille,
De par tous les saints de Castille,
On se ferait rompre les os.

Qu'elle est superbe en son désordre,
Quand elle tombe, les seins nus,
Qu'on la voit, béante, se tordre
Dans un baiser de rage, et mordre
En criant des mots inconnus !

Et qu'elle est folle dans sa joie,
Lorsqu'elle chante le matin,
Lorsqu'en tirant son bas de soie,
Elle fait, sur son flanc qui ploie,
Craquer son corset de satin !

Allons, mon page, en embuscades !
Allons ! la belle nuit d'été !
Je veux ce soir des sérénades
A faire damner les alcades[5]
De Tolose au Guadalété[6].

Contes d'Espagne et d'Italie.

Pour préparer le commentaire composé

1. La chanson populaire. On peut étudier les personnages (physique, comportement) et les situations évoquées.
2. L'exotisme. Récapituler les éléments qui contribuent au phénomène de dépaysement (noms, lieux, coutumes).
3. Définir ce qui donne à ce texte un caractère désinvolte et insolent.

Gustave DORE (1832-1883), *Costume de Séville*, lithographie. Paris, Bibliothèque Nationale.

1. On appelait *lionne* une femme à la mode. C'est la chanson de Musset qui a lancé ce mot.
2. Forme archaïque du mot « cou ».
3. Mot espagnol. Jupe aux larges plis.
4. Le terme désigne ici la résille, ce filet aux mailles serrées sous lequel les Espagnoles dissimulaient leurs cheveux.
5. Mot d'origine hispano-arabe désignant un magistrat municipal.
6. Fleuve d'Andalousie.

Richard-Parkes BONINGTON
(1801-1828), *Vue de Venise* (1826).
Paris, Musée du Louvre.

Venise

En 1829, Musset ne connaît pas encore l'Italie. Mais est-il besoin d'aller à Venise pour chanter cette cité mythique ?

Dans Venise la rouge,
Pas un bateau qui bouge,
Pas un pêcheur dans l'eau,
Pas un falot[1].

Seul, assis à la grève,
Le grand lion[2] soulève,
Sur l'horizon serein,
Son pied d'airain.

Autour de lui, par groupes,
Navires et chaloupes,
pareils à des hérons
Couchés en rond,

Dorment sur l'eau qui fume,
Et croisent dans la brume,
En légers tourbillons,
Leurs pavillons.

La lune qui s'efface
Couvre son front qui passe
D'un nuage étoilé
Demi-voilé.

Ainsi, la dame abbesse
De Sainte-Croix[3] rabaisse
Sa cape aux larges plis
Sur son surplis.

Et les palais antiques,
Et les graves portiques,
Et les blancs escaliers
Des chevaliers,

Et les ponts, et les rues,
Et les mornes statues,
Et le golfe mouvant
Qui tremble au vent,

Tout se tait, fors les gardes
Aux longues hallebardes,
Qui veillent aux créneaux
Des arsenaux.

— Ah ! maintenant plus d'une
Attend, au clair de lune,
Quelque jeune muguet[4],
L'oreille au guet.

Pour le bal qu'on prépare,
Plus d'une qui se pare,
Met devant son miroir
Le masque noir[5].

Sur sa couche embaumée,
La Vanina pâmée
Presse encor son amant
En s'endormant ;

Et Narcissa la folle,
Au fond de sa gondole,
S'oublie en un festin
Jusqu'au matin.

Et qui, dans l'Italie,
N'a son grain de folie ?
Qui ne garde aux amours
Ses plus beaux jours ?

Laissons la vieille horloge
Au palais du vieux doge[6]
Lui compter de ses nuits
Les longs ennuis.

Comptons plutôt, ma belle,
Sur ta touche rebelle
Tant de baisers donnés...
Ou pardonnés.

Comptons plutôt tes charmes,
Comptons les douces larmes,
Qu'à nos yeux a coûtées
La volupté !

Contes d'Espagne et d'Italie.

Pour préparer l'étude du texte

1. Étudier la présentation qui est faite de Venise vue de l'extérieur (organisation des éléments décrits, procédés d'énumération, images traditionnelles, progression de l'extérieur vers l'intérieur).

2. Dans les strophes 10 à 17, étudier les nouveaux aspects de Venise (la Venise secrète). Montrer que, pour Musset, les plaisirs et les joies ne sont jamais très éloignés des chagrins et des larmes.

1. Lanterne portative.
2. Il s'agit du célèbre lion, emblème de Venise, qui surmonte l'une des deux colonnes de la place Saint-Marc.
3. Monastère de Venise.
4. Jeune homme dont l'occupation première était de séduire. L'appellation s'explique par le fait qu'il se parfumait volontiers à l'eau de muguet.
5. Venise était réputée — et l'est toujours — pour son carnaval.
6. Résidence des doges, c'est-à-dire des anciens gouverneurs de Venise.

Ballade à la lune

A sa parution, la *Ballade à la lune* suscita un grand émoi : les classiques y virent une provocation ; les Romantiques applaudirent à une si étonnante acrobatie rythmique, cependant que certains d'entre eux soupçonnèrent la raillerie — la lune n'était-elle pas un de leurs accessoires obligés ? Et si le jeune impertinent s'était amusé à les parodier ?

Sont ici proposés les neuf premiers quatrains des trente-quatre qui composent le poème.

C'était, dans la nuit brune,
Sur le clocher jauni,
La lune,
Comme un point sur un i.

Lune, quel esprit sombre
Promène au bout d'un fil,
Dans l'ombre,
Ta face et ton profil ?

Es-tu l'œil du ciel borgne ?
Quel chérubin cafard[1]
Nous lorgne
Sous ton masque blafard ?

N'es-tu rien qu'une boule ?
Qu'un grand faucheux[2] bien gras
Qui roule
Sans pattes et sans bras ?

Es-tu, je t'en soupçonne,
Le vieux cadran de fer
Qui sonne
L'heure aux damnés d'enfer ?

Sur ton front qui voyage,
Ce soir ont-ils compté
Quel âge
A leur éternité ?

Est-ce un ver qui te ronge
Quand ton disque noirci
S'allonge
En croissant rétréci ?

Qui t'avait éborgnée,
L'autre nuit ? T'étais-tu
Cognée
A quelque arbre pointu ?

Car tu vins, pâle et morne,
Coller sur mes carreaux
Ta corne,
A travers les barreaux.

Contes d'Espagne et d'Italie.

Pour préparer le commentaire composé

1. Étudier les différentes « identités » attribuées à la lune et les diverses situations liées à ces identités. Montrer que les formulations et les images traduisent l'insolence et la familiarité.
2. En utilisant les réponses de la question 1, tracer le portrait peu élogieux que suggère Musset : faire apparaître les traits de caractère qu'il prête à la lune.
3. Ce poème a choqué les contemporains de Musset. Pour quelles raisons ? (La réponse devra porter sur le contenu, la formulation, la versification.)

Musset près d'un clocher surmonté de la lune, dessin d'A. de Musset. Paris, Bibliothèque de l'Institut. Collection Spoelberch de Lovenjoul.

1. Mouchard, espion, rapporteur.

2. Insecte à longues pattes, voisin des araignées.

Les Nuits
1835-1837

Quand on évoque aujourd'hui le nom d'Alfred de Musset, on pense aussitôt aux *Nuits.* Ces « quatre cygnes sublimes », selon le joli mot d'Albert Thibaudet[1], comportent des vers qui continuent de chanter dans toutes les mémoires. Telle l'apostrophe qui inaugure la *Nuit de Mai* :

« Poète, prends ton luth et me donne un baiser. »

Les *Nuits* sont donc au nombre de quatre. Soit, dans l'ordre de leur publication : la *Nuit de Mai* (juin 1835) ; la *Nuit de Décembre* (décembre 1835) ; la *Nuit d'Août* (août 1836) et la *Nuit d'Octobre* (octobre 1837).

Toutes quatre se présentent sous une même forme : le dialogue. Dialogue entre la Muse et le Poète dans les *Nuits de Mai, d'Août* et *d'Octobre* ; dialogue entre le Poète et la Solitude dans la *Nuit de Décembre.* Cette forme dialoguée n'est pas un simple procédé de rhétorique. Elle est la traduction du conflit qui agite alors l'écrivain.

En mars 1835, Musset vient de rompre avec George Sand (cf. p. 78). L'homme, brisé, se pose la question : à quoi bon écrire quand on manque aussi lamentablement sa vie ? Les *Nuits* tracent l'itinéraire d'un poète qui s'interroge sur les rapports entre les misères de l'existence et la création artistique. Une douleur excessive et trop immédiate empêche d'écrire : voilà le sujet de la *Nuit de Mai.*

Dès lors, le poète n'a plus que la solitude pour compagne : tel est le thème de la *Nuit de Décembre.* Pourtant, la *Nuit d'Août* voit surgir à nouveau l'instinct de vie et de plaisir : qu'importe l'art, après tout, pourvu qu'on ait l'ivresse ! Enfin, la *Nuit d'Octobre* proclame que les blessures de l'existence sont souvent à l'origine des œuvres d'art les plus fortes.

Eugène LAMI (1800-1890), Illustration pour *Nuit de Mai.* Musée National du Château de Malmaison.

1. Albert Thibaudet, *Histoire de la littérature française, de Chateaubriand à Valéry,* 1936, réédition dans la Collection Marabout-Université.

Nuit de Mai

La Muse commence par exhorter le Poète à se remettre au travail. Mais l'homme est encore trop meurtri pour le faire. La Muse, alors, lui montre qu'il y a une richesse dans la souffrance. L'extrait qui suit constitue la conclusion de la première des *Nuits.*

Quel que soit le souci que ta jeunesse endure,
Laisse-la s'élargir, cette sainte blessure
Que les séraphins noirs t'ont faite au fond du cœur ;
Rien ne nous rend si grands qu'une grande douleur.
Mais, pour[1] en être atteint, ne crois pas, ô poète,
Que ta voix ici-bas doive rester muette.
Les plus désespérés sont les chants les plus beaux,
Et j'en sais d'immortels qui sont de purs sanglots.
Lorsque le pélican, lassé d'un long voyage,
Dans les brouillards du soir retourne à ses roseaux,
Ses petits affamés courent sur le rivage
En le voyant au loin s'abattre sur les eaux.
Déjà, croyant saisir et partager leur proie,
Ils courent à leur père avec des cris de joie
En secouant leurs becs sur leurs goitres[2] hideux.
Lui, gagnant à pas lents une roche élevée,
De son aile pendante abritant sa couvée,
Pêcheur mélancolique, il regarde les cieux.
Le sang coule à longs flots de sa poitrine ouverte ;
En vain il a des mers fouillé la profondeur :
L'océan était vide et la plage déserte ;
Pour toute nourriture il apporte son cœur.
Sombre et silencieux, étendu sur la pierre,
Partageant à ses fils ses entrailles de père,
Dans son amour sublime il berce sa douleur ;
Et, regardant couler sa sanglante mamelle,
Sur son festin de mort il s'affaisse et chancelle,
Ivre de volupté, de tendresse et d'horreur.
Mais parfois, au milieu du divin sacrifice,
Fatigué de mourir dans un trop long supplice,
Il craint que ses enfants ne le laissent vivant ;
Alors il se soulève, ouvre son aile au vent,
Et, se frappant le cœur avec un cri sauvage,
Il pousse dans la nuit un si funèbre adieu,
Que les oiseaux des mers désertent le rivage,
Et que le voyageur attardé sur la plage,
Sentant passer la mort, se recommande à Dieu.
Poète, c'est ainsi que font les grands poètes.
Ils laissent s'égayer ceux qui vivent un temps ;
Mais les festins humains qu'ils servent à leurs fêtes
Ressemblent la plupart à ceux des pélicans.
Quand ils parlent ainsi d'espérances trompées,
De tristesse et d'oubli, d'amour et de malheur,
Ce n'est pas un concert à dilater le cœur.
Leurs déclamations sont comme des épées :
Elles tracent dans l'air un cercle éblouissant ;
Mais il y pend toujours quelque goutte de sang.

LE POÈTE

O Muse ! spectre insatiable,
Ne m'en demande pas si long.
L'homme n'écrit rien sur le sable
A l'heure où passe l'aquilon.
J'ai vu le temps où ma jeunesse
Sur mes lèvres était sans cesse
Prête à chanter comme un oiseau ;
Mais j'ai souffert un dur martyre,
Et le moins que j'en pourrais dire,
Si je l'essayais sur ma lyre,
La briserait comme un roseau.

Les Nuits.

Pour préparer l'étude du texte

1. Présenter ce texte en donnant rapidement son thème et ses caractéristiques formelles.
2. Faire un plan très précis en mettant en évidence le contenu de chaque partie.
3. Faire l'étude détaillée des paroles du poète (v. 48-58).

Nuit de Décembre

LE POÈTE

Du temps que j'étais écolier,
Je restais un soir à veiller
Dans notre salle solitaire.
Devant ma table vint s'asseoir
Un pauvre enfant vêtu de noir,
Qui me ressemblait comme un frère.

Son visage était triste et beau.
A la lueur de mon flambeau,
Dans mon livre ouvert il vint lire.
Il pencha son front sur ma main,
Et resta jusqu'au lendemain,
Pensif, avec un doux sourire.

Comme j'allais avoir quinze ans,
Je marchais un jour, à pas lents,
Dans un bois, sur une bruyère.
Au pied d'un arbre vint s'asseoir
Un jeune homme vêtu de noir,
Qui me ressemblait comme un frère.
Je lui demandai mon chemin ;
Il tenait un luth d'une main,
De l'autre un bouquet d'églantine.
Il me fit un salut d'ami,
Et, se détournant à demi,
Me montra du doigt la colline.

A l'âge où l'on croit à l'amour,
J'étais seul dans ma chambre un jour,
Pleurant ma première misère.
Au coin de mon feu vint s'asseoir
Un étranger vêtu de noir,
Qui me ressemblait comme un frère.

Il était morne et soucieux ;
D'une main il montrait les cieux,
Et de l'autre il tenait un glaive.
De ma peine il semblait souffrir,
Mais il ne poussa qu'un soupir,
Et s'évanouit comme un rêve.

1. Pour = bien que.
2. Le pélican a sous le bec une poche qui lui sert de garde-manger. Il y emmagasine les poissons qu'il ressert à ses petits au moment des repas.

A l'âge où l'on est libertin,
Pour boire un toast en un festin,
Un jour je soulevai mon verre.
En face de moi vint s'asseoir
Un convive vêtu de noir,
Qui me ressemblait comme un frère.

Il secouait sous son manteau
Un haillon de pourpre en lambeau,
Sur sa tête un myrte stérile.
Son bras maigre cherchait le mien,
Et mon verre, en touchant le sien,
Se brisa dans ma main débile[1].

Un an après, il était nuit,
J'étais à genoux près du lit
Où venait de mourir mon père.
Au chevet du lit vint s'asseoir
Un orphelin vêtu de noir,
Qui me ressemblait comme un frère.

Ses yeux étaient noyés de pleurs ;
Comme les anges de douleurs,
Il était couronné d'épine ;
Son luth à terre était gisant,
Sa pourpre de couleur de sang,
Et son glaive dans sa poitrine.

Je m'en suis si bien souvenu,
Que je l'ai toujours reconnu
A tous les instants de ma vie.
C'est une étrange vision,
Et cependant, ange ou démon,
J'ai vu partout cette ombre amie.

Lorsque plus tard, las de souffrir,
Pour renaître ou pour en finir,
J'ai voulu m'exiler de France ;
Lorsque impatient de marcher,
J'ai voulu partir, et chercher
Les vestiges d'une espérance ;

A Pise, au pied de l'Apennin ;
A Cologne, en face du Rhin ;
A Nice[2], au penchant des vallées ;
A Florence, au fond des palais ;
A Brigues[3], dans les vieux chalets ;
Au sein des Alpes désolées ;

A Gênes, sous les citronniers ;
A Vevey[4], sous les verts pommiers ;
Au Havre, devant l'Atlantique[5] ;
A Venise, à l'affreux Lido[6],
Où vient sur l'herbe d'un tombeau
Mourir la pâle Adriatique ;

Partout où, sous ces vastes cieux,
J'ai laissé mon cœur et mes yeux,
Saignant d'une éternelle plaie ;
Partout où le boiteux Ennui,
Traînant ma fatigue après lui,
M'a promené sur une claie ;

Partout où, sans cesse altéré
De la soif d'un monde ignoré,
J'ai suivi l'ombre de mes songes ;
Partout où, sans avoir vécu,
J'ai revu ce que j'avais vu,
La face humaine et ses mensonges ;

Partout où, le long des chemins,
J'ai posé mon front dans mes mains,
Et sangloté comme une femme ;
Partout où j'ai, comme un mouton,
Qui laisse sa laine au buisson,
Senti se dénuer[7] mon âme ;

Partout où j'ai voulu dormir,
Partout où j'ai voulu mourir,
Partout où j'ai touché la terre,
Sur ma route est venu s'asseoir
Un malheureux vêtu de noir,
Qui me ressemblait comme un frère.

Suivent dix strophes dans lesquelles le poète demande à son double de dévoiler son identité :

Qui donc es-tu, toi que dans cette vie
Je vois toujours sur mon chemin ?

La Vision, alors, lui répond. Voici la fin du poème.

LA VISION

Je ne suis ni dieu ni démon,
Et tu m'as nommé par mon nom
Quand tu m'as appelé ton frère ;
Où tu vas, j'y serai toujours,
Jusques au dernier de tes jours,
Où j'irai m'asseoir sur ta pierre[8].

Le ciel m'a confié ton cœur.
Quand tu seras dans la douleur,
Viens à moi sans inquiétude.
Je te suivrai sur le chemin ;
Mais je ne puis toucher ta main,
Ami, je suis la Solitude.

Les Nuits.

Pour préparer le commentaire composé

1. Une structure originale. Montrer que, dans les 10 premières strophes, chaque groupe de 2 strophes est construit selon un plan strict et répétitif. Préciser le contenu des 8 dernières strophes et établir le lien qui les rattache aux autres.
2. Une présence constante. Analyser précisément comment s'exprime la présence du personnage inconnu (apparence, rôle) ; montrer la similitude des formulations.
3. Signification de cette présence. Montrer comment, très habilement, Musset conduit le lecteur à deviner et accepter la conclusion finale qui assimile l'ombre à la solitude.

1. L'adjectif a son sens étymologique de *faible*, *fragile*.
2. Ce n'est qu'en 1860 que le comté de Nice devint français.
3. Brigue (qui s'écrit aujourd'hui sans *s* final) est une ville de Suisse qui reste toujours un haut lieu du tourisme.
4. Ville suisse, située au bord du lac Léman.
5. On peut être surpris que le poète mette Le Havre au nombre des villes étrangères où il a erré (cf. vers 69). C'est que Musset est foncièrement un homme de Paris, pour qui la plus proche province est déjà exotique.
6. Nom de la longue bande de terre qui sépare Venise de la mer Adriatique.
7. Se mettre nu. Le verbe est rare.
8. La pierre du tombeau.

Nuit d'Octobre

Là aussi, le titre de la dernière des *Nuits* trouve son origine dans la date de sa parution, octobre 1837.

Ce texte est un nouveau dialogue entre le Poète et la Muse. Comme celle-ci le lui avait conseillé dans la *Nuit de Mai*, il se décide à prendre ses échecs personnels comme thème artistique. Mais, au souvenir de sa triste histoire d'amour, il perd son sang-froid et lance une diatribe contre la perfidie féminine :

« Honte à toi qui la première
M'as appris la trahison,
Et d'horreur et de colère
M'as fait perdre la raison !
Honte à toi, femme à l'œil sombre,
Dont les funestes amours
Ont enseveli dans l'ombre
Mon printemps et mes beaux jours ! »

La Muse, alors, tente d'apaiser la colère du Poète, puis lui expose que toute douleur est féconde.

Le coup dont tu te plains t'a préservé peut-être,
Enfant ; car c'est par là que ton cœur s'est ouvert.
L'homme est un apprenti, la douleur est son maître,
Et nul ne se connaît tant qu'il n'a pas souffert.
C'est une dure loi, mais une loi suprême,
Vieille comme le monde et la fatalité,
Qu'il nous faut du malheur recevoir le baptême,
Et qu'à ce triste prix tout doit être acheté.
Les moissons pour mûrir ont besoin de rosée ;
Pour vivre et pour sentir, l'homme a besoin des pleurs ;
La joie a pour symbole une plante brisée,
Humide encor de pluie et couverte de fleurs.
Ne te disais-tu pas guéri de ta folie ?
N'es-tu pas jeune[1], heureux, partout le bienvenu,
Et ces plaisirs légers qui font aimer la vie,
Si tu n'avais pleuré, quel cas en ferais-tu ?
Lorsqu'au déclin du jour, assis sur la bruyère,
Avec un vieil ami tu bois en liberté,
Dis-moi, d'aussi bon cœur lèverais-tu ton verre,
Si tu n'avais senti le prix de la gaîté ?
Aimerais-tu les fleurs, les prés et la verdure,
Les sonnets de Pétrarque et les chants des oiseaux,
Michel-Ange et les arts, Shakespeare et la nature,
Si tu n'y retrouvais quelques anciens sanglots ?

Les Nuits.

Pour préparer l'étude du texte

1. Étudier comment, par étapes successives, Musset met en évidence le côté positif de la souffrance. Relever et expliquer les symboles et les images.
2. Préciser quelle relation unit les deux parties du texte (v. 1-12 et 13-24).
3. Quelle est l'utilité des formulations interrogatives de la deuxième partie ?
4. Quel enseignement peut-on tirer des paroles de la Muse ?

Tristesse
1840

En 1840, Musset, qui a bientôt trente ans, est physiquement et intellectuellement usé. Il n'écrit plus guère, ou du moins, donne désormais dans la facilité. Dans ce naufrage, une exception, pourtant : « Tristesse ». Lors d'une nuit d'insomnie, le poète compose ce petit texte, qu'un ami trouvera au matin et qu'il se chargera de publier un an plus tard.

J'ai perdu ma force et ma vie,
Et mes amis et ma gaieté ;
J'ai perdu jusqu'à la fierté
Qui faisait croire à mon génie.

Quand j'ai connu la Vérité,
J'ai cru que c'était une amie ;
Quand je l'ai comprise et sentie,
J'en étais déjà dégoûté.

Et pourtant elle est éternelle,
Et ceux qui se sont passés d'elle
Ici-bas ont tout ignoré.

Dieu parle, il faut qu'on lui réponde.
Le seul bien qui me reste au monde
Est d'avoir quelquefois pleuré.

Pour préparer le commentaire composé

1. Analyser simultanément dans ce poème et dans celui de Verlaine, « Le ciel est par-dessus le toit » (cf. p. 395), la présentation que font les deux auteurs de leur situation.
2. Les regrets. Montrer que ce présent est étroitement lié à un passé qui aurait pu être heureux.
3. Les enseignements de la vie et de l'expérience. Quelle leçon tirer de ces deux expériences et de ces deux textes ?

1. Musset est alors âgé de vingt-sept ans.

L'ŒUVRE NARRATIVE

La confession d'un enfant du siècle (1836), roman. → p. 87.
Histoire d'un merle blanc (1842), conte. → p. 89.

La confession d'un enfant du siècle
1836

Octave, qui a dix-neuf ans, s'aperçoit que sa bien-aimée le trompe. Il rompt. Pour oublier ses malheurs, il se lance à corps perdu dans les plaisirs. Son père meurt — ce qui l'affecte tant qu'il décide de changer de vie. Il se retire donc à la campagne. Mais là, il tombe amoureux de Brigitte, laquelle l'aime aussi. Le bonheur, pourtant, n'est pas possible entre eux, car Octave, miné par son expérience de la vie, n'est plus capable d'aimer avec spontanéité : il ne cesse de soupçonner Brigitte, lui cherche querelle sur querelle... De guerre lasse, la jeune femme finira par le quitter pour épouser un autre homme.

Cette histoire rappelle fort la triste aventure que Musset connut avec George Sand[1]. Cependant, le roman dépasse infiniment le simple témoignage autobiographique, car Musset situe l'échec de son héros dans une perspective plus générale, d'ordre historique : « Si j'étais seul malade, je n'en dirais rien ; mais, comme il y en a beaucoup d'autres que moi qui souffrent du même mal, j'écris pour ceux-là. [...] » C'est ainsi que Musset commence une œuvre qui reste l'un des plus subtils documents sur la « maladie du siècle »[2].

Eugène LAMI (1800-1890), Illustration pour *Confession d'un enfant du siècle.* Musée National du Château de Malmaison.

1. La liaison entre Sand et Musset a donné lieu à bien d'autres transpositions littéraires : *Elle et Lui* de George Sand (1859) ; *Lui et Elle* de Paul de Musset, le frère du poète (1859 également) ; *Lui* de Louise Colet, roman paru en 1860 (cette intarissable romancière est surtout connue aujourd'hui pour avoir été la maîtresse de Musset et de Flaubert) ; *Les amants de Venise* de Charles Maurras (1902).

2. Les mots du titre — « enfant » et « siècle » — doivent se comprendre chacun de deux façons. « Enfant », parce qu'il s'agit de la jeune génération, celle qui est née à la fin de l'Empire et qui a quelque vingt ans en 1830. Mais le mot a aussi le sens figuré de « produit », « résultat ». Quant au terme « siècle », il désigne certes une période historique précise (le premier tiers du XIXe siècle), mais il a également une signification religieuse : le « siècle », c'est le monde terrestre, matérialiste, celui des vanités humaines.

« une génération ardente, pâle, nerveuse »

Pendant les guerres de l'Empire, tandis que les maris et les frères étaient en Allemagne, les mères inquiètes avaient mis au monde une génération ardente, pâle, nerveuse. Conçus entre deux batailles, élevés dans les collèges au roulement des tambours, des milliers d'enfants se regardaient entre eux d'un œil sombre, en essayant leurs muscles chétifs. De temps en temps leurs pères ensanglantés apparaissaient, les soulevaient sur leurs poitrines chamarrées d'or, puis les posaient à terre et remontaient à cheval.

Un seul homme était en vie alors en Europe ; le reste des êtres tâchait de se remplir les poumons de l'air qu'il avait respiré. Chaque année, la France faisait présent à cet homme de trois cent mille jeunes gens ; c'était l'impôt payé à César, et, s'il n'avait ce troupeau derrière lui, il ne pouvait suivre sa fortune. C'était l'escorte qu'il lui fallait pour qu'il pût traverser le monde, et s'en aller tomber dans une petite vallée d'une île déserte, sous un saule pleureur.

Jamais il n'y eut tant de nuits sans sommeil que du temps de cet homme ; jamais on ne vit se pencher sur les remparts des villes un tel peuple de mères désolées ; jamais il n'y eut un tel silence autour de ceux qui parlaient de mort. Et pourtant jamais il n'y eut tant de joie, tant de vie, tant de fanfares guerrières, dans tous les cœurs. Jamais il n'y eut de soleils si purs que ceux qui séchèrent tout ce sang. On disait que Dieu les faisait pour cet homme, et on les appelait ses soleils d'Austerlitz. Mais il les faisait bien lui-même avec ses canons toujours tonnants, et qui ne laissaient des nuages qu'aux lendemains de ses batailles.

C'était l'air de ce ciel sans tache, où brillait tant de gloire, où resplendissait tant d'acier, que les enfants respiraient alors. Ils savaient bien qu'ils étaient destinés aux hécatombes ; mais ils croyaient Murat invulnérable, et on avait vu passer l'Empereur sur un pont où sifflaient tant de balles, qu'on ne savait s'il pouvait mourir. Et, quand même on aurait dû mourir, qu'était-ce que cela ? La mort elle-même était si belle alors, si grande, si magnifique dans sa pourpre fumante ! Elle ressemblait si bien à l'espérance, elle fauchait de si verts épis, qu'elle en était comme devenue jeune, et qu'on ne croyait plus à la vieillesse. Tous les berceaux de France étaient des boucliers, tous les cercueils en étaient aussi ; il n'y avait vraiment plus de vieillards, il n'y avait que des cadavres ou des demi-dieux.

La confession d'un enfant du siècle, I, 1.

Pour préparer l'étude du texte

Sous forme d'un tableau constitué de deux colonnes, définir le contenu précis de chaque paragraphe et préciser, en face de chaque idée, la technique qui permet de passer de l'histoire à l'épopée (pluriels, indétermination, généralisation, absence de dates, insistance sur l'héroïsme, exagération, allusions à la mythologie).

« ils étaient nés au sein de la guerre, pour la guerre »

Toujours dans le même chapitre, Musset évoque la chute de l'Empire, en 1815 : devenue « veuve de César », la France « s'endormit » et sa jeunesse s'ennuya...

Alors s'assit sur un monde en ruines une jeunesse soucieuse. Tous ces enfants étaient des gouttes d'un sang qui avait inondé la terre : ils étaient nés au sein de la guerre, pour la guerre. Ils avaient rêvé pendant quinze ans des neiges de Moscou et du soleil des Pyramides. Ils n'étaient pas sortis de leurs villes ; mais on leur avait dit que, par chaque barrière[1] de ces villes, on allait à une capitale d'Europe. Ils avaient dans la tête tout un monde ; ils regardaient la terre, le ciel, les rues et les chemins ; tout cela était vide, et les cloches de leurs paroisses résonnaient seules dans le lointain.

La confession d'un enfant du siècle, I, 1.

Pour préparer l'étude du texte

1. Présenter le texte en mettant en évidence ses aspects historiques.
2. Donner ses différents mouvements.
3. Analyser précisément les oppositions sur lesquelles est construit ce passage
4. Quelles sont, d'après ce texte, les origines du mal du siècle ?

1. Les portes des villes.

« L'angoisse de la mort leur entra dans l'âme... »

Trois éléments partageaient donc la vie qui s'offrait alors aux jeunes gens : derrière eux, un passé à jamais détruit, s'agitant encore sur ses ruines, avec tous les fossiles des siècles de l'absolutisme ; devant eux, l'aurore d'un immense horizon, les premières clartés de l'avenir ; et entre ces deux mondes... quelque chose de semblable à l'Océan qui sépare le vieux continent de la jeune Amérique, je ne sais quoi de vague et de flottant, une mer houleuse et pleine de naufrages, traversée de temps en temps par quelque blanche voile lointaine ou par quelque navire soufflant une lourde vapeur ; le siècle présent, en un mot, qui sépare le passé de l'avenir, qui n'est ni l'un ni l'autre et qui ressemble à tous deux à la fois, et où l'on ne sait, à chaque pas qu'on fait, si l'on marche sur une semence ou sur un débris.

Voilà dans quel chaos il fallut choisir alors ; voilà ce qui se présentait à des enfants pleins de force et d'audace, fils de l'Empire et petits-fils de la Révolution.

Or, du passé ils n'en voulaient plus, car la foi en rien ne se donne ; l'avenir, ils l'aimaient, mais quoi ! comme Pygmalion Galatée ; c'était pour eux comme une amante de marbre, et ils attendaient qu'elle s'animât, que le sang colorât ses veines.

Il leur restait donc le présent, l'esprit du siècle, ange du crépuscule qui n'est ni la nuit ni le jour ; ils le trouvèrent assis sur un sac de chaux plein d'ossements, serré dans le manteau des égoïstes, et grelottant d'un froid terrible. L'angoisse de la mort leur entra dans l'âme à la vue de ce spectre moitié momie et moitié fœtus.

La confession d'un enfant du siècle, I, 1.

Pour préparer le commentaire composé

Sous forme d'un tableau récapitulatif, étudier, dans ce texte, le passé, l'avenir et le présent, en précisant :
— les indications de lieu et de temps ;
— les images qui les illustrent ;
— les caractéristiques de ces trois périodes.

Histoire d'un merle blanc

1842

L'*Histoire d'un merle blanc* est une variante cocasse de *La confession d'un enfant du siècle.* Ce conte, malicieusement autobiographique, rapporte les infortunes d'un merle très particulier, puisqu'il n'est pas noir, comme tous ses congénères, mais blanc. Chassé du nid de famille pour cette couleur insolite, il parcourt le monde, en quête de son identité. Rejeté par tous, il devient poète et s'attire — enfin ! — les grâces d'une jolie merlette, blanche elle aussi. Le couple est heureux. Or, un jour...

J.-J. GRANDVILLE (1803-1847), Dessin pour *Histoire d'un merle blanc* (1842). Nancy, Bibliothèque Municipale.

J'ignorais d'abord que ma bien-aimée fût une femme de plume ; elle me l'avoua au bout de quelque temps, et elle alla même jusqu'à me montrer le manuscrit d'un roman où elle avait imité à la fois Walter Scott et Scarron[1]. Je laisse à penser le plaisir que me causa une si aimable surprise. Non seulement je me voyais possesseur d'une beauté incomparable, mais j'acquérais encore la certitude que l'intelligence de ma compagne était digne en tout point de mon génie. Dès cet instant, nous travaillâmes ensemble. Tandis que je composais mes poèmes, elle barbouillait des rames de papier. Je lui récitais mes vers à haute voix, et cela ne la gênait nullement pour écrire pendant ce temps-là. Elle pondait ses romans avec une facilité presque égale à la mienne, choisissant toujours les sujets les plus dramatiques, des parricides, des rapts, des meurtres, et même jusqu'à des filouteries, ayant toujours soin, en passant, d'attaquer le gouvernement et de prêcher l'émancipation des merlettes. En un mot, aucun effort ne coûtait à son esprit, aucun tour de force à sa pudeur ; il ne lui arrivait jamais de rayer une ligne, ni de faire un plan avant de se mettre à l'œuvre. C'était le type de la merlette lettrée.

Un jour qu'elle se livrait au travail avec une ardeur inaccoutumée, je m'aperçus qu'elle suait à grosses gouttes, et je fus étonné de voir en même temps qu'elle avait une grande tache noire dans le dos.

— Eh ! bon Dieu ! lui dis-je, qu'est-ce donc ? Est-ce que vous êtes malade ?

Elle parut d'abord un peu effrayée et même penaude ; mais la grande habitude qu'elle avait du monde l'aida bientôt à reprendre l'empire admirable qu'elle gardait toujours sur elle-même. Elle me dit que c'était une tache d'encre, et qu'elle y était fort sujette, dans ses moments d'inspiration.

— Est-ce que ma femme déteint ? me dis-je tout bas.

[La supercherie est finalement découverte : la merlette s'enfarinait les plumes ! L'amant de se retrouver alors « vis-à-vis d'un oiseau décollé et désenfariné, identiquement semblable aux merles les plus plats et les plus ordinaires ».]

Histoire d'un merle blanc.

Pour préparer le commentaire composé

1. Le portrait de la merlette. Récapituler les éléments qui le composent en soulignant de quelle façon le lecteur en prend connaissance (portrait se dessinant à travers un comportement, portrait se dessinant à travers un jugement).
2. Le portrait du merle. Faire une étude similaire.
3. L'art du portrait. A partir des données précédentes, préciser quelles sont les différentes façons de faire un portrait et les caractéristiques du texte.

L'ŒUVRE THÉÂTRALE

Les caprices de Marianne (1833), comédie. → p. 90.
Fantasio (1834), comédie.
On ne badine pas avec l'amour (1834), comédie. → p. 92.
Lorenzaccio (1834), drame historique. → p. 94.

Les caprices de Marianne

1833

Dans la Naples du XVIe siècle, un jeune homme au cœur tendre, Cœlio, est amoureux. L'objet de sa passion, Marianne, est non seulement vertueuse, mais encore affligée d'un vieux mari jaloux. S'ajoute à ces obstacles la timidité maladive de l'amoureux transi : « Vingt fois j'ai tenté de l'aborder ; vingt fois j'ai senti mes genoux fléchir en m'approchant d'elle. » Heureusement, Cœlio a un ami, Octave, garçon débauché, cynique, désespéré, qui a au moins le mérite d'être cousin de Marianne. Il va ainsi pouvoir se faire l'avocat de Cœlio auprès de la belle. Celle-ci est d'abord offusquée, puis, bien vite, elle se montre sensible aux avances... d'Octave, lequel obtient un rendez-vous de nuit dans le jardin de Marianne. Mais il envoie à sa place celui pour lequel il œuvre, Cœlio. Et Cœlio sera poignardé par les tueurs que le mari soupçonneux a postés devant sa maison.

1. L'auteur d'*Ivanhoé* (1819) fut adulé par les Romantiques (cf. p. 59). Quant à Scarron (première moitié du XVIIe siècle), il représente la veine bien française du roman burlesque.

« Que tu es heureux d'être fou ! »

Cœlio est tout à la tristesse de ne pouvoir déclarer son amour. Arrive son ami Octave, déguisé en Arlequin, et qui vient de faire la fête, huit jours durant.

OCTAVE Comment se porte, mon bon monsieur, cette gracieuse mélancolie ?

CŒLIO Octave !... O fou que tu es ! tu as un pied de rouge sur les joues[1] ! D'où te vient cet accoutrement ? N'as-tu pas de honte, en plein jour ?

OCTAVE O Cœlio ! fou que tu es ! tu as un pied de blanc sur les joues ! D'où te vient ce large habit noir ? N'as-tu pas de honte, en plein carnaval ?

CŒLIO Quelle vie que la tienne ! Ou tu es gris[2], ou je le suis moi-même.

OCTAVE Ou tu es amoureux, ou je le suis moi-même.

CŒLIO Plus que jamais de la belle Marianne.

OCTAVE Plus que jamais de vin de Chypre.

CŒLIO J'allais chez toi quand je t'ai rencontré.

OCTAVE Et moi aussi j'allais chez moi. Comment se porte ma maison ? Il y a huit jours que je ne l'ai vue.

CŒLIO J'ai un service à te demander.

OCTAVE Parle, Cœlio, mon cher enfant. Veux-tu de l'argent ? Je n'en ai plus. Veux-tu des conseils ? Je suis ivre. Veux-tu mon épée ? Voilà une batte[3] d'Arlequin. Parle, parle, dispose de moi.

CŒLIO Combien de temps cela durera-t-il ? Huit jours hors de chez toi ! Tu te tueras, Octave.

OCTAVE Jamais de ma propre main, mon ami, jamais ; j'aimerais mieux mourir que d'attenter à mes jours.

CŒLIO Et n'est-ce pas un suicide comme un autre, que la vie que tu mènes !

OCTAVE Figure-toi un danseur de corde, en brodequins d'argent, le balancier au poing, suspendu entre le ciel et la terre ; à droite et à gauche, de vieilles figures racornies, de maigres et pâles fantômes, des créanciers agiles, des parents et des courtisans, toute une légion de monstres, se suspendent à son manteau et le tiraillent de tous côtés pour lui faire perdre l'équilibre ; des phrases redondantes, de grands mots enchâssés cavalcadent autour de lui ; une nuée de prédictions sinistres l'aveugle de ses ailes noires. Il continue sa course légère de l'Orient à l'Occident. S'il regarde en bas, la tête lui tourne ; s'il regarde en haut, le pied lui manque. Il va plus vite que le vent, et toutes les mains tendues autour de lui ne lui feront pas renverser une goutte de la coupe joyeuse qu'il porte à la sienne. Voilà ma vie, mon cher ami ; c'est ma fidèle image que tu vois.

CŒLIO Que tu es heureux d'être fou !

OCTAVE Que tu es fou de ne pas être heureux !

Les caprices de Marianne, I, 1.

Pour préparer l'étude du texte

1. Analyser la façon originale dont les deux personnages se définissent. Mettre en évidence leurs similitudes et leurs différences (l. 1 à 12).
2. Quels sont les paradoxes du personnage d'Octave dans les lignes 13 à 17 ?
3. Expliquer la métaphore du danseur de corde (l. 18 à 25) et montrer qu'elle symbolise deux aspects contradictoires de la vie d'Octave, qui sont aussi deux tentations de Musset.

« C'était Cœlio qui vous aimait. »

Cœlio a été assassiné par les tueurs de Claudio, le mari jaloux. Octave et Marianne se retrouvent sur sa tombe.

OCTAVE Moi seul au monde je l'ai connu. Cette urne d'albâtre, couverte de ce long voile de deuil, est sa parfaite image. C'est ainsi qu'une douce mélancolie voilait les perfections de cette âme tendre et délicate. Pour moi seul, cette vie silencieuse n'a point été un mystère. Les longues soirées que nous avons passées ensemble sont comme de fraîches oasis dans un désert aride ; elles ont versé sur mon cœur les seules gouttes de rosée qui y soient jamais tombées. Cœlio était la bonne partie de moi-même ; elle est remontée au ciel avec lui. C'était un homme d'un autre temps ; il connaissait les plaisirs, et leur préférait la solitude ; il savait combien les illusions sont trompeuses, et il préférait ses illusions à la réalité. Elle eût été heureuse, la femme qui l'eût aimé !

MARIANNE Ne serait-elle point heureuse, Octave, la femme qui t'aimerait ?

OCTAVE Je ne sais point aimer, Cœlio seul le savait. La cendre que renferme cette tombe est tout ce que j'ai aimé sur la terre, tout ce que j'aimerai. Lui seul savait verser dans une autre âme toutes les sources de bonheur qui reposaient dans la sienne. Lui seul était capable d'un dévouement sans bornes ; lui seul eût consacré sa vie entière à la femme qu'il aimait, aussi facilement qu'il aurait bravé la mort pour elle. Je ne suis qu'un débauché sans cœur ;

1. En cette période de carnaval, Octave est maquillé comme un clown.
2. C'est-à-dire « tu es ivre ».
3. Sabre de bois que porte Arlequin.

je n'estime point les femmes ; l'amour que j'inspire est comme celui que je ressens, l'ivresse passagère d'un songe. Je ne sais pas les secrets qu'il savait. Ma gaieté est comme le masque d'un histrion ; mon cœur est plus vieux qu'elle, mes sens blasés n'en veulent plus. Je ne suis qu'un lâche ; sa mort n'est point vengée.

MARIANNE Comment aurait-elle pu l'être, à moins de risquer votre vie ? Claudio est trop vieux pour accepter un duel, et trop puissant dans cette ville[1] pour rien craindre de vous.

OCTAVE Cœlio m'aurait vengé si j'étais mort pour lui, comme il est mort pour moi. Ce tombeau m'appartient : c'est moi qu'ils ont étendu sous cette froide pierre ; c'est pour moi qu'ils avaient aiguisé leurs épées ; c'est moi qu'ils ont tué. Adieu la gaieté de ma jeunesse, l'insouciante folie, la vie libre et joyeuse au pied du Vésuve ! Adieu les bruyants repas, les causeries du soir, les sérénades sous les balcons dorés ! Adieu Naples et ses femmes, les mascarades à la lueur des torches, les longs soupers à l'ombre des forêts ! Adieu l'amour et l'amitié ! Ma place est vide sur la terre.

MARIANNE Mais non pas dans mon cœur, Octave. Pourquoi dis-tu « Adieu l'amour » ?

OCTAVE Je ne vous aime pas, Marianne ; c'était Cœlio qui vous aimait.

Les caprices de Marianne, II, 6.

Pour préparer l'étude du texte

1. Montrer comment, en parlant de Cœlio mort, Octave fait à la fois un portrait élogieux de son ami et un portrait défavorable de lui-même.
2. Comment comprendre la phrase : « C'est moi qu'ils ont tué » ?
3. Ce dénouement est-il un dénouement de comédie ?

Cœlio confie à Octave le rôle ambigu d'entremetteur ; Octave s'en charge avec le plus complet désintéressement ; le pur devient l'impur, et réciproquement. De cet entrecroisement naît le malentendu fatal. Octave parle à Marianne de Cœlio, et va représenter pour elle l'amour, le désir, la passion... La sincérité, la confiance ont poussé Cœlio à sa perte. Octave avait encore plus que Cœlio la vraie sincérité, la vraie pureté, celle de l'amitié profonde ; pourtant il a poussé son ami dans la tombe... Le malentendu, le jeu, le déguisement s'intègrent de mieux en mieux, de plus en plus naturellement à l'intrigue. Les caprices du destin — véritable sujet de la pièce — viennent de ce que les contraires, sans cesse, passent de l'un à l'autre.

Henri Lefèvre, Musset dramaturge, *Éd. L'Arche, 1970 (2e édition).*

On ne badine pas avec l'amour

1834

Cette comédie en trois actes relève d'un jeu de salon fort goûté par la société mondaine du temps: le proverbe[2]. Il s'agissait d'improviser une saynète sur un proverbe, le public devant deviner la formule ainsi illustrée. Mais, ainsi qu'on va le voir, Musset a donné à cet amusement sans prétention une tout autre force.

A l'issue de ses études, Perdican revient au château paternel. Il doit épouser sa cousine, l'orpheline Camille, qui a dix-huit ans. Mais, d'emblée, Camille repousse Perdican. Pour se venger et susciter chez la belle une réaction de jalousie, Perdican fait une cour ostentatoire à une petite paysanne, Rosette. Finalement, après un incessant badinage où ils se sont fait beaucoup de mal, Perdican et Camille se déclarent leur amour. Mais Rosette, qui a assisté à la scène, meurt de chagrin. Et cette innocente victime brise malgré elle le couple : Perdican et Camille, qui ne pourront être heureux ensemble, se disent adieu.

« Bonjour donc, dame Pluche... »

Un château de convention, en province, dans un XVIIIe siècle d'opérette. On est sur le pied de guerre, car Monsieur le Baron attend son fils, d'une part, et sa nièce, de l'autre. Ils arrivent enfin : Perdican, escorté de son précepteur, maître Blazius ; Camille, chaperonnée par sa gouvernante, dame Pluche. Un chœur de paysans commente cette double arrivée.

LE CHŒUR Doucement bercé sur sa mule fringante, messer[3] Blazius s'avance dans les bluets fleuris, vêtu de neuf, l'écritoire au côté. Comme un poupon sur l'oreiller, il se ballotte sur son ventre rebondi, et, les yeux à demi fermés, il marmotte un *Pater noster* dans son triple menton. Salut, maître Blazius, vous arrivez au temps de la vendange, pareil à une amphore antique.

MAÎTRE BLAZIUS Que ceux qui veulent apprendre une nouvelle d'importance m'apportent ici premièrement un verre de vin frais.

1. Claudio y exerce la fonction de juge.
2. Musset a écrit d'autres *Proverbes* : Il ne faut jurer de rien ; Il faut qu'une porte soit ouverte ou fermée ; On ne saurait penser à tout.
3. Messer = terme archaïque pour *messire*.

Costumes de la création des *Caprices de Marianne*. Paris, Bibliothèque de la Comédie Française.

LE CHŒUR Voilà notre plus grande écuelle ; buvez, maître Blazius ; le vin est bon ; vous parlerez après.

MAÎTRE BLAZIUS Vous saurez, mes enfants, que le jeune Perdican, fils de notre seigneur, vient d'atteindre à sa majorité, et qu'il est reçu docteur à Paris. Il revient aujourd'hui même au château, la bouche toute pleine de façons de parler si belles et si fleuries qu'on ne sait que lui répondre les trois quarts du temps. Toute sa gracieuse personne est un livre d'or ; il ne voit pas un brin d'herbe à terre qu'il ne vous dise comment cela s'appelle en latin ; et, quand il fait du vent ou qu'il pleut, il vous dit tout clairement pourquoi. Vous ouvririez des yeux grands comme la porte que voilà, de le voir dérouler un des parchemins qu'il a coloriés d'encres de toutes couleurs, de ses propres mains et sans rien en dire à personne. Enfin c'est un diamant fin des pieds à la tête. [...][1]

LE CHŒUR Durement cahotée sur son âne essoufflé, dame Pluche gravit la colline ; son écuyer transi gourdine[2] à tour de bras le pauvre animal, qui hoche la tête, un chardon entre les dents. Ses longues jambes maigres trépignent de colère, tandis que, de ses mains osseuses, elle égratigne son chapelet. Bonjour donc, dame Pluche, vous arrivez comme la fièvre, avec le vent qui fait jaunir les bois.

DAME PLUCHE Un verre d'eau, canaille que vous êtes ! Un verre d'eau et un peu de vinaigre !

LE CHŒUR D'où venez-vous, Pluche, ma mie ? Vos faux cheveux sont couverts de poussière, voilà un toupet[3] de gâté, et votre chaste robe est retroussée jusqu'à vos vénérables jarretières.

DAME PLUCHE Sachez, manants, que la belle Camille, la nièce de votre maître, arrive aujourd'hui au château. Elle a quitté le couvent sur l'ordre exprès de monseigneur, pour venir en son temps et lieu recueillir, comme faire se doit, le bon bien qu'elle a de sa mère[4]. Son éducation, Dieu merci, est terminée, et ceux qui la verront auront la joie de respirer une glorieuse fleur de sagesse et de dévotion. Jamais il n'y a rien eu de si pur, de si ange, de si agneau et de si colombe que cette chère nonnain[5] ; que le Seigneur Dieu du ciel la conduise ! Ainsi soit-il. Rangez-vous, canaille ; il me semble que j'ai les jambes enflées.

On ne badine pas avec l'amour, I, 1.

Pour préparer l'étude du texte

1. Rechercher toutes les caractéristiques qui font de cette scène d'exposition une présentation originale. Étudier en particulier les parallélismes de structure, de formulation et de caractères.
2. Analyser l'adaptation du langage aux personnages.

1. Maître Blazius réclame encore à boire, puis se rend auprès du baron.
2. Donne des coups de gourdin.
3. Touffe de cheveux au sommet du crâne. Celui de dame Pluche est évidemment postiche.
4. Camille est venue au château pour régler ses affaires d'héritage.
5. Mot totalement démodé, même à l'époque. C'est un synonyme de *nonne*, mot qui signifie *religieuse*. Camille a l'intention d'entrer dans les ordres.

« Quel songe avons-nous fait, Camille ? »

En cette fin de pièce, les amoureux sont dans une situation difficile : Perdican persiste à vouloir épouser Rosette, par vengeance obstinée et Camille, elle, l'y encourage, par orgueil et pour ne pas avoir à avouer clairement son amour. En plein désarroi, la jeune fille s'est précipitée dans la chapelle du château où elle tente en vain de prier. Perdican l'y a suivie. Rosette aussi, qui s'est cachée derrière l'autel.

CAMILLE Qui m'a suivie ? Qui parle sous cette voûte ? Est-ce toi, Perdican ?

PERDICAN Insensés que nous sommes ! nous nous aimons. Quel songe avons-nous fait, Camille ? Quelles vaines paroles, quelles misérables folies ont passé comme un vent funeste entre nous deux ? Lequel de nous a voulu tromper l'autre ? Hélas ! cette vie est elle-même un si pénible rêve : pourquoi encore y mêler les nôtres ? O mon Dieu ! le bonheur est une perle si rare dans cet océan d'ici-bas ! Tu nous l'avais donné, pêcheur céleste, tu l'avais tiré pour nous des profondeurs de l'abîme, cet inestimable joyau ; et nous, comme des enfants gâtés que nous sommes, nous en avons fait un jouet. Le vert sentier qui nous amenait l'un vers l'autre avait une pente si douce, il était entouré de buissons si fleuris, il se perdait dans un si tranquille horizon ! Il a bien fallu que la vanité, le bavardage et la colère vinssent jeter leurs rochers informes sur cette route céleste, qui nous aurait conduits à toi dans un baiser ! Il a bien fallu que nous nous fissions du mal, car nous sommes des hommes. O insensés ! nous nous aimons. *(Il la prend dans ses bras.)*

CAMILLE Oui, nous nous aimons, Perdican ; laisse-moi le sentir sur ton cœur. Ce Dieu qui nous regarde ne s'en offensera pas ; il veut bien que je t'aime ; il y a quinze ans qu'il le sait[1].

PERDICAN Chère créature, tu es à moi ! *(Il l'embrasse ; on entend un grand cri derrière l'autel.)*

CAMILLE C'est la voix de ma sœur de lait[2].

PERDICAN Comment est-elle ici ? Je l'avais laissée dans l'escalier lorsque tu m'as fait rappeler. Il faut donc qu'elle m'ait suivi sans que je m'en sois aperçu.

CAMILLE Entrons dans cette galerie, c'est là qu'elle a crié.

PERDICAN Je ne sais ce que j'éprouve ; il me semble que mes mains sont couvertes de sang.

CAMILLE La pauvre enfant nous a sans doute épiés ; elle s'est encore évanouie[3] ; viens, portons-lui secours ; hélas ! tout cela est cruel.

PERDICAN Non, en vérité, je n'entrerai pas, je sens un froid mortel qui me paralyse. Vas-y, Camille, et tâche de la ramener. *(Camille sort.)* Je vous en supplie, mon Dieu ! ne faites pas de moi un meurtrier ! Vous voyez ce qui se passe ; nous sommes deux enfants insensés, et nous avons joué avec la vie et la mort ; mais notre cœur est pur ; ne tuez pas Rosette, Dieu juste ! Je lui trouverai un mari, je réparerai ma faute ; elle est jeune, elle sera riche, elle sera heureuse ; ne faites pas cela, ô Dieu ! vous pouvez bénir encore quatre de vos enfants. Eh bien ! Camille, qu'y a-t-il ? *(Camille rentre.)*

CAMILLE Elle est morte. Adieu, Perdican !

On ne badine pas avec l'amour, III, 8.

Pour préparer l'étude du texte

1. Donner de façon précise la composition et l'évolution de cette scène.
2. Expliquer la tirade de Perdican (l. 2 à 11).
3. En quoi cette dernière scène illustre-t-elle bien le proverbe qui sert de titre à cette pièce ?

Lorenzaccio

1834

Un fait historique bien réel est à la base de ce drame en cinq actes : à Florence, en 1537, le duc régnant, Alexandre de Médicis, n'est qu'un tyran débauché ; pour libérer sa patrie, Lorenzo de Médicis, propre cousin du duc, l'assassine ; mais les opposants au régime — les républicains — se révèlent incapables de prendre le pouvoir, et un nouveau duc despotique succède au tyran disparu.

Lorenzaccio est donc d'abord un drame historique, genre très prisé, on le sait, par les écrivains romantiques[4]. Mais l'œuvre offre bien d'autres richesses.

En premier lieu, elle est lourde d'allusions à l'actualité du temps : ces républicains de 1537, hommes aux grandes phrases que déroute le moindre événement concret, ressemblent beaucoup aux libéraux français de 1830, eux qui n'ont pas su tirer parti de la Révolution de Juillet[5].

Ensuite, elle est l'occasion pour son auteur d'une réflexion philosophique sur la vanité de l'action humaine dans une vie qui n'est qu'une « vilaine cuisine » (III, 3).

Enfin, et peut-être est-ce là la suprême richesse de la pièce, il y a le personnage de Lorenzo — un être à la psychologie subtile, plein de contradictions, pur et corrompu à la fois, idéaliste et cyniquement désespéré.

1. Camille et Perdican ont grandi ensemble et leur amour remonte à l'enfance.
2. Camille et Rosette ont eu la même nourrice.
3. Dans la scène 6 de l'acte III, Camille avait réussi à faire dire à Perdican que c'était elle, Camille, qu'il aimait, en fait. Rosette, cachée derrière une tenture par les soins perfides de Camille, s'était évanouie en entendant cela.
4. Cf. p. 59.
5. Cf. p. 6.

« J'ai vu les hommes tels qu'ils sont... »

Voici la scène centrale du drame, au propre comme au figuré. Lorenzo expose à Philippe Strozzi, le chef du parti républicain, les raisons de son étrange conduite : oui, il est devenu *Lorenzaccio*[1], c'est-à-dire « Lorenzo-le-Mauvais », comme l'appelle le peuple florentin. Oui, il s'est fait le compagnon d'orgie du duc. Mais c'était pour mieux le séduire, le tuer enfin. Or, on ne badine pas avec le vice, et Lorenzo se rend amèrement compte qu'en prenant le masque de l'impureté, il a fini par perdre son vrai visage.

LORENZO Suis-je un Satan ? Lumière du ciel ! je m'en souviens encore ; j'aurais pleuré avec la première fille que j'ai séduite, si elle ne s'était mise à rire. Quand j'ai commencé à jouer mon rôle de Brutus[2] moderne, je marchais dans mes habits neufs de la grande confrérie du vice, comme un enfant de dix ans dans l'armure d'un géant de la fable. Je croyais que la corruption était un stigmate, et que les monstres seuls le portaient au front. J'avais commencé à dire tout haut que mes vingt années de vertu étaient un masque étouffant — ô Philippe ! j'entrai alors dans la vie, et je vis qu'à mon approche tout le monde en faisait autant que moi ; tous les masques tombaient devant mon regard ; l'Humanité souleva sa robe, et me montra, comme à un adepte digne d'elle, sa monstrueuse nudité. J'ai vu les hommes tels qu'ils sont, et je me suis dit : Pour qui est-ce donc que je travaille ? Lorsque je parcourais les rues de Florence, avec mon fantôme à mes côtés, je regardais autour de moi, je cherchais les visages qui me donnaient du cœur, et je me demandais : Quand j'aurai fait mon coup, celui-là en profitera-t-il ? — J'ai vu les républicains dans leurs cabinets, je suis entré dans les boutiques, j'ai écouté et j'ai guetté. J'ai recueilli les discours des gens du peuple, j'ai vu l'effet que produisait sur eux la tyrannie ; j'ai bu, dans les banquets patriotiques[3], le vin qui engendre la métaphore et la prosopopée[4] ; j'ai avalé entre deux baisers les larmes les plus vertueuses ; j'attendais toujours que l'humanité me laissât voir sur sa face quelque chose d'honnête. J'observais... comme un amant observe sa fiancée, en attendant le jour des noces !...

PHILIPPE Si tu n'as vu que le mal, je te plains ; mais je ne puis te croire. Le mal existe, mais non pas sans le bien, comme l'ombre existe, mais non sans la lumière.

LORENZO Tu ne veux voir en moi qu'un mépriseur d'hommes ! c'est me faire injure. Je sais parfaitement qu'il y en a de bons ; mais à quoi servent-ils ? que font-ils ? comment agissent-ils ? Qu'importe que la conscience soit vivante, si le bras est mort ? Il y a de certains côtés par où tout devient bon : un chien est un ami fidèle ; on peut trouver en lui le meilleur des serviteurs, comme on peut voir aussi qu'il se roule sur les cadavres, et que la langue avec laquelle il lèche son maître sent la charogne d'une lieue. Tout ce que j'ai à voir, moi, c'est que je suis perdu, et que les hommes n'en profiteront pas plus qu'ils ne me comprendront.

Lorenzaccio, III, 3.

Pour préparer le commentaire composé

1. Les illusions d'une jeunesse pure. Les récapituler en montrant le caractère naïf et idéaliste de Lorenzo.
2. La découverte de la réalité. Donner les éléments de cette réalité et les circonstances de la découverte.
3. L'interrogation sur les raisons d'agir. Formulation et contenu des questions. La certitude de l'échec : en étudier l'expression.

Eugène LAMI (1800-1890), Illustration pour *Lorenzaccio* (1883). Paris, Bibliothèque de la Comédie Française.

1. En italien, le suffixe *-accio* est très péjoratif.
2. Personnage semi-légendaire de l'histoire romaine : il renversa le dernier roi de Rome, Tarquin le Superbe. Pour parvenir à ses fins, il joua les niais (d'où son surnom, puisqu'en latin *brutus* signifie *idiot*).
3. Anachronisme voulu : sous Louis-Philippe, les républicains tenaient leurs réunions sous forme de banquets pour détourner une loi qui interdisait les « meetings » politiques.
4. Ce procédé de rhétorique consiste à faire parler une abstraction (la Nature, la Solitude, la Vertu...) ou un mort (Socrate, Érasme, Danton...).

« Songes-tu que ce meurtre, c'est tout ce qui me reste de ma vertu ? »

Même s'il ne croit plus à l'efficacité politique de son geste, Lorenzo tuera le duc. Il explique à Philippe Strozzi les motivations profondes de son acte prochain.

LORENZO Tu me demandes pourquoi je tue Alexandre ? Veux-tu donc que je m'empoisonne, ou que je saute dans l'Arno ? veux-tu donc que je sois un spectre, et qu'en frappant sur ce squelette... *(Il frappe sa poitrine.)* il n'en sorte aucun son ? Si je suis l'ombre de moi-même, veux-tu donc que je rompe le seul fil qui rattache aujourd'hui mon cœur à quelques fibres de mon cœur d'autrefois ? Songes-tu que ce meurtre, c'est tout ce qui me reste de ma vertu ? Songes-tu que je glisse depuis deux ans sur un rocher taillé à pic, et que ce meurtre est le seul brin d'herbe où j'aie pu cramponner mes ongles ? Crois-tu donc que je n'aie plus d'orgueil, parce que je n'ai plus de honte, et veux-tu que je laisse mourir en silence l'énigme de ma vie ? Oui, cela est certain, si je pouvais revenir à la vertu, si mon apprentissage du vice pouvait s'évanouir, j'épargnerais peut-être ce conducteur de bœufs — mais j'aime le vin, le jeu et les filles, comprends-tu cela ? Si tu honores en moi quelque chose, toi qui me parles, c'est mon meurtre que tu honores, peut-être justement parce que tu ne le ferais pas. Voilà assez longtemps, vois-tu, que les républicains me couvrent de boue et d'infamie ; voilà assez longtemps que les oreilles me tintent, et que l'exécration des hommes empoisonne le pain que je mâche. J'en ai assez de me voir conspué par des lâches sans nom, qui m'accablent d'injures pour se dispenser de m'assommer, comme ils le devraient. J'en ai assez d'entendre brailler en plein vent le bavardage humain ; il faut que le monde sache un peu qui je suis, et qui il est. Dieu merci, c'est peut-être demain que je tue Alexandre : dans deux jours j'aurai fini. Ceux qui tournent autour de moi avec des yeux louches, comme autour d'une curiosité monstrueuse apportée d'Amérique, pourront satisfaire leur gosier, et vider leur sac à paroles. Que les hommes me comprennent ou non, qu'ils agissent ou n'agissent pas, j'aurai dit tout ce que j'ai à dire.

Lorenzaccio, III, 3.

Pour préparer l'étude du texte

1. Mettre en évidence la justification de l'assassinat du duc telle qu'elle est exprimée dans la première partie du texte (l. 1 à 7). Montrer comment Lorenzo souligne clairement la nécessité de tuer.
2. Analyser le paradoxe selon lequel le meurtre est présenté comme un acte vertueux.
3. Quelle est la deuxième justification présentée par Lorenzo ?
4. Récapituler les justifications présentées en montrant en quoi elles ne se situent pas sur le même plan.

Alphonse MUCHA (1860-1939),
Affiche pour *Lorenzaccio*
au Théâtre de la Renaissance,
vers 1896, avec Sarah Bernhardt.

Une des originalités de Musset est que, tout en étant un écrivain très représentatif du mouvement romantique, il sait s'en détacher avec une ironie distante, qui fait de lui un moraliste lucide et désabusé. Son œuvre entière est marquée par cette double tendance.

L'inspiration romantique

L'exotisme brillant

Musset puise son inspiration dans le répertoire de l'exotisme méditerranéen pour composer les *Contes d'Espagne et d'Italie.* Il peuple des lieux chers aux Romantiques (Venise, l'Espagne) de personnages remarquables par leur séduction, leur brillant, leur charme (« L'Andalouse »). Sa maîtrise de la versification classique lui permet de désarticuler les vers avec un brio qui dépasse celui de ses aînés du Cénacle. La célèbre « Ballade à la lune » ou « Venise » en sont des exemples représentatifs :

« C'était, dans la nuit brune,
Sur le clocher jauni,
La lune,
Comme un point sur un i. »

Le lyrisme personnel

Il se traduit par le retour constant de thèmes douloureux : le sentiment nostalgique de la fuite du temps (« Souvenir »), le regret d'une adolescence pure (« Nuit de Décembre »), les souffrances de l'amour vécu à la fois comme un bonheur et comme un déchirement :

« Après avoir souffert, il faut souffrir encore,
Il faut aimer sans cesse après avoir aimé. »[1]

Pour exprimer l'épanchement d'un cœur malheureux, Musset trouve dans la nature des images émouvantes (les souvenirs assimilés à des fleurs[2]), des comparaisons violentes (la parabole du pélican[3]). Des mots simples rendent les accents sincères d'une exaltation passionnée.

« Crois-tu donc que je sois comme le vent d'automne ? »[3]

La réflexion historique

L'intégration à son époque se marque par des interrogations historiques qui rejoignent celles de Senancour, de Chateaubriand et de Stendhal. *Lorenzaccio* reflète les incertitudes de l'engagement politique. *La confession d'un enfant du siècle* étudie la crise culturelle et affective qui atteint la première génération romantique. On y trouve une analyse clinique du mal du siècle, et le constat d'une désillusion, celle qui a suivi la Restauration.

Une attitude de moraliste lucide

Un lyrisme désabusé

L'épanchement lyrique laisse apparaître, derrière l'émotion du souvenir, l'idée que le bonheur est difficilement accessible : « Le bonheur est une perle si rare dans cet océan d'ici-bas. »[4] La sincérité n'est jamais récompensée ; les relations amoureuses sont faussées par la perfidie de l'amour-propre. Telle est la leçon de *On ne badine pas avec l'amour.* Sous une forme simple, parfois même naïve, les dialogues traduisent la complexité des réactions du cœur et certaines répliques font penser à des aphorismes de moraliste : « Je ne suis ni assez jeune pour m'amuser de mes poupées, ni assez vieille pour aimer le passé. »[5]

La conscience de la dualité humaine

L'œuvre de Musset est marquée par l'idée que l'être humain est soumis à une double tentation, celle de la pureté et celle du libertinage. Pour tenter de résoudre cette « énigme », il crée des personnages doubles, à son image. Cœlio, Octave[6] (qui constituent les deux faces antithétiques du même être), Perdican et Lorenzo témoignent de cette obsession d'un déchirement interne. Comme dans la « Nuit de Décembre », le double est présent à chaque étape importante de la vie. Mais, à travers lui, Musset ne parvient qu'à constater l'irrémédiable solitude humaine :

« Le ciel m'a confié ton cœur [...]
Ami, je suis la Solitude. »[7]

1. « Nuit d'Août ».
2. « Souvenir ».
3. « Nuit de Mai ».
4. *On ne badine pas avec l'amour,* III, 8.
5. *On ne badine pas avec l'amour,* I, 3.
6. *Les caprices de Marianne.*
7. « Nuit de Décembre ».

L'illusion de l'action

Le théâtre de Musset, qui souligne, comme sa poésie, l'impossibilité du bonheur, montre aussi la vanité de l'action. L'idéal du héros se trouve détruit par la prise de conscience de la bassesse humaine. La défense de l'humanité, la volonté de faire triompher la justice et la liberté perdent leur sens devant le portrait que Perdican trace de l'espèce humaine. Musset trouve des accents douloureusement et violemment critiques : « Les hommes sont menteurs, inconstants, faux, bavards, hypocrites, orgueilleux et lâches. »[1] Et Lorenzo affirme ne plus supporter « d'entendre brailler en plein vent le bavardage humain »[2].

Un pessimisme fondamental

C'est celui d'un moraliste qui a perdu peu à peu ses illusions sur lui-même et sur les autres. Le cheminement qui va du succès brillant au désarroi et à l'amertume (et qui est celui de ses héros), est particulièrement bien exprimé dans « Tristesse ». Ce sonnet souligne la convergence entre la vie et l'œuvre :

> « J'ai perdu ma force et ma vie,
> Et mes amis et ma gaieté. »[3]

L'amertume du bilan négatif est cependant tempérée par l'espoir du pouvoir rédempteur de la souffrance. Celui qui affirmait que :

> « Nul ne se connaît tant qu'il n'a pas souffert »[4]

est aussi celui qui dit :

> « Le seul bien qui me reste au monde
> Est d'avoir quelquefois pleuré. »[3]

Antoine WIERTZ (1806-1865), *Le suicide* (1854). Bruxelles, Musées Royaux des Beaux-Arts de Belgique.
L'« ultime voyage vers l'au-delà » du Héros romantique... (Cf. p. 99.)

1. *On ne badine pas avec l'amour*, II, 5.
2. *Lorenzaccio*, III, 3.
3. « Tristesse ».
4. « Nuit de Mai ».

LE HÉROS ROMANTIQUE

Dès le XVIIIe siècle, Rousseau et Goethe ont accordé une attention particulière aux émotions, à la souffrance. A leur suite, les Romantiques créent un héros d'un genre nouveau : d'une part, il représente une génération ; d'autre part, c'est un être tourmenté, et qui semble voué à un destin tragique.

Le reflet d'une génération

Le héros romantique ressemble aux jeunes gens nés autour de 1800 : il partage leurs déceptions et leurs aspirations.

Né trop tard. Comme l'explique Musset dans *La confession d'un enfant du siècle* , la génération romantique arrive après l'épopée napoléonienne, temps des héros guerriers. Il est difficile de réaliser un rêve de grandeur à une époque aussi médiocre que la Restauration et la Monarchie de Juillet (1815-1848). Jeune (il a en général une vingtaine d'années), le héros romantique se voit condamné au désœuvrement, à l'ennui (*Oberman* de Senancour). Julien Sorel renonce à la carrière militaire pour se faire prêtre (*Le Rouge et le Noir*).

Une sensibilité d'artiste. Si la supériorité des anciens héros tenait à leurs vertus guerrières (encore illustrées par les poèmes épiques de Hugo et les romans historiques de Dumas), le héros romantique se distingue surtout par son extrême sensibilité, qui devient une valeur en soi. Elle fait parfois de lui un génie créateur, un poète, comme Chatterton dans le drame de Vigny.

La génération romantique se reconnaît dans cette nouvelle figure du héros, qui attire sa sympathie.

Le héros romantique tourmenté

Plus sensible que les autres hommes, le héros romantique souffre davantage, et son inquiétude le conduit parfois au désespoir.

Un être isolé. Incapable de s'intégrer à la société, le héros romantique reste un marginal et un incompris : Félix de Vandenesse a été un enfant mal aimé et persécuté (*Le lys dans la vallée*, cf. p. 183). Vigny fait de Moïse un être d'exception isolé parmi les médiocres (cf. p. 110).

Un être insatisfait. Un univers trop étroit lui interdit de satisfaire ses aspirations vers l'infini : René, le héros de Chateaubriand, ne peut apaiser son besoin spirituel d'absolu dans les limites du monde réel : « Je cherche seulement un bien inconnu, dont l'instinct me poursuit. Est-ce ma faute, si je trouve partout des bornes, si ce qui est fini n'a pour moi aucune valeur ? » (cf. p. 35).

La fuite hors du monde. « Anywhere out of the world », n'importe où hors du monde, écrit Baudelaire. Le héros romantique cherche à échapper à la réalité qui l'entoure. René par le voyage (cf. p. 35), Jocelyn en se retirant loin de la ville (cf. p. 74) ; d'autres se créent un univers imaginaire pour pallier la banalité du réel. Le suicide apparaît comme un ultime voyage vers l'au-delà : Rolla, le héros de Musset, s'empoisonne, révolté contre son destin.

Le destin du héros romantique

Même s'il connaît parfois l'ambition, il est condamné à l'échec, car amour et bonheur lui sont refusés.

Le héros romantique ambitieux. L'ambition romantique naît d'un mouvement analogue à celui qui conduit au suicide. C'est un défi lancé à la société (Rastignac, cf. p. 196). Parvenu à la fortune, l'ambitieux ne peut connaître que deux fins, l'une idéaliste : par un ultime refus des compromissions, il redevient un exclu, comme Julien Sorel, qui n'accepte pas d'être gracié, et insulte l'ordre social avant de mourir (cf. p. 157). L'autre fin est plus matérialiste : le héros, enrichi, s'embourgeoise, mais il perd alors son caractère romantique. C'est le cas de Rastignac.

L'amour impossible. Le héros romantique ne connaît pas d'amour heureux. Il s'éprend soit d'une femme rêvée, telle la Sylphide de Chateaubriand (cf. p. 46), soit d'une femme inaccessible : mariée et vertueuse, comme Mme de Mortsauf (*Le lys dans la vallée*, cf. p. 183), ou insensible à son amour, comme Aurélie (*Sylvie*, cf. p. 139). Parfois, au contraire, il est aimé mais incapable d'aimer, comme l'Adolphe de Benjamin Constant (cf. p. 22). Enfin, quand tout semble réunir les amants, un interdit religieux les sépare : consacrée à la virginité, Atala ne peut épouser Chactas (cf. p. 31).

Un héros voué au malheur. Pour le héros romantique, le bonheur est impossible. La fatalité et, parfois, sa propre volonté l'en éloignent. Hernani, qui vient d'épouser Doña Sol, accepte de mourir pour ne pas trahir la parole donnée à Don Ruy Gomez (cf. p. 276). *La peau de chagrin* représente la destinée sous une forme symbolique : le talisman rétrécit à chaque vœu exaucé, et la vie du héros raccourcit en même temps. Il n'y a d'alternative qu'entre le malheur et la mort.

Il semble donc que le héros romantique soit plus attachant qu'exemplaire, plus humain que surhumain. De là viennent peut-être son succès et sa postérité : des héros de romans du XXe siècle, comme *Le grand Meaulnes* d'Alain-Fournier (1913) et *Le roi des aulnes* de Michel Tournier (1970), lui ressemblent par leur quête sentimentale, solitaire et tragique.

Alfred de Vigny
1797-1863

F.J. KINSON (1771-1839), *Alfred de Vigny, âgé de 17 ans, en uniforme de la Maison du Roi.* Paris, Musée Renan-Scheffer.

Vigny ne connut qu'épreuves et désillusions. Angoissé par le mystère de la destinée humaine, déçu par son époque, il se réfugia dans la poésie, à qui il demanda l'éternité et une réponse aux grands problèmes de l'existence.

De l'enfance solitaire à la naissance du poète

Né à Loches, en Touraine, le 27 mars 1797, Alfred de Vigny appartient à une famille d'assez vieille noblesse[1] ruinée par la Révolution. Ses parents lui inculquent leur amertume et l'élèvent dans la fierté de ses origines nobiliaires, le regret de la monarchie et le mépris de Napoléon. De cette éducation traditionnelle, Vigny constate toutefois l'inadaptation aux temps nouveaux. Déjà enclin à la solitude, il se replie davantage encore sur lui-même, éprouvant dès cette époque le sentiment de l'inutilité et d'un certain déclassement de l'aristocratie dans la société moderne. Grandi dans le culte des armes et de l'honneur, il prépare au lycée Bonaparte (1811-1814) l'École Polytechnique[2] quand survient la Restauration.

Le rétablissement de la monarchie le comble d'abord de joie. Abandonnant ses études, Vigny devient à dix-sept ans sous-lieutenant dans la compagnie des gendarmes royaux, uniquement composée de gentilshommes. Mais ses rêves de gloire s'évanouissent vite. Son seul « exploit » consiste à escorter Louis XVIII en fuite en mars 1815 devant le retour de Napoléon de l'île d'Elbe. Désespérant de ne jamais s'illustrer au combat, Vigny songe alors à démissionner.

Il n'en fait pourtant rien, consacrant les loisirs que lui laisse l'état militaire à la lecture et à la poésie. Il noue d'étroites relations avec les salons littéraires parisiens et, en 1822, il publie anonymement un recueil de dix *Poèmes*, suivi deux ans plus tard d'une épopée en trois chants, *Éloa* (1824), qui est triomphalement accueillie[3].

1. Par son père, le chevalier Léon-Pierre de Vigny, sa famille remonte au XVIe siècle ; sa mère était apparentée aux Bougainville, dont l'un des membres, Louis-Antoine de Bougainville (1729-1811), fut un marin célèbre, auteur d'un *Voyage autour du monde*, publié en 1771.
2. Établissement militaire d'enseignement supérieur scientifique fondé à Paris en 1794 et destiné à l'origine à former les officiers supérieurs.
3. Née d'une larme du Christ, Éloa tente de sauver Lucifer, un ange « jeune, triste et charmant » qui expie en Enfer sa révolte contre Dieu. L'archange maudit l'entraînera dans sa chute, Éloa découvrant trop tard que Dieu l'a abandonnée et que son amant est Satan en personne.

La gloire et les désillusions

En mars 1825, Vigny s'installe à Paris avec Lydia Bunbury, une jeune Anglaise qu'il vient d'épouser. Libre de toute obligation, vivant du « traitement de réforme » que lui octroie l'armée, il peut dès lors se consacrer totalement à la littérature. En 1826, il publie les *Poèmes antiques et modernes*[1] et un roman historique, *Cinq-Mars*, relatant une authentique conjuration ourdie en 1639 par le marquis de Cinq-Mars (1620-1642) contre le cardinal de Richelieu qui le fit décapiter. En même temps, Vigny s'essaie au théâtre. Après avoir adapté en alexandrins plusieurs pièces de Shakespeare[2], il écrit et fait jouer *La maréchale d'Ancre* (1831). Derrière Victor Hugo qui s'en affirme le chef de file, Vigny apparaît comme l'un des maîtres de la nouvelle école romantique.

La Révolution de juillet 1830 le consterne toutefois. Si ses convictions légitimistes l'attachent encore à Charles X (roi de 1824 à 1830), bien qu'il désapprouve sa politique, le règne bourgeois de Louis-Philippe (1830-1848) le blesse profondément. « Libéré de ses superstitions politiques », comme il le dit lui-même dans son *Journal*, Vigny évolue dès lors vers des sentiments humanitaires, s'intéresse au christianisme social de Lamennais[3] et adopte même certaines idées républicaines. Renonçant momentanément à la poésie, il entreprend de rédiger une épopée en prose de la « désillusion » qu'il consacre, selon sa propre formule, aux « parias » de la société, c'est-à-dire à ceux qui préfèrent vivre dans la misère et parfois mourir plutôt que de renoncer à leur idéal ou de subir le joug du monde matérialiste. Successivement Vigny évoque la malheureuse condition du Poète dans le récit de *Stello* (1832) d'où il tire le drame de *Chatterton* (1835) (cf. p. 106), puis celle du Soldat dans *Servitude et grandeur militaires*, celle enfin du Théosophe[4] dans *Daphné*, en 1837.

Du pessimisme à la « sainte solitude »

Les années 1837-1838 constituent la période la plus sombre de la vie du poète. Vigny, qui a quarante ans, perd sa mère, se brouille avec ses amis, rompt avec sa maîtresse, l'actrice Marie Dorval, pour laquelle il a écrit *Chatterton*. Cette série d'épreuves l'incite à se retirer du monde, d'abord en Charente, puis à Paris où, de son propre aveu, il mène une « vie d'ermite ». Là, dans le silence et la solitude, il compose ses plus grands poèmes, d'une sombre inspiration, qui traduisent sa souffrance : *La mort du loup* (1838), *La colère de Samson* et *Le mont des oliviers* (1839), *La maison du berger* (1844) et *La bouteille à la mer* (1847). Ces poèmes, empreints d'un pessimisme foncier, ne seront publiés qu'après sa mort dans le recueil intitulé *Les Destinées* (cf. p. 102).

Retrouvant peu à peu son équilibre et le goût de vivre, Vigny renoue avec les salons littéraires. Après six candidatures malheureuses, son élection à l'Académie française (1845) lui apporte la consécration. Son bonheur est toutefois de courte durée. Favorable à la Révolution de 1848, il se présente aux élections législatives d'avril et subit une défaite si cinglante qu'il en est douloureusement atteint.

Aussi, de plus en plus amer, Vigny se retire-t-il en Charente où il mène l'existence d'un gentilhomme campagnard. Atteint d'une gastralgie cancéreuse, il est si faible que, dès 1862, il éprouve les plus grandes difficultés à assister aux séances de l'Académie française. Sa femme meurt cette même année 1862. Vigny vit dès lors en ermite, consignant jusqu'au bout ses réflexions dans son *Journal* (publié en 1867, après sa mort) et trouvant dans la solitude qu'il qualifiait de « sainte » un bonheur tout stoïcien. Il s'éteint le 16 septembre 1863, à l'âge de soixante-six ans.

Journal d'un poète

Jusqu'à sa mort, Vigny a tenu son journal dans lequel il a consigné, entre des réflexions sur son époque et ses projets de travail, sa conception de la Poésie. Aussi le *Journal d'un poète*, du nom que lui donna son exécuteur testamentaire quand il en publia de très larges fragments en 1867, renferme-t-il des témoignages et des informations indispensables à la compréhension de l'auteur et de son œuvre. Les extraits qui suivent permettent de définir l'idéal poétique de Vigny.

Ce que je suis partout (je crois), c'est moraliste et dramatique de forme. (1831)

Je veux écrire pour les hommes de mon temps, avec le langage et l'esprit de mon temps, et, s'il se peut, au profit de mon temps [...] préférant de beaucoup mes propres idées sur toute chose à celles des autres. (1835)

1. Reprenant la plupart des poèmes de 1822 et l'épopée *Éloa*, ce recueil de 1826, complété en 1837, se répartit en trois « livres » : le « livre mystique », qui dépeint la solitude morale de Moïse, chef du peuple hébreu ; le « livre antique », qui comporte des épisodes bibliques et grecs ; et le « livre moderne », qui évoque successivement le Moyen Age *(La neige, Le cor)*, les guerres de Religion du XVIe siècle, le règne de Louis XIV et le XIXe siècle.
2. Il adapte en particulier *Othello* sous le titre : *Le More de Venise* (1829), qui ne sera joué pour la première fois qu'en 1905.
3. Cf. p. 219.
4. Homme qui vise à la connaissance de Dieu par l'approfondissement de la vie intérieure, et à l'action sur l'univers par des moyens surnaturels (tels que le recours, par exemple, au spiritisme).

La perpétuelle lutte du Poète est celle qu'il livre à son idée. Si l'idée triomphe du Poète et le passionne trop, il est sa dupe et tombe dans la mise en action de cette idée et s'y perd. Si le Poète est plus fort que l'idée, il la pétrit, la forme, la met en œuvre. Elle devient ce qu'il a voulu : un monument. (1837)

Rien n'est plus rare qu'un poète écrivant en vers le fond de sa pensée la plus intime sur quelque chose. Quand on y arrive et que l'on sort de ce que la poésie a de trop fardé, composé et compassé, on éprouve une secrète et douce satisfaction à la rencontre du vrai dans le beau. (1842)

La Poésie en vers, la seule vraie dans la forme du rythme et de la rime, est un élixir des idées ; mais le choix de ces idées est difficile ; le vrai Poète, seul, a le goût assez exquis pour les frayer et séparer l'ivraie du bon grain. (1843)

La Poésie doit être la synthèse de tout, la prose, l'analyse de tout. L'une, le sommaire, l'autre, le détail de la pensée. (1844)

La beauté de la pensée a pour fin la poésie la plus parfaite qui est le plus grand effort de la pensée conservé par les langues. La beauté des actions a pour fin les marques de grandeur, de dignité et d'honneur qui rendent la vie d'un homme digne de mémoire. (1851)

L'ŒUVRE POÉTIQUE

Poèmes antiques et modernes (1826).
Les Destinées (1864), recueil posthume. → p. 102.

Les Destinées

1864

Publiées en 1864, peu après la mort de leur auteur, *Les Destinées* se composent de onze poèmes rédigés entre 1838 et 1863. Comme le suggère le sous-titre de l'œuvre : « Poèmes philosophiques », c'est de la condition humaine qu'il s'agit ici. Vigny dépeint, à travers une succession de symboles, l'évolution de la conscience humaine qui, s'arrachant lentement à la misère et à l'ignorance, s'engage sur la voie du Progrès.

Le recueil[1] s'ouvre sur le poème (écrit en 1849) qui donne son titre à l'ensemble de l'ouvrage : « Les Destinées », et qui dresse un tableau sinistre de l'humanité soumise à une fatalité tragique lui interdisant toute espérance :

« Depuis le premier jour de la création,
Les pieds lourds et puissants de chaque Destinée[2]
Pesaient sur chaque tête et sur toute action.
Chaque front se courbait et traçait sa journée[3]
Comme le front d'un bœuf creuse un sillon profond
Sans dépasser la pierre où sa ligne est bornée. »

Puis vient « La maison du berger » (rédigée entre 1840 et 1844) qui atténue le pessimisme du poème précédent. A la précipitation des citadins et à l'agitation de la civilisation industrielle, Vigny oppose l'existence calme qu'offrent « les grands bois et les champs ».

« Les oracles » (1860) constituent une méditation sur les événements de 1830 et de 1848, et se présentent, après que le poète eut renoncé à ses ambitions électorales, comme son testament politique. Il y attaque tour à tour la bourgeoisie, qu'il accuse de ne songer qu'à défendre ses intérêts, la démagogie des députés et la démocratie[4].

« La sauvage » (1839-1843) célèbre les bienfaits de la colonisation. Comparant les Indiens à des « loups perdus qui se mordent entre eux », Vigny imagine qu'une Indienne, une « sauvage », demande, pour échapper à une tribu ennemie, aide et hospitalité à un pasteur anglais. Celui-ci l'accueille en lui vantant les mérites de la « Loi d'Europe » et de la paix.

« La colère de Samson » (1837-1839), contemporain de la rupture de Vigny avec l'actrice Marie Dorval, évoque les souffrances inhérentes à la fin d'un amour. Quant à « La mort du loup » (1838), elle prône le courage et la dignité devant la maladie et la mort.

Les deux poèmes suivants décrivent les principales faiblesses de la condition humaine que sont aux yeux de Vigny l'ignorance et le doute. « La flûte » (1842) montre comment les limites corporelles et physiques paralysent et entravent les élans de l'âme. « Le mont des oliviers » (1839-1843) retentit des doutes et des interrogations de Vigny sur l'existence et la bonté de Dieu.

1. Le recueil présentant les poèmes dans un ordre qui ne correspond pas à celui où ils ont été écrits, la date de la composition est indiquée entre parenthèses.
2. Sort, fatalité pesant sur chaque individu.
3. Surface de terre labourable en un jour.
4. Bien qu'il se soit présenté à la députation, Vigny se méfie de l'égalité républicaine qui, pense-t-il, risque d'étouffer l'élite.

« La bouteille à la mer » (1847) oppose à l'amertume du poème précédent une foi inébranlable dans la Science et le Progrès. Enfin, succédant à « Wanda » (1847) qui dénonce la cruauté des tyrans, « L'esprit pur » (1863) apparaît comme le testament spirituel du poète. Au-delà de toutes les vicissitudes de l'existence, seul importe l'« esprit pur »[1] qui assure l'immortalité aux artistes ayant su guider les hommes vers des horizons plus radieux.

Parti d'un pessimisme radical (dans le poème « Les destinées »), Vigny évolue donc progressivement vers une philosophie idéaliste. Si « Les oracles », « La sauvage » et « La colère de Samson » dépeignent les souffrances de l'être social sous le triple angle de la politique, de la civilisation et des sentiments, si « La flûte » et « Le mont des oliviers » constatent que Dieu a abandonné l'homme à son sort, « La bouteille à la mer » et « L'esprit pur » célèbrent le culte du progrès qui, seul, permettra à l'humanité de s'améliorer et d'améliorer les conditions de son existence.

La maison du berger[2]

Second poème des *Destinées*, « La maison du berger », dédiée à Éva, symbole de la perfection féminine, comprend 336 vers, répartis en trois sections. La première section est une invitation pressante à fuir les « cités serviles » et à se réfugier dans la « maison d'un berger », havre tout à la fois d'amour, de liberté et de paix. La seconde section célèbre la « Poésie », dont les « feux » illuminent « l'humaine raison ». La dernière section décrit l'indifférence de la nature aux souffrances de l'homme. Contrairement à la plupart des Romantiques, Vigny n'attend en effet de la nature aucune consolation.

Elle[3] me dit : « Je suis l'impassible théâtre
Que ne peut remuer le pied de ses acteurs ;
Mes marches d'émeraude et mes parvis d'albâtre,
Mes colonnes de marbre ont les dieux pour sculpteurs.
Je n'entends ni vos cris ni vos soupirs ; à peine
Je sens passer sur moi la comédie humaine[4]
Qui cherche en vain au ciel ses muets spectateurs.

Je roule avec dédain, sans voir et sans entendre,
A côté des fourmis les populations ;
Je ne distingue pas leur terrier de leur cendre,
J'ignore en les portant les noms des nations.
On me dit une mère, et je suis une tombe.
Mon hiver prend vos morts comme son hécatombe[5],
Mon printemps ne sent pas vos adorations.

Avant vous, j'étais belle et toujours parfumée,
J'abandonnais au vent mes cheveux tout entiers ;
Je suivais dans les cieux ma route accoutumée,
Sur l'axe harmonieux des divins balanciers.
Après vous, traversant l'espace où tout s'élance,
J'irai seule et sereine, en un chaste silence
Je fendrai l'air du front et de mes seins altiers. »

C'est là ce que me dit sa voix triste et superbe,
Et dans mon cœur alors je la hais, et je vois
Notre sang dans son onde et nos morts sous son herbe,
Nourrissant de leurs sucs la racine des bois.
Et je dis à mes yeux qui lui trouvaient des charmes :
— Ailleurs tous vos regards, ailleurs toutes vos larmes,
Aimez ce que jamais on ne verra deux fois.

Oh ! qui verra deux fois ta grâce et ta tendresse,
Ange doux et plaintif qui parle en soupirant ?
Qui naîtra comme toi portant une caresse
Dans chaque éclair tombé de ton regard mourant,
Dans les balancements de ta tête penchée,
Dans ta taille indolente et mollement couchée,
Et dans ton pur sourire amoureux et souffrant ?

Vivez, froide Nature, et revivez sans cesse
Sous nos pieds, sur nos fronts, puisque c'est votre loi ;
Vivez, et dédaignez, si vous êtes déesse,
L'homme, humble passager, qui dut vous être un roi ;
Plus que tout votre règne et que ses splendeurs vaines,
J'aime la majesté des souffrances humaines ;
Vous ne recevrez pas un cri d'amour de moi.

Les Destinées.

Pour préparer l'étude du texte

1. Mettre en évidence les deux mouvements du texte en montrant en quoi le second constitue une réaction au premier.
2. La prosopopée de la Nature. Analyser l'impassibilité et l'inhumanité de la nature :
— dans son cadre ;
— dans son mouvement ;
— dans une éternité que ne trouble pas le passage éphémère de l'homme.
3. La réponse du poète. Étudier précisément de quelle manière s'expriment :
— la révolte et le refus ;
— la célébration de la femme, vulnérable et aimante ;
— l'affirmation d'une acceptation stoïque et courageuse.

Pour une étude comparée

La nature impassible et inhumaine.

Vigny, « La maison du berger » (IIIe mouvement).
Leconte de Lisle, « Midi » *(Poèmes barbares).*

1. C'est-à-dire les idées et les créations de l'intelligence (cf. p. 110).
2. 1840-1844.
3. La Nature. Vigny recourt au procédé de la prosopopée consistant à prêter le sentiment et la parole à des êtres inanimés, à des morts ou à des absents.
4. L'expression reprend le titre général sous lequel Balzac a, en 1842, réuni ses romans.
5. « Hécatombe » signifie étymologiquement le sacrifice de cent bœufs que faisaient les Anciens, et, par extension, le sacrifice de plusieurs victimes, quelles qu'elles soient.

L'emploi des symboles chez Vigny répond à un besoin d'organisation de son moi. De même qu'il avait éprouvé la nécessité de se dédoubler pour clarifier ses idées, il fait appel à deux jeux de symboles pour donner une forme à ses pensées ; même s'il les dénigre parfois, Vigny a besoin d'user de symboles pour être compris du vulgaire. On se souvient que dans « L'Esprit pur », par exemple, il donne forme et substance à l'Esprit Saint. Était-il conscient du fait que ses symboles de prédilection se rattachent à des symboles religieux ? Quoi qu'il en soit, ils ont presque tous une origine religieuse et dérivent de la tradition judéo-chrétienne, ce qui est une preuve supplémentaire de son fond religieux.

Le premier symbole persistant que l'on trouve dans son œuvre est celui de l'étoile. Ce n'est certes pas par simple hasard que Vigny choisit celle-ci comme symbole personnel puisqu'il se désigna sous le nom de Stello. Malgré l'ironie du narrateur de l'ouvrage qui porte ce nom, narrateur qui n'est autre à ce moment-là que le Docteur-Noir, le rapport entre le nom de Stello et sa signification métaphysique est clair ; l'étoile est la manifestation de son destin : « Stello est né le plus heureusement du monde et protégé par l'étoile du ciel la plus favorable [...] On dit que, dans les plus petites circonstances, cette étoile ne lui manqua jamais [...] » [...]

Dans « La Maison du Berger », l'étoile s'assimile à l'amour. Mais l'amour n'illumine-t-il pas le cœur du poète, comme l'étoile éclairait l'intelligence divine de Stello ?

« Si ton cœur [...]
[...] ne voit plus l'amour, son étoile fidèle,
Eclairer pour lui seul l'horizon effacé [...] »

L'amour est aussi une manifestation divine ; le credo mystique de Stello que nous avons déjà mentionné dans le chapitre précédent nous l'avait appris.

En continuant la lecture de « La Maison du Berger », on trouve l'image de la perle. Bien que la perle soit le symbole de la poésie : « Poésie ! ô trésor ! perle de la pensée », il semble que cette perle ne soit pas sans rapports avec l'étoile. D'abord la pensée de Stello dont la poésie est la perle la plus belle, la plus fine et la plus élevée, n'est-elle pas en rapport avec l'étoile ? La perle ne rappelle-t-elle pas l'étoile par sa forme, par ses reflets ? N'est-elle pas la transposition d'un symbole d'ordre cosmique à l'échelle terrestre ? En effet la Poésie est la cristallisation de l'Idée communiquée à l'origine par l'étoile. Il nous semble donc que le symbole de la perle est la réduction du symbole de l'étoile, de même que la Poésie — l'écrit poétique — est la réduction de l'idée divine.

A. Sabrian de Fabry, Rayon intérieur, *Éd. La pensée universelle, 1978.*

La mort du loup[1]

A travers cet épisode symbolique de la « mort du loup », traqué par les chasseurs, c'est toute la condition de l'homme, « traqué » par la fatalité et la mort, qui se trouve dépeinte. L'homme ne peut fonder sa liberté et sa dignité que dans le mépris silencieux de la souffrance. Ce stoïcisme exprime l'attitude constante de Vigny face à la vie. Déjà, en 1832, il notait dans son *Journal* : « J'aime ceux qui se résignent sans gémir et portent bien leur fardeau. »

I

Les nuages couraient sur la lune enflammée
Comme sur l'incendie on voit fuir la fumée,
Et les bois étaient noirs jusques à l'horizon.
— Nous marchions, sans parler, dans l'humide gazon,
Dans la bruyère épaisse et dans les hautes brandes[2],
Lorsque, sous des sapins pareils à ceux des Landes,
Nous avons aperçu les grands ongles marqués
Par les loups voyageurs que nous avions traqués.
Nous avons écouté, retenant notre haleine
Et le pas suspendu. — Ni le bois ni la plaine
Ne poussaient un soupir dans les airs ; seulement
La girouette en deuil criait au firmament.
Car le vent, élevé bien au-dessus des terres,
N'effleurait de ses pieds que les tours solitaires,
Et les chênes d'en bas, contre les rocs penchés,
Sur leurs coudes semblaient endormis et couchés[3].
Rien ne bruissait donc, lorsque, baissant la tête,
Le plus vieux des chasseurs qui s'étaient mis en quête
A regardé le sable, attendant, à genoux,
Qu'une étoile jetât quelque lueur sur nous ;
Puis, tout bas, a juré que ces marques récentes
Annonçaient la démarche et les griffes puissantes
De deux grands Loups-cerviers[4] et de deux Louveteaux.
— Nous avons tous alors préparé nos couteaux,
Et, cachant nos fusils et leurs lueurs trop blanches,
Nous allions, pas à pas, en écartant les branches.
Trois s'arrêtent, et moi, cherchant ce qu'ils voyaient,
J'aperçois tout à coup deux yeux qui flamboyaient,
Et je vois au-delà quelques formes légères
Qui dansaient sous la lune au milieu des bruyères,
Comme font, chaque jour, à grand bruit, sous nos yeux,
Quand le maître revient, les lévriers joyeux.
L'allure était semblable et semblable la danse ;
Mais les enfants du Loup se jouaient[5] en silence,
Sachant bien qu'à deux pas, ne dormant qu'à demi,
Se couche dans ses murs l'homme, leur ennemi.
Le Père était debout, et plus loin, contre un arbre,
Sa Louve reposait comme celle de marbre
Qu'adoraient les Romains, et dont les flancs velus
Couvaient les Demi-Dieux Rémus et Romulus[6].
— Le Loup vient et s'assied, les deux jambes dressées,
Par leurs ongles crochus dans le sable enfoncées.
Il s'est jugé perdu, puisqu'il était surpris,
Sa retraite coupée et tous ses chemins pris[7] ;

1. 1838.
2. Bruyère sèche poussant sur des terrains rocailleux.
3. Le cadre prend ainsi un aspect fantastique.
4. Nom qui désigne les lynx, mais qui, dans les campagnes, s'appliquait aussi aux loups capables de s'attaquer à des cerfs.
5. Jouaient.
6. Allusion à la statue de la Louve allaitant, selon la légende, Rémus et Romulus.
7. Interceptés.

Alors il a saisi, dans sa gueule brûlante,
Du chien le plus hardi la gorge pantelante,
Et n'a pas desserré ses mâchoires de fer,
Malgré nos coups de feu qui traversaient sa chair
Et nos couteaux aigus qui, comme des tenailles,
Se croisaient en plongeant dans ses larges entrailles,
Jusqu'au dernier moment où le chien étranglé,
Mort longtemps avant lui, sous ses pieds a roulé.
Le Loup le quitte alors et puis il nous regarde.
Les couteaux lui restaient au flanc jusqu'à la garde,
Le clouaient au gazon tout baigné dans son sang ;
Nos fusils l'entouraient en sinistre croissant.
— Il nous regarde encore, ensuite il se recouche
Tout en léchant le sang répandu sur sa bouche,
Et, sans daigner savoir comment il a péri,
Refermant ses grands yeux, meurt sans jeter un cri.

II

J'ai reposé mon front sur mon fusil sans poudre,
Me prenant à penser, et n'ai pu me résoudre
A poursuivre sa Louve et ses fils qui, tous trois,
Avaient voulu l'attendre, et, comme je le crois,
Sans ses deux Louveteaux la belle et sombre veuve
Ne l'eût pas laissé seul subir la grande épreuve ;
Mais son devoir était de les sauver, afin
De pouvoir leur apprendre à bien souffrir la faim,
A ne jamais entrer dans le pacte des villes
Que l'homme a fait avec les animaux serviles
Qui chassent devant lui, pour avoir le coucher,
Les premiers possesseurs du bois et du rocher.

III

Hélas ! ai-je pensé, malgré ce grand nom d'Hommes,
Que j'ai honte de nous, débiles que nous sommes !
Comment on doit quitter la vie et tous ses maux,
C'est vous qui le savez, sublimes[1] animaux !
A voir ce que l'on fut sur terre et ce qu'on laisse[2],
Seul le silence est grand ; tout le reste est faiblesse.
— Ah ! je t'ai bien compris, sauvage voyageur,
Et ton dernier regard m'est allé jusqu'au cœur !
Il disait : « Si tu peux, fais que ton âme arrive,
A force de rester studieuse et pensive,
Jusqu'à ce haut degré de stoïque fierté
Où, naissant dans les bois, j'ai tout d'abord[3] monté.
Gémir, pleurer, prier est également lâche.
— Fais énergiquement ta longue et lourde tâche
Dans la voie où le Sort a voulu t'appeler.
Puis, après, comme moi, souffre et meurs sans parler. »

Les Destinées.

Rosa BONHEUR (1822-1899), *Loups*, dessin. Paris, Musée du Luxembourg.

Pour préparer le commentaire composé

1. Étudier l'art du récit : décors, circonstances, personnages, actions.
2. Étudier le glissement progressif du récit au symbole : la transformation fantastique du décor, la personnification des animaux, la présentation d'une attitude humaine.
3. Étudier la signification du symbole : l'éloge de la vie sauvage, un refus de la civilisation servile, une mort stoïque.

Pour un groupement de textes

Un bestiaire symbolique.

Le pélican : Musset, « Nuit de Mai », cf. p. 84.
L'aigle : Hugo, *La légende des siècles* ; les abeilles : *Châtiments.*
L'albatros, les chats, les hiboux : Baudelaire, *Les Fleurs du mal*, cf. pp. 316, 327.
Les éléphants, le jaguar, le condor : Leconte de Lisle, *Poèmes barbares*, cf. p. 299.
Le crapaud : Corbière, *Les amours jaunes.*

1. Parce que les loups savent conserver leur dignité en mourant.
2. C'est-à-dire les maux auxquels le vers 75 fait allusion.
3. Du premier coup.

John FLAXMAN (1755-1826), *Chatterton recevant le poison de l'esprit du désespoir.*
Londres, Trustees of the British Museum.

Thomas Chatterton se suicida à l'âge de 17 ans, en 1770, après l'échec d'une série de poèmes attribués à un barde du XVe siècle, Thomas Rowley. En réalité, Chatterton les avait composés lui-même...

L'ŒUVRE THÉÂTRALE

Chatterton (1835), drame en prose. → p. 106.

Chatterton
1835

Tiré d'une des trois nouvelles de *Stello* (1832), dans laquelle Vigny analysait l'inévitable conflit entre le Poète, héraut de la Vérité, et la Cité, fondée sur le mensonge, *Chatterton* illustre la faillite de l'« esprit pur », sur l'hymne duquel s'achevaient pourtant *Les Destinées.* « J'ai voulu montrer, écrit Vigny dans la préface de son drame[1], l'homme spiritualiste étouffé par une société matérialiste, où le calculateur avare exploite sans pitié l'intelligence et le travail. »

De cette exploitation, le Poète est la plus tragique victime. Mûrir une grande œuvre lui demande en effet du temps. Aussi a-t-il « besoin de *ne rien faire* pour faire quelque chose en son art ». Il n'en doit pas moins pouvoir vivre matériellement. Mais le contraindre à un « travail positif et régulier » à exercer un quelconque métier équivaut à tarir son imagination, à émousser sa sensibilité et, en définitive, à le tuer « tout court ». Vigny demande donc que la société prenne en charge les poètes qui, dès leurs premières œuvres, ont su donner des preuves de leur génie.

1. Qui, sous le titre *Dernière nuit de travail,* prend la forme d'une longue lettre que Vigny écrit au public.

La thèse de Vigny présente certes des aspects paradoxaux, et s'avérerait délicate à mettre en pratique. Comment, par exemple, distinguer le génie du simple talent ? Comment savoir si une première œuvre remarquée sera suivie d'autres, meilleures encore ? Comment concilier l'indépendance intellectuelle et la dépendance financière ?

Mais, au-delà de ses difficultés d'application, la thèse de Vigny vaut par son intérêt social et moral. Plutôt que de renoncer à leur art pour assurer leur existence quotidienne, plusieurs écrivains avaient préféré se suicider. En février 1833, deux jeunes poètes, Escousse et Le Bras, étaient retrouvés asphyxiés ; l'année même de *Chatterton*, Émile Baillaud[1] se laisse mourir plutôt que de mendier ; bientôt Aloysius Bertrand (cf. p. 122) finira dans la misère la plus sombre. L'opinion publique commençait à s'émouvoir du sort de ces artistes désespérés, et Balzac, dans une *Lettre aux écrivains français* (novembre 1834), parlait en leur faveur. *Chatterton* est donc d'abord un cri de protestation contre la condition misérable que la société, indifférente, réservait aux artistes ne pouvant vivre de leur plume.

La pièce renferme en outre une évidente signification morale, aujourd'hui encore d'actualité. Comme beaucoup de Romantiques, Vigny ne croit pas au progrès uniquement fondé sur l'amélioration du bien-être. L'argent, l'activité économique sont nécessaires mais insuffisants au bonheur. Aussi Vigny voit-il dans la destinée tragique du Poète le signe d'un affaiblissement des valeurs spirituelles. Avec son héros, il prend délibérément parti pour le rêve, la justice et la liberté. Jouée le 12 février 1835 devant Louis-Philippe et sa cour, la pièce reçut un accueil chaleureux : Musset, Gautier, George Sand, Berlioz, ami de Vigny, applaudirent. Elle fut régulièrement reprise au cours du XIXe siècle.

Ce « drame de la pensée », comme le qualifie Vigny, se déroule à Londres en 1770 et s'étend sur trois actes.

Acte I : Riche industriel, John Bell refuse de réemployer un ouvrier qui s'est cassé un bras ; époux brutal, il reproche avec violence à sa femme, la douce Kitty, une erreur dans son livre de comptes. Jeune poète désargenté, Chatterton, qui a loué chez les Bell une modeste chambre, expose à un quaker, familier de la maison, son idéalisme exalté, qui s'oppose au matérialisme de John Bell.

Acte II : Une seconde conversation avec le quaker nous apprend que Chatterton, aristocrate de naissance, a fait ses études à Oxford. Ruiné, il a loué une chambre sous un nom d'emprunt car, ses poésies l'ayant rendu célèbre, il redoute d'être reconnu. Sur ces entrefaites, Chatterton reçoit précisément la visite de ses anciens condisciples d'Oxford, parmi lesquels Lord Talbot qui entreprend de faire une cour impertinente à Kitty. La jeune femme en est aussi blessée que Chatterton. L'incident rapproche ces deux êtres sensibles.

Acte III : Chatterton, qui aime en secret Kitty, se livre à un violent réquisitoire contre la société qui le contraint à se détourner de son art pour quémander un emploi. Au moment où il s'apprête à avaler une fiole d'opium, survient le quaker qui s'efforce de le faire renoncer au suicide. A bout d'arguments, il lui révèle l'amour de Kitty : s'il se suicide, elle mourra de douleur. Arrive alors Lord Talbot qui souhaite recueillir Chatterton chez lui. Mais à l'espoir succède le désespoir lorsque Chatterton apprend coup sur coup qu'un créancier cherche à le faire arrêter, qu'un critique littéraire l'accuse de plagiat et que le lord-maire lui propose une place, humiliante et subalterne, de valet. Accablé, Chatterton s'empoisonne.

Maquette des costumes de la création de *Chatterton* (1835). Paris, Bibliothèque de la Comédie Française.

1. Auteur d'une traduction en vers des *Lusiades* de Camoëns.

« Adieu, humiliations, haines, sarcasmes... »

Prétextant « quelques papiers à brûler », Chatterton a pris congé de ses hôtes et du lord-maire venu lui annoncer qu'il l'engageait comme valet. Chacun en éprouve un grand soulagement, croyant qu' « il se corrige de la poésie ». En réalité, Chatterton ne s'est retiré dans sa chambre que dans l'intention de se tuer.

Allez, mes bons amis. — Il est bien étonnant que ma destinée change ainsi tout à coup. J'ai peine à m'y fier ; pourtant les apparences y sont. — Je tiens là ma fortune. — Qu'a voulu dire cet homme en parlant de mes ruses[1] ? Ah ! toujours ce qu'ils disent tous. Ils ont deviné ce que je leur avouais moi-même, que je suis l'auteur de mon livre[2]. Finesse grossière ! je les reconnais là ! Que sera cette place ? quelque emploi de commis ? Tant mieux, cela est honorable ! Je pourrai vivre sans écrire les choses communes qui font vivre. — Le quaker rentrera dans la paix de son âme que j'ai troublée, et elle ! Kitty Bell, je ne la tuerai pas, s'il est vrai que je l'eusse tuée. — Dois-je le croire ? J'en doute : ce que l'on renferme toujours ainsi est peu violent ; et, pour être si aimante, son âme est bien maternelle. N'importe, cela vaut mieux, et je ne la verrai plus. C'est convenu... autant eût valu me tuer. Un corps est aisé à cacher. — On ne le lui eût pas dit. Le quaker y eût veillé, il pense à tout. Et à présent, pourquoi vivre ? pour qui ?... — Pour qu'elle vive, c'est assez... Allons... arrêtez-vous, idées noires, ne revenez pas... Lisons ceci... *(Il lit le journal.)* « Chatterton n'est pas l'auteur de ses œuvres... Voilà qui est bien prouvé. — Ces poèmes admirables sont réellement d'un moine nommé Rowley, qui les avait traduits d'un autre moine du dixième siècle, nommé Turgot... Cette imposture, pardonnable à un écolier, serait criminelle plus tard... Signé... *Bale*[3]... » Bale ? Qu'est-ce que cela ? Que lui ai-je fait ? — De quel égout sort ce serpent ?

Quoi ! mon nom est étouffé ! ma gloire éteinte ! mon honneur perdu ! — Voilà le juge !... le bienfaiteur ! Voyons, qu'offre-t-il ? *(Il décachète la lettre, lit... et s'écrie avec indignation :)* Une place de premier valet de chambre dans sa maison !...

Ah ! pays damné ! terre du dédain ! sois maudite à jamais ! *(Prenant la fiole d'opium.)* O mon âme, je t'avais vendue ! je te rachète avec ceci. *(Il boit l'opium.)* Skirner sera payé[4]. — Libre de tous ! égal à tous, à présent ! — Salut, première heure de repos que j'aie goûtée ! — Dernière heure de ma vie, aurore du jour éternel, salut ! — Adieu, humiliations, haines, sarcasmes, travaux dégradants, incertitudes, angoisses, misères, tortures du cœur, adieu ! Oh ! quel bonheur, je vous dis adieu ! — Si l'on savait ! si l'on savait ce bonheur que j'ai... on n'hésiterait pas si longtemps ! *(Ici, après un instant de recueillement durant lequel son visage prend une expression de béatitude, il joint les mains et poursuit.)* O Mort, ange de délivrance, que ta paix est douce ! j'avais bien raison de t'adorer, mais je n'avais pas la force de te conquérir. — Je sais que tes pas seront lents et sûrs. Regarde-moi, ange sévère, leur ôter à tous la trace de mes pas sur la terre. *(Il jette au feu tous ses papiers.)* Allez, nobles pensées écrites pour tous ces ingrats dédaigneux, purifiez-vous dans la flamme et remontez au ciel avec moi ! *(Il lève les yeux au ciel, et déchire lentement ses poèmes, dans l'attitude grave et exaltée d'un homme qui fait un sacrifice solennel.)*

Chatterton, III, 7.

Pour préparer l'étude du texte

1. La fragilité des illusions consolatrices. Analyser les incertitudes, les hésitations, les déviations vers le désespoir.
2. Le double choc. Étudier l'expression de la violence et de la souffrance, le caractère tragique de la situation.
3. La mort libératrice. Montrer par quelles formulations, et pour quelles raisons la mort apparaît à la fois comme une libération de la vie amère et comme une libération de l'écriture.

Pour un groupement de textes

Souffrances et incertitudes du héros romantique.

Musset, *Lorenzaccio*, III, 3, cf. p. 95 ; *Les caprices de Marianne*, I, 4.
Hugo, *Hernani*, III, 4, cf. p. 275 ; *Ruy Blas*, III, 4.

1. Ses ennemis l'accusent d'avoir donné comme étant de lui des poésies qui sont en réalité l'œuvre d'un auteur du Moyen Age.
2. Chatterton se trompe ainsi entièrement.
3. Nom d'un critique littéraire hostile à Chatterton.
4. Skirner est un riche propriétaire immobilier à qui Chatterton n'a pas jadis payé son loyer. « Skirner sera payé », parce que Chatterton a par avance vendu son corps à l'École de Chirurgie.

Le pessimisme

Chez Vigny, la grandeur de l'homme de génie, chargé d'éclairer la marche en avant de l'humanité, possède son revers : la solitude. « Hélas ! je suis, Seigneur, puissant et solitaire », s'écrie Moïse, héros du premier texte des *Poèmes antiques et modernes* (1826-1837). Pour supporter cette solitude et trouver la force d'accomplir sa mission, l'esprit supérieur ne dispose cependant d'aucune des consolations, ni d'aucun des soutiens traditionnellement chers aux Romantiques.

— Abandonnant les hommes à leur sort, Dieu s'est tu. A la veille de mourir, le Christ lui-même éprouve, dans « Le mont des oliviers », le terrible silence de son Père, qui justifie ainsi tous les doutes.

— Grandiose et, en apparence amicale, la Nature, comme Dieu, manifeste une indifférence hautaine aux souffrances et à la destinée humaines (cf. « La maison du berger », p. 103).

— La Femme se révèle d'une ambiguïté redoutable. Si Éva, dans « La maison du berger », incarne l'amour idéal, Dalila[1], dans « La colère de Samson », apparaît comme séductrice satanique, un « être impur de corps et d'âme ».

— Quant à la société, enfoncée dans le matérialisme, elle se méfie de l' « Esprit » et condamne ceux qui l'incarnent à devenir des « parias » (cf. *Chatterton*, p. 106).

Privé de tout recours, le Poète subit ainsi une fatalité tragique, qui est comme la rançon de son talent. Le pessimisme de Vigny ne se limite pas toutefois à la seule condition du Poète : il s'étend à l'humanité entière. Abandonnée elle aussi de Dieu, en lutte perpétuelle contre la misère et l'ignorance, elle ne possède que deux certitudes : la souffrance et la mort.

William BLAKE (1757-1827), *Moïse et le buisson ardent*, aquarelle. Londres, by courtesy of the Board of Trustees of the Victoria and Albert Museum.

C'est dans le livre de l'*Exode* (Ancien Testament, *Exode*, III, 1-12) qu'est évoquée l'histoire de « Moïse et du buisson ardent ». Il s'agit de la première apparition de Dieu à Moïse. « L'ange du Seigneur lui apparut dans une flamme de feu, du milieu du buisson. Il regarda : le buisson était en feu et le buisson n'était pas dévoré »...

1. Personnage biblique de l'Ancien Testament, Dalila séduisit Samson et le força à se couper les cheveux, où était le siège de sa force physique. Prisonnier des Philistins, Samson réussit pourtant à retrouver son énergie et à renverser le temple de Dagon sur lui-même et ses ennemis. Le nom de Dalila est depuis synonyme de perfidie féminine.

Le stoïcisme et la « sainte solitude »

Quelle attitude dès lors adopter ? Toute l'œuvre de Vigny résonne de cette angoissante question. À la fatalité qui accable l'homme, il n'est de réponse digne que dans le silence. Telle est la leçon de « La mort du loup » (cf. p. 104).

La souffrance permet en outre à l'homme de se hausser jusqu'à l'héroïsme. De même que le soldat trouve dans l'obéissance et l'accomplissement de sa tâche l'honneur qui l'ennoblit (cf. *Servitude et grandeur militaires*), de même l'homme fonde sa dignité sur le courage qu'il oppose aux épreuves du Destin.

Homme parmi les hommes, la situation du Poète ne s'avère pas différente de celle de ses semblables : il demeure marqué du même sceau tragique. Mais, prophète de l'esprit, il doit en outre affronter l'incompréhension et le mépris d'autrui. Aussi se réfugie-t-il dans une « sainte solitude », qui n'est pas égoïsme mais nécessité : « Quand j'ai dit : *la solitude est sainte*, précise Vigny dans son *Journal*, je n'ai pas entendu par solitude une séparation et un oubli entier des hommes et de la société, mais une retraite où l'âme se puisse recueillir en elle-même, puisse jouir de ses propres facultés et rassembler ses forces pour produire quelque chose de grand. »

La foi dans le progrès

Hanté par le tragique de l'existence, convaincu que l'homme ne peut attendre d'autre secours que de lui-même, Vigny évolue toutefois, à la fin de sa vie, vers plus d'optimisme, en voyant dans le Progrès le seul remède possible aux malheurs terrestres[1]. Le héros de « La bouteille à la mer » donne en effet tort à Chatterton : contrairement à Chatterton qui brûle ses œuvres parce qu'il juge la postérité indigne de les lire, le vieux capitaine, songeant aux générations futures, confie, après avoir fait naufrage, son ultime message à une « bouteille ». Le symbole est clair. Il convient de répandre le « Savoir », moteur du Progrès.

La poésie ou le règne de l'« esprit pur »

Vigny partage avec la plupart des Romantiques la conviction qu'un monde nouveau naîtra bientôt : ce sera l'ère de l'Esprit. Le dernier poème des *Destinées*, précisément intitulé « L'esprit pur », constitue un véritable acte de foi dans la culture et dans l'humanisme. De cet Esprit qui fonde en quelque sorte une religion sans Dieu[2] à la gloire de la Pensée, les poètes et les philosophes sont les interprètes privilégiés. Vigny éprouve ainsi la joie d'appartenir à cette élite dont les œuvres garantissent l'immortalité. Toutes les déceptions disparaissent devant cette orgueilleuse conviction.

Vigny professe donc une haute conception de la poésie, « des vrais penseurs impérissable amour ». C'est pourquoi il répugne à analyser ses états d'âme. Chacun de ses poèmes est l'illustration des grands problèmes métaphysiques, l'aboutissement d'une méditation personnelle. Cette puissance de la pensée explique qu'à l'inverse par exemple de Victor Hugo, Vigny se soucie peu de renouveler les formes métriques traditionnelles. Il adopte une fois pour toutes l'alexandrin dont la majesté convient à la gravité de ses sujets.

Sa poésie philosophique demeure pourtant compréhensible grâce à l'utilisation constante de symboles. Un personnage, une situation viennent toujours donner une représentation concrète de l'idée exprimée. Moïse symbolise ainsi le génie, le Christ le doute, la « bouteille à la mer » l'espoir... Souvent jugée difficile d'accès, l'œuvre de Vigny retrouve à notre époque sa force et son actualité dans la mesure où elle appelle, comme les existentialistes athées de notre siècle, l'homme à ne compter que sur lui-même pour forger un avenir meilleur. Elle constitue aussi un témoignage historique et humain indispensable à la connaissance du XIXe siècle :

« Trésor, cristal conservateur, perle, diamant, la poésie permet de lutter contre les fausses incarnations en préservant la mobilité de la pensée, en respectant les irisations de la vie, et en donnant à une liberté nourrie d'expérience humaine le pouvoir de rayonner sur l'avenir. De là ce mélange de rigueur et de tendresse, de cruauté et de pitié, de froideur et de flamme, de désespoir et de confiance, de religiosité et d'athéisme, qui fait de l'œuvre de Vigny, à la fois une manifestation des plus complètes de l'esprit romantique et la mise en garde la plus lucide contre ce que cet esprit comportait de facilité et d'illusion. »

(Max Milner, *La littérature française, XIXe siècle, Le Romantisme*, Éd. Arthaud, 1973.)

1. Il écrit dans son *Journal* : « J'élèverai [...] la sainte beauté de l'enthousiasme, de l'amour, de l'honneur, de la bonté, de la miséricordieuse et universelle indulgence qui remet toutes les fautes, et d'autant plus étendue que l'intelligence est plus grande. »

2. Vigny oppose dans « L'esprit pur » l'écriture (la Bible), qui écrase l'homme sous le poids de la fatalité divine, à l'écrit qui symbolise la victoire de la pensée humaine et la conquête de la liberté et du bonheur.

LA NATURE

Dès le XVIIIe siècle, Rousseau et Bernardin de Saint-Pierre ont accordé une large place à la nature dans leurs œuvres. A leur suite, les écrivains du XIXe siècle la découvrent. Ils en présentent une vision complexe et variée selon l'idéal ou l'école dont ils se réclament : romantique, réaliste, symboliste, impressionniste.

Le sentiment de la nature dans le Romantisme

Thème privilégié du Romantisme (cf. p. 60), la nature revêt quatre aspects essentiels : elle est un miroir de la sensibilité, un refuge contre les duretés de l'existence, une invitation à méditer et une manifestation de la grandeur divine.

La nature, miroir de la sensibilité. Selon la formule du Suisse Amiel, « un paysage quelconque est un état de l'âme ». Tantôt, personnifiant la nature, les Romantiques lui prêtent des sentiments, le plus souvent en harmonie avec leur humeur. Tantôt les saisons influent sur leur sensibilité : le renouveau printanier les incite à aimer ; le déclin automnal engendre leur mélancolie. Décrire la nature revient toujours pour eux à écouter battre leur cœur.

La nature, refuge contre les duretés de l'existence. Les unes sont inhérentes à la condition humaine, les autres à la civilisation. Considérant la nature comme une amie ou une mère, les Romantiques en attendent une consolation à leurs souffrances. Face à la montée de la première révolution industrielle qui pollue les villes et rive l'homme à la machine, elle symbolise par ailleurs à leurs yeux la liberté, la pureté et la paix (cf. notamment Vigny, p. 103).

La nature, une invitation à méditer. Le rythme des saisons invite à méditer sur la fuite du temps ; l'éternité de la Terre pousse à s'interroger sur la brièveté de l'existence humaine ; le spectacle des ruines, sur la mort et la vanité de la gloire. La nature se révèle ainsi riche d'enseignements. Elle donne des leçons d'infini chez Chateaubriand (cf. p. 39), de courage chez Musset (cf. p. 84), de stoïcisme chez Vigny (cf. p. 104), de philosophie chez Hugo (cf. p. 250).

La nature, manifestation de la grandeur divine. A l'exception de Vigny, pour qui Dieu a abandonné les hommes à leur sort (cf. p. 109), tous les Romantiques interprètent la complexité et la splendeur de la nature comme une preuve de l'existence de Dieu. En la tenant non plus comme une création divine, mais comme la divinité elle-même, Hugo en propose même une interprétation panthéiste (cf. p. 262).

La nature dans la seconde moitié du siècle

Dominant la première moitié du siècle, le Romantisme décline rapidement dans la seconde moitié, que se partagent plusieurs écoles et tendances littéraires. La nature présente alors trois visages importants.

La nature « réaliste ». En réaction contre les excès du Romantisme et sous l'influence du développement de l'esprit scientifique, la nature cesse d'être un « état de l'âme » pour devenir l'objet d'une description objective et exacte. Conformément à la théorie des milieux alors en vigueur, paysages et régions déterminent la psychologie de leurs habitants. La peinture précise d'un lieu aide à la connaissance des hommes. De cette conviction naissent les descriptions, parfois très longues, que Flaubert et Zola insèrent dans leurs romans.

La nature « symboliste ». Le symbolisme, qui fut un idéal avant d'être une école (cf. p. 399), se propose de découvrir les « correspondances » qui existent entre le « monde sensible », perceptible avec nos cinq sens, et l'univers spirituel, suprasensible. La nature n'est plus dès lors décrite pour elle-même. Elle s'apparente, selon la formule de Baudelaire, à un « dictionnaire plein de hiéroglyphes » qu'il convient de déchiffrer. Une mystérieuse unité la régissant, tout en elle devient symbole, signe de l'au-delà.

La nature « impressionniste ». A l'exemple des peintres impressionnistes qui veulent moins reproduire le réel qu'en retenir et transposer les « impressions » de lumière, des écrivains et des poètes comme Maupassant, Verlaine ou Rimbaud, s'efforcent de décrire la nature dans ses apparences fugitives (un brouillard, une avancée de nuages, un reflet de soleil). Ils fixent ce que le regard enregistre sous les illusions de l'optique et les jeux de lumière.

Gustave DORÉ (1832-1883), *Le cirque de Gavarnie*, aquarelle. Musée des Beaux-Arts de Pau.

Le courant surnaturaliste : Nodier, Bertrand, Nerval

J.-J. GRANDVILLE (1803-1847), *L'étoile du soir*, gravure dans *Les étoiles* (1849). Collection particulière.

L'importance du mouvement romantique et des grandes figures qui l'animent a tendance à masquer, dans la première moitié du siècle, un second courant, souvent convergent, quoique d'orientation un peu différente. Ses représentants sont Nodier, Aloysius Bertrand et Nerval, en qui les symbolistes reconnaîtront des précurseurs. Leurs recherches portent en effet sur l'imaginaire et les rêves. Ils ouvrent la voie à l'exploration du monde complexe qui échappe à l'être conscient. C'est la raison pour laquelle on désigne ce mouvement, qui ne constitue pas une école officielle, par les termes de « surnaturalisme » ou de « symbolisme romantique ».

Les convergences avec le romantisme

Les deux mouvements ont en commun l'insatisfaction, le goût de l'évasion et l'importance accordée à la subjectivité.

L'insatisfaction correspond au mal de vivre et s'explique par l'incertitude du contexte politique. Elle cherche des compensations dans un ailleurs de rêve, biblique, médiéval ou exotique. *Espagne et Italie*, d'Aloysius Bertrand, *Le voyage en Orient*, de Nerval (cf. p. 136), ou *Smarra*, de Nodier, témoignent de cette passion pour un monde différent, coloré du prestige du passé ou du lointain. Les œuvres sont marquées par le souci de la couleur locale, par le choix d'un vocabulaire aux consonances étrangères, par l'insistance sur un éclairage historique.

Comme les Romantiques, les surnaturalistes font de la sensibilité l'instrument privilégié de la connaissance du monde. L'appréhension de l'environnement se fait par les perceptions, avec une prédominance pour l'ouïe et la vue. C'est à partir de ces perceptions, contact direct avec ce qui l'entoure, que le poète interprète l'univers et en donne une image : « Ainsi j'ai vu, ainsi je raconte [...]. Ainsi j'ai entendu, ainsi je raconte », dit Bertrand dans « Un rêve ».

L'importance de l'expérience personnelle est soulignée par l'utilisation fréquente du « Je ». Cette expérience vécue fait de l'affectivité et des relations de l'écrivain avec le monde une inépuisable source d'inspiration.

UNE QUÊTE ORIGINALE ET RÉVÉLATRICE

Si les deux mouvements se rejoignent dans des thèmes communs, on note cependant que la démarche surnaturaliste est différente. Nodier, Aloysius Bertrand et Nerval tentent en effet de pénétrer dans le monde incertain des forces irrationnelles de l'âme. Le Romantisme cherche à transcrire des émotions, tandis que le surnaturalisme s'efforce de dépasser l'émotion pour explorer les domaines mystérieux où elle a pris naissance. Son champ d'investigation est donc la vie intérieure, dans ses relations complexes avec les forces secrètes du monde. Dans cette exploration, le rêve joue un rôle essentiel.

Le rêve et le sommeil. Nodier, Aloysius Bertrand et Nerval manifestent un goût passionné pour les facultés créatrices non maîtrisées que sont les rêves et les réminiscences. Ils s'intéressent donc au contexte nocturne, mal perçu par la sensibilité normale. Ils attachent une grande importance aux troubles de la perception (fièvre et hallucinations). Ils s'efforcent de cerner ces moments riches et éphémères que sont le passage de la veille au sommeil, et du sommeil à la conscience claire. Ces recherches montrent à quel point ils ont tous trois été conscients de l'existence d'une frontière (symbolisée par la fenêtre chez Aloysius Bertrand) entre la vie réelle et une autre vie, plus riche, plus mystérieuse, et surtout plus révélatrice. Ainsi Nodier affirmait utiliser dans les créations du « poète éveillé »[1] les « fantaisies du poète endormi »[1] et les « caprices des rêves »[1]. Pour lui, comme pour Aloysius Bertrand et Nerval, le songe contient le sens du monde, et l'esprit, libéré des contraintes de l'espace et du temps, y trouve sa « propre essence »[1]. La même idée apparaît chez Nerval : le rêve, « seconde vie »[2], est un moyen d'accès à un autre monde dans lequel le « moi sous une autre forme continue l'œuvre de l'existence »[2].

L'importance du langage. C'est au langage qu'incombe le rôle difficile de transcrire ce qui relève du flou, du rêve, de l'incertain. Mais il constitue un outil qui fige, et qui prend « les choses au piège »[3]. Comment, alors, « fixer le rêve et en connaître le secret »[2] ?

Aloysius Bertrand laisse entre les strophes des blancs riches de tout un monde suggéré. Nerval brouille dans ses nouvelles le temps du rêve, celui de la réalité et celui de la réminiscence (cf. *Sylvie*, p. 139) par des jeux subtils sur les indications temporelles. Les sonnets des *Chimères* (cf. p. 134) laissent, par les interprétations qu'ils offrent, de larges zones d'hésitations. Les images, les symboles, les métaphores créent de complexes analogies entre ce qui a été vécu, ce qui n'a été qu'imaginé, et ce qui est souhaité. Les rapprochements des mots, leurs variations de sens selon le contexte soulignent, par leur ambiguïté, le caractère éphémère et fluctuant du monde des rêves. Un simple vers comme « Le prince d'Aquitaine à la tour abolie »[4] résume en une formule imagée et mystérieuse, empruntée à la science héraldique, l'incertitude d'une identité revendiquée, rêvée et perdue.

NATURE ET RICHESSE DU MONDE RÉVÉLÉ

Le monde révélé, celui où l'esprit trouve « sa propre essence », peut s'apparenter au monde idéal, dont le monde réel ne serait que le reflet[5]. Il apparaît comme un monde magique dans lequel se dissolvent les angoisses de l'incompréhension *(Aurélia)* et de la culpabilité (*La fée aux miettes*, cf. p. 116). C'est aussi un monde dans lequel se réalise l'impossible : retour à une vie antérieure heureuse (« Fantaisie », cf. p. 133), fusion idéale entre plusieurs images (Aurélie, Adrienne et Sylvie, cf. p. 139). C'est un monde peuplé d'esprits, auquel le poète ne peut accéder que grâce à l'intercession d'une fée (*La fée aux miettes*, image récurrente de la fée chez Nerval, Ondine chez Aloysius Bertrand).

On comprend alors la nostalgie qui saisit l'homme à la pensée de ce monde d'apparence inaccessible. On comprend aussi que cette nostalgie n'est pas, comme chez les Romantiques, le sentiment de ce qui aurait pu être, mais le désir presque désespéré d'une révélation.

Nodier, Aloysius Bertrand et Nerval étaient sans doute trop en avance sur leur temps pour être vraiment appréciés et compris. On doit aux poètes symbolistes et surréalistes d'avoir permis de les redécouvrir.

1. Nodier, Préface de *Smarra ou les démons de la nuit.*
2. Nerval, *Aurélia.*
3. Sartre, *Les mots.*
4. Nerval, *Les chimères*, « El Desdichado »,cf. p. 134.
5. C'est la conception platonicienne (Platon, *La république*) selon laquelle le monde réel n'est que le reflet, perceptible par les sens, du monde des idées, inaccessible. Cette conception est illustrée par le mythe de la caverne.

Charles Nodier
1780-1844

« Le sommeil est l'état non seulement le plus puissant, mais le plus lucide de la pensée. »

Nodier, *De quelques phénomènes du sommeil*, 1831.

Portrait de Charles Nodier. Paris, Musée Carnavalet.

Que sait-on de Nodier aujourd'hui ? Qu'il accueillit dans ses salons la jeune École romantique et qu'il écrivit des contes pour les enfants... Or le véritable Nodier offre un visage plus complexe et l'importance qu'il attacha aux prestiges du sommeil a fait de lui un précurseur des Surréalistes.

Un jeune Werther français

Nodier naît à Besançon en 1780 et y passe une enfance studieuse, sans pour autant être à l'abri des grandes secousses de l'Histoire. Son père, avocat, préside sous la Terreur le Tribunal criminel et l'enfant assiste à des exécutions capitales : le même cauchemar hantera sa vie et son œuvre, vision d'une tête sanglante brandie devant une foule avide, hurlant de joie.

Jeune homme, il manifeste une grande instabilité, tantôt exalté, tantôt désespéré à la manière de Werther[1], son héros favori. Il mène pendant plusieurs années une vie agitée et besogneuse, se marie en 1808, est tour à tour secrétaire, bibliothécaire, journaliste, romancier.

Il connaît bien la littérature étrangère, allemande et anglaise[2], qu'il fait connaître autour de lui. Dans ses premières œuvres, il imite Goethe et Schiller, puis se tourne vers l'Antiquité. En écrivant *Smarra*[3] *ou les démons de la nuit* en 1821, il s'inspire de Théocrite et d'Apulée[4], suit la mode « frénétique » des histoires de vampires, pleines d'horreur et de sang, mais livre aussi pour la première fois une authentique expérience du rêve, du cauchemar en particulier.

L'Arsenal

Ensuite, pendant plusieurs années, Nodier cesse de publier des œuvres importantes. Nommé bibliothécaire à l'Arsenal[5] en 1824, il ouvre ses salons à la jeunesse intellectuelle de l'époque. Écrivains et artistes se pressent aux réceptions du dimanche soir, éclairées par la présence de Marie Nodier, fille de l'écrivain, dont tous sont plus ou moins épris. Il y a là ceux qui formeront « le Cénacle » romantique[6], Lamartine, Hugo, Vigny, Musset, Gautier, Nerval et aussi Dumas père, Balzac, le peintre Delacroix. Nodier, en « parrain » bienveillant, les encourage, les fait profiter de son immense érudition, et, quand ils sont las de parler, de danser, leur conte de merveilleuses histoires.

1. *Les souffrances du jeune Werther*, roman de Goethe (1749-1832), écrivain allemand ; publié en 1774, le roman décrit les états d'âme d'un jeune homme sensible à l'extrême, amoureux d'une femme promise à un autre, et qui finit par se suicider. Cette œuvre préromantique connut un grand succès dans toute l'Europe.
2. Littérature allemande : Goethe et Schiller, mais aussi Tieck et Musaeus, auteurs de contes, Jean-Paul qui accorda au rêve une place prépondérante. Littérature de langue anglaise : Shakespeare et les « romanciers noirs », Maturin, Ann Radcliffe, qui composèrent des récits d'aventures extravagantes et sinistres.
3. « Smarra », en dalmate, signifie : le démon du cauchemar, une sorte de vampire.
4. Théocrite, poète grec du IIIe siècle avant J.-C. ; Apulée, auteur latin du IIe siècle après J.-C.
5. Bâtiment situé près de l'actuelle place de la Bastille. Édifié au XVIe siècle pour la fabrication des armes, détruit et reconstruit dans les siècles suivants, transformé en bibliothèque, il appartenait alors au comte d'Artois, futur Charles X.
6. Cf. p. 59.

Le refuge du rêve

Après la Révolution de 1830, Nodier perd son emploi de bibliothécaire : il a des soucis d'argent et se voit obligé de vendre une partie de ses précieux livres pour doter sa fille. Ses amis le délaissent : « le Cénacle » se réunit toujours, mais chez Victor Hugo. Et surtout, sa fille chérie se marie : pour le père tendre et exclusif, c'est un déchirement. Il se sent tout à coup devenu vieux. La société dans laquelle il vit lui déplaît. Passéiste résolu, il ne croit ni à la science ni au progrès. Alors il se replie sur lui-même et s'invente un monde fictif qui le console de l'autre. Il écrit.

Il ne cessera plus d'écrire jusqu'à la fin de sa vie : contes féeriques à l'intention de ses petits-enfants ; contes fantastiques obéissant à l'engouement de l'époque[1], mais traités d'une manière toute personnelle ; contes mystiques exprimant l'espoir en une nouvelle naissance de l'homme enfin régénéré.

Sous le voile de la fantaisie et de l'ironie, ces contes révèlent une sagesse empreinte des vertus évangéliques. Mais surtout ils permettent à Nodier de se créer une vie où le rêve et l'enfance se rejoignent. Il écrit : « Je suis devenu, en vieillissant, une espèce d'homme sans cesser pour cela d'être une espèce d'enfant. »[2] Et encore : « Tout le temps où l'on ne rêve pas est du temps perdu. »[3]

Smarra ou les démons de la nuit (1821), conte.
Trilby ou le lutin d'Argail (1822), conte.
Du fantastique en littérature (1830), essai. → p. 116.
La fée aux miettes (1832), conte. → p. 116.

Henri MONNIER (1799-1877), *Une soirée chez Mme X* (1829). Paris, Musée du Louvre, Cabinet des dessins.

1. Cf. p. 200.
2. *Monsieur Cazotte*, 1836.
3. *Léviathan-le-Long*, 1833.

Du fantastique en littérature

1830

A l'époque où Nodier écrit cet essai, le genre fantastique est en plein essor. L'écrivain est l'un des premiers à présenter une réflexion cohérente sur ce phénomène.

Après avoir brossé un historique du genre (qu'il confond avec le merveilleux[1]), il essaie d'expliquer pourquoi, en ce premier tiers du XIXe siècle, le fantastique est devenu si populaire en Europe[2].

[...] quand les religions elles-mêmes, ébranlées jusque dans leurs fondements, ne parlent plus à l'imagination, ou ne lui portent que des notions confuses, de jour en jour obscurcies par un scepticisme inquiet, il faut bien que cette faculté de produire le merveilleux dont la nature l'a douée s'exerce sur un genre de création plus vulgaire[3] et mieux approprié aux besoins d'une intelligence matérialisée. L'apparition des fables recommence au moment où finit l'empire de ces vérités réelles[4] ou convenues qui prêtent un reste d'âme au mécanisme usé de la civilisation. Voilà ce qui a rendu le fantastique si populaire en Europe depuis quelques années, et ce qui en fait la seule littérature essentielle de l'âge de décadence ou de transition où nous sommes parvenus. Nous devons même reconnaître en cela un bienfait spontané de notre organisation ; car si l'esprit humain ne se complaisait encore dans de vives et brillantes chimères[5], quand il a touché à nu toutes les repoussantes réalités du monde vrai, cette époque de désabusement serait en proie au plus violent désespoir, et la société offrirait la révélation effrayante d'un besoin unanime de dissolution et de suicide. Il ne faut donc pas tant crier contre le romantique et le fantastique. Ces innovations prétendues sont l'expression inévitable des périodes extrêmes de la vie politique des nations, et sans elles, je sais à peine ce qui nous resterait aujourd'hui de l'instinct moral et intellectuel de l'humanité.

Du fantastique en littérature.

Pour préparer l'étude du texte

1. Faire apparaître, par l'étude des articulations logiques, les étapes de la démonstration de Nodier.
2. Analyser les origines du fantastique :
   — sur un plan général ;
   — dans le contexte historique du début du XIXe siècle.
3. Quelles sont, d'après Nodier, les fonctions de la littérature fantastique ?

Pour un groupement de textes

L'expression littéraire du « scepticisme inquiet » au début du XIXe siècle.

Chateaubriand, *René*, cf. p. 35.
Musset, *La confession d'un enfant du siècle*, cf. p. 88.
Vigny, *Servitude et grandeur militaires.*
Balzac, *La peau de chagrin*, cf. p. 187.
Stendhal, *Le Rouge et le Noir*, cf. p. 154.

La fée aux miettes

1832

La Fée aux Miettes est une vieille mendiante qui se nourrit des miettes laissées par les écoliers. Elle prétend avoir plus de 3 000 ans et être en réalité Belkiss, reine de Saba[6], dont la beauté fut légendaire. Elle aime tous les enfants, mais s'intéresse tout particulièrement à Michel le Charpentier, qu'elle instruit et protège. Moitié par jeu, moitié par reconnaissance, Michel se fiance à elle, la perd, la retrouve, l'épouse, puis la quitte à nouveau pour chercher la « mandragore[7]-qui-chante » dont les vertus rendront la jeunesse à sa femme. Hélas ! il est pris pour fou et enfermé à l'asile des « lunatiques » de Glasgow. Parviendra-t-il à réussir dans son entreprise ? On prétend qu'il s'est évadé de l'asile, tenant à la main une fleur qui chantait. On le prétend : mais rien n'est moins sûr...

C'est l'œuvre la plus longue et la plus élaborée de Nodier. Les digressions, les descriptions insolites, les rebondissements imprévus, la reprise des mêmes thèmes en font tout le charme. Cependant, sous l'extravagance des épisodes, se cache un ordre délibéré : *La fée aux miettes* est un roman d'initiation[8]. Au terme des épreuves qu'il subit, Michel, un artisan pauvre, mais beau, jeune, instruit, pur et généreux, parvient à un état de stabilité et de bonheur modeste avec sa femme, la vieille fée : voilà une des leçons du livre. Mais il connaît toutes les nuits en songe l'ivresse de la volupté, grâce aux visites que lui rend la belle et jeune Belkiss. La vertu du rêve et la sagesse véritable que l'on rencontre chez les innocents et les fous, voilà d'autres sujets de réflexion que Nodier est l'un des premiers à livrer.

1. Aujourd'hui, on distingue le fantastique qui s'appuie sur la réalité, tout en admettant une intrusion de l'irrationnel, et le merveilleux, celui des contes de fées, qui crée un monde parallèle, sans rapport avec la réalité.
2. Cf. p. 200.
3. Banal, populaire.
4. Allusion à la religion.
5. Illusions.
6. Royaume d'Orient. Dans la Bible, une reine de ce pays rendit visite à Salomon, roi d'Israël.
7. Plante à laquelle on a attribué des vertus magiques, en particulier aphrodisiaques.
8. On appelle ainsi un roman dans lequel le héros doit subir un certain nombre d'épreuves avant d'accéder à la connaissance, à la sagesse ou au bonheur.

William BLAKE (1757-1827), *La Bête à sept têtes de l'Apocalypse* (The great red Dragon and the Beast from the sea) (1803-1805), aquarelle. Washington, National Gallery of Art, Rosenwald Collection.

« Cela commença par le bruit aigre d'une croisée... »

La scène se passe à Greenock, ville d'Écosse. Michel va souper à l'« Auberge de Calédonie ». L'aubergiste, Mistress Speaker, manque de place et lui demande de bien vouloir coucher dans le même lit que le bailli de l'île de Man[1]. Celui-ci, avant de s'endormir, glisse un gros portefeuille sous l'oreiller.

Cela commença par le bruit aigre d'une croisée qui roulait lentement sur ses gonds, et à travers laquelle je[2] sentis poindre l'air pénétrant des brumes humides de septembre. Oh ! oh ! dis-je à part moi, le vent a aussi beau jeu, si je ne me trompe, à l'hôtel de Calédonie que dans la mansarde de l'ouvrier ! Et je ne m'en souciai point. — Un instant après, je crus entendre des mouvements confus, des murmures sinistres et articulés comme des chuchotements, une rumeur de paroles sourdes et de rires étouffés qui bourdonnaient dans mon oreille. — Voilà qui est bien, repris-je. L'ouragan va faire des siennes chez mistress Speaker ; mais grand sot qui s'en dérangerait sur un si bel édredon ! — Et je me contentai de ramener la couverture sur mon compagnon et sur moi, et de me replonger dans le duvet, tant je craignais de perdre la douceur de ce repos voluptueux que je n'avais pas goûté depuis la maison de mon père, quand mon oncle André venait soigneusement avant de se coucher relever mes matelas entre les ais du châlit[3] débordé, et me baiser sur le front.

— L'autre dort, dit une voix rauque, aussitôt couverte de quelques grognements inintelligibles.

1. Ile de la mer d'Irlande.
2. C'est Michel qui s'exprime à la première personne. Il conte son histoire au narrateur, c'est-à-dire à Nodier.
3. Les planches qui composent le cadre du lit.

Et pendant que je suspendais ma respiration pour écouter, le globe lumineux d'une lanterne dont je sentais presque la chaleur me perça de rayons ardents qui s'enfonçaient entre mes paupières comme des coins de feu ; car, dans l'agitation vague du sommeil à peine interrompu, je m'étais retourné machinalement vers l'intérieur de la chambre. — Je vis alors, chose horrible à penser, quatre têtes énormes qui s'élevaient au-dessus de la lanterne flamboyante, comme si elles étaient parties d'un même corps, et sur lesquelles sa clarté se reflétait avec autant d'éclat que si elle avait eu deux foyers opposés. C'étaient vraiment des figures extraordinaires et formidables ! — Une tête de chat sauvage qui grommelait avec un frôlement grave, lugubre et continu, à travers les rouges vapeurs du soupirail de la lampe, en arrêtant sur moi des regards plus éblouissants que le ventre bombé du cristal, mais qui, au lieu d'être circulaires, divergeaient minces, étroits, obliques et pointus, semblables à des boutonnières de flamme. — Une tête de dogue toute hérissée, tout écumante de sang, et qui avait des chairs informes, mais animées, palpitantes et gémissantes encore, pendues à ses crocs. — Une tête de cheval plus nettement dépouillée, plus effilée et plus blanche que celles qui se dessèchent dans les voiries, à demi calcinées par le soleil, et qui se balançait sur une espèce de col de chameau, en oscillant régulièrement comme le pendule d'une horloge, et en secouant çà et là de ses orbites creuses, à chaque vibration, quelques plumes que les corbeaux y avaient laissées. — Derrière ces trois têtes, — et ceci était hideux, — se dressait une tête d'homme ou de quelque autre monstre, qui passait les autres de beaucoup, et dont les traits, disposés à l'inverse des nôtres, semblaient avoir changé entre eux d'attributions et d'organes comme de place, de sorte que ses yeux grinçaient à droite et à gauche des dents aussi stridentes qu'un fer réfractaire sous la lime du serrurier, et que sa bouche démesurée, dont les lèvres se tordaient en affreuses convulsions, à la manière des prunelles d'un épileptique, me menaçait d'œillades foudroyantes. Il me parut qu'elle était soutenue d'en bas par une large main qui s'était fortement nouée à ses cheveux et qui la brandissait comme un hochet épouvantable pour amuser une multitude furieuse attachée par les pieds aux lambris des plafonds qu'elle faisait crier sous ses trépignements, et qui battait vers nous ses milliers de mains pendantes en signe d'applaudissements et de joie.

A ce spectacle effrayant, je poussai brusquement le bailli de l'île de Man, mais il retomba sur moi comme un cadavre, parce qu'à force de me tapir au fond de mon lit pour ne pas l'incommoder, je m'y étais creusé un trou, et je ne vis plus ce qui se passait qu'au peu de jour que me laissait son museau allongé[1] entre ses oreilles droites et menues. Cependant un levier musculeux, noir et velu, un bras peut-être qui fouillait sous notre oreiller, et qui effleura mon cou avec la froideur âpre et saisissante de la glace, m'avertit qu'on en voulait à son portefeuille. Je m'élançai, je me saisis du poignard que j'avais acheté le matin pour ma traversée, je me ruai au milieu des fantômes, je frappai partout, sur le chat, sur le dogue, sur le cheval, sur le monstre, à travers des hiboux qui battaient mon front de leurs ailes, des serpents qui me ceignaient de leurs plis en se roulant autour de mes membres et qui me mordaient les épaules, des salamandres noires et jaunes qui me mangeaient les orteils, et qui se disaient entre elles, pour s'encourager, que je tomberais bientôt. — J'arrachai enfin le trésor de mon ami, à qui ? — Je ne le sais ! — car mon poignard s'enfonçait dans leurs corps comme dans une nuée, — et puis je les vis se rapprocher, sursauter, bondir par la croisée ouverte, se confondre en peloton, tourner les uns sur les autres pêle-mêle, se diviser au choc d'une pierre, se réunir de nouveau à la pente de la jetée, tourner encore en fuyant toujours, et s'abîmer dans la mer avec le bruit d'une avalanche.

Je revins triomphant, et toutefois haletant de fatigue et de terreur, — cherchant toutes les portes, mais elles étaient murées, ou présentaient à peine des passages si étroits qu'une couleuvre n'aurait osé s'y introduire, — ébranlant le cordon de toutes les sonnettes, mais toutes les sonnettes frappaient en vain leurs limbes de liège[2], d'un battail de queue d'écureuil, — implorant à grands cris une parole, une seule parole ; mais ces cris, qui n'étaient entendus que de moi, ne pouvaient s'échapper de ma poitrine prête à éclater, et venaient expirer sur mes lèvres muettes comme l'écho d'un souffle.

On me trouva le lendemain, couché à plat auprès de mon lit, le portefeuille du bailli d'une main, et un couteau de l'autre.

Je dormais.

[Michel va être accusé du meurtre du bailli et condamné à mort. In extremis, la Fée aux Miettes le sauve ; son innocence est reconnue.]

La fée aux miettes, ch. 15.

Pour préparer l'étude du texte

1. Sous la forme d'un tableau, mettre en évidence les différentes étapes du cauchemar sur les plans suivants :
— indications temporelles ;
— indications spatiales ;
— indices permettant l'identification du phénomène ;
— réactions du narrateur.

2. Répertorier, à partir du tableau, les techniques de création d'un univers fantastique.

3. Repérer et analyser quelques procédés spécifiques de l'écriture fantastique : choix lexical, figures de style, associations inattendues.

1. Par une bizarrerie inexpliquée dans le conte, le bailli a une tête de chien danois.
2. Les parois circulaires. Le liège amortit les sons.

J.-J. GRANDVILLE (1803-1847), *Les métamorphoses du sommeil*, dans *Un autre monde*, XXXII. Bibliothèque de Nancy.

L'œuvre de Charles Nodier est étroitement liée à la situation originale qu'occupe son auteur comme « maillon » important entre les tendances contradictoires du XVIIIe siècle (double courant rationaliste et sensible) d'une part, et les élans novateurs du Romantisme libéré des règles classiques d'autre part.

On pourrait dire de lui qu'il est romantique de tempérament, et classique de goût. Cette apparente contradiction, dont il était lui-même conscient, semble se résoudre dans l'extrême diversité d'une œuvre qui mêle l'érudition à la réflexion littéraire et la création fantastique au roman d'analyse, en s'égarant vers la bibliophilie, la palingénésie[1], les sociétés secrètes, la linguistique. On peut suivre l'évolution de cette œuvre en deux étapes :

— Avant 1830, les différentes productions de Nodier sont le reflet des courants qui ont, au sens propre, impressionné sa sensibilité : influence de Goethe et premières manifestations du mal du siècle ; influences conjuguées des illuministes du XVIIIe siècle et du roman noir anglais[2] qui le font participer au courant « frénétique » et « vampirique » des années 1820-1825. *Smarra ou les démons de la nuit* et *Trilby ou le lutin d'Argail* ont en commun une étrange cruauté, et marquent la volonté de l'auteur d'explorer le monde des rêves.

— Après 1830, partisan depuis le début du siècle d'une innovation qui prône le retour aux sources de la spontanéité et de l'émotion, Nodier s'éloigne des valeurs matérielles du positivisme et d'un romantisme devenu, à ses yeux, conformiste. Son œuvre fantastique, très abondante, révèle une orientation nouvelle : repli sur soi, analyse du monde incertain des « lunatiques », importance accordée à l'imagination créatrice de merveilleux.

L'écriture fantastique tente de cerner, par le jeu des comparaisons, des caractérisations et des images, une réalité à mi-chemin entre le rêve et le cauchemar. Elle permet de sonder les domaines insoupçonnés et mystérieux du sommeil, « espace indécis entre le repos et le réveil, où le cœur se rappelle malgré lui les impressions qu'il s'est efforcé d'oublier pendant le jour »[3].

Cet intérêt pour l'exploration des rêves fait de Nodier le précurseur de tous ceux qui, de Nerval à Breton, se pencheront sur les mystères de l'inconscient.

1. Théorie philosophique selon laquelle les êtres et les sociétés sont susceptibles de renaissances cycliques génératrices de progrès.
2. *Frankenstein* de Mary Shelley (1817), *Les mystères d'Udolphe* et *L'Italien* d'Ann Radcliffe (1797), *Le château d'Otrante* d'Horace Walpole (1764), *Melmoth* de Maturin (1820), *Le moine* de Lewis (1795).
3. Citation extraite de *Trilby ou le lutin d'Argail* (1822).

LE POÈME EN PROSE

Jusqu'au XIXe siècle, on écrit en vers ou en prose, et la distinction entre les deux modes d'écriture est nettement tranchée. Écrire en vers implique le respect de règles précises (régularité du nombre de pieds, coupes, rimes, répartition des strophes). La prose n'impose aucune contrainte. Elle est réservée aux romans, aux essais. La poésie, elle, est consacrée à l'épopée, à l'élégie, ou à la tragédie.

Or le XIXe siècle voit se créer, parallèlement à la poésie codifiée et à la prose, un genre nouveau, qui s'apparente aux deux. Il est tout d'abord aussi méconnu que ses initiateurs, Aloysius Bertrand[1] et Maurice de Guérin[2]. Plus tard, pourtant, Baudelaire, Rimbaud, Mallarmé, Lautréamont et Cros reprennent et perfectionnent, sans jamais imposer de règles, ce genre original. Le poème en prose est entré dans la littérature.

Origine du genre et difficulté d'une définition

Ce n'est pas un hasard si le poème en prose naît et se développe au XIXe siècle. Dans un souci de liberté et de spontanéité, le mouvement romantique cherche à s'affranchir des contraintes du style classique. La stricte séparation des genres et des tons s'atténue : on mélange le grotesque et le sublime au théâtre ; l'épopée peut s'agrémenter de passages élégiaques ; l'ironie voisine avec le lyrisme ; la fantaisie cache l'émotion. Tout est bouleversé et c'est cette révolte qui crée le poème en prose.

De la prose, il conserve la liberté de ton et d'inspiration. A la poésie, il emprunte ses images, certains rythmes, ses sonorités, ses figures de style, sa magie. Mais les proportions de ces différentes composantes varient avec les auteurs. C'est pourquoi le poème en prose est presque impossible à définir : « Le poème en prose ne se définit pas. Il existe. »[3]

L'étude d'un certain nombre d'entre eux et quelques textes théoriques permettent cependant d'en déterminer la forme, l'inspiration et de lui attribuer une fonction originale.

Une forme essentiellement diversifiée

Il n'y a pas de construction type du poème en prose. Certains sont très courts (Baudelaire, « Enivrez-vous »), d'autres très longs (*Les chants de Maldoror* de Lautréamont). Mais leur structure répond, dans la majorité des cas, à une organisation interne très travaillée. On trouve ainsi des couplets séparés par des blancs (Aloysius Bertrand, Cros), des strophes amples, de longueur progressive (Lautréamont), de brefs paragraphes marqués par les alinéas (Baudelaire), d'autres, massifs et de longueur différente (Rimbaud, Mallarmé).

A l'intérieur de ces divisions, de nombreux phénomènes de récurrence[4] créent des correspondances phonétiques, des échos qui reprennent des images, des sons ou des mots. Ainsi l'anaphore « Je te salue, vieil océan »[5] apporte au texte la régularité d'un refrain obsédant. Chez Aloysius Bertrand, la reprise presque systématique des éléments de chaque premier couplet crée un rythme à l'intérieur des autres couplets. Ce rythme est parfois dû à des symétries ou à des oppositions : dans « Le joujou du pauvre »[6], les mutiples oppositions entre les deux enfants entraînent la reprise des mêmes thèmes : lieux, vêtements, apparence.

Des thèmes d'inspiration variés

Le poème en prose n'a aucun domaine réservé : il aborde tous les aspects de l'existence et puise souvent son inspiration dans la réalité la plus immédiatement perceptible.

Ses thèmes sont des scènes ou des bruits de la nuit (Aloysius Bertrand)[7], la vision d'une fenêtre (Baudelaire)[8], un simple objet (Mallarmé, « La pipe »), les gens qui peuplent la ville. Ce sont des éléments prosaïques, parfois laids, souvent angoissants. Mais lorsqu'on a l'occasion de comparer plusieurs versions successives (Aloysius Bertrand, « La nuit ») ou le texte qui a servi d'inspiration et le poème, on comprend comment s'opère la métamorphose de la prose banale en poésie[9].

Elle s'explique par la valeur symbolique accordée aux choses. La fenêtre[10] donne accès à un monde intérieur mystérieux. Le joujou[6] réunit, dans une spontanéité ingénue et naturelle, les deux enfants que séparent les barrières sociales. La croisée[10] sur laquelle s'écrase l'averse représente la frontière entre le monde réel et celui de la fantasmagorie. La pipe est génératrice de souvenirs nostalgiques, d'émotion. Ainsi se trouvent dépassées les significations matérielles des choses. Devenues intemporelles, presque magiques, elles suggèrent plus qu'elles n'expriment. Les choses ont un pouvoir de révélation que mettent en évidence les correspondances et les échos.

Une fonction originale

Le poème en prose est caractérisé par la diversité de son inspiration et de ses tons, par les « nuances de langage »[11]. Baudelaire parle de « ton raisonneur », « sarcastique », « humoristique », « que répudie la poésie »[11]. Quelle est donc sa vocation ?

Si l'on en croit encore Baudelaire, qui lui demandait « une forme assez souple et assez heurtée pour s'adapter aux mouvements lyriques de l'âme, aux ondulations de la rêverie,

1. *Gaspard de la nuit.*
2. *Le Centaure.*
3. G. Lavaud, citation extraite d'un article de *Don Quichotte* (1919) consacré au poème en prose.
4. Réapparition, à l'intérieur d'un texte, de phénomènes stylistiques semblables.
5. Lautréamont, *Les chants de Maldoror,* I.
6. Baudelaire.
7. *Gaspard de la nuit* : « Le fou », « La nuit ».
8. « Les fenêtres ».
9. « Le joujou du pauvre », inspiré d'un article de Baudelaire lui-même, « La morale du joujou ». « Octobre », d'Aloysius Bertrand, s'inspire d'un article de journal.
10. *Gaspard de la nuit,* « Ondine ».
11. Baudelaire, *Notes nouvelles sur E. Poe.*

aux soubresauts de la conscience »[1], le poème en prose s'offre comme une nouvelle forme d'expression. C'est aussi la fonction que lui attribue Rimbaud dans les *Illuminations.* Sa liberté, son absence de règles et de contraintes en font un mode d'écriture original. Les mots s'y entrechoquent ou s'y harmonisent en toute spontanéité créatrice. Les images, les correspondances se créent en toute liberté. C'est pourquoi il convient particulièrement bien à l'exploration d'un univers qui peut être celui du rêve (Aloysius Bertrand), comme celui de l'hallucination (Rimbaud s'efforce de voir « une mosquée à la place d'une église »[2]). Et Mallarmé en fait l'instrument de sa recherche de l'idéal, de l'absolu. Comment, en effet, écrire « des silences, des nuits, [noter] l'inexprimable »[2] dans une forme codifiée et contraignante ? Cette utilisation du poème en prose comme outil privilégié d'investigation explique qu'on parle à son sujet de langage nouveau et qu'on le présente comme « une évasion hors des langages communs, un souhait d'inventer une parole inédite »[3].

Johan Christian Clausen DAHL (1788-1857), *Fenêtre* (1823). Essen, Musée Folkwang.

1. Préface du *Spleen de Paris*, adressée à A. Houssaye.
2. *Une saison en enfer.*
3. M.-J. Durry, article consacré au poème en prose, Éd. Mercure de France, 1937.

Aloysius Bertrand
1807-1841

Aloysius BERTRAND, *Autoportrait.* Collection particulière.

En 1842, paraît un petit livre que personne ne lit : *Gaspard de la nuit.* Son auteur, mort un an plus tôt malade et pauvre, restera pour la postérité l'inventeur du poème en prose. Qui est-il ?

Originaire de Dijon, Louis[1] Bertrand est le fils d'un militaire en retraite dont la maigre pension ne suffit pas à entretenir une famille de cinq enfants. Honteux de sa pauvreté, le jeune homme se console dans de longues errances dans sa ville. Il rêve, il réinvente un passé, s'imprègne du charme médiéval de la cité, tisse avec elle des liens charnels. « J'aime Dijon, dira-t-il, comme l'enfant la nourrice dont il a sucé le lait, comme le poète la jouvencelle qui a initié son cœur. »

Sa deuxième consolation est la littérature : il s'intéresse à ce qui se publie dans la capitale, commence à écrire, décide de devenir écrivain.

A vingt et un ans, en 1828, il arrive à Paris, fréquente les cercles littéraires, s'y fait connaître. Mais une constante et irrémédiable pauvreté l'éloigne de ce monde brillant : il n'a pas de quoi s'habiller décemment, et se réfugie dans une solitude malheureuse.

Un an et demi après, le revoici à Dijon. Il a auparavant déposé le manuscrit de *Gaspard de la nuit* chez Sainte-Beuve. Mais le séjour à Dijon, décevant, dure peu. En 1833, il s'installe à Paris, pour huit années de misère[2], de tentatives pour faire publier son œuvre[3], de maladie, et de séjours humiliants à l'hôpital. Mais Aloysius Bertrand est trop fier pour quémander de l'aide, et il mourra en 1841, de tuberculose, dans la misère la plus complète.

1. Il modifiera en Aloysius, forme médiévale de Louis, son prénom.
2. Il devait nourrir sa mère et une sœur.
3. Il était trop pauvre pour se faire éditer à compte d'auteur.

Gaspard de la nuit

Fantaisies à la manière de Rembrandt et de Jacques Callot

(Œuvre posthume) 1842

C'est grâce aux efforts de son ami David d'Angers que l'œuvre unique d'Aloysius Bertrand est publiée en 1842. Son titre et son sous-titre, tous deux un peu mystérieux, étonnent.

Le titre

C'est le nom d'un être étrange qui, raconte Aloysius Bertrand dans le prologue, l'aborde un jour dans une rue de Dijon, lui tient un discours sur l'art, et lui confie un texte, *Gaspard de la nuit.* Étonné, Aloysius Bertrand interroge les Dijonnais et apprend que ce nom est celui de... Satan. Cette présentation explique une caractéristique de l'œuvre, la présence constante de personnages curieux et inquiétants, gnomes, alchimistes, sorcières, squelettes, pendus... qui semblent tous issus des romans noirs[1]. Mais l'œuvre ne se réduit pas à une galerie de pantins angoissants. Gaspard est une figure métaphorique : il symbolise les forces mystérieuses du monde, celles qui se manifestent hors de nous, celles qui sont en nous, comme les créations fantaisistes[2] du rêve ou du cauchemar. Mais il porte le nom d'un des Rois mages : il symbolise à ce titre le don des richesses de la nuit mystérieuse, divine et créatrice.

Le sous-titre

Il indique clairement une intention esthétique. Les deux noms cités correspondent à une double vision de l'art, précisée dans la Préface : « Rembrandt[3] est le philosophe à barbe blanche qui s'encolimaçonne dans son réduit [...] et qui se consume à pénétrer les mystérieux symboles de la nature. » Quant à Callot[3], il est le « lansquenet[4] fanfaron et grivois qui se pavane sur la place, qui fait du bruit dans la taverne [...], et qui n'a d'autre inquiétude que de cirer sa moustache ».

Ainsi les petits tableaux qui constituent les poèmes en prose de *Gaspard de la nuit* ont pour vocation de retranscrire par les mots la fantaisie d'une scène, ou la magie de perceptions visuelles ou auditives. Sous le double patronage de Rembrandt et de Jacques Callot, l'art d'Aloysius Bertrand se veut à la fois tourné vers l'extérieur et vers l'intérieur.

Le fou

Un carolus[5] ou bien encor,
Si l'aimez mieux, un agneau d'or[5].
Manuscrits de la Bibliothèque du Roi.

La lune peignait ses cheveux avec un démêloir d'ébène qui argentait d'une pluie de vers luisants les collines, les prés et les bois.

*

Scarbo[6], gnome dont les trésors foisonnent, vannait sur mon toit, au cri de la girouette, ducats et florins qui sautaient en cadence, les pièces fausses jonchant la rue.

Richard DADD (1819-1887), *Le coup de maître du bûcheron magicien*, détail. Londres, The Tate Gallery.

1. Cf. p. 201.
2. Le mot « fantaisie » a pour sens originel création de l'imaginaire ; les mots « fantôme, fantasme, fantasmagorie » appartiennent à la même famille.
3. Rembrandt, peintre hollandais (1606-1669) ; Callot, graveur français (1592-1635). L'auteur pense au chef-d'œuvre de Rembrandt, exposé au Louvre : « Le philosophe ».
4. Un lansquenet est un fantassin mercenaire allemand. C'est un personnage favori du graveur de Nancy.
5. Petite pièce de monnaie, composée de cuivre et d'argent. L'*agneau d'or* est aussi une monnaie, mais de plus grande valeur.
6. Nom du nain qui, selon une vieille croyance populaire, s'amuse à troubler le sommeil des humains.

Comme ricana le fou qui vague, chaque nuit, par la cité déserte, un œil à la lune et l'autre — crevé !

« Foin de la lune ! grommela-t-il, ramassant les jetons du diable, j'achèterai le pilori pour m'y chauffer au soleil ! »

Mais c'était toujours la lune, la lune qui se couchait. — Et Scarbo monnoyait sourdement dans ma cave ducats et florins à coups de balancier.

Tandis que, les deux cornes en avant, un limaçon qu'avait égaré la nuit, cherchait sa route sur mes vitraux lumineux.

Gaspard de la nuit, III, 3.

Pour préparer l'étude du texte

1. Par une observation précise du contenu de chaque strophe, montrer comment se répartissent, dans le texte, les personnages mis en jeu : la lune, Scarbo, le fou.
2. Faire apparaître les liens qui existent entre chaque strophe, qu'ils soient explicites ou implicites.
3. Rêve fantastique ou réalité poétique ? Définir ce qui, dans « Le fou », appartient à chacun de ces genres.

Le clair de lune

Réveillez-vous, gens qui dormez,
Et priez pour les trépassés.
Le cri du crieur de nuit.

Oh ! qu'il est doux, quand l'heure tremble au clocher, la nuit, de regarder la lune qui a le nez fait comme un carolus[1] d'or !

*

Deux ladres se lamentaient sous ma fenêtre, un chien hurlait dans le carrefour, et le grillon de mon foyer vaticinait tout bas.

Mais bientôt mon oreille n'interrogea plus qu'un silence profond. Les lépreux étaient rentrés dans leurs chenils, aux coups de Jacquemart[2] qui battait sa femme.

Le chien avait enfilé une venelle, devant les pertuisanes du guet enrouillé par la pluie et morfondu par la bise.

Et le grillon s'était endormi, dès que la dernière bluette avait éteint sa dernière lueur dans la cendre de la cheminée.

Et moi, il me semblait, — tant la fièvre est incohérente ! — que la lune, grimant sa face, me tirait la langue comme un pendu !

Gaspard de la nuit, III, 5.

Pour préparer l'étude du texte

1. Définir en quoi s'opposent la strophe 1 et la strophe 6 (contenu, situation et attitude du narrateur).
2. Analyser précisément les strophes 2 à 5 en montrant comment s'expriment les bruits, puis comment se justifie leur disparition : l'analyse portera non seulement sur le contenu, mais sur les similitudes stylistiques et syntaxiques.
3. Quel lien établir entre le poème et l'épigraphe ?

1. Cf. note 5, p. 123.
2. L'une des tours de l'église Notre-Dame, à Dijon, a une horloge du XIVe siècle qui représente un couple. Quand sonnent les heures, l'homme frappe sa femme d'autant de coups. Ce mari indélicat a été baptisé *Jacquemart*, sans doute du nom de celui qui construisit l'horloge, l'artisan Jacques Marc.

La ronde sous la cloche

« C'était un bâtiment lourd, presque carré, entouré de ruines, et dont la tour principale, qui possédait encore son horloge, dominait tout le quartier. »

Fenimore Cooper[1]

Douze magiciens dansaient une ronde sous la grosse cloche de Saint-Jean[2]. Ils évoquèrent l'orage l'un après l'autre, et du fond de mon lit je comptai avec épouvante douze voix qui traversèrent processionnellement les ténèbres.

Aussitôt la lune courut se cacher derrière les nuées, et une pluie mêlée d'éclairs et de tourbillons fouetta ma fenêtre, tandis que les girouettes criaient comme des grues en sentinelle sur qui crève l'averse dans les bois.

La chanterelle[3] de mon luth, appendu à la cloison, éclata ; mon chardonneret battit de l'aile dans sa cage ; quelque esprit curieux tourna un feuillet du *Roman de la Rose*[4] qui dormait sur mon pupitre.

Mais soudain gronda la foudre au haut de Saint-Jean. Les enchanteurs s'évanouirent frappés à mort, et je vis de loin leurs livres de magie brûler comme une torche dans le noir clocher.

Cette effrayante lueur peignait des rouges flammes du purgatoire et de l'enfer les murailles de la gothique église, et prolongeait sur les maisons voisines l'ombre de la statue gigantesque de saint Jean[5].

Les girouettes se rouillèrent ; la lune fondit les nuées gris de perle ; la pluie ne tomba plus que goutte à goutte des bords du toit, et la brise, ouvrant ma fenêtre mal close, jeta sur mon oreiller les fleurs de mon jasmin secoué par l'orage.

Gaspard de la nuit, III, 6.

Pour préparer l'étude du texte

1. Caractériser la strophe 1 et analyser les conséquences de l'événement qu'elle rapporte dans les strophes 2 et 3 (liens logiques, temporels, spatiaux, événements eux-mêmes).
2. Montrer que la strophe 4 constitue une rupture, suivie, elle aussi, de conséquences.
3. Trouver et analyser dans le texte tous les éléments qui tendent à en faire une scène d'exorcisme.
4. Que constitue la strophe 6 ? Trouver ses analogies avec la strophe 2.

Gravure extraite d'un *Catéchisme en tableaux*, édité par la Bonne Presse, à la fin du XIXe siècle. Collection particulière.

1. Cet écrivain américain de la première moitié du XIXe siècle eut une grande influence sur beaucoup de nos écrivains. Ses romans d'aventures (*Le dernier des Mohicans, La prairie*, etc.) ouvrirent de vastes horizons à tous ceux qui, étouffant dans la vieille Europe, rêvaient d'un ailleurs plus exaltant. Cf. p. 208 : L'exotisme dans la littérature du XIXe.
2. Belle église gothique de Dijon.
3. Corde qui, dans un instrument comme le luth ou le violon, émet la note la plus aiguë.
4. L'une des œuvres maîtresses du Moyen Age français (XIIIe siècle). Les auteurs en sont Guillaume de Lorris et Jean de Meung.
5. Il s'agit là d'une invention du poète, car l'église dijonnaise de Saint-Jean n'a jamais eu sur sa façade de « statue gigantesque » de ce saint.

Moritz von SCHWIND (1804-1871), *Promenade nocturne du chevalier sur l'eau* (1830). Dresde, Staatliche Kunstsammlungen, Kupferstichkabinett.

Ondine

.... Je croyais entendre
Une vague harmonie enchanter mon sommeil,
Et près de moi s'épandre un murmure pareil
Aux chants entrecoupés d'une voix triste et tendre.

Ch. Brugnot[1], *Les deux Génies.*

— « Écoute ! — Écoute ! — C'est moi, c'est Ondine qui frôle de ces gouttes d'eau les losanges sonores de ta fenêtre illuminée par les mornes rayons de la lune ; et voici, en robe de moire, la dame châtelaine qui contemple à son balcon la belle nuit étoilée et le beau lac endormi.

Chaque flot est un ondin qui nage dans le courant, chaque courant est un sentier qui serpente vers mon palais, et mon palais est bâti fluide, au fond du lac, dans le triangle du feu, de la terre et de l'air.

Écoute ! — Écoute ! — Mon père bat l'eau coassante d'une branche d'aulne verte, et mes sœurs caressent de leurs bras d'écume les fraîches îles d'herbes, de nénuphars et de glaïeuls, ou se moquent du saule caduc et barbu qui pêche à la ligne ! »

*

Sa chanson murmurée, elle me supplia de recevoir son anneau à mon doigt pour être l'époux d'une Ondine, et de visiter avec elle son palais pour être le roi des lacs.

Et comme je lui répondais que j'aimais une mortelle, boudeuse et dépitée, elle pleura quelques larmes, poussa un éclat de rire, et s'évanouit en giboulées qui ruisselèrent blanches le long de mes vitraux bleus.

Gaspard de la nuit, III, 9.

Pour préparer l'étude du texte

1. Mettre en évidence la différence de mode d'expression entre les strophes 1, 2, 3 et les strophes 4 et 5.
2. Quels sont les éléments successifs de la séduction exercée par l'Ondine sur le narrateur ? Montrer qu'elle trace l'itinéraire vers un monde magique.
3. Comment le contexte explique-t-il l'arrivée, puis le départ de cette divinité des eaux ?

1. Auteur contemporain d'Aloysius Bertrand.

Madame de Montbazon

« Madame de Montbazon était une fort belle créature qui mourut d'amour, cela pris à la lettre, l'autre siècle, pour le chevalier de la Rüe qui ne l'aimait point. »
Mémoires de Saint-Simon[1].

La suivante rangea sur la table un vase de fleurs et les flambeaux de cire, dont les reflets moiraient de rouge et de jaune les rideaux de soie bleue au chevet du lit de la malade.

« Crois-tu, Mariette, qu'il viendra ? – Oh ! dormez, dormez un peu, Madame ! – Oui, je dormirai bientôt pour rêver à lui toute l'éternité. »

On entendit quelqu'un monter l'escalier. « Ah ! si c'était lui ! » murmura la mourante, en souriant, le papillon des tombeaux déjà sur les lèvres.

C'était un petit page qui apportait de la part de la reine, à Mme la duchesse, des confitures, des biscuits et des élixirs sur un plateau d'argent.

« Ah ! il ne vient pas, dit-elle d'une voix défaillante, il ne viendra pas ! Mariette, donne-moi une de ces fleurs que je la respire et la baise pour l'amour de lui ! »

Alors Mme de Montbazon, fermant les yeux, demeura immobile. Elle était morte d'amour, rendant son âme dans le parfum d'une jacinthe.

« Pièces détachées extraites du portefeuille de l'auteur »[2].

Pour préparer l'étude du texte

1. Mettre en évidence le contenu de chaque strophe en précisant le mode d'expression (récit, dialogue, alternance) et la continuité dans le thème, d'une strophe à l'autre.
2. L'auteur tenait beaucoup à une discontinuité spatiale entre les strophes de ses poèmes : quelle peut être la signification des blancs dans ce texte ?
3. « Car l'amour et la mort n'est qu'une même chose », écrivait Ronsard. Établir le lien étroit que l'auteur suggère dans ce poème entre l'amour et la mort.

Aloysius Bertrand fait, dans le XIXe siècle, un passage rapide, remarqué de quelques contemporains[3] puis oublié, jusqu'à ce que des disciples admiratifs, Baudelaire et Mallarmé, reconnaissent leur dette à son égard. Il est en effet l'inventeur du poème en prose. Son inspiration puise aux sources du Romantisme, mais la forme utilisée, nouvelle et déconcertante, peut expliquer sa marginalité.

Certaines caractéristiques intègrent étroitement *Gaspard de la nuit* aux courants littéraires de l'époque : le fantastique des personnages venus de l'imaginaire des contes, le contexte inspiré du Moyen Age, le goût de l'exotisme méditerranéen. On retrouve également l'invention fantasmagorique (personnages issus de rêves ou de cauchemars), et le charme du mystère, qu'il sait porter à un degré que ses contemporains n'ont pas encore atteint.

La forme, inhabituelle, est caractérisée par la discontinuité. Chaque texte est morcelé en 6 ou 7 couplets séparés par des blancs. Cette alternance des couplets et des blancs offre au lecteur un canevas à partir duquel il pourra reconstituer une réalité sous-jacente, riche et mystérieuse, présente mais non exprimée.

L'œuvre est placée sous le double parrainage[4] de Rembrandt et de Jacques Callot. Elle correspond à une définition de l'art qui met en évidence ses deux faces antithétiques : l'extérieur et l'intérieur, le secret et l'exprimé. Chaque texte, rendu figuratif par la précision des descriptions, l'importance des perceptions visuelles et la multiplicité des images, constitue une ouverture vers un monde mystérieux dans lequel il faut pénétrer. *Gaspard de la nuit* est une œuvre difficile. Son auteur craignait que « Les commentateurs ne [l']obscurcissent de leurs éclaircissements »[5]. Mais les ombres et les lumières de ces poèmes ne sont pas étrangères à leur charme insolite.

1. Le duc de Saint-Simon (1675-1755) est l'auteur de savoureux *Mémoires* qui rapportent les petites et grandes histoires de la Cour.
2. *Gaspard de la nuit* comporte six livres, auxquels David d'Angers a ajouté un certain nombre de textes retrouvés dans les tiroirs d'Aloysius Bertrand.
3. Hugo, Nodier, Nerval, Sainte-Beuve.
4. La préface cite Rembrandt et J. Callot.
5. « A Monsieur Charles Nodier », texte écrit par Aloysius Bertrand le 20 septembre 1836.

Le rêve et la rêverie

La période romantique (1800-1850)

Réagissant contre le rationalisme du siècle des Lumières, l'époque romantique affirme la valeur de l'imagination et de la sensibilité. Dès lors, l'écrivain cultive toutes les formes de son affectivité, pour rendre compte de son aventure personnelle. C'est pourquoi une si grande importance est accordée à la rêverie et au rêve.

On peut définir la rêverie comme une activité mentale qui échappe au contrôle de l'attention volontaire et se soumet à des influences affectives ou subjectives. Tous les artistes romantiques ont aimé et décrit cet état. « La pensée, écrit Hugo, est le labeur de l'intelligence, la rêverie en est la volupté. » Rousseau avait montré la voie dans *Les rêveries du promeneur solitaire*, où sont rapportées des promenades, qui sont pour l'esprit, libéré des contraintes de la vie sociale, l'occasion d'une communion vive avec la nature.

La rêverie, par l'abandon qu'elle implique, est souvent associée aussi à la mélancolie ; elle devient le mode d'expression habituel du sentiment d'insatisfaction et d'inadaptation des Romantiques. Ce mouvement caractéristique de l'inspiration apparaît dans les grandes œuvres poétiques de l'époque : *Méditations poétiques* de Lamartine, *Élégies et romances* de Marceline Desbordes-Valmore, *Feuilles d'automne* de Hugo, *Nuits* de Musset...

Le rêve se distingue de la rêverie : il consiste en une suite de phénomènes psychiques qui se produisent pendant le sommeil. Les écrivains français s'y sont moins intéressés que les Romantiques allemands : Jean-Paul Richter, Novalis, Tieck ou Hoffmann. Pour ces derniers, l'exploration des rêves est le seul moyen de combler le fossé que l'homme a creusé entre le monde et son moi. Dans le rêve, en effet, nous retrouvons notre unité profonde avec l'univers ; la société n'interpose plus d'obstacles entre les choses et notre conscience.

Or, dans des œuvres comme *Smarra* de Nodier, *Onuphrius* de Gautier, *Han d'Islande* de Hugo ou *Gaspard de la nuit* d'Aloysius Bertrand, le rêve qui devient souvent cauchemar n'est qu'un cadre commode pour légitimer les extravagances de l'imagination ou les complaisances de l'inspiration macabre avec son attirail de fantômes, de squelettes et de monstres.

Seul Gérard de Nerval en France fait du rêve et de la rêverie des valeurs fondamentales à l'exemple des Romantiques allemands. Toute son œuvre baigne dans une atmosphère onirique. Dans *Sylvie* (1853), il évoque le charme vaporeux du Valois, avec ses légendes et sa mélancolie poignante. Dans *Aurélia* (1853-1854), il cherche à percer « les portes d'ivoire ou de corne[1] qui nous séparent du monde invisible ». Pour lui, « le Rêve est une seconde vie » ; il est un moyen d'apporter par l'imaginaire une solution à son drame intérieur. *Aurélia* est ainsi la description de rêves délirants où l'auteur tente de surmonter les sentiments d'angoisse et de culpabilité que lui a causés l'échec d'un amour terrestre avec une jeune actrice. Grâce à cet « épanchement du songe dans la vie réelle », Nerval finit par découvrir le salut. Loin d'être un état inférieur à la veille, le rêve est l'occasion d'une lucidité plus aiguë et le lieu d'une révélation : « Il me semblait, écrit le narrateur, que je savais tout, et que les mystères du monde se révélaient à moi dans ces heures suprêmes. »

La période symboliste (1850-1900)

Après la révolution de 1848, qui marque la fin des illusions romantiques en matière politique, les écrivains renoncent à concilier monde idéal et monde réel. Certains choisissent la voie du réalisme ; d'autres, déçus par le matérialisme qui se développe sous le Second Empire, se réfugient dans l'idéal et le rêve : c'est le courant symboliste.

Baudelaire ouvre la voie en accordant une place prépondérante à toutes les valeurs de l'imaginaire. Le rêve est pour lui une façon privilégiée de s'évader de la laideur du monde moderne et d'évoluer dans un monde certes artificiel, mais où la conscience vit en harmonie avec l'univers. Cette conception du rêve apparaît notamment dans le poème des *Fleurs du mal* intitulé *Rêve parisien* ou dans les *Petits poèmes en prose*.

Elle servira de modèle à de nombreux disciples, comme Villiers de L'Isle-Adam qui trouve dans le rêve une revanche sur la vie. Dans ses *Contes cruels* et dans son roman *L'Ève future*, il montre la supériorité des valeurs qu'il contient sur celles du matérialisme moderne. Huysmans dans *A rebours* va dans le même sens.

Avec Arthur Rimbaud, le rêve est utilisé d'une manière plus ambitieuse comme un moyen de connaissance qui suit la désorganisation de notre perception habituelle. « Je est un autre », écrit-il ; autrement dit, au moi superficiel et banal que nous connaissons, s'oppose le moi de nos rêves qu'il s'agit d'explorer par « un long, immense et raisonné dérèglement de tous les sens ». Dans le recueil des *Illuminations*, la logique du rêve permet au poète de construire des paysages imaginaires et des architectures nouvelles, comme dans *Villes* ou dans *Promontoire* ; elle favorise son dessein de rapporter des visions inconnues afin de constituer « un opéra fabuleux » et de changer la vie. Les poètes surréalistes feront de cette conception du rêve une utilisation systématique.

1. Expression qui vient de *L'odyssée*. Les songes qui passent par la « porte d'ivoire » sont mensongers ; ceux qui viennent de la « porte de corne » apportent des révélations.

Gérard de Nerval
1808-1855

NADAR (1820-1910), *Portrait de Gérard de Nerval* (vers 1854). Paris, Bibliothèque Nationale.

Gérard de Nerval n'obtint pas de son vivant l'auréole du génie qu'on attache aujourd'hui à ce « lucide rêveur »[1] : pourtant, bien avant Proust et les surréalistes, il poussa les portes du songe et de la mémoire et fit de l'écriture un irremplaçable moyen d'exploration de l'Inconnu. Dangereux voyage où il risqua sa raison et sa vie.

La ronde de l'enfance

Né à Paris le 22 mai 1808, Gérard Labrunie conservera tout au long de son existence la nostalgie inquiète de son enfance. Il ne connaîtra pas sa mère, Marie-Antoinette, emportée par la fièvre, en Allemagne où elle a suivi son mari, médecin militaire de la Grande Armée. « Je n'ai jamais vu ma mère, ses portraits ont été perdus ou volés... »[2] Ce visage dérobé, Nerval en cherchera les traits dans celui des femmes de sa vie et de ses rêves.

Il est élevé dans le Valois où son grand-père cultivait quelques arpents de terre, ce « clos de Nerval » dont il prendra le nom. Images, souvenirs, sensations, frémissements du cœur : c'est autour du château de Mortefontaine et de la forêt d'Ermenonville que se dessine le décor de l'œuvre et qu'apparaissent les premières « Filles du Feu » : Adrienne ou Sylvie. Son père veut faire de Gérard un médecin, mais le jeune homme préfère se retirer dans « la tour d'ivoire des poètes »[1] pour fuir une époque sans gloire et sans ambition où la jeunesse ne se nourrit que d'« enthousiasmes vagues et d'espoirs incertains »[3].

1. A. Béguin, préface des *Œuvres* de Nerval, Bibliothèque de la Pléiade, Éd. Gallimard, 1966.
2. *Promenades et souvenirs*, IV.
3. *Sylvie*, ch. 1.

Camille Jean-Baptiste COROT (1796-1875), *Souvenir de Mortefontaine* (1864). Paris, Musée du Louvre.

L'esprit errant

A vingt ans, Nerval se fait un nom en donnant une traduction du *Faust* de Goethe[1] qui lui vaut les félicitations de l'écrivain allemand.

C'est l'heure des grandes batailles romantiques. Nerval assiste à la première d'*Hernani*, le 25 février 1830. Avec ses amis Gautier et Petrus Borel, il fait partie des « Jeune France » et du petit « Cénacle » de Victor Hugo.

C'est au théâtre, en 1834, qu'il voit pour la première fois Jenny Colon, une actrice, dont la rencontre va bouleverser son existence. Émerveillé par l'apparition de cette comédienne qui « rend la vie d'un souffle et d'un mot »[2] à l'univers qui l'entoure, il rêve en elle toutes les femmes entrevues, désirées, évanouies.

Cette passion, qui connaît peut-être, un temps, quelques satisfactions, et qui semble s'éteindre lorsque Jenny épouse en 1838 un flûtiste de l'Opéra-Comique, sera comme une braise mal consumée dont l'éclat, ressurgi, illuminera de sa flamme inquiète l'œuvre postérieure de Nerval.

Entre 1834 et 1840, il visite l'Italie, la Belgique, l'Allemagne, l'Autriche, où il est reçu comme le digne représentant de la culture française. Il rencontre des êtres exceptionnels, des écrivains, des artistes comme la grande pianiste Marie Pleyel qui lui inspirera *La Pandora*.

Mais, dès 1841, un autre voyage commence, épuisant, angoissant, un voyage qui décide du destin et de l'œuvre de Nerval : celui de la folie. La première crise, soudaine, brutale, se manifeste par une exaltation anormale, des visions de sa mère morte, un délire mégalomane qui conduit le poète aux portes d'un royaume imaginaire dont il se croit le souverain. Dès lors, le rêve qui l'illumine et le déchire, cette « seconde vie » qui s'épanche dans la vie réelle, devient l'univers peuplé de signes mystérieux où Gérard cherche inlassablement le sens de sa destinée. Pourtant la crise semble passagère. Nerval n'y voit d'abord qu'« un rêve amusant ». Peut-être veut-il ainsi convaincre ses amis qu'il n'est pas fou. Cette préoccupation devient peu à peu obsédante.

Il veut ainsi faire de son départ vers l'Orient, en janvier 1843, la preuve qu'il est parfaitement guéri. L'Égypte, le Liban, la Syrie, la Turquie qu'il parcourt pendant une année vont satisfaire son goût de l'imprévu, du dépaysement, de la flânerie mais aussi de la légende et du mystère. Il donnera de ce *Voyage en Orient* une relation qui paraît en 1851.

1. Cette traduction fait aujourd'hui autorité, cf. p. 131.

2. *Sylvie*, ch. 1.

Le retour en Europe est difficile. La « seule étoile » qui guidait encore le poète s'éteint : Jenny Colon est morte le 5 juin 1842. A cette perte irréparable s'ajoutent de nouvelles difficultés matérielles. Pourtant, Nerval travaille. Infatigable, il accumule les matériaux de son œuvre future.

Cette activité intense ne lui permet pas de se délivrer de ses monstres intérieurs. La folie le reprend et lui vaut plusieurs séjours en maison de santé, chez le docteur Blanche, à Passy, particulièrement. C'est là que Nerval écrira quelques-uns des textes fulgurants de ses dernières années, aboutissements d'une vie, d'une création et d'une recherche obstinées. Entre 1851 et 1855 paraissent ainsi récits et méditations sur ses voyages, relations romanesques de ses rêves et de ses amours perdues et le recueil poétique des *Chimères*.

Le 26 janvier 1855, il a neigé sur Paris. Il gèle à pierre fendre. Nerval erre dans les rues, misérable, fiévreux, abandonné.

On le retrouve pendu à une grille de la rue Basse de la Vieille-Lanterne, proche de la place du Châtelet.

« Et quand vint le moment où, las de cette vie,
Un soir d'hiver, enfin l'âme lui fut ravie,
Il s'en alla disant : "Pourquoi suis-je venu ?" »

Poésies diverses, « Épitaphe ».

Wilhelm von KAULBACH (1805-1874), *L'asile d'aliénés* (1834). Berlin, Staatliche Museen, Kupferstichkabinett und Sammlung der Zeichnungen.

TRADUCTION

Faust de Goethe, pièce de théâtre traduite par Nerval (1828). → p. 131.

Faust

(Goethe 1806 - Nerval 1828)

La légende de Faust, un savant docteur qui, pour retrouver la jeunesse et vivre d'aventures et de plaisirs, fait alliance avec le diable, est née dans le sud de l'Allemagne au XVIe siècle. Le génie de J.W. Goethe a adapté cette histoire à la sensibilité romantique pour en faire le condensé des aspirations et des contradictions de l'être humain.

Si Nerval, dans sa traduction de la tragédie de Goethe[1], a su si bien rendre le mélange d'enthousiasme et de désenchantement qui caractérise Faust, c'est qu'il se sentait en accord intime avec ce personnage. L'atmosphère fantastique et même diabolique de la pièce, l'hésitation du héros entre le désir immédiat et l'aspiration à l'idéal, l'opposition entre le rêve surhumain et la froide réalité sont autant d'éléments de *Faust* qui ont séduit Nerval et sa génération et qui marqueront profondément la pensée et l'œuvre de l'auteur des *Chimères*.

1. La première partie de *Faust* parut en Allemagne en 1806, la deuxième partie en 1833. Elle fut traduite par Nerval en 1840.

Faust a parié avec le démon Méphistophélès qu'il ne se détournerait pas de ses nobles aspirations pour s'abandonner au mal, c'est-à-dire à la satisfaction de ses désirs. Mais sa rencontre avec une jeune fille belle et pauvre, Marguerite, modifie la situation. Faust demande à Méphistophélès de l'introduire dans la chambre de Marguerite, en l'absence de celle-ci.

LE SOIR
Une petite chambre bien rangée.

[...]

FAUST *(regardant à l'entour)* Sois bienvenu, doux crépuscule, qui éclaires ce sanctuaire. Saisis mon cœur, douce peine d'amour, qui vis dans ta faiblesse de la rosée de l'espérance ! Comme tout ici respire le sentiment du silence, de l'ordre, du contentement ! Dans cette misère, que de plénitude ! Dans ce cachot, que de félicité ! *(Il se jette sur le fauteuil de cuir, près du lit.)* Oh ! reçois-moi, toi qui as déjà reçu dans tes bras ouverts des générations en joie et en douleur ! Ah ! que de fois une troupe d'enfants s'est suspendue autour de ce trône paternel ! Peut-être, en souvenir du Christ, ma bien-aimée, entourée d'une jeune famille, a baisé ici la main flétrie de son aïeul. Je sens, ô jeune fille ! ton esprit d'ordre murmurer autour de moi, cet esprit qui règle tes jours comme une tendre mère, qui t'instruit à étendre proprement le tapis sur la table, et te fait remarquer même les grains de poussière qui crient sous tes pieds. O main si chère ! si divine ! La cabane devient par toi riche comme le ciel. Et là... *(Il relève un rideau de lit.)* Quelles délices cruelles s'emparent de moi ! Je pourrais ici couler des heures entières. Nature ! ici, tu faisais rêver doucement cet ange incarné. Ici reposait cette enfant, dont le sang palpitait d'une vie nouvelle ; et ici, avec un saint et pur frémissement, se formait cette image de Dieu.

Et toi, qui t'y a conduit ? De quels sentiments te trouves-tu agité ? Que veux-tu ici ? Pourquoi ton cœur se serre-t-il ?... Malheureux Faust, je ne te reconnais plus !

Est-ce une vapeur enchantée qui m'entoure en ces lieux ? Je me sens avide de plaisir, et je me laisse aller aux songes de l'amour ; serions-nous le jouet de chaque souffle de l'air ?

Si elle rentrait en ce moment !... comme le cœur te battrait de ta faute : comme le grand homme serait petit ! comme il tomberait confondu à ses pieds !

MÉPHISTOPHÉLÈS Vite, je la revois revenir.

FAUST Allons, allons, je n'y reviens plus.

Faust, Éd. Garnier-Flammarion, 1964.

Pour préparer le commentaire de texte

1. Étudier dans le texte
— l'expression de l'émotion religieuse : rythme, images, symboles religieux ;
— l'expression des sentiments amoureux : élans de la passion, vocabulaire affectif.
2. Rechercher, à partir de cette étude, la contradiction qui caractérise le héros et expliquer son attitude.

Ph. © Ursula Edelmann

Peter von CORNELIUS (1783-1867), *Faust et Marguerite dans le jardin de Marthe* (vers 1811). Francfort, Freies Deutches Hochstift, Goethe Museum.

L'ŒUVRE POÉTIQUE

Odelettes rythmiques et lyriques (1852), recueil de 11 poèmes. → p. 132.
Les chimères (1854), recueil de 12 sonnets. → p. 134.

Odelettes rythmiques et lyriques
1852

« En ce temps, je ronsardisais... »[1] : c'est ainsi que Nerval définit sa poésie dans les *Odelettes.* La référence à Ronsard est une référence au passé, à une forme ancienne qui s'apparente pour l'écrivain à celle des chansons folkloriques qu'il affectionne ou à celle des visages aimés que le temps pourrait effacer (« La grand-mère », « La cousine »). Déliée, épurée, légère comme le papillon, « fleur sans tige / Qui voltige », la poésie des *Odelettes* recherche la simplicité du chant et la plénitude rythmique des instants heureux.

Fantaisie

Il est un air pour qui je donnerais
Tout Rossini, tout Mozart et tout Weber[2],
Un air très vieux, languissant et funèbre,
Qui pour moi seul a des charmes secrets !

Or chaque fois que je viens à l'entendre,
De deux cents ans mon âme rajeunit...
C'est sous Louis treize ; et je crois voir s'étendre
Un côteau vert, que le couchant jaunit,

Puis un château de brique à coins de pierre,
Aux vitraux teints de rougeâtres couleurs,
Ceint de grands parcs, avec une rivière
Baignant ses pieds, qui coule entre des fleurs ;

Puis une dame, à sa haute fenêtre,
Blonde aux yeux noirs, en ses habits anciens,
Que, dans une autre existence peut-être,
J'ai déjà vue... et dont je me souviens !

Petits châteaux de Bohême, Odelettes.

Pour préparer l'étude du texte

1. Faire apparaître les correspondances qui existent entre les caractères de l'air musical, tel qu'il est présenté dans le premier quatrain, et le contenu de la réminiscence.
2. Analyser les éléments successifs de cette réminiscence (nature, caractéristiques, situation) et expliquer leur ordre.
3. Parmi ces différents synonymes du mot « fantaisie », choisir celui qui explicite le mieux le titre, et justifier ce choix : imagination, œuvre d'imagination, illusion, caprice, humeur, originalité.

1. *Petits châteaux de Bohême*, « Premier château », V.

2. K.-M. von Weber, musicien allemand (1786-1826). Prononcer *Wèbre.*

Les chimères

1854

« Qui suis-je ? » C'est à cette question essentielle pour un homme ébranlé par la folie que Nerval tente de répondre dans les douze sonnets qu'il rassemble en 1854 dans un recueil intitulé *Les chimères*.

Ce que le premier vers du recueil définit, c'est précisément la difficulté d'éclairer l'inconnu qui est en soi :

« Je suis le ténébreux, — le veuf, — l'inconsolé. »

Mais le poète « ténébreux », comme en un dernier sursaut, essaye, en écrivant, de s'arracher à la « nuit du tombeau », pour atteindre cette lumière dont il est « veuf », cette consolation qui lui fait si cruellement défaut : la connaissance de son identité, l'amour d'une mère ou d'une épouse, la maîtrise de son propre destin.

Nerval, en s'identifiant aux héros et aux dieux du mythe (cf. « El Desdichado »), lance un défi à la mort. En confondant passé, présent et futur dans un cycle naturel où les heures reviennent éternellement (cf. « Artémis »), il tente de se libérer de l'emprise du temps. Le poème, « Chanson d'amour qui toujours recommence » (« Delfica »), mêle les images de toutes les femmes désirées ou inventées et devient un condensé de l'expérience d'une vie. S'y enchevêtrent symboles empruntés à l'alchimie, légendes tirées de religions, histoire universelle ou personnelle. Ce qui peut apparaître comme une forêt impénétrable est en réalité la marque d'une écriture profondément originale qui bouleverse les traditions poétiques en usant avec bonheur des rythmes et des échos sonores dans la forme exigeante du sonnet.

El Desdichado[1]

Je suis le ténébreux[2], — le veuf, — l'inconsolé,
Le prince d'Aquitaine à la tour abolie[3] :
Ma seule *étoile* est morte, — et mon luth constellé
Porte le *soleil* noir de la *Mélancolie*.

Dans la nuit du tombeau, toi qui m'as consolé[4],
Rends-moi le Pausilippe[5] et la mer d'Italie,
La *fleur*[6] qui plaisait tant à mon cœur désolé,
Et la treille où le pampre à la rose s'allie[7].

Suis-je Amour ou Phébus ?... Lusignan ou Biron[8] ?
Mon front est rouge encor du baiser de la reine[9] ;
J'ai rêvé dans la grotte où nage la sirène[10]...

Et j'ai deux fois vainqueur traversé l'Achéron[11] :
Modulant tour à tour sur la lyre d'Orphée
Les soupirs de la sainte et les cris de la fée[12].

Les chimères.

Pour préparer l'étude du texte

1. Mettre en évidence, dans le texte, les jeux d'alternance entre :
— les temps des verbes ;
— la lumière et l'obscurité ;
— l'espoir et le désespoir.
2. En utilisant les réponses de la question 1, définir l'évolution de l'itinéraire décrit.
3. Comment expliquer le changement que Nerval a fait subir au titre :
— le Destin,
— El Desdichado, le déshérité ?
4. Qu'est-ce qui fait l'harmonie, le charme et le mystère de ce texte ?

1. Le déshérité. C'est le nom d'un chevalier dépossédé de ses biens et vêtu de noir dans l'*Ivanhoé* de W. Scott.
2. Le Beau ténébreux : surnom d'Amadis de Gaule, prince malheureux dans ses amours.
3. Nerval se croyait descendant par son père d'un chevalier du Périgord.
4. Allusion au tombeau de Virgile près duquel Nerval rencontra une jeune Anglaise en 1834.
5. Promontoire de la baie de Naples associé pour le poète à une vision heureuse.
6. Cette fleur est, selon Nerval, l'ancolie, aux couleurs mauve et rose, symbole de la tristesse et emblème de la folie.
7. Cf. la maison de Sylvie évoquée dans le texte p. 139, l. 12-13.
8. Lusignan : époux légendaire de la fée Mélusine, originaire, comme la famille paternelle de Nerval, d'Aquitaine. Biron : seigneur fidèle d'Henri IV que Nerval associe aux légendes du Valois maternel.
9. Adrienne, une des héroïnes de *Sylvie*, descendante de la famille royale des Valois, marque le front du jeune poète d'un baiser (cf. p. 137).
10. Allusion à une grotte de la baie de Naples.
11. L'Achéron : fleuve des Morts, traversé par Orphée, dans la légende grecque. Allusion aux crises de folie de 1841 et 1853.
12. Cf. *Sylvie*, p. 139.

Artémis[1]

La Treizième[2] revient... C'est encor la première ;
Et c'est toujours la seule, — ou c'est le seul moment ;
Car es-tu reine[3], ô toi ! la première ou dernière ?
Es-tu roi, toi le seul ou le dernier amant ?...

Aimez qui vous aima du berceau dans la bière[4] ;
Celle que j'aimai seul m'aime encor tendrement :
C'est la mort ou la morte[5]... O délice ! ô tourment !
La rose qu'elle tient, c'est la *Rose trémière*[6].

Sainte napolitaine aux mains pleines de feux[7],
Rose au cœur violet, fleur de sainte Gudule[8] :
As-tu trouvé ta croix dans le désert des cieux ?

Roses blanches[9], tombez ! vous insultez nos dieux,
Tombez, fantômes blancs, de votre ciel qui brûle :
La sainte de l'abîme[10] est plus sainte à mes yeux !

Les chimères.

Pour préparer l'étude du texte

1. Étudier l'expression du temps tout au long du texte.
2. Montrer comment Nerval passe de la réflexion sur le temps à l'évocation des femmes aimées.
3. Répertorier et analyser les images de femmes qui apparaissent dans ce sonnet. Qu'est-ce qui en fait la poésie ?

Gustave MOREAU (1826-1898), *La chimère* (1867). Cambridge, Fogg Art Museum, Harvard University, Bequest Grenville L. Winthrop.

1. Artémis : divinité grecque qui règle le Temps sur la terre. Nerval associe Artémis à Aurélia (Jenny Colon), la femme éternelle, la femme du rêve. Cf. *Aurélia*, pp. 139-141.
2. Le chiffre 13 a pour Nerval une valeur magique. La treizième heure sur la roue du Temps rejoint la première dans un éternel recommencement. Elle symbolise le début d'une nouvelle vie après la mort.
3. Cf. « El Desdichado », p. 134.
4. Citation du *Faust* de Goethe.
5. Nerval associe à Artémis-Aurélia l'autre morte toujours présente : sa mère.
6. La rose trémière ou rose d'outremer, originaire de l'Orient, emblème de la femme aimée. Cf. *Aurélia*, p. 141.
7. Dans *Octavie*, Nerval compare une jeune fille napolitaine à une statue de sainte Rosalie qui tient dans sa main des rayons dorés.
8. Sainte Gudule : patronne de la ville de Bruxelles où Nerval rencontra, en 1841, Jenny Colon.
9. Les « roses blanches » sont les saintes chrétiennes que le poète oppose aux divinités païennes et à l'univers satanique.
10. La sainte de l'abîme, c'est encore Artémis-Aurélia, rencontrée par le poète dans sa descente aux enfers, en une vision merveilleuse. Cf. *Aurélia*, pp. 139-141.

L'ŒUVRE NARRATIVE

Voyage en Orient
1851

Le 1er janvier 1843, Nerval s'embarque à Marseille à destination de l'Orient. Ce voyage durera presque un an. Touriste attentif au pittoresque et aux imprévus de son périple, l'écrivain est aussi séduit par le visage des femmes, les contes qu'il entend, les religions des pays traversés. Son récit contient donc, au-delà des anecdotes innombrables[1] qui en font un guide très plaisant, des réflexions qui aboutissent à un syncrétisme religieux[2] et des légendes qu'il adapte à ses propres obsessions, comme celle du calife Hakem.

Benjamin CONSTANT, *Présents d'un pacha*. Mulhouse, Musée des Beaux-Arts.

1. Il y mêle dans une première partie (« Vers l'Orient ») des souvenirs de voyages européens accomplis en d'autres temps.

2. Mélange de plusieurs doctrines religieuses. Nerval pensait, par exemple, que le Coran n'est qu'un résumé de la Bible, adapté à d'autres peuples (*Voyage en Orient*, IV, 1).

Hakem, calife des Druses, veut épouser sa sœur Sétamulc. Mais son grand vizir le fait arrêter et passer pour fou. Un nouveau calife remplace Hakem lorsque celui-ci, libéré, revient à son palais.

Lorsqu'il fut arrivé au seuil de la dernière salle, il fut ébloui par un torrent de lumière : des milliers de cierges, posés sur des candélabres d'argent, scintillaient comme des bouquets de feu, croisant leurs auréoles ardentes. Les instruments des musiciens cachés dans les tribunes tonnaient avec une énergie triomphale. Le calife s'approcha chancelant et s'abrita derrière les plis étoffés d'une énorme portière de brocart. Il vit alors au fond de la salle, assis sur le divan à côté de Sétamulc, un homme ruisselant de pierreries, constellé de diamants qui étincelaient au milieu d'un fourmillement de bluettes[1] et de rayons prismatiques. On eût dit que, pour revêtir ce nouveau calife, les trésors d'Haroun-al-Raschid[2] avaient été épuisés.

On conçoit la stupeur de Hakem[3] à ce spectacle inouï : il chercha son poignard à sa ceinture pour s'élancer sur cet usurpateur ; mais une force irrésistible le paralysait. Cette vision lui semblait un avertissement céleste, et son trouble augmenta encore lorsqu'il reconnut ou crut reconnaître ses propres traits dans ceux de l'homme assis près de sa sœur. Il crut que c'était son *ferouer* ou son double, et, pour les Orientaux, voir son propre spectre est un signe du plus mauvais augure. L'ombre force le corps à la suivre dans le délai d'un jour.

Voyage en Orient, Druses et Maronites, III, 6.

Pour préparer l'étude du texte

1. Établir le plan précis du texte en faisant apparaître les interruptions du récit. Quel est leur rôle ?
2. Par quels procédés stylistiques Nerval exprime-t-il l'éblouissement d'Hakem et l'extraordinaire luxe de ce qu'il découvre ?
3. La couleur locale de l'Orient : quels éléments contribuent à la créer ?

Les filles du feu

1854

Ce recueil de nouvelles, de souvenirs, de réflexions rassemble des textes écrits entre 1839 et 1853. Nerval hésita entre plusieurs titres : *Amours perdues, Amours passées*... S'il retint *Les filles du feu*, c'est que chacun de ces textes semble ressusciter un visage de femme, comme une flamme qu'on ranime.

Le feu, mobile et redoutable, mystérieux et magique, est à l'image des femmes-fées qui peuplent le recueil : Angélique, Jenny, Corilla, Émilie, belles, révoltées, parfois « volcaniques », Octavie, rencontrée au pied du Vésuve, Isis, la déesse auréolée de lumière, Aurélie, l'actrice qui illumine l'espace, Sylvie, flamboyante dans le souvenir. Cette dernière « fille du feu » donne son nom à une nouvelle qui rassemble les thèmes majeurs du recueil. *Sylvie* apparaît comme une tentative pour atteindre l'idéal et l'éternel féminin et pour recréer les instants magiques de leurs incarnations successives. Cette expérience, dont le récit est nourri de souvenirs personnels (images de l'enfance, rencontre de Jenny Colon, voyages dans le Valois), aboutit à un échec : l'amour du narrateur paraît sans cesse lui échapper comme si son cœur ne pouvait se fixer. Pourtant la réussite littéraire est éclatante : la nouvelle rassemble, dans un entrelacement subtil, les différentes époques de la vie, les souvenirs du passé et les réflexions du présent, le rêve et la réalité, le mystère des paysages vaporeux du Valois et la simplicité rustique de ses paysans. A travers ces mélanges, tour à tour dissonants ou harmonieux, Nerval retrouve le rythme des chansons anciennes qui ont bercé son enfance.

« J'étais le seul garçon dans cette ronde... »

Le narrateur tente de comprendre l'étrange fascination qu'exerce sur lui une actrice qu'il voit tous les soirs au théâtre, « belle comme le jour aux feux de la rampe qui l'éclairait d'en bas, pâle comme la nuit, quand la rampe baissée la laissait éclairée d'en haut sous les rayons du lustre et la montrait plus naturelle, brillant dans l'ombre de sa seule beauté »[4]. Un souvenir d'enfance lui revient alors. « Des jeunes filles dansaient en rond sur la pelouse [d'un château]. »

J'étais le seul garçon dans cette ronde, où j'avais amené ma compagne toute jeune encore, Sylvie, une petite fille du hameau voisin, si vive et si fraîche, avec ses yeux noirs, son profil régulier et sa peau légèrement hâlée !... Je n'aimais qu'elle, je ne voyais qu'elle, — jusque-là ! A peine avais-je remarqué, dans la ronde où nous dansions, une blonde, grande et belle, qu'on appelait Adrienne. Tout d'un coup, suivant les règles de la danse, Adrienne se trouva placée seule avec moi au milieu du cercle. Nos tailles étaient pareilles. On nous dit de nous embrasser, et la danse et le chœur tournaient plus vivement que jamais. En lui donnant ce baiser, je ne pus m'empêcher de lui

1. Petites étincelles.
2. Haroun-al-Raschid (766-809) : célèbre calife abbasside, héros de nombreux contes des *Mille et une nuits*.
3. Sur le personnage historique d'Hakem (Al-Hâkim), se reporter à un article de la revue *L'Histoire* (mars 1985, n° 76) par C. Jerobert : « Hâkim, le calife sanglant ».
4. *Sylvie*, ch. 1.

presser la main. Les longs anneaux roulés de ses cheveux d'or effleuraient mes joues. De ce moment, un trouble inconnu s'empara de moi. — La belle devait chanter pour avoir le droit de rentrer dans la danse. On s'assit autour d'elle, et aussitôt, d'une voix fraîche et pénétrante, légèrement voilée, comme celle des filles de ce pays brumeux, elle chanta une de ces anciennes romances pleines de mélancolie et d'amour, qui racontent toujours les malheurs d'une princesse enfermée dans sa tour par la volonté d'un père qui la punit d'avoir aimé. La mélodie se terminait à chaque stance par ces trilles chevrotants que font valoir si bien les voix jeunes, quand elles imitent par un frisson modulé la voix tremblante des aïeules.

A mesure qu'elle chantait, l'ombre descendait des grands arbres, et le clair de lune naissant tombait sur elle seule, isolée de notre cercle attentif. — Elle se tut, et personne n'osa rompre le silence. La pelouse était couverte de faibles vapeurs condensées, qui déroulaient leurs blancs flocons sur les pointes des herbes. Nous pensions être en paradis. Je me levai enfin, courant au parterre du château, où se trouvaient des lauriers, plantés dans de grands vases de faïence peints en camaïeu. Je rapportai deux branches, qui furent tressées en couronne et nouées d'un ruban. Je posai sur la tête d'Adrienne cet ornement, dont les feuilles lustrées éclataient sur ses cheveux blonds aux rayons pâles de la lune. Elle ressemblait à la Béatrice de Dante qui sourit au poète errant sur la lisière des saintes demeures[1]. [..]

Quand je revins près de Sylvie, je m'aperçus qu'elle pleurait.

Sylvie, ch. 2.

Pour préparer l'étude du texte

1. Déterminer les différentes étapes du récit en montrant son évolution.
2. Trouver tous les éléments qui font de cette scène de jeu une véritable scène d'initiation (contexte, situation des personnages, gestes, objets).
3. En quoi Adrienne et Sylvie s'opposent-elles ? Quel rôle symbolique le narrateur attribue-t-il à chacune d'elles ?

Jean-Louis JANMOT (1814-1892), « Rayons de soleil », extrait du *Poème de l'âme* (1854). Lyon, Musée des Beaux-Arts.
Le poème de l'âme est constitué de 18 compositions symboliques commentées par un poème en 18 chants. Dans « Rayons de soleil », les amoureux entrent dans le monde, par le rite social de la danse.

1. Béatrice : l'inspiratrice du poète italien Dante Alighieri (1265-1321) qui voyait en elle l'intermédiaire entre le ciel et lui.

« ... et si c'était la même ! »

Adrienne, qui a disparu de la vie du narrateur (elle a été consacrée par sa famille à la vie religieuse), s'identifie dans l'esprit de celui-ci à la femme qu'il aime à présent, l'actrice Aurélie.

Tout m'était expliqué par ce souvenir à demi rêvé. Cet amour vague et sans espoir, conçu pour une femme de théâtre[1], qui tous les soirs me prenait à l'heure du spectacle, pour ne me quitter qu'à l'heure du sommeil, avait son germe dans le souvenir d'Adrienne, fleur de la nuit éclose à la pâle clarté de la lune, fantôme rose et blond glissant sur l'herbe verte à demi baignée de blanches vapeurs. — La ressemblance d'une figure oubliée depuis des années se dessinait désormais avec une netteté singulière ; c'était un crayon estompé par le temps qui se faisait peinture, comme ces vieux croquis de maîtres admirés dans un musée, dont on retrouve ailleurs l'original éblouissant.

Aimer une religieuse sous la forme d'une actrice !... et si c'était la même ! — Il y a de quoi devenir fou ! c'est un entraînement fatal où l'inconnu vous attire comme le feu follet fuyant sur les joncs d'une eau morte... Reprenons pied sur le réel.

Et Sylvie que j'aimais tant, pourquoi l'ai-je oubliée depuis trois ans ?... C'était une bien jolie fille, et la plus belle de Loisy[2] !

Elle existe, elle, bonne et pure de cœur sans doute. Je revois sa fenêtre où le pampre s'enlace au rosier, la cage de fauvettes suspendue à gauche ; j'entends le bruit de ses fuseaux sonores et sa chanson favorite :

> La belle était assise
> Près du ruisseau coulant...

Elle m'attend encore... Qui l'aurait épousée ? elle est si pauvre !

Dans son village et dans ceux qui l'entourent, de bons paysans en blouse, aux mains rudes, à la face amaigrie, au teint hâlé ! Elle m'aimait seul, moi le petit Parisien, quand j'allais voir près de Loisy mon pauvre oncle, mort aujourd'hui. Depuis trois ans, je dissipe en seigneur le bien modeste qu'il m'a laissé et qui pouvait suffire à ma vie. Avec Sylvie, je l'aurais conservé. Le hasard m'en rend une partie[3]. Il est temps encore.

Sylvie, ch. 3.

Pour préparer l'étude du texte

1. Le temps. Étudier précisément l'expression du temps (temps des verbes et notations temporelles) et la manière dont se mêlent ces données temporelles (différents passés, différents présents, suggestion du futur).
2. Les figures féminines. Les caractériser puis faire apparaître les similitudes et les différences. Quel rôle joue ici Sylvie ?
3. Établir le lien qui existe entre le temps et les figures féminines et montrer comment le texte évolue logiquement vers la dernière phrase.

Aurélia

1855

« Le Rêve est une seconde vie. Je n'ai pu percer sans frémir ces portes d'ivoire ou de corne qui nous séparent du monde invisible. »[4] Ainsi commence *Aurélia* ou *Le rêve et la vie*, publié le mois même de la mort de Nerval, transcription d'une série « d'étranges rêveries » qui se déploie, comme une succession de tableaux animés, dans la conscience qui glisse vers le sommeil ou qui, à l'état de veille, est traversée de visions fulgurantes. Le récit de cet « épanchement du songe dans la vie réelle »[5] manifeste une exceptionnelle lucidité : le rêveur s'analyse pour connaître le secret de sa vie. L'écriture lui sert à ordonner le désordre de ses hallucinations. Raconter sa folie est une façon d'y échapper, pour Nerval qui transforme ce qui peut apparaître comme une faiblesse de l'esprit en pouvoir surnaturel de communication avec les mondes invisibles.

Dans *Aurélia*, le narrateur recherche, à travers ses songes et ses souvenirs, le visage d'une femme aimée et disparue qui doit lui ouvrir la voie du salut éternel. Après avoir tenté en vain de rejoindre au ciel son « étoile » insaisissable, il accomplit une vertigineuse descente aux enfers. Le rêve rejoint alors le mythe[6] et l'univers du poète apparaît comme un monde de signes, d'avertissements et de présages de l'au-delà. Les âmes des morts et les dieux se présentent aux yeux du vivant. Mais dans cette profondeur obscure, un rayon luit, une divinité souriante[7] délivre enfin le narrateur de ses terreurs et de ses épreuves.

Lutte surhumaine pour échapper, par le fil d'Ariane de l'écriture, au labyrinthe de la folie, *Aurélia* s'achève sur le chant émouvant d'un triomphe éphémère.

1. Aurélie, évoquée au chapitre 1 (cf. introduction au premier extrait, p. 137).
2. Village du Valois où Nerval a passé son enfance.
3. Les titres détenus par le narrateur, en hausse à la Bourse, lui donnent la fortune.
4. *Aurélia*, I, 1.
5. *Aurélia*, I, 3.
6. Le mythe d'Orphée mais aussi d'autres mythes, chrétiens ou païens, par lesquels Nerval tente d'expliquer le sens de son destin.
7. La Vierge Marie, parfois confondue par Nerval avec la déesse égyptienne Isis, ou avec l'image de sa propre mère.

« [Je] me remis en route dans la direction de l'étoile... »

Le narrateur marche dans les rues de Paris avec la certitude qu'il va bientôt mourir. Il se met à chercher dans le ciel une étoile qui a, selon lui, une influence sur sa destinée. Il la trouve enfin.

[Je] me remis en route dans la direction de l'étoile sur laquelle je ne cessais de fixer les yeux. Je chantais en marchant un hymne mystérieux dont je croyais me souvenir comme l'ayant entendu dans quelque autre existence, et qui me remplissait d'une joie ineffable. En même temps, je quittais mes habits terrestres et je les dispersais autour de moi. La route semblait s'élever toujours et l'étoile s'agrandir. Puis je restai les bras étendus, attendant le moment où l'âme allait se séparer du corps, attirée magnétiquement dans le rayon de l'étoile. Alors, je sentis un frisson ; le regret de la terre et de ceux que j'y aimais me saisit au cœur, et je suppliai si ardemment en moi-même l'Esprit qui m'attirait à lui, qu'il me sembla que je redescendais parmi les hommes. Une ronde de nuit[1] m'entourait : — j'avais alors l'idée que j'étais devenu très grand, — et que, tout inondé de forces électriques, j'allais renverser tout ce qui m'approchait. Il y avait quelque chose de comique dans le soin que je prenais de ménager les forces et la vie des soldats qui m'avaient recueilli. [...]

Étendu sur un lit de camp, je crus voir le ciel se dévoiler et s'ouvrir en mille aspects de magnificences inouïes. Le destin de l'Ame délivrée semblait se révéler à moi comme pour me donner le regret d'avoir voulu reprendre pied de toutes les forces de mon esprit sur la terre que j'allais quitter... D'immenses cercles se traçaient dans l'infini, comme les orbes que forme l'eau troublée par la chute d'un corps ; chaque région, peuplée de figures radieuses, se colorait, se mouvait, et se fondait tour à tour, et une divinité, toujours la même, rejetait en souriant les masques furtifs de ses diverses incarnations, et se réfugiait enfin insaisissable dans les mystiques splendeurs du ciel d'Asie.

Aurélia, I, 3.

Pour préparer l'étude du texte

Dans le chapitre 3 d'*Aurélia*, Nerval écrit : « A dater de ce moment, tout prenait parfois un aspect double, — et cela sans que le raisonnement manquât jamais de logique. »

1. Montrer comment les lignes 1 à 10 de ce passage illustrent cette affirmation. Étudier pour cela :
— la logique du récit ;
— ce qui relève de la réalité et ce qui relève du rêve.

2. Étudier le caractère poétique de la révélation des lignes 11-16 : expression de la multiplicité, de la diversité et de la splendeur, images, rythme.

J.-J. GRANDVILLE (1803-1847), *L'étoile du matin*, gravure dans *Les étoiles* (1849). Collection particulière.

1. Il s'agit de soldats qui veillent à la sécurité publique la nuit, à Paris.

Samuel PALMER (1805-1881), *Dans un jardin de Shoreham* (vers 1829), aquarelle et gouache. Londres, Victoria and Albert Museum.

« L'Univers est dans la nuit ! »

Nerval se voit en rêve dans un jardin inconnu où il a suivi une grande et belle dame, vêtue à l'ancienne.

De loin en loin s'élevaient des massifs de peupliers, d'acacias et de pins, au sein desquels on entrevoyait des statues noircies par le temps. J'aperçus devant moi un entassement de rochers couverts de lierre d'où jaillissait une source d'eau vive, dont le clapotement harmonieux résonnait sur un bassin d'eau dormante à demi voilée des larges feuilles du nénuphar.

La dame que je suivais, développant sa taille élancée dans un mouvement qui faisait miroiter les plis de sa robe en taffetas changeant, entoura gracieusement de son bras nu une longue tige de rose trémière[1], puis elle se mit à grandir sous un clair rayon de lumière, de telle sorte que peu à peu le jardin prenait sa forme, et les parterres et les arbres devenaient les rosaces et les festons de ses vêtements, tandis que sa figure et ses bras imprimaient leurs contours aux nuages pourprés du ciel. Je la perdais ainsi de vue à mesure qu'elle se transfigurait, car elle semblait s'évanouir dans sa propre grandeur. « Oh ! ne fuis pas ! m'écriai-je... car la nature meurt avec toi ! »

Disant ces mots, je marchais péniblement à travers les ronces, comme pour saisir l'ombre agrandie qui m'échappait : mais je me heurtai à un pan de mur dégradé, au pied duquel gisait un buste de femme. En le relevant, j'eus la persuasion que c'était *le sien*... Je reconnus des traits chéris, et, portant les yeux autour de moi, je vis que le jardin avait pris l'aspect d'un cimetière. Des voix disaient : « L'Univers est dans la nuit ! »

Ce rêve si heureux à son début me jeta dans une grande perplexité. Que signifiait-il ? Je ne le sus que plus tard. Aurélia était morte.

Aurélia, I, 6 et 7.

Pour préparer l'étude du texte

1. Mettre en évidence l'évolution du texte en montrant les correspondances qui existent entre le début (l. 1 à 4) et la fin (l. 11 à 14).

2. Analyser précisément comment s'exprime la transfiguration progressive du personnage (sens des verbes, temps verbaux, indications temporelles, images).

3. En tenant compte du contexte, expliquer les deux expressions :
— « la nature meurt avec toi » (l. 10) ;
— « L'Univers est dans la nuit » (l. 14).
En déduire le sens symbolique du texte.

1. Haute plante décorative qui donne une abondante floraison, vers la fin de l'été ; cf. le sonnet « Artémis » dans *Les chimères*, p. 135.

Rêve et réalité

Pour Nerval, comme pour le Faust de Goethe, l'âme humaine est double : elle tend d'un côté vers la satisfaction des désirs matériels ; de l'autre, elle se tourne vers l'infini, le sacré, l'idéal, dans un élan mystique.

Mais le premier versant, celui de la réalité, s'avère profondément décevant. Le désenchantement romantique se traduit chez Nerval par la conscience aiguë de l'échec (l'échec amoureux et plus généralement celui d'une génération « déshéritée »), l'affirmation du désespoir (« El Desdichado »), le récit des désillusions *(Sylvie).*

Reste le versant du songe qui fait entrevoir un monde meilleur. Il s'oppose au premier par un jeu permanent d'antithèses (lumière / ombre, vie / mort, ciel / enfer, passé / présent). L'écriture poétique procède ainsi, chez Nerval, par contraste et fusion des contraires : dans la nuit du présent, apparaît, grâce au rêve, la lumière d'une étoile qui redonne l'espoir *(Aurélia).*

Par la rêverie, le souvenir, et jusque dans l'hallucination, l'écrivain poursuit sa « chimère ». Elle prend les couleurs de l'enfance *(Sylvie),* des légendes orientales *(Voyage en Orient),* des mystères de l'alchimie ou des mythes antiques *(Les chimères).*

Dans cette quête imaginaire et mystique, la femme occupe une place essentielle. Nerval remplace la femme réelle, toujours absente ou décevante, par les visages multiples de ses « filles du feu ». Il les réunit en une créature magique, mère, épouse, reine et déesse, qui a le pouvoir de l'arracher à la mort et de le conduire vers la vérité. Elle est l'élément central du fantastique nervalien qui naît d'une hésitation permanente entre le rêve et la réalité, le présent et le souvenir du passé. Cette hésitation, liée à l'existence même de Nerval, à son inquiétude et à sa folie, correspond à une vision mystique d'un monde peuplé par les vivants mais aussi par des apparitions célestes ou infernales *(Aurélia, Les chimères),* un monde où se multiplient à l'infini les doubles (projections du dédoublement intérieur de l'écrivain ?).

L'art de Nerval consiste à faire de cet univers onirique un univers poétique, un monde mystérieux de symboles, un espace où tout signifie et se correspond (les êtres et les objets mais aussi les rythmes et les sons). L'écriture permet ainsi « de fixer le rêve et d'en comprendre le secret » *(Aurélia).* Celui-ci ne meurt plus dans la perte des illusions mais peut être un moyen de connaître le sens de sa destinée, de mêler le visible et l'invisible, le naturel et le surnaturel, de réconcilier le matériel et le spirituel.

L'épreuve et la maîtrise du temps

Le sentiment de l'écoulement du temps, de son pouvoir destructeur sur les êtres et les objets, apparaît fréquemment chez Nerval, dans la confrontation du passé et du présent.

Au passé appartiennent les minutes heureuses, les lieux magiques, les êtres purs que le présent ne saurait restituer dans leur intégrité *(Sylvie).*

Les horloges, les montres, la dégradation du paysage de l'enfance semé de ruines, le vieillissement et la disparition des êtres chers symbolisent le travail apparemment irrésistible du temps et soulignent l'obsession de la mort propre à Nerval.

Fuir cette obsession conduit l'écrivain à courir le monde mais aussi à tenter par l'écriture du souvenir une remontée dans le passé qui permet de renouer avec l'enfance et de rajeunir. L'imagination nervalienne se nourrit des images du passé qu'elle fait revivre : « Inventer au fond, c'est se ressouvenir. » Certains lieux, certains objets, les chansons anciennes ont le pouvoir de faire ressurgir soudain les impressions vécues autrefois.

Mais ce pouvoir n'est pas illimité. La maîtrise de la durée passe par d'autres voies : l'écriture, chez Nerval, opère la fusion des différentes régions du temps *(Sylvie).* Si le passé communique avec le présent par le souvenir, l'avenir peut être lu dans le présent grâce à des rêves et des signes prémonitoires. La rêverie devient prophétie. Des coïncidences, des réapparitions manifestent l'existence d'un temps éternel : le temps de la réincarnation qui délivre de l'obsession de la mort, le temps sacré du mythe qui ramène « l'ordre des anciens jours » (« Delfica »).

La création poétique elle-même, invention d'une mesure, composition d'une durée (celle du sonnet dans *Les chimères,* par exemple), semble le moyen le plus personnel choisi par Nerval pour réussir cette entreprise surhumaine : se délivrer de la tyrannie du temps.

Stendhal
1783-1842

Johan Olaf SODEMARK (1790-1848), *Portrait de Stendhal* (1840). Musée National du Château de Versailles.

Assoiffé de bonheur, Stendhal, de son vrai nom Henri Beyle, ne fut guère heureux. Doué d'« une âme sensible jusqu'à la folie », il ne cessa de réprimer sa sensibilité. Avide de puissance et de célébrité, il ne connut qu'une gloire posthume. Son œuvre laissa en effet la plupart de ses contemporains indifférents, quand elle ne les scandalisa pas. Aujourd'hui, Stendhal est reconnu comme l'un des écrivains majeurs du XIXe siècle. Tels sont les paradoxes de l'homme et de l'écrivain, dont le nom est devenu synonyme d'un art de vivre : le « beylisme »[1].

Un « jeune monstre »[2]

Stendhal naît à Grenoble en 1783 dans une famille bourgeoise, pieuse et royaliste, qui l'éduque selon des principes rigides. L'enfant qui perd très tôt sa mère est élevé par sa tante Séraphie, vieille fille dévote, qui le juge d'« un caractère atroce » et, de 1792 à 1794, il subit l'« affreuse tyrannie » de son précepteur, l'abbé Raillane. Toujours seul, incompris, il dissimule sa sensibilité derrière une impassibilité de façade. Rejetant son éducation, il conçoit une haine définitive pour son père, pour la religion et la monarchie.

Ses rares instants de bonheur, Stendhal les trouve auprès de son grand-père maternel, voltairien convaincu, et de sa grand-tante Élisabeth qui, outre le sens de l'analyse et du raisonnement, développent son goût pour les exploits chevaleresques dont les récits le transportent jusqu'aux larmes.

En 1796, l'adolescent entre à l'École centrale de Grenoble. Après de brillantes études, Stendhal gagne Paris dans le but officiel de se présenter au concours de l'École Polytechnique, en fait dans l'intention secrète d'y connaître la gloire et l'amour. Il y arrive le 19 Brumaire, an VIII de la République (10 novembre 1799), le lendemain du coup d'État de Bonaparte.

1. Pour plus de détails, voir p. 167.

2. L'expression figure dans la *Vie de Henry Brulard*, ch. III.

Le fonctionnaire impérial

Oubliant aussitôt Polytechnique, Stendhal entre comme secrétaire au ministère de la Guerre grâce à l'appui de son cousin Pierre Daru, inspecteur aux revues et futur ministre de Napoléon. La tâche est monotone. Aussi, quand on lui propose de participer à la campagne d'Italie (1800-1801), accepte-t-il avec enthousiasme, sans se douter qu'il va découvrir au-delà des Alpes sa seconde patrie. L'Italie l'éblouit en effet. Préludes à sa passion pour la musique, les opéras de Cimarosa[1] l'enchantent. Milan le subjugue. Entre deux aventures sentimentales, il apprend l'italien, commence son *Journal*[2]. Bientôt, pourtant, l'ennui l'accable : le jeune sous-lieutenant obtient un congé, rentre en France au début de 1802 et démissionne de l'armée.

De retour à Paris, Stendhal n'a qu'une ambition : « écrire des comédies comme Molière ». Il ne la réalisera jamais. Tout en s'adonnant à de nouvelles amours, il s'absorbe dans la lecture des « Idéologues »[3] qui exerceront sur lui une influence durable et qui lui donneront l'habitude de s'analyser aussi sincèrement que possible.

Comme il faut toutefois vivre, Stendhal reprend du service dans l'armée où il exerce diverses fonctions administratives. L'année 1810 marque l'apogée de sa carrière : il est nommé au Conseil d'État. Sa réussite est cependant de courte durée. Mauvais courtisan, il n'accédera jamais au rang de préfet comme il en caressait l'espoir. La désastreuse campagne de Russie (1812) où il pénètre dans Moscou en flammes, et la chute de l'Empire (1814) ruinent définitivement sa situation et ses projets.

« Henry Beyle milanais »

Dès août 1814, Stendhal s'installe à Milan. Le retour de Napoléon de l'île d'Elbe et les Cent-Jours (1815) ne l'incitent pas à revenir en France, tant il y est heureux. Les déceptions sentimentales ne lui manquent pourtant pas. Après une liaison orageuse avec Angela Pietragrua, il tombe amoureux de Métilde Dembowski qui tout de suite repousse ses avances. Surtout Stendhal, qui a jusqu'ici tout sacrifié à son ambition, se met à écrire avec frénésie. En 1817, il fait successivement paraître une *Histoire de la peinture en Italie*, des *Lettres sur Haydn, Mozart et Métastase*[4] et le premier ouvrage qu'il signe du pseudonyme de Stendhal[5] : *Rome, Naples et Florence.* Il conçoit en même temps une *Vie de Napoléon* qui restera inachevée. Suspecté de « carbonarisme »[6], il est expulsé d'Italie en 1821 et revient en France.

Il fréquente alors les salons parisiens, où il peut méditer à sa guise sur l'art de plaire. Lui-même n'est pas à l'abri des déconvenues. Dans son incessante chasse au bonheur, il s'éprend de la comtesse Curial qui finit par lui préférer un rival. Désappointé, Stendhal se réfugie dans l'écriture et publie en 1827 son premier roman, *Armance.* Il sollicite et obtient une place d'auxiliaire à la Bibliothèque nationale. A ses déboires financiers s'ajoutent des déceptions sentimentales. Aussi songe-t-il à se suicider.

En 1829, il publie *Promenades dans Rome.* Nommé consul à Trieste après l'avènement de Louis-Philippe, il quitte Paris le 6 novembre 1830. Le 13, paraît *Le Rouge et le Noir.*

THOMAS, *Italie vers 1820, Une villa aux environs de Rome*, gravure. Paris, Bibliothèque des Arts Décoratifs.

1. Compositeur italien (1749-1801), que ses opéras ont rendu célèbre dans toute l'Europe.
2. Publié longtemps après sa mort, en 1911.
3. Nom que prit un groupe de philosophes du début du XIXe siècle qui s'efforcèrent de donner une explication scientifique du comportement humain.
4. Compositeur autrichien, Joseph Haydn vécut de 1732 à 1809 ; né en 1756, Mozart mourut en 1791 ; poète et musicien italien, Métastase vécut de 1698 à 1782.
5. Du nom d'une petite ville allemande.
6. Société politique secrète qui se développa dans le royaume de Naples pour établir des régimes démocratiques en Italie.

Le consul homme de lettres

A Trieste, alors sous domination autrichienne, son carbonarisme le rend de nouveau suspect, et, pour éviter tout ennui diplomatique, la France le désigne comme consul à Civita-Vecchia[1] dans les États pontificaux. Stendhal s'y morfond. Entre une nouvelle liaison et les obligations de sa charge, il écrit *Souvenirs d'égotisme*[2], commence deux ouvrages d'inspiration autobiographique qu'il laissera inachevés : *Lucien Leuwen* et la *Vie de Henry Brulard.*

En 1836, il obtient enfin un congé qu'il met à profit pour renouer avec les salons parisiens et pour voyager. En 1838, il se plonge avec ardeur dans la rédaction de *La chartreuse de Parme*, publie des récits dramatiques, plus tard regroupés sous le titre de *Chroniques italiennes.* Stendhal doit cependant regagner son poste à Civita-Vecchia où il met en chantier son dernier roman, *Lamiel.* De retour à Paris en 1841, une crise d'apoplexie le foudroie en pleine rue au soir du 22 mars 1842.

Place Grenette à Grenoble, lithographie de A. MANGENDRE. D'après les documents conservés à la Bibliothèque Municipale de Grenoble.

LES ESSAIS

De l'Amour (1822), essai de psychologie amoureuse. → p. 145.
Racine et Shakespeare (1823-1825), essai de critique littéraire. → p. 147.

De l'Amour
1822

Le livre, écrit pour Métilde Dembowski, se présente comme « une description détaillée et minutieuse de tous les sentiments qui composent la passion nommée *amour* ». En disciple des Idéologues[3] qui s'efforçaient de comprendre les mécanismes de l'esprit humain, Stendhal donne à son œuvre un tour volontairement scientifique et distingue quatre variétés principales d'amour : l'amour-passion, l'amour-goût[4], l'amour physique et l'amour de vanité[5]. Convaincu comme les Idéologues que la vie mentale et affective obéit à la physiologie, il enrichit cet inventaire de toutes les nuances du sentiment amoureux en fonction du tempérament des individus[6], du climat, du système politique des nations et de l'éducation. Stendhal passe ainsi en revue les différentes façons d'aimer en Europe, aux États-Unis et même en Arabie. Constituant une histoire et une géographie de l'amour, le livre s'achève par le portrait de deux amoureux célèbres : Werther et Dom Juan[7].

De l'Amour, que Stendhal estimait son ouvrage principal, fut son plus grand échec : il ne s'en vendit qu'une vingtaine d'exemplaires ! Le livre demeure toutefois un témoignage capital pour comprendre Stendhal qui, toute sa vie, chercha le bonheur dans l'amour ; pour apprécier sa finesse psychologique, pour pénétrer l'âme de ses personnages et, en définitive, pour mieux nous analyser nous-mêmes.

1. Ville d'Italie sur la mer Tyrrhénienne, actuel port de Rome.
2. Cf. p. 147.
3. Cf. p. 144, note 3.
4. « Où, précise Stendhal, il ne doit entrer rien de désagréable sous aucun prétexte, et sous peine de manquer d'usage, de bon ton, de délicatesse [...]. Rien n'y étant passion et imprévu, il a souvent plus de délicatesse que l'amour véritable, car il a toujours beaucoup d'esprit. »
5. « L'immense majorité des hommes, surtout en France, désire et a une femme à la mode, comme on a un joli cheval, comme chose nécessaire au luxe d'un jeune homme. »
6. « Tous les amours, toutes les imaginations, prennent dans les individus la couleur de six tempéraments : le sanguin, le bilieux, le mélancolique, le flegmatique, le nerveux et l'athlétique. »
7. Werther, héros d'un roman de Goethe (1774), se suicide par désespoir amoureux ; quant à Dom Juan, séducteur légendaire, Molière lui a consacré l'une de ses comédies (1665).

La « cristallisation »

Examinant l'amour-passion, Stendhal étudie d'abord les conditions de son apparition. « Voici, écrit-il, ce qui se passe dans l'âme : 1. L'admiration. 2. On se dit : « Quel plaisir de lui donner des baisers, d'en recevoir ! » 3. L'espérance [...]. 4. L'amour est né. » Suit alors la « première cristallisation ». On remarquera l'art avec lequel Stendhal utilise l'image du rameau pour introduire et illustrer sa définition de la « cristallisation ».

On se plaît à orner de mille perfections une femme de l'amour de laquelle on est sûr ; on se détaille tout son bonheur avec une complaisance infinie. Cela se réduit à s'exagérer une propriété superbe, qui vient de nous tomber du ciel, que l'on ne connaît pas, et de la possession de laquelle on est assuré.

Laissez travailler la tête d'un amant pendant vingt-quatre heures, et voici ce que vous trouverez :

Aux mines de sel de Salzbourg, on jette, dans les profondeurs abandonnées de la mine, un rameau d'arbre effeuillé par l'hiver ; deux ou trois mois après on le retire couvert de cristallisations brillantes : les plus petites branches, celles qui ne sont pas plus grosses que la patte d'une mésange, sont garnies d'une infinité de diamants, mobiles et éblouissants ; on ne peut plus reconnaître le rameau primitif.

Ce que j'appelle cristallisation, c'est l'opération de l'esprit, qui tire de tout ce qui se présente la découverte que l'objet aimé a de nouvelles perfections. [...]

Ce phénomène, que je me permets d'appeler la *cristallisation*, vient de la nature qui nous commande d'avoir du plaisir et qui nous envoie le sang au cerveau, du sentiment que les plaisirs augmentent avec les perfections de l'objet aimé, et de l'idée : elle est à moi.

De l'Amour, ch. 2.

Pour préparer l'étude du texte

L'art de la démonstration.

1. Analyser les procédés de la généralisation : pronoms personnels, temps verbaux, absence de précision et de référence à toute expérience personnelle.
2. Étudier la reprise des termes à l'intérieur du texte, l'expression différente de la même idée avant et après l'illustration par l'exemple du rameau.
3. Montrer que le phénomène de la *cristallisation* est analysé scientifiquement (notions de temps, de progression) mais que l'auteur lui donne aussi une connotation esthétique.

Johan Heinrich FÜSSLI (1741-1825), *Eros et Psyché* (1800-1810). New Haven, Yale Center for British Art, Collection Paul Mellon.

Persécutée par Aphrodite jalouse de sa beauté, Psyché est aimée d'Eros, l'Amour. Mais, ayant péché par curiosité et doute, Psyché perd son amant divin et devient l'esclave d'Aphrodite. Délivrée enfin par Eros, Psyché devient immortelle et vit dans l'éternel bonheur de l'amour...

Racine et Shakespeare

1823-1825

Publié pour la première fois en 1823 à la suite d'une représentation houleuse d'*Othello*, complété en 1825, *Racine et Shakespeare* constitue, avec la *Préface* de *Cromwell* que Hugo publie en 1827, un des manifestes majeurs du théâtre romantique[1].

Stendhal y définit le « romanticisme »[2] comme :

« L'art de présenter aux peuples les œuvres littéraires qui, dans l'état actuel de leurs habitudes et de leurs croyances, sont susceptibles de leur donner le plus de plaisir possible. Le classicisme *au contraire leur présente la littérature qui donnait le plus grand plaisir possible à leurs arrière-grands-pères [...]. Imiter aujourd'hui Sophocle et Euripide[3] et prétendre que ces imitations ne feront pas bâiller les Français du XIXe siècle, c'est du classicisme. »* (ch. 3).

Aussi n'hésite-t-il pas à affirmer que Racine et Shakespeare[4] ont été *romantiques* en leur temps : Racine, parce qu'« il a donné aux marquis de la cour de Louis XIV une peinture des passions, tempérée par l'extrême dignité qui était de mode » ; Shakespeare, « parce qu'il présenta aux Anglais de l'an 1590, d'abord les catastrophes sanglantes amenées par les guerres civiles[5] et, pour reposer de ces tristes spectacles, une foule de peintures fines des mouvements du cœur, et des nuances de passions les plus délicates » (ch. 3).

Constatant que Shakespeare offre l'exemple d'un théâtre qui n'est pas prisonnier des conventions et des règles classiques, Stendhal invite les modernes à « marcher sur les traces » de celui-ci. Au nom de la vraisemblance, il condamne les unités de lieu et de temps chères aux classiques. Au nom du réalisme, il proscrit l'alexandrin qui « n'est souvent qu'un cache-sottise »[6]. Au nom de l'intérêt, il réclame des sujets modernes.

Stendhal se prononce ainsi en faveur d'une « tragédie nationale en prose ». A la question : « Qu'est-ce que la tragédie romantique ? » il répond : « Une tragédie romantique est écrite en prose, la succession des événements qu'elle présente aux yeux des spectateurs dure plusieurs mois, et ils se passent en des lieux différents » (lettre 3).

L'AUTOBIOGRAPHIE

Souvenirs d'égotisme (publié en 1893). → p. 147.
Vie de Henry Brulard (publié en 1890). → p. 149.

Souvenirs d'égotisme

1832

Bien qu'il s'agisse d'une œuvre autobiographique, les *Souvenirs d'égotisme* sont très différents, dans leur forme et dans leur esprit, des *Confessions* de Rousseau ou des *Mémoires d'outre-tombe* de Chateaubriand. Stendhal n'y relate que la partie la plus récente de son existence, de juin 1821 à novembre 1830 : depuis le moment où, désespéré de n'avoir su se faire aimer de Métilde, il s'enfuit de Milan et songe à se suicider, jusqu'à sa nomination comme consul à Trieste. Mais il ne tente ni de se justifier comme Rousseau, ni de fixer pour la postérité une image idéale de lui-même comme Chateaubriand.

C'est pourquoi il intitule son livre *Souvenirs d'égotisme*. Le mot « égotisme » provient de l'anglais[7] et signifie, selon la définition que donne, en 1824, le *Dictionnaire des mots nouveaux* de F. Raymond : « Défaut de parler de soi, habitude blâmable de soi. » La résonance péjorative du terme laisse entendre que Stendhal ne cherche pas à étaler son Moi. A l'approche de ses cinquante ans, celui-ci tente au contraire, devant l'angoisse du temps qui passe, de se comprendre et de cerner sa véritable identité en fonction du seul critère qui importe à ses yeux : le bonheur.

« Ai-je tiré tout le parti possible pour mon bonheur des positions où le hasard m'a placé pendant les neuf ans [de 1821 à 1830] *que je viens de passer à Paris ? Quel homme suis-je ? Ai-je du bon sens, ai-je du bon sens avec profondeur ?*

Ai-je un esprit remarquable ? En vérité, je n'en sais rien. [...] *Voyons si, en faisant mon examen de conscience la plume à la main, j'arriverai à quelque chose de* positif *et qui reste* longtemps vrai *pour moi. Que penserai-je de ce que je me sens disposé à écrire en le relisant vers 1835, si je vis ? »* (ch. 1)

L'œuvre présente dès lors un double intérêt : elle nous renseigne sur les humeurs, les haines et les passions de Stendhal, et elle constitue, à partir d'anecdotes, un tableau vivant, même s'il est partial, du règne de Charles X. Après avoir rédigé douze chapitres, Stendhal renonce à aller plus avant. Ses *Souvenirs d'égotisme* qu'il escomptait voir publiés vers 1860, ne le seront qu'en 1893.

1. Cf. p. 237.
2. Appellation que Stendhal adopte par préférence politique, le mot *romanticisme* désignant en Italie un renouvellement de la littérature lié au courant politique libéral.
3. Poètes tragiques grecs du Ve siècle avant notre ère.
4. Pour qui, à l'inverse de beaucoup de Français de l'époque, Stendhal avait une grande admiration. Ce n'est que progressivement, au cours du XIXe siècle, que l'on se mit à apprécier Shakespeare (1564-1616).
5. Élisabeth Ire (1558-1603) établit l'anglicanisme, religion officielle de l'Angleterre, dut vaincre la résistance des catholiques, et fit exécuter sa cousine et rivale Marie Stuart.
6. Contrairement à Victor Hugo qui recommandera le maintien de l'alexandrin.
7. L'Anglais William Hazlitt avait publié en 1824 un essai intitulé *On egotism.*

Ai-je un esprit remarquable ? En vérité, je n'en sais rien. Ému par ce qui m'arrive au jour le jour, je pense rarement à ces questions fondamentales, et alors mes jugements varient comme mon humeur. Mes jugements ne sont que des aperçus. [...]

Je sens, depuis un mois que j'y pense, une répugnance réelle à écrire uniquement pour parler de moi, du nombre de mes chemises, de mes accidents d'amour-propre. D'un autre côté, je me trouve loin de la France[1] ; j'ai lu tous les livres amusants qui ont pénétré en ce pays. Toute la disposition de mon cœur était d'écrire un livre d'imagination sur une intrigue d'amour arrivée à Dresde, en août 1813, dans une maison voisine de la mienne[2], mais les petits devoirs de ma place m'interrompent assez souvent, ou, pour mieux dire, je ne puis jamais en prenant mon papier être sûr de passer une heure sans être interrompu. Cette petite contrariété éteint net l'imagination chez moi. Quand je reprends ma fiction, je suis dégoûté de ce que je pensais. A quoi un homme sage répondra qu'il faut se vaincre soi-même. Je répliquerai : il est trop tard, j'ai quarante-neuf ans ; après tant d'aventures, il est temps de songer à achever la vie le moins mal possible.

Ma principale objection n'était pas la *vanité* qu'il y a à écrire sa vie. Un livre sur un tel sujet est comme tous les autres ; on l'oublie bien vite, s'il est ennuyeux. Je craignais de déflorer les moments heureux que j'ai rencontrés, en les décrivant, en les anatomisant. Or, c'est ce que je ne ferai point, je sauterai le bonheur.

Le génie poétique est mort, mais le génie du *soupçon* est venu au monde. Je suis profondément convaincu que le seul antidote qui puisse faire oublier au lecteur les éternels *Je* que l'auteur va écrire, c'est une parfaite sincérité.

Aurai-je le courage de raconter les choses humiliantes sans les sauver par des préfaces infinies ? Je l'espère.

Malgré les malheurs de mon ambition, je ne crois point les hommes méchants ; je ne me crois point persécuté par eux, je les regarde comme des machines poussées, en France, par la *vanité* et, ailleurs, par toutes les passions, la vanité y comprise.

Je ne me connais point moi-même et c'est ce qui quelquefois, la nuit quand j'y pense, me désole. Suis-je bon, méchant, spirituel, bête ? Ai-je su tirer un bon parti des hasards au milieu desquels m'a jeté et la toute-puissance de Napoléon (que toujours j'adorai) en 1810, et la chute que nous fîmes dans la boue en 1814, et notre effort pour en sortir en 1830[3] ? Je crains bien que non, j'ai agi par humeur, au hasard.

Souvenirs d'égotisme, ch. 1.

Pour préparer le commentaire composé

Étudier

1. les raisons d'écrire pour « parler de soi » (la volonté de se connaître, les difficultés d'une œuvre d'imagination, vivre « le moins mal possible ») ;

2. les objections apportées à cette démarche : le caractère ennuyeux de l'ouvrage, la difficulté de la sincérité, la méconnaissance de soi ;

3. les caractéristiques de l'écriture autobiographique : « je » sujet et objet, l'expression des incertitudes, l'alternance du récit et de l'analyse.

Pour un groupement de textes

Écrire une autobiographie.

Montaigne, *Essais* (II, 18), « Du démentir ».
Rousseau, *Confessions* (L. 1, Préambule du manuscrit de Neufchâtel ; début du L. 7).
Chateaubriand, *Mémoires d'outre-tombe* (préface des « Mémoires de ma vie », 1809).
Mauriac, *Commencements d'une vie* (Introduction).
Gide, *Si le grain ne meurt* (début de la deuxième partie).
N. Sarraute, *Enfance* (premières pages).

1. Stendhal est alors consul en Italie et réside à Civita-Vecchia.
2. Il s'agit de *Mina de Vanghel*, commencé à la fin 1829 et que Stendhal est en train de retoucher en 1832.
3. Allusion à l'avènement de Louis-Philippe qui suscita de nombreux espoirs avant de tous les décevoir.

Vie de Henry Brulard

1835-1836

Cet ouvrage autobiographique relate l'existence de Stendhal jusqu'en 1800 : ses premiers souvenirs d'enfance à Grenoble tragiquement marqués par la mort précoce de sa mère et dominés par un père haï, par la terrible tante Séraphie et le détesté abbé Raillane ; son séjour à l'École centrale ; sa découverte de Paris ; sa participation enfin à la campagne d'Italie. Commencée en 1835, la *Vie de Henry Brulard* (pseudonyme que Stendhal emprunte à un oncle paternel) ne fut jamais achevée, ni publiée du vivant de l'auteur. Elle constitue un document irremplaçable pour connaître les goûts et les réactions de Stendhal.

L'armée française traverse les Alpes au Mont Saint-Bernard sous le commandement de Bonaparte et Berthier. Boulogne, Bibliothèque Marmottan.

Après avoir franchi le col du Grand-Saint-Bernard et connu son baptême du feu, Stendhal arrive dans le Piémont et fait halte dans la ville italienne d'Ivrée. Il décide d'aller au spectacle : c'est pour lui une révélation. Les jours suivants, c'est la route d'Ivrée à Milan qui l'enchante. Stendhal est définitivement tombé amoureux de l'Italie, comme en témoigne ce passage, malgré sa discrète ironie et l'apparente sécheresse de son style.

J'allai au spectacle, on donnait le *Matrimonio Segreto* de Cimarosa[1], l'actrice qui jouait Caroline avait une dent de moins sur le devant. Voilà tout ce qui me reste d'un bonheur divin.

Je mentirais et ferais du roman si j'entreprenais de le détailler.

A l'instant mes deux grandes actions : 1. avoir passé le Saint-Bernard, 2. avoir été au feu, disparurent. Tout cela me sembla grossier et bas. J'éprouvai quelque chose comme mon enthousiasme de l'église au-dessus de Rolle mais bien plus pur et bien plus vif. Le pédantisme de Julie d'Étange[2] me gênait dans Rousseau, au lieu que tout fut divin dans Cimarosa.

Dans les intervalles du plaisir je me disais : « Et me voici jeté dans un métier grossier au lieu de vouer ma vie à la musique ! »

1. Cf. note 1 de la page 144.

2. Héroïne de *La nouvelle Héloïse* (1761).

La réponse était, sans nulle mauvaise humeur : « Il faut vivre, je vais voir le monde, devenir un brave militaire, et après un an ou deux je reviens à la musique, *mes uniques amours.* » Je me disais de ces paroles emphatiques.

Ma vie fut renouvelée, et tout mon désappointement de Paris enterré à jamais.

Je venais de voir distinctement où était le bonheur. Il me semble aujourd'hui que mon grand malheur devait être : je n'ai pas trouvé le bonheur à Paris où je l'ai cru pendant si longtemps, où est-il donc ? Ne serait-il point dans nos montagnes du Dauphiné ? Alors mes parents auraient raison, et je ferais mieux d'y retourner.

La soirée d'Ivrée détruisit à jamais le Dauphiné dans mon esprit. Sans les belles montagnes que j'avais vues le matin en arrivant, peut-être Berland, S[ain]t-Ange et Taillefer n'auraient-ils pas été battus pour toujours[1].

Vivre en Italie et entendre de cette musique devint la base de tous mes raisonnements.

Le lendemain matin, en cheminant au pas de nos chevaux avec le cap[itai]ne qui avait six pieds, j'eus l'enfance de parler de mon bonheur ; il me répondit par des plaisanteries grossières sur la facilité de mœurs des actrices. Ce mot était cher et sacré pour moi, à cause de Madame Kubly[2], et de plus ce matin-là j'étais amoureux de Carolina (du *Matrimonio*). Il me semble que nous eûmes un différend sérieux avec quelque idée de duel de ma part.

Je ne comprends rien à ma folie, c'est comme ma provocation à l'excellent Joinville (maintenant M. le baron Joinville, intendant militaire à Paris) : je ne pouvais pas soutenir mon sabre en ligne horizontale.

La paix faite avec le capitaine nous fûmes, ce me semble, occupés de la bataille du Tessin[3] où il me semble que nous fûmes mêlés mais sans danger. Je n'en dis pas davantage, de peur de faire du roman ; cette bataille, ou combat, me fut contée en grands détails peu de mois après par M. Guyardet, chef de b[ataill]on à la 6e ou 9e légère, le régiment de cet excellent Macon, mort à Leipzig vers 1809, ce me semble. Le récit de M. Guyardet, fait, ce me semble, à Joinville en ma présence, complète mes souvenirs et j'ai peur de prendre l'impression de ce récit pour un souvenir.

Je ne me rappelle pas même si le combat du Tessin compta dans mon esprit pour la seconde vue du feu, dans tous les cas ce ne put être que le feu du canon, peut-être eûmes-nous peur d'être sabrés nous trouvant avec quelque cavalerie ramenés par l'ennemi. Je ne vois de clair que la fumée du canon ou de la fusillade. Tout est confus.

Excepté le bonheur le plus vif et le plus fou, je n'ai réellement rien à dire d'Ivrée à Milan. La vue du paysage me ravissait. Je ne le trouvais pas la réalisation du beau, mais quand, après le Tessin jusqu'à Milan, la fréquence des arbres et la force de la végétation, et même les tiges du maïs, ce me semble, empêchaient de voir à cent pas à droite et à gauche, je trouvais que *c'était là le beau.*

Tel a été pour moi Milan pendant vingt ans (1800 à 1820). A peine si cette image adorée commence à se séparer du beau. Ma raison me dit : mais le vrai beau, c'est Naples et le Pausilippe par exemple, ce sont les environs de Dresde, les murs abattus de Leipzig, l'Elbe sous Rainville à Altona, le lac de Genève, etc., etc. C'est ma raison qui dit cela, mon cœur ne sent que Milan et la campagne *luxuriante* qui l'environne.

Vie de Henry Brulard, ch. 45.

Pour préparer l'étude du texte

1. Analyser comment s'exprime l'influence décisive de la musique italienne, dans un contexte italien, sur la sensibilité et le comportement du narrateur.
2. Déterminer les caractéristiques du bonheur stendhalien à travers cet extrait.
3. Autobiographie et refus du romanesque. Étudier comment se manifeste le refus ironique du romanesque.

Pour un groupement de textes

Images de l'Italie dans la littérature du XIXe siècle.

Chateaubriand, *Mémoires d'outre-tombe* (Venise), *Le voyage en Italie.*
Musset, *Contes d'Espagne et d'Italie, Lorenzaccio, Les caprices de Marianne.*
Aloysius Bertrand, *Gaspard de la nuit* (« Espagne et Italie »).
Gautier, *Émaux et camées.*
Stendhal, *La chartreuse de Parme, Chroniques italiennes.*
Hugo, *Angelo, tyran de Padoue.*

1. Noms de monts et de plateaux savoyards.
2. Actrice dont Stendhal s'était jadis épris à Grenoble.
3. Le 31 mai 1800.

LES ROMANS

Le Rouge et le Noir (1830), roman. → p. 151.
Chroniques italiennes, recueil de nouvelles écrites de 1837 à 1839, et publié en 1855. → p. 158.
La chartreuse de Parme (1839), roman. → p. 160.

Le Rouge et le Noir
1830

Premier chef-d'œuvre de Stendhal, *Le Rouge et le Noir*, publié en 1830, n'eut guère de succès à son époque. Ce roman est pourtant très représentatif de l'idéologie stendhalienne et de l'intégration d'un récit romanesque à l'histoire contemporaine. Cette œuvre, qui retrace l'itinéraire d'un jeune homme dans la société provinciale, puis à Paris, s'inscrit dans la lignée des romans d'apprentissage. Il est l'occasion d'une double étude : celle d'une évolution individuelle, marquée par le conflit permanent entre l'ambition et la sensibilité ; celle d'une société qui défend ses valeurs et ne laisse guère d'espoir à qui n'a pas la chance d'être « bien né ».

Le double conflit qu'affronte le héros — lutte contre lui même, lutte contre la société qui le refuse — constitue un puissant moteur romanesque. Il fait du roman une étude psychologique subtile et un tableau social très révélateur. Le titre du roman est à cet égard tout à fait significatif. La première édition portait : *Le Rouge et le Noir, une chronique du XIXe siècle*. Pour ce qui est du choix des « couleurs », Stendhal en a donné la signification symbolique : « Le *rouge* signifie que, venu plus tôt, Julien eût été soldat ; mais à l'époque où il vécut, il fut forcé de prendre la soutane, de là le *noir*. »

Un roman intégré à l'histoire sociale

Le personnage de Julien est né du rapprochement de deux tristes héros d'affaires criminelles relatées par *La Gazette des Tribunaux*, A. Lafargue et Antoine Berthet. Issus l'un et l'autre des classes populaires, ils ont en commun d'avoir assassiné leur maîtresse, le premier par déception amoureuse et par jalousie, le second par ambition déçue. L'assimilation pourrait faire de Julien Sorel simplement un assassin. Ce n'est pas là l'objectif de Stendhal. Le choix d'ambitieux qui ne réussissent pas correspond à une constatation historique. Après la chute de Napoléon, modèle vénéré de beaucoup de ces jeunes gens nés avec le siècle, la voie de la réussite sociale semble fermée à ceux qui sont de naissance obscure. Leur valeur, leur obstination, leur volonté ne peuvent venir à bout des obstacles que la société dresse devant eux. On retrouve là l'explication du titre : faute de réussir par les armes, on tente d'y parvenir par les ordres.

Cette société organisée et fermée apparaît à travers deux tableaux successifs, qui correspondent à la structure du roman. La première partie se situe à Verrières, petite ville de Franche-Comté, et permet une analyse historique et sociologique des milieux provinciaux. Stendhal y étudie avec un regard aigu et critique, en témoin parfois perfide, les rivalités, les ambitions, les mesquineries qui font la vie quotidienne d'une petite ville. La deuxième partie est consacrée à l'aristocratie parisienne, figée, et repliée sur son respect de valeurs prérévolutionnaires.

L'idéologie stendhalienne

C'est dans ce double contexte que s'exprime l'idéologie stendhalienne. Héros de 1830, Julien est aussi le porte-parole et le double de son créateur, qui fait passer à travers son enthousiasme et sa sensibilité une grande part de sa personnalité. Les échos de la vie personnelle et des choix de Stendhal y sont nombreux : admiration pour Napoléon, soif de réussite, observation perspicace du monde, profond désir d'être heureux. Ajoutons cette « virtu » si spécifiquement stendhalienne, force rayonnante qui permet l'action et porte aux comportements les plus risqués. Sous son influence, Julien ponctue sa vie d'obligations aléatoires, ces fameux « devoirs » qu'il se crée simplement pour se contraindre à les exécuter, par fidélité au personnage fort et napoléonien qu'il aimerait être.

Stendhal a ainsi créé un personnage d'une grande complexité psychologique, déchiré entre une puissante volonté de réussir, la certitude de sa propre valeur, et une sensibilité qui le rend vulnérable. Cette complexité est rendue par une grande variété de modes d'écriture romanesque. Stendhal passe des différentes formes du récit à toutes celles du discours. Il y ajoute, ce qui n'est pas le moindre charme, des interventions personnelles, soulignant tantôt l'indulgence attendrie qu'il a pour son héros, tantôt une sévérité de jugement inattendue. Les relations entre le narrateur-auteur et son personnage sont aussi variées que passionnantes.

Eugène LAMI (1800-1890), *Scène de bal* (vers 1840)
Paris, Bibliothèque des Arts Décoratifs.

« tu liras donc toujours tes maudits livres »

Après une présentation des lieux (Verrières) et du contexte historique, Stendhal met en scène son héros dans son environnement familial. L'annonce de la proposition de M. de Rênal (une place de précepteur) est l'occasion d'une confrontation riche en informations. On y voit en particulier tout ce qui oppose Julien, lecteur assidu des épopées napoléoniennes et jeune homme fragile, à un père et à des frères brutaux et bornés.

En approchant de son usine, le père Sorel appela Julien de sa voix de stentor ; personne ne répondit. Il ne vit que ses fils aînés, espèce de géants qui, armés de lourdes haches, équarrissaient les troncs de sapin, qu'ils allaient porter à la scie. Tout occupés à suivre exactement la marque noire tracée sur la pièce de bois, chaque coup de leur hache en séparait des copeaux énormes. Ils n'entendirent pas la voix de leur père. Celui-ci se dirigea vers le hangar ; en y entrant, il chercha vainement Julien à la place qu'il aurait dû occuper, à côté de la scie. Il l'aperçut à cinq ou six pieds plus haut, à cheval sur l'une des pièces de la toiture. Au lieu de surveiller attentivement l'action de tout le mécanisme, Julien lisait. Rien n'était plus antipathique au vieux Sorel ; il eût peut-être pardonné à Julien sa taille mince, peu propre aux travaux de force, et si différente de celle de ses aînés ; mais cette manie de lecture lui était odieuse, il ne savait pas lire lui-même.

Ce fut en vain qu'il appela Julien deux ou trois fois. L'attention que le jeune homme donnait à son livre, bien plus que le bruit de la scie, l'empêcha d'entendre la terrible voix de son père. Enfin, malgré son âge, celui-ci sauta lestement sur l'arbre soumis à l'action de la scie, et de là sur la poutre transversale qui soutenait le toit. Un coup violent fit voler dans le ruisseau le livre que tenait Julien ; un second coup aussi violent, donné sur la tête, en forme de calotte, lui fit perdre l'équilibre. Il allait tomber à douze ou quinze pieds plus bas, au milieu des leviers de la machine en action, qui l'eussent brisé, mais son père le retint de la main gauche, comme il tombait :

— Eh bien, paresseux ! tu liras donc toujours tes maudits livres, pendant que tu es de garde à la scie ? Lis-les le soir, quand tu vas perdre ton temps chez le curé, à la bonne heure.

Julien, quoique étourdi par la force du coup, et tout sanglant se rapprocha de son poste officiel, à côté de la scie. Il avait les larmes aux yeux, moins à cause de la douleur physique que pour la perte de son livre qu'il adorait.

« Descends, animal, que je te parle. » Le bruit de la machine empêcha encore Julien d'entendre cet ordre. Son père qui était descendu, ne voulant pas se donner la peine de remonter sur le mécanisme, alla chercher une longue perche pour abattre des noix, et l'en frappa sur l'épaule. A peine Julien fut-il à terre, que le vieux Sorel, le chassant rudement devant lui, le poussa vers la maison. Dieu sait ce qu'il va me faire ! se disait le jeune homme. En passant, il regarda tristement le ruisseau où était tombé son livre ; c'était celui de tous qu'il affectionnait le plus, le *Mémorial de Sainte-Hélène*[1].

Il avait les joues pourpres et les yeux baissés. C'était un petit jeune homme de dix-huit à dix-neuf ans, faible en apparence, avec des traits irréguliers, mais délicats, et un nez aquilin. De grands yeux noirs, qui, dans les moments tranquilles, annonçaient de la réflexion et du feu, étaient animés en cet instant de l'expression de la haine la plus féroce. Des cheveux châtain foncé, plantés fort bas, lui donnaient un petit front, et, dans les moments de colère, un air méchant. Parmi les innombrables variétés de la physionomie humaine, il n'en est peut-être point qui se soit distinguée par une spécialité plus saisissante. Une taille svelte et bien prise annonçait plus de légèreté que de vigueur. Dès sa première jeunesse, son air extrêmement pensif et sa grande pâleur avaient donné l'idée à son père qu'il ne vivrait pas, ou qu'il vivrait pour être une charge à sa famille. Objet des mépris de tous à la maison, il haïssait ses frères et son père ; dans les jeux du dimanche, sur la place publique, il était toujours battu.

Le Rouge et le Noir, I, 4.

Pour préparer le commentaire composé

1. Un marginal. Récapituler et analyser tous les éléments qui soulignent les différences entre Julien, son père et ses frères, et qui font de lui un marginal dans la famille.
2. Récit et portrait. Montrer que le récit contient, sous différentes formes, les éléments repris dans le portrait.
3. Personnage et intrigue. En quoi cet épisode situé au début du roman est-il déterminant ?

Pour un groupement de textes

Présentation des héros romanesques.

Balzac, *Illusions perdues* (1re partie) : double portrait de David et de Lucien.
Flaubert, *L'éducation sentimentale*, I, 1, cf. p. 434.
Maupassant, *Bel-Ami*, ch. 1.
Gautier, *Le capitaine Fracasse* : portrait de Sigognac, ch. 1.
Zola, *Germinal* : arrivée d'Étienne Lantier à la mine, cf. p. 501.

1. Livre dicté par Napoléon à l'un de ses fidèles, Las Cases (1766-1842), qui le publia en 1823. Le *Mémorial* fut l'un des plus gros succès de librairie du siècle et contribua largement à répandre la légende napoléonienne (cf. p. 169). Stendhal prête à Julien son admiration pour l'ouvrage et pour l'empereur.

Henri-Joseph DUBOUCHET (1833-1909), Gravure pour *Le rouge et le noir*, édition de 1884. Paris, Bibliothèque Nationale.

« Je viens pour être précepteur, Madame... »

Malgré ses réticences à « être domestique », Julien se rend chez Mme de Rênal. La rencontre provoque chez les deux interlocuteurs un choc déterminant. Julien est ébloui, Mme de Rênal émue par la fragilité de celui qu'elle imaginait comme un être fruste. Le récit est fondé sur le regard alterné de l'un et de l'autre dans une scène classique du roman d'apprentissage.

Le teint de ce petit paysan était si blanc, ses yeux si doux, que l'esprit un peu romanesque de Mme de Rênal eut d'abord l'idée que ce pouvait être une jeune fille déguisée, qui venait demander quelque grâce à M. le maire. Elle eut pitié de cette pauvre créature, arrêtée à la porte d'entrée, et qui évidemment n'osait pas lever la main jusqu'à la sonnette. Mme de Rênal s'approcha, distraite un instant de l'amer chagrin que lui donnait l'arrivée du précepteur[1]. Julien, tourné vers la porte, ne la voyait pas s'avancer. Il tressaillit quand une voix douce dit tout près de son oreille :

— Que voulez-vous ici, mon enfant ?

Julien se tourna vivement, et, frappé du regard si rempli de grâce de Mme de Rênal, il oublia une partie de sa timidité. Bientôt, étonné de sa beauté, il oublia tout, même ce qu'il venait faire. Mme de Rênal avait répété sa question.

— Je viens pour être précepteur, Madame, lui dit-il enfin, tout honteux de ses larmes qu'il essuyait de son mieux[2].

1. Mme de Rênal redoutait que le précepteur ne soit qu'« un être grossier et mal peigné, chargé de gronder ses enfants, uniquement parce qu'il savait le latin ».

2. Julien est aussi timide et émotif que Mme de Rênal. C'est une des caractéristiques du héros stendhalien que d'être à la fois sensible et « honteux » de l'être.

Mme de Rênal resta interdite, ils étaient fort près l'un de l'autre à se regarder. Julien n'avait jamais vu un être aussi bien vêtu et surtout une femme avec un teint si éblouissant, lui parler d'un air doux. Mme de Rênal regardait les grosses larmes qui s'étaient arrêtées sur les joues si pâles d'abord et maintenant si roses de ce jeune paysan. Bientôt elle se mit à rire, avec toute la gaieté folle d'une jeune fille, elle se moquait d'elle-même et ne pouvait se figurer tout son bonheur. Quoi, c'était là ce précepteur qu'elle s'était figuré comme un prêtre sale et mal vêtu, qui viendrait gronder et fouetter ses enfants !

— Quoi, Monsieur[1], lui dit-elle enfin, vous savez le latin[2] ?

Ce mot de Monsieur étonna si fort Julien qu'il réfléchit un instant.

— Oui, Madame, dit-il timidement.

Mme de Rênal était si heureuse, qu'elle osa dire à Julien :

— Vous ne gronderez pas trop ces pauvres enfants ?

— Moi, les gronder, dit Julien étonné, et pourquoi ?

— N'est-ce pas, Monsieur, ajouta-t-elle après un petit silence et d'une voix dont chaque instant augmentait l'émotion, vous serez bon pour eux, vous me le promettez ?

S'entendre appeler de nouveau Monsieur, bien sérieusement, et par une dame si bien vêtue, était au-dessus de toutes les prévisions de Julien : dans tous les châteaux en Espagne de sa jeunesse, il s'était dit qu'aucune dame comme il faut ne daignerait lui parler que quand il aurait un bel uniforme. Mme de Rênal, de son côté, était complètement trompée par la beauté du teint, les grands yeux noirs de Julien et ses jolis cheveux qui frisaient plus qu'à l'ordinaire, parce que pour se rafraîchir il venait de plonger la tête dans le bassin de la fontaine publique. A sa grande joie, elle trouvait l'air timide d'une jeune fille à ce fatal précepteur, dont elle avait tant redouté pour ses enfants la dureté et l'air rébarbatif. Pour l'âme si paisible de Mme de Rênal, le contraste de ses craintes et de ce qu'elle voyait fut un grand événement. Enfin elle revint de sa surprise. Elle fut étonnée de se trouver ainsi à la porte de sa maison avec ce jeune homme presque en chemise et si près de lui.

— Entrons, Monsieur, lui dit-elle d'un air assez embarrassé.

Le Rouge et le Noir, I, 6.

Pour préparer l'étude du texte

1. L'importance du regard. Repérer et analyser les termes qui appartiennent au champ lexical de la vue.
2. Le double portrait. Comment chaque personnage voit-il l'autre ?
3. Montrer que les images perçues déterminent les impressions et les sentiments de chaque personnage :
— pour Julien : « une dame comme il faut » ;
— pour Madame de Rênal : un jeune homme avec « l'air timide d'une jeune fille ».

« il s'agissait de se dessiner un caractère tout nouveau. »

A la suite de la découverte de sa liaison avec Mme de Rênal, Julien est envoyé au séminaire de Besançon. Il y fait un nouvel apprentissage, douloureux, de l'hypocrisie du monde.

Son indépendance d'esprit lui attire la haine de ses condisciples : il doit donc se créer un personnage. L'analyse psychologique, le récit rétrospectif et le monologue intérieur permettent ici de traduire les incertitudes du héros.

A la vérité, les actions importantes de sa vie étaient savamment conduites ; mais il ne soignait pas les détails, et les habiles au séminaire ne regardent qu'aux détails. Aussi, passait-il déjà parmi ses camarades pour un *esprit fort*. Il avait été trahi par une foule de petites actions.

A leurs yeux, il était convaincu de ce vice énorme, *il pensait, il jugeait par lui-même*, au lieu de suivre aveuglément *l'autorité* et l'exemple. L'abbé Pirard[3] ne lui avait été d'aucun secours ; il ne lui avait pas adressé une seule fois la parole hors du tribunal de la pénitence, où encore il écoutait plus qu'il ne parlait. Il en eût été bien autrement s'il eût choisi l'abbé Castanède[4].

Du moment que Julien se fut aperçu de sa folie, il ne s'ennuya plus. Il voulut connaître toute l'étendue du mal, et, à cet effet, sortit un peu de ce silence hautain et obstiné avec lequel il repoussait ses camarades. Ce fut alors qu'on se vengea de lui. Ses avances furent accueillies par un mépris qui alla jusqu'à la dérision. Il reconnut que, depuis son entrée au séminaire, il n'y avait pas eu une heure, surtout pendant les récréations, qui n'eût porté conséquence pour ou contre lui, qui n'eût augmenté le nombre de ses ennemis, ou ne lui eût concilié la bienveillance de quelque séminariste sincèrement vertueux ou un peu moins grossier que les autres. Le mal à réparer était immense, la tâche fort difficile. Désormais l'attention de Julien fut sans cesse sur ses gardes ; il s'agissait de se dessiner un caractère tout nouveau.

1. Il n'était pas en effet d'usage qu'une femme de l'aristocratie appelât ainsi un plébéien.
2. Julien a appris le latin auprès du prêtre de la paroisse, le curé Chélan.
3. Le directeur du séminaire, que Julien a cru habile de choisir comme son confesseur. En fait, l'abbé Pirard a non seulement affecté d'ignorer Julien mais ne l'a même pas éclairé sur la conduite à observer au séminaire.
4. Le sous-directeur du séminaire, rival de l'abbé Pirard. Informé de tout et mieux en cour que l'abbé Pirard, Castanède est un personnage redoutable et puissant.

Les mouvements de ses yeux, par exemple, lui donnèrent beaucoup de peine. Ce n'est pas sans raison qu'en ces lieux-là on les porte baissés. Quelle n'était pas ma présomption à Verrières ! se disait Julien, je croyais vivre ; je me préparais seulement à la vie ; me voici enfin dans le monde, tel que je le trouverai jusqu'à la fin de mon rôle, entouré de vrais ennemis. Quelle immense difficulté, ajoutait-il, que cette hypocrisie de chaque minute ! c'est à faire pâlir les travaux d'Hercule. L'Hercule des temps modernes, c'est Sixte Quint[1] trompant quinze années de suite, par sa modestie, quarante cardinaux qui l'avaient vu vif et hautain pendant toute sa jeunesse.

La science n'est donc rien ici ! se disait-il avec dépit ; les progrès dans le dogme, dans l'histoire sacrée, etc., ne comptent qu'en apparence. Tout ce qu'on dit à ce sujet est destiné à faire tomber dans le piège les fous tels que moi. Hélas ! mon seul mérite consistait dans mes progrès rapides, dans ma façon de saisir ces balivernes. Est-ce qu'au fond ils les estimeraient à leur vraie valeur ? les jugent-ils comme moi ? Et j'avais la sottise d'en être fier ! Ces premières places que j'obtiens toujours n'ont servi qu'à me donner des ennemis acharnés. Chazel[2], qui a plus de science que moi, jette toujours dans ses compositions quelque balourdise qui le fait reléguer à la cinquantième place ; s'il obtient la première, c'est par distraction. Ah ! qu'un mot, un seul mot de M. Pirard m'eût été utile !

Du moment que Julien fut détrompé, les longs exercices de piété ascétique, tels que le chapelet cinq fois la semaine, les cantiques au Sacré-Cœur, etc., etc., qui lui semblaient si mortellement ennuyeux, devinrent ses moments d'action les plus intéressants. En réfléchissant sévèrement sur lui-même, et cherchant surtout à ne pas s'exagérer ses moyens, Julien n'aspira pas d'emblée, comme les séminaristes qui servaient de modèle aux autres, à faire à chaque instant des actions *significatives*, c'est-à-dire prouvant un genre de perfection chrétienne. Au séminaire, il est une façon de manger un œuf à la coque qui annonce les progrès faits dans la vie dévote.

Le Rouge et le Noir, I, 26.

Pour préparer l'étude du texte

1. Par une analyse précise des modalités d'écriture, des temps verbaux et des repères chronologiques, montrer que ce passage met en évidence à la fois une évolution du personnage et une prise de conscience.
2. Les caractéristiques du roman d'apprentissage. Les découvertes douloureuses, les modèles dangereux, les facultés d'adaptation.
3. Étudier la position de Stendhal vis-à-vis de son héros et vis-à-vis de son lecteur.

« O ciel ! serait-il un Danton, se dit Mathilde. »

A Paris, Julien découvre l'aristocratie conformiste et figée. Mathilde, la fille du marquis de La Mole, est intriguée et attirée par ce personnage original qui la tire de son ennui. Cette scène est tout à fait révélatrice des relations ambiguës qui conduiront au choc de deux orgueils. Julien s'y révèle sous un double aspect : faussement humble et volontairement provocateur.

Mais M. Sorel ne vient point, se dit-elle encore après qu'elle eut dansé. Elle le cherchait presque des yeux, lorsqu'elle l'aperçut dans un autre salon. Chose étonnante, il semblait avoir perdu ce ton de froideur impassible qui lui était si naturel ; il n'avait plus l'air anglais.

Il cause avec le comte Altamira[3], mon condamné à mort ! se dit Mathilde. Son œil est plein d'un feu sombre ; il a l'air d'un prince déguisé ; son regard a redoublé d'orgueil.

Julien se rapprochait de la place où elle était, toujours causant avec Altamira ; elle le regardait fixement, étudiant ses traits pour y chercher ces hautes qualités qui peuvent valoir à un homme l'honneur d'être condamné à mort.

Comme il passait près d'elle :

— Oui, disait-il au comte Altamira, Danton[4] était un homme !

O ciel ! serait-il un Danton, se dit Mathilde ; mais il a une figure si noble, et ce Danton était si horriblement laid, un boucher, je crois. Julien était encore assez près d'elle, elle n'hésita pas à l'appeler ; elle avait la conscience et l'orgueil de faire une question extraordinaire pour une jeune fille.

— Danton n'était-il pas un boucher ? lui dit-elle.

— Oui, aux yeux de certaines personnes, lui répondit Julien avec l'expression du mépris le plus mal déguisé et l'œil encore enflammé de sa conversation avec Altamira, mais malheureusement pour les gens bien nés, il était avocat à Méry-sur-Seine ; c'est-à-dire, Mademoiselle, ajouta-t-il d'un air méchant, qu'il a commencé comme plusieurs pairs que je vois ici. Il est vrai que Danton avait un désavantage énorme aux yeux de la beauté, il était fort laid.

Ces derniers mots furent dits rapidement, d'un air extraordinaire et assurément fort peu poli.

Julien attendit un instant, le haut du corps légèrement penché et avec un air orgueilleusement humble. Il semblait dire : Je suis payé pour vous répondre, et je vis de ma paye. Il ne daignait pas lever l'œil sur Mathilde.

1. Sixte Quint dut son élection à la papauté à l'extrême humilité dont il fit preuve durant le temps qu'il fut cardinal. Pape de 1585 à 1590, il réorganisa l'administration des États pontificaux et restaura la discipline des évêques et des religieux.
2. Un séminariste comme Julien.
3. Noble napolitain, condamné à mort dans son pays pour y avoir organisé un complot, et réfugié à Paris.
4. Membre du Comité de Salut public durant la Révolution, réclamant la fin de la Terreur, Danton fut guillotiné en avril 1794.

Elle, avec ses beaux yeux ouverts extraordinairement et fixés sur lui, avait l'air de son esclave. Enfin, comme le silence continuait, il la regarda ainsi qu'un valet regarde son maître, afin de prendre des ordres. Quoique ses yeux rencontrassent en plein ceux de Mathilde, toujours fixés sur lui avec un regard étrange, il s'éloigna avec un empressement marqué.

Lui, qui est réellement si beau, se dit enfin Mathilde sortant de sa rêverie, faire un tel éloge de la laideur ! Jamais de retour sur lui-même ! Il n'est pas comme Caylus ou Croisenois[1]. Ce Sorel a quelque chose de l'air que mon père prend quand il fait si bien Napoléon au bal.

Le Rouge et le Noir, II, 9.

Pour préparer le commentaire de texte

Étudier

1. Le jeu d'alternance entre les personnages : les pronoms personnels, la description des regards. En quoi ce jeu est-il révélateur de réactions réciproques ?
2. L'attitude de Julien : une provocation ambiguë ; la défense de Danton, l'affirmation implicite d'une situation inférieure ;
3. L'intérêt croissant de Mathilde pour Julien : quelles en sont les raisons ?

Pour un groupement de textes

Les héros de Julien : Napoléon, Rousseau, Danton, Robespierre.

Ire partie : ch. 5, 9, 10, 11, 14, 22.; IIe partie : ch. 8, 9.

Cherchant à analyser la spécificité de la technique romanesque de Stendhal par rapport à celle d'autres romanciers, Georges Blin insiste sur le fait que Stendhal se refuse à décrire la réalité telle qu'il la voit ou l'imagine. Contrairement au romancier démiurge qui, à l'exemple de Balzac ou de Zola, sait tout sur ses personnages, sur l'univers dans lequel ils se meuvent, Stendhal, pratiquant un « réalisme subjectif », ne dépeint le réel que sous l'angle où ses héros l'appréhendent.

*S'il est vrai que le réel ne fait l'objet d'une vision qu'en tant qu'il fait l'objet d'une visée, le romancier peut se regarder comme exempté de la description : décrire, c'est le fait d'un idéal témoin, ou d'un homme qui pour un moment se retient de vivre ; quand elle coupe le récit, la description, loin d'aboutir à replacer le personnage dans son milieu, l'expulse donc tout au contraire de son contexte, qui est un contexte d'action ; elle le désintéresse de lui-même et l'oblige en tout arbitraire à entrer dans des fonctions de spectateur professionnel, ou, si l'on préfère, d'auteur délégué. C'est abîmer le concret comme tel que le désarticuler de l'existence, laquelle, n'étant jamais qu'*une *existence, autrement dit un être-en-poursuite, une nécessité de « passer outre » et une impossibilité de dételer, n'admet pas de schisme, même contemplatif. Lorsque le romancier « détache » le tableau, c'est donc de la vie qu'il le détache, et il n'a plus le droit, ensuite, de l'exposer qu'en l'avouant pour une reconstitution théorique.*

Voilà qui autorise assez Stendhal à ne jamais inventorier pour le compte de ses héros une présence au monde qui est le monde même, mais tel que l'investit toujours le projet, c'est-à-dire pris en secteur. Concernant le pittoresque, les atmosphères et le sentiment de la nature, puisque c'est de cela qu'il s'agit, quelques exemples suffiront à établir que, lorsque l'auteur du Rouge *retient des données sensibles, ce sont bien celles-là seules qui ont émergé dans l'angle intentionnel de ses protagonistes. Prenons un large effet de plein air : M*[me] *de Rênal, du haut du colombier, entend cigales et oiseaux, promène son regard sur « cette pente immense de verdure sombre et unie comme un pré, que forme le sommet des arbres » quand on contemple de loin une forêt[2]. Ces notations parlent aux sens, mais rouvrons le livre : pas une n'est administrée pour le plaisir, car ce n'est point pour admirer le paysage que la maîtresse de Julien a « monté en courant les cent vingt marches du colombier », c'est pour adresser un signal, et au besoin, en recevoir un. Les chants, elle ne les perçoit donc qu'à travers son irritation, en les « maudissant », parce qu'ils peuvent lui dérober un éventuel « cri de joie » de son amant. Quant à la masse végétale, elle ne l'apprécie pas en artiste : elle a trop à faire de la « dévorer » des yeux pour y découvrir une réponse de Julien ; elle n'enregistre la tache continue que lui offre la magnifique prairie d'arbres qu'en l'interrogeant comme fond sur lequel elle espère que va se détacher un signal. La nuit où le héros se résout à pénétrer par escalade dans l'appartement de Mathilde, « la lune était si brillante », précise Stendhal[3], « que les ombres qu'elle formait dans la chambre de M*[lle] *de La Mole étaient noires », et voilà qui donne à rêver à nos sens. Mais le jeune homme, qui risque sa vie, n'y rêve point, pas plus que l'auteur n'a consigné ce détail suggestif, de son propre chef, pour munir d'un cadre romantique cet aigre épithalame : Julien n'a remarqué le fait qu'à travers sa crainte obsessive que dans la particulière épaisseur de l'obscurité il se trouvât, le guettant, des hommes cachés qu'il pût ne pas distinguer.*

G. Blin, Stendhal et les problèmes du roman, *Éd. J. Corti, 1953.*

1. Jeunes aristocrates, rivaux de Julien auprès de Mathilde.
2. *Le Rouge et le Noir*, I, 21.
3. *Ibidem*, II, 16.

« Mon crime est atroce, et il fut *prémédité.* »

Dénoncé comme un arriviste « sans principe de religion » par Mme de Rênal, Julien a tenté de l'assassiner, à Verrières, en pleine messe. Arrêté, il passe en jugement. Cet extrait est le discours qu'il adresse aux jurés, sur un coup de tête (il avait en effet décidé de ne pas parler). Ce passage éloquent constitue l'apogée du roman et en donne la clef. Julien s'y définit et explique ainsi le sens tragique de sa vie. Sa lucidité, sa révolte, en soulignant le caractère social d'un crime qui pourrait passer pour passionnel, rendent sa condamnation inévitable.

« Messieurs les jurés,

« L'horreur du mépris, que je croyais pouvoir braver au moment de la mort, me fait prendre la parole. Messieurs, je n'ai point l'honneur d'appartenir à votre classe, vous voyez en moi un paysan qui s'est révolté contre la bassesse de sa fortune.

« Je ne vous demande aucune grâce, continua Julien en affermissant sa voix. Je ne me fais point illusion, la mort m'attend : elle sera juste. J'ai pu attenter aux jours de la femme la plus digne de tous les respects, de tous les hommages. Mme de Rênal avait été pour moi comme une mère. Mon crime est atroce, et il fut *prémédité*[1]. J'ai donc mérité la mort[2], messieurs les jurés. Mais quand je serais moins coupable, je vois des hommes qui, sans s'arrêter à ce que ma jeunesse peut mériter de pitié, voudront punir en moi et décourager à jamais cette classe de jeunes gens qui, nés dans une classe inférieure et en quelque sorte opprimés par la pauvreté, ont le bonheur de se procurer une bonne éducation, et l'audace de se mêler à ce que l'orgueil des gens riches appelle la société.

« Voilà mon crime, messieurs, et il sera puni avec d'autant plus de sévérité, que, dans le fait, je ne suis point jugé par mes pairs. Je ne vois point sur les bancs des jurés quelque paysan enrichi, mais uniquement des bourgeois indignés... »

Pendant vingt minutes, Julien parla sur ce ton ; il dit tout ce qu'il avait sur le cœur ; l'avocat général, qui aspirait aux faveurs de l'aristocratie, bondissait sur son siège ; mais malgré le tour un peu abstrait que Julien avait donné à la discussion, toutes les femmes fondaient en larmes. Mme Derville[3] elle-même avait son mouchoir sur ses yeux. Avant de finir, Julien revint à la préméditation, à son repentir, au respect, à l'adoration filiale et sans bornes que, dans les temps plus heureux, il avait pour Mme de Rênal... Mme Derville jeta un cri et s'évanouit.

Le Rouge et le Noir, II, 41.

Pour préparer l'étude du texte

1. Étudier le refus de Julien de toute forme de circonstances atténuantes :
   - une attitude provocante (ton, contenu des paroles) ;
   - la reconnaissance de l'atrocité du crime et de sa préméditation ;
   - le véritable crime : la révolte de classe.
2. Montrer comment s'opère la substitution de l'étude des réactions à celle du contenu du discours.
3. En quoi ce passage constitue-t-il la clef du roman ?

« cette étrange cérémonie »

En prison, Julien prend conscience de la profondeur de ses sentiments pour Mme de Rênal. Mathilde n'aura été pour lui qu'une passion éphémère. Après la mort du héros, l'épilogue du roman présente au lecteur les personnages les plus proches de lui et souligne clairement le rôle de chacun d'entre eux. L'histoire se termine avec la disparition de ceux qui en furent les principaux acteurs, Julien et Mme de Rênal. Cette fin tragique, qui associe la mort et l'amour, situe le roman dans la lignée des grandes histoires d'amour éternel.

Julien avait exigé de Mme de Rênal le serment qu'elle vivrait pour donner des soins au fils de Mathilde[4].

— Qui sait ? peut-être avons-nous encore des sensations après notre mort, disait-il un jour à Fouqué[5]. J'aimerais assez à reposer, puisque reposer est le mot, dans cette petite grotte de la montagne qui domine Verrières. Plusieurs fois, je te l'ai conté, retiré la nuit dans cette grotte, et ma vue plongeant au loin sur les plus riches provinces de France, l'ambition a enflammé mon cœur : alors c'était ma passion... Enfin, cette grotte m'est chère et l'on ne peut disconvenir qu'elle ne soit située d'une façon à faire envie à l'âme d'un philosophe... Eh bien ! ces bons congréganistes de Besançon font argent de tout ; si tu sais t'y prendre, ils te vendront ma dépouille mortelle...

Fouqué réussit dans cette triste négociation. Il passait la nuit seul dans sa chambre, auprès du corps de son ami, lorsqu'à sa grande surprise, il vit entrer Mathilde. Peu d'heures auparavant il l'avait laissée à dix lieues de Besançon. Elle avait le regard et les yeux égarés.

— Je veux le voir, lui dit-elle.

1. Cette préméditation n'est pas aussi évidente que Julien le proclame puisqu'il a agi sous l'empire de la colère.
2. Deux raisons expliquent que Julien ne plaide pas les circonstances atténuantes : d'une part, l'acceptation de sa mort lui permet de conserver son honneur et sa propre estime ; d'autre part, il place lui-même son « crime » dans la perspective d'une « justice de classe » qui ne peut que le condamner. Julien assume ainsi toute sa destinée.
3. Amie de Madame de Rênal.
4. Et de Julien (cf. II, 32).
5. Ami de Julien, ancien séminariste comme lui.

Fouqué n'eut pas le courage de parler ni de se lever. Il lui montra du doigt un grand manteau bleu sur le plancher ; là était enveloppé ce qui restait de Julien.

Elle se jeta à genoux. Le souvenir de Boniface de La Mole et de Marguerite de Navarre[1] lui donna sans doute un courage surhumain. Ses mains tremblantes ouvrirent le manteau. Fouqué détourna les yeux.

Il entendit Mathilde marcher avec précipitation dans la chambre. Elle allumait plusieurs bougies. Lorsque Fouqué eut la force de la regarder, elle avait placé sur une petite table de marbre, devant elle, la tête de Julien, et la baisait au front...

Mathilde suivit son amant jusqu'au tombeau qu'il s'était choisi. Un grand nombre de prêtres escortaient la bière et, à l'insu de tous, seule dans sa voiture drapée, elle porta sur ses genoux la tête de l'homme qu'elle avait tant aimé.

Arrivés ainsi vers le point le plus élevé d'une des hautes montagnes du Jura, au milieu de la nuit, dans cette petite grotte magnifiquement illuminée d'un nombre infini de cierges, vingt prêtres célébrèrent le service des morts. Tous les habitants des petits villages de montagne, traversés par le convoi, l'avaient suivi, attirés par la singularité de cette étrange cérémonie.

Mathilde parut au milieu d'eux en longs vêtements de deuil, et, à la fin du service, leur fit jeter plusieurs milliers de pièces de cinq francs.

Restée seule avec Fouqué, elle voulut ensevelir de ses propres mains la tête de son amant. Fouqué faillit en devenir fou de douleur.

Par les soins de Mathilde, cette grotte sauvage fut ornée de marbres sculptés à grands frais en Italie.

Mme de Rênal fut fidèle à sa promesse. Elle ne chercha en aucune manière à attenter à sa vie ; mais trois jours après Julien, elle mourut en embrassant ses enfants.

Le Rouge et le Noir, II, 45.

Pour préparer l'étude du texte

1. Montrer comment Stendhal, dans cet épilogue, rappelle les caractères et les comportements de chacun des personnages :
— le goût de la nature sauvage chez Julien ;
— l'amitié chez Fouqué ;
— l'admiration romanesque pour Marguerite de Valois chez Mathilde ;
— l'abnégation silencieuse chez Madame de Rênal.

2. Analyser les procédés narratifs et stylistiques qui donnent au récit sa tonalité émouvante.

Pour un groupement de textes

Les épilogues de romans : dénouements ouverts, dénouements fermés.

Flaubert, *L'éducation sentimentale.*
Maupassant, *Bel-Ami, Une vie.*
Balzac, *Illusions perdues, Le lys dans la vallée, Le père Goriot.*
Camus, *L'étranger, La chute.*

Chroniques italiennes

1837-1839

En 1834, alors qu'il est consul à Civita-Vecchia, Stendhal acquiert de vieux manuscrits relatant de sombres et authentiques drames passionnels où des brigands côtoient des nobles, où l'héroïsme et l'honneur se mêlent aux pires vengeances. Leur intérêt documentaire sur les anciennes mœurs de l'Italie, la violence et la grandeur des sentiments dont ces récits témoignent, enflamment son imagination. A partir de 1836, profitant d'un congé de trois ans en France, Stendhal les récrit pour en tirer quatre nouvelles, qu'il publie séparément les années suivantes : *Les Cenci, Vittoria Accoramboni* (1837), *La duchesse de Palliano* (1838) et *L'abbesse de Castro* (1839). La mort l'empêche d'en terminer deux autres : *Trop de faveur tue*, et *Suora scolastica.* Ce n'est qu'en 1855 que l'éditeur des *Œuvres complètes* de Stendhal, regroupant ces nouvelles en un recueil, leur donne le titre général, depuis lors adopté par tous, de *Chroniques italicnnes.*

A défaut de pouvoir toutes les évoquer, on ne retiendra de ces nouvelles que la plus connue, qui est aussi la dernière et la plus longue de celles que Stendhal a publiées de son vivant : *L'abbesse de Castro.* Stendhal s'y inspire d'un procès de 1550. Jeune homme pauvre au service du prince Colonna, ennemi juré des Campireali, Jules Branciforte tombe amoureux d'Hélène de Campireali, qui en vient à l'aimer à son tour. Bientôt Hélène, dont Jules Branciforte a tué le frère qui s'opposait à leur amour, est enfermée au couvent de Castro. Branciforte décide de l'enlever en prenant le couvent d'assaut : l'opération échoue et, pour échapper à la justice, celui-ci s'enfuit au Mexique, puis en Flandres où il se couvre de gloire sous le nom de colonel Lizzara. Cependant, Hélène à qui l'on a fait croire que Jules Branciforte était mort, est devenue « abbesse de Castro ». Douze ans plus tard, un soir, par « ennui », elle cède aux avances d'un jeune évêque. Sa liaison s'ébruite, Hélène est arrêtée, jugée et condamnée à la détention perpétuelle. Apprenant alors le retour de Jules, elle lui écrit une lettre d'adieu, et se poignarde.

1. Ancêtre de Mathilde et amant de la reine Marguerite de Valois, première femme de Henri IV, Boniface de La Mole eut la tête tranchée pour avoir tenté de délivrer quelques-uns de ses amis prisonniers. Marguerite enterra elle-même la tête du supplicié.

J.-A.-D. INGRES (1780-1867), *Francesca de Rimini et Paolo Malesta.* Angers, Musée des Beaux-Arts.

« Voilà le bouquet, la lettre est cachée entre les fleurs. »

Jules Branciforte fait chaque soir parvenir des lettres d'amour à Hélène. Le père de celle-ci bientôt s'en aperçoit et décide de tendre, avec son fils Fabio, un guet-apens à Jules. Il en réchappera, mais Hélène qui ne peut plus chercher à nier se trouvera désormais à la merci de son terrible père.

A onze heures et demie, elle vit fort bien son père et son frère se placer en embuscade sur le grand balcon de pierre au-dessous de sa fenêtre. Deux minutes après que minuit eut sonné au couvent des Capucins, elle entendit fort bien aussi les pas de son amant, qui s'arrêta sous le grand chêne ; elle remarqua avec joie que son père et son frère semblaient n'avoir rien entendu : il fallait l'anxiété de l'amour pour distinguer un bruit aussi léger.

« Maintenant, se dit-elle, ils vont me tuer, mais il faut à tout prix qu'ils ne surprennent pas la lettre de ce soir ; ils persécuteraient à jamais ce pauvre Jules. » Elle fit un signe de croix et, se retenant d'une main au balcon de fer de sa fenêtre, elle se pencha au-dehors, s'avançant autant que possible dans la rue. Un quart de minute ne s'était pas écoulé lorsque le bouquet, attaché comme de coutume à la longue canne, vint frapper sur son bras. Elle saisit le bouquet ; mais, en l'arrachant vivement à la canne sur l'extrémité de laquelle il était fixé, elle fit frapper cette canne contre le balcon en pierre. A l'instant partirent deux coups d'arquebuse suivis d'un silence parfait. Son frère Fabio, ne sachant pas trop, dans l'obscurité, si ce qui frappait violemment le balcon n'était pas une corde à l'aide de laquelle Jules descendait de chez sa sœur, avait fait feu sur son balcon ; le lendemain, elle trouva la marque de la balle, qui s'était aplatie sur le fer. Le seigneur de Campireali avait tiré dans la rue, au bas du balcon de pierre, car Jules avait fait quelque bruit en retenant la canne prête à tomber. Jules, de son côté, entendant du bruit au-dessus de sa tête, avait deviné ce qui allait suivre et s'était mis à l'abri sous la saillie du balcon.

Fabio rechargea rapidement son arquebuse, et, quoi que son père pût lui dire, courut au jardin de la maison, ouvrit sans bruit une petite porte qui donnait sur une rue voisine, et ensuite s'en vint, à pas de loup, examiner un peu les gens qui se promenaient sous le balcon du palais. A ce moment, Jules, qui ce soir-là était bien accompagné, se trouvait à vingt pas de lui, collé contre un arbre. Hélène, penchée sur son balcon et tremblante pour son amant, entama aussitôt une conversation à très haute voix avec son frère, qu'elle entendait dans la rue ; elle lui demanda s'il avait tué les voleurs.

— Ne croyez pas que je sois dupe de votre ruse scélérate ! lui cria celui-ci de la rue, qu'il arpentait en tous sens, mais préparez vos larmes, je vais tuer l'insolent qui ose s'attaquer à votre fenêtre.

Ces paroles étaient à peine prononcées, qu'Hélène entendit sa mère frapper à la porte de sa chambre.

Hélène se hâta d'ouvrir, en disant qu'elle ne concevait pas comment cette porte se trouvait fermée.

— Pas de comédie avec moi, mon cher ange, lui dit sa mère, ton père est furieux et te tuera peut-être : viens te placer avec moi dans mon lit ; et, si tu as une lettre, donne-la-moi, je la cacherai.

Hélène lui dit :

— Voilà le bouquet, la lettre est cachée entre les fleurs.

A peine la mère et la fille étaient-elles au lit, que le seigneur Campireali rentra dans la chambre de sa femme, il revenait de son oratoire, qu'il était allé visiter, et où il avait tout renversé. Ce qui frappa Hélène, c'est que son père, pâle comme un spectre, agissait avec lenteur et comme un homme qui a parfaitement pris son parti. « Je suis morte ! » se dit Hélène.

— Nous nous réjouissons d'avoir des enfants, dit son père en passant près du lit de sa femme pour aller à la chambre de sa fille, tremblant de fureur, mais affectant un sang-froid parfait ; nous nous réjouissons d'avoir des enfants, nous devrions répandre des larmes de sang plutôt quand ces enfants sont des filles. Grand Dieu ! est-ce bien possible ! leur légèreté peut enlever l'honneur à tel homme qui, depuis soixante ans, n'a pas donné la moindre prise sur lui.

Chroniques italiennes, ch. 2.

Pour préparer l'étude du texte

Étudier l'art du récit

1. Une situation spécifiquement romanesque : amour contrarié, message, obstacles, menaces, protection. Mettre en évidence ces différents éléments.
2. Une succession de petites scènes rapides et précises : les délimiter et en donner les caractéristiques.
3. Un épisode déterminant pour la suite de la nouvelle.

La chartreuse de Parme

1839

La chartreuse de Parme, œuvre publiée neuf ans après *Le Rouge et le Noir*, fait référence à une époque antérieure puisque le roman s'ouvre sur l'entrée des armées de Bonaparte à Milan, en 1796. Cette double donnée chronologique, et le décor, l'Italie, qui exerçait sur Stendhal une véritable fascination, peuvent expliquer une tonalité tout à fait différente de celle de la chronique de 1830 que constitue le premier roman. A un tableau sévère et sombre de la société française de 1830 s'oppose l'éblouissante lumière de la vie italienne du début du siècle : constatation pessimiste d'un côté, hymne au bonheur de l'autre.

La chartreuse de Parme a pour origine un double projet, un récit de la bataille de Waterloo et un roman sur la vie d'Alexandre Farnèse, futur pape sous le nom de Paul III (1534-1549). Placer l'action du roman au XIXe siècle permettait une intéressante fusion des deux projets et la célébration de ce qui fut pour Stendhal une véritable patrie d'adoption, l'Italie. L'histoire du jeune Fabrice del Dongo, tragique comme celle de Julien Sorel, est une succession de péripéties romanesques qui donnent aux personnages le charme lumineux et magique des êtres créés par une imagination poétique.

Historique par certains de ses épisodes — l'entrée des troupes de Bonaparte à Milan, le récit de Waterloo, l'analyse critique de l'absolutisme qui sévit à Parme — le roman est plus encore l'utilisation de ces données sur un mode romanesque. Tous ces épisodes sont en effet présentés comme les éléments du décor presque théâtral dans lequel évolue Fabrice, avec naïveté, sans toujours très bien savoir s'il joue ou s'il vit. Dans son itinéraire, qui ressemble à une quête chevaleresque, les lieux et les êtres prennent une valeur symbolique. La chronique, ici, n'est pas celle d'une société, mais celle d'événements qui permettent au héros de manifester ses qualités d'énergie et son goût de la vie au cours d'une évolution vers un destin tragique.

Le roman fut écrit très vite (en 52 jours, du 4 novembre au 25 décembre 1838), avec un bonheur certain. Stendhal le dédia « to the happy few » (à l'heureuse élite), soulignant peut-être par là qu'il fallait faire preuve, pour aimer cette œuvre, de l'élégance d'esprit, de la sensibilité et des qualités de cœur dont témoignaient à la fois l'auteur et un bon nombre de ses personnages.

RUGENDAS, *Fuite de Napoléon dans la bataille de Belle Alliance le 18 juin 1815.* Paris, Musée de l'Armée.

« Ah ! m'y voilà donc enfin au feu ! »

Comme Stendhal lui-même, Fabrice est un fervent admirateur de Bonaparte. Aidé par sa tante, la romanesque Gina del Dongo, il traverse la France pour rejoindre les troupes de l'empereur à Waterloo. Ce passage très célèbre illustre bien le réalisme subjectif de Stendhal. Le choix du point de vue permet à l'auteur de donner un récit à travers le regard et les réactions très spontanées du héros. En même temps, le narrateur pratique une « distanciation » ironique à l'égard de Fabrice ; il nous fait ainsi comprendre que sa vision n'est pas révélatrice de l'authenticité des événements.

— Veux-tu bien t'arrêter, blanc-bec ! lui cria le maréchal des logis. Fabrice s'aperçut qu'il était à vingt pas sur la droite en avant des généraux, et précisément du côté où ils regardaient avec leurs lorgnettes. En revenant se ranger à la queue des autres hussards restés à quelques pas en arrière, il vit le plus gros de ces généraux qui parlait à son voisin, général aussi, d'un air d'autorité et presque de réprimande ; il jurait. Fabrice ne put retenir sa curiosité ; et, malgré le conseil de ne point parler, à lui donné par son amie la geôlière[1], il arrangea une petite phrase bien française, bien correcte, et dit à son voisin :

— Quel est-il ce général qui *gourmande* son voisin ?

— Pardi, c'est le maréchal !

— Quel maréchal ?

— Le maréchal Ney, bêta ! Ah çà ! où as-tu servi jusqu'ici ?

Fabrice, quoique fort susceptible, ne songea point à se fâcher de l'injure ; il contemplait, perdu dans une admiration enfantine, ce fameux prince de la Moskova, le brave des braves.

Tout à coup on partit au grand galop. Quelques instants après, Fabrice vit, à vingt pas en avant, une terre labourée qui était remuée d'une façon singulière. Le fond des sillons était plein d'eau, et la terre fort humide, qui formait la crête de ces sillons, volait en petits fragments noirs lancés à trois ou quatre pieds de haut. Fabrice remarqua en passant cet effet singulier ; puis sa pensée se remit à songer à la gloire du maréchal. Il entendit un cri sec auprès de lui : c'étaient deux hussards qui tombaient atteints par des boulets ; et, lorsqu'il les regarda, ils étaient déjà à vingt pas de l'escorte. Ce qui lui sembla horrible, ce fut un cheval tout sanglant qui se débattait sur la terre labourée, en engageant ses pieds dans ses propres entrailles ; il voulait suivre les autres : le sang coulait dans la boue.

1. Le duché de Parme et une partie de l'Italie étant alors sous contrôle autrichien, les Français ont pris Fabrice pour un ennemi. Arrêté, celui-ci a fini par persuader la femme de son geôlier de le laisser s'échapper.

Ah ! m'y voilà donc enfin au feu ! se dit-il. J'ai vu le feu ! se répétait-il avec satisfaction. Me voici un vrai militaire. A ce moment, l'escorte allait ventre à terre, et notre héros comprit que c'étaient des boulets qui faisaient voler la terre de toutes parts. Il avait beau regarder du côté d'où venaient les boulets, il voyait la fumée blanche de la batterie à une distance énorme, et, au milieu du ronflement égal et continu produit par les coups de canon, il lui semblait entendre des décharges beaucoup plus voisines ; il n'y comprenait rien du tout.

A ce moment, les généraux et l'escorte descendirent dans un petit chemin plein d'eau, qui était à cinq pieds en contre-bas.

Le maréchal s'arrêta, et regarda de nouveau avec sa lorgnette. Fabrice, cette fois, put le voir tout à son aise ; il le trouva très blond, avec une grosse tête rouge. Nous n'avons point des figures comme celle-là en Italie, se dit-il. Jamais, moi qui suis si pâle et qui ai des cheveux châtains, je ne serai comme ça, ajoutait-il avec tristesse. Pour lui ces paroles voulaient dire : Jamais je ne serai un héros. Il regarda les hussards ; à l'exception d'un seul, tous avaient des moustaches jaunes. Si Fabrice regardait les hussards de l'escorte, tous le regardaient aussi. Ce regard le fit rougir, et, pour finir son embarras, il tourna la tête vers l'ennemi. C'étaient des lignes fort étendues d'hommes rouges[1], mais, ce qui l'étonna fort, ces hommes lui semblaient tout petits. Leurs longues files, qui étaient des régiments ou des divisions, ne lui paraissaient pas plus hautes que des haies. Une ligne de cavaliers rouges trottait pour se rapprocher du chemin en contre-bas que le maréchal et l'escorte s'étaient mis à suivre au petit pas, pataugeant dans la boue. La fumée empêchait de rien distinguer du côté vers lequel on s'avançait ; l'on voyait quelquefois des hommes au galop se détacher sur cette fumée blanche.

La chartreuse de Parme, I, 3.

Pour préparer le commentaire composé

Étudier

1. La perception des événements par Fabrice : une vision incompréhensible et déconcertante.
2. Les procédés de mise en évidence de son inexpérience : par les autres, par Stendhal.
3. Le choix d'une vision subjective : justification sur le plan du récit, sur le plan du personnage.

Pour un groupement de textes

Images de la bataille de Waterloo.

Chateaubriand, *Mémoires d'outre-tombe*, III (Ire époque, VI, 16).
Hugo, *Les misérables*, IIe partie, ch. 10, « Le plateau de Mont Saint-Jean » ;
Châtiments, V, XIII, « L'expiation » (v. 89-148).

« ton âme peut se préparer à une autre prison »

Il est rare que les romans d'aventures ne comportent pas, pour les jeunes héros, de maître à penser, de modèle, d'initiateur. Pour Fabrice, c'est l'abbé Blanès qui joue ce rôle de père spirituel. C'est avec une profonde émotion que Fabrice, revenu en Italie après Waterloo, le retrouve. La rencontre permet l'analyse des composantes du bonheur stendhalien. En même temps, elle se révèle fondamentale sur le plan de la structure du roman puisqu'elle est prophétique.

Fabrice entrait alors sur la petite place de l'église ; ce fut avec un étonnement allant jusqu'au délire qu'il vit, au second étage de l'antique clocher, la fenêtre étroite et longue éclairée par la petite lanterne de l'abbé Blanès. L'abbé avait coutume de l'y déposer, en montant à la cage de planches qui formait son observatoire, afin que la clarté ne l'empêchât pas de lire sur son planisphère. Cette carte du ciel était tendue sur un grand vase de terre cuite qui avait appartenu jadis à un oranger du château. Dans l'ouverture, au fond du vase, brûlait la plus exiguë des lampes, dont un petit tuyau de fer-blanc conduisait la fumée hors du vase, et l'ombre du tuyau marquait le nord sur la carte. Tous ces souvenirs de choses si simples inondèrent d'émotions l'âme de Fabrice et la remplirent de bonheur.

Presque sans y songer, il fit avec l'aide de ses deux mains le petit sifflement bas et bref qui autrefois était le signal de son admission. Aussitôt il entendit tirer à plusieurs reprises la corde qui, du haut de l'observatoire, ouvrait le loquet de la porte du clocher. Il se précipita dans l'escalier, ému jusqu'au transport ; il trouva l'abbé sur son fauteuil de bois à sa place accoutumée ; son œil était fixé sur la petite lunette d'un quart de cercle mural. De la main gauche, l'abbé lui fit signe de ne pas l'interrompre dans son observation ; un instant après il écrivit un chiffre sur une carte à jouer, puis, se retournant sur son fauteuil, il ouvrit les bras à notre héros qui s'y précipita en fondant en larmes. L'abbé Blanès était son véritable père.

— Je t'attendais, dit Blanès, après les premiers mots d'épanchement et de tendresse. L'abbé faisait-il son métier de savant ; ou bien, comme il pensait souvent à Fabrice, quelque signe astrologique lui avait-il par un pur hasard annoncé son retour ?

— Voici ma mort qui arrive, dit l'abbé Blanès.

— Comment ! s'écria Fabrice tout ému.

1. Les fantassins anglais portaient un uniforme rouge.

— Oui, reprit l'abbé d'un ton sérieux, mais point triste : cinq mois et demi ou six mois et demi après que je t'aurai revu, ma vie ayant trouvé son complément de bonheur, s'éteindra.

Come face al mancar dell alimento

(comme la petite lampe quand l'huile vient à manquer). Avant le moment suprême, je passerai probablement un ou deux mois sans parler, après quoi je serai reçu dans le sein de notre père ; si toutefois il trouve que j'ai rempli mon devoir dans le poste où il m'avait placé en sentinelle.

Toi tu es excédé de fatigue, ton émotion te dispose au sommeil. Depuis que je t'attends, j'ai caché un pain et une bouteille d'eau-de-vie dans la grande caisse de mes instruments. Donne ces soutiens à ta vie et tâche de prendre assez de forces pour m'écouter encore quelques instants. Il est en mon pouvoir de te dire plusieurs choses avant que la nuit soit tout à fait remplacée par le jour ; maintenant je les vois beaucoup plus distinctement que peut-être je ne les verrai demain. Car, mon enfant, nous sommes toujours faibles, et il faut toujours faire entrer cette faiblesse en ligne de compte. Demain peut-être le vieil homme, l'homme terrestre sera occupé en moi des préparatifs de ma mort, et demain soir à 9 heures, il faut que tu me quittes.

Fabrice lui ayant obéi en silence comme c'était sa coutume,

— Donc, il est vrai, reprit le vieillard, que lorsque tu as essayé de voir Waterloo, tu n'as trouvé d'abord qu'une prison.

— Oui, mon père, répliqua Fabrice étonné.

— Eh bien, ce fut un rare bonheur, car, averti par ma voix, ton âme peut se préparer à une autre prison bien autrement dure, bien plus terrible ! Probablement tu n'en sortiras que par un crime, mais, grâce au ciel, ce crime ne sera pas commis par toi. Ne tombe jamais dans le crime avec quelque violence que tu sois tenté ; je crois voir qu'il sera question de tuer un innocent, qui, sans le savoir, usurpe tes droits ; si tu résistes à la violente tentation qui semblera justifiée par les lois de l'honneur, ta vie sera très heureuse aux yeux des hommes..., et raisonnablement heureuse aux yeux du sage, ajouta-t-il, après un instant de réflexion ; tu mourras comme moi, mon fils, assis sur un siège de bois, loin de tout luxe, et détrompé du luxe, et comme moi n'ayant à te faire aucun reproche grave.

La chartreuse de Parme, I, 8.

Pour préparer l'étude du texte

1. Le bonheur de Fabrice. Montrer par l'étude des caractères spécifiques du récit (récit au passé, récit rétrospectif grâce à la mémoire, explication donnée par Stendhal) que ce bonheur repose :
— sur une redécouverte ;
— sur des réminiscences ;
— sur la reprise d'habitudes anciennes.

2. Les paroles de l'abbé Blanès. Analyser leur caractère prophétique et mystérieux, leur tonalité religieuse et morale.

3. Quelle est l'importance de cette recontre :
— pour Fabrice ?
— pour l'évolution du roman ?

« Verrai-je Clélia ? se dit Fabrice en s'éveillant. »

Comme l'a annoncé l'abbé Blanès, Fabrice commet un meurtre : il est aussitôt emprisonné. Mais la prison, lieu de malheur par excellence, devient pour lui, paradoxalement, lieu de bonheur. La présence de Clélia, la fille du gouverneur, aperçue un peu plus bas, nourrit ses rêves. Le phénomène de la cristallisation (voir p. 146) trouve ici son illustration. Le monologue intérieur est le mode d'expression le plus adapté à ce long dialogue de Fabrice avec lui-même, en un dédoublement amusé, ou ironique.

Verrai-je Clélia ? se dit Fabrice en s'éveillant. Mais ces oiseaux[1] sont-ils à elle ? Les oiseaux commençaient à jeter des petits cris et à chanter, et à cette élévation[2] c'était le seul bruit qui s'entendît dans les airs. Ce fut une sensation pleine de nouveauté et de plaisir pour Fabrice que ce vaste silence qui régnait à cette hauteur : il écoutait avec ravissement les petits gazouillements interrompus et si vifs par lesquels ses voisins les oiseaux saluaient le jour. S'ils lui appartiennent, elle paraîtra un instant dans cette chambre, là sous ma fenêtre ; et tout en examinant les immenses chaînes des Alpes, vis-à-vis le premier étage desquelles la citadelle de Parme semblait s'élever comme un ouvrage avancé, ses regards revenaient à chaque instant aux magnifiques cages de citronnier et de bois d'acajou qui, garnies de fils dorés, s'élevaient au milieu de la chambre fort claire, servant de volière. Ce que Fabrice n'apprit que plus tard, c'est que cette chambre était la seule du second étage du palais qui eût de l'ombre de onze heures à quatre ; elle était abritée par la tour Farnèse.

Quel ne va pas être mon chagrin, se dit Fabrice, si, au lieu de cette physionomie céleste et pensive que j'attends et qui rougira peut-être un peu si elle m'aperçoit, je vois arriver la grosse figure de quelque femme de chambre bien commune, chargée par procuration de soigner les oiseaux ! Mais si je vois Clélia, daignera-t-elle m'apercevoir ? Ma foi, il faut faire des indiscrétions pour être remarqué ; ma situation doit avoir quelques privilèges ; d'ailleurs nous sommes tous deux seuls ici et si loin du monde ! Je suis un prisonnier, apparemment ce que le

1. Oiseaux que Clélia élève dans des cages accrochées aux fenêtres de l'appartement qu'elle habite, au second étage de la tour.

2. Fabrice est enfermé « vingt-cinq pieds » (environ neuf mètres) plus haut, au-dessus des appartements de Clélia.

général Conti et les autres misérables de cette espèce appellent un de leurs subordonnés... Mais elle a tant d'esprit, ou pour mieux dire tant d'âme, comme le suppose le comte[1], que peut-être, à ce qu'il dit, méprise-t-elle le métier de son père ; de là viendrait sa mélancolie ! Noble cause de tristesse ! Mais après tout, je ne suis point précisément un étranger pour elle. Avec quelle grâce pleine de modestie elle m'a salué hier soir[2] ! Je me souviens fort bien que lors de notre rencontre près de Côme je lui dis : Un jour je viendrai voir vos beaux tableaux de Parme, vous souviendrez-vous de ce nom : Fabrice del Dongo ? L'aura-t-elle oublié ? elle était si jeune alors !

Mais à propos, se dit Fabrice étonné en interrompant tout à coup le cours de ses pensées, j'oublie d'être en colère ! Serais-je un de ces grands courages comme l'antiquité en a montré quelques exemples au monde ? Suis-je un héros sans m'en douter ? Comment ! moi qui avais tant de peur de la prison, j'y suis, et je ne me souviens pas d'être triste ! c'est bien le cas de dire que la peur a été cent fois pire que le mal. Quoi ! j'ai besoin de me raisonner pour être affligé de cette prison, qui, comme le dit Blanès[3], peut durer dix ans comme dix mois ? Serait-ce l'étonnement de tout ce nouvel établissement qui me distrait de la peine que je devrais éprouver ? Peut-être que cette bonne humeur indépendante de ma volonté et peu raisonnable cessera tout à coup, peut-être en un instant je tomberai dans le noir malheur que je devrais éprouver.

La chartreuse de Parme, II, 18.

Pour préparer le commentaire composé

Étudier

1. Les différentes modalités d'écriture du texte : le récit, le monologue intérieur, le style direct à l'intérieur du monologue.
2. L'omniprésence de Clélia : Clélia et les oiseaux ; une attente incertaine ; une réminiscence heureuse.
3. Le bonheur de Fabrice : une situation nouvelle ; une pensée et une imagination actives ; la conscience de l'absence de malheur.

De la théorie à la pratique

Montrer en quoi ce texte constitue une application du phénomène de « cristallisation » défini de manière théorique dans l'extrait de *De l'amour*, p. 146.

Giovanni Battista (Giambattista) PIRANESI (1720-1778), Gravure extraite du r *Carceri d'invenzione nuove* (1761). Collection particulière.
Prison obscure avec dispositif pour le supplice des malfaiteurs...

1. Il s'agit du comte Mosca, premier ministre et amoureux de la duchesse.
2. Lors de l'arrestation de Fabrice.
3. Cf. p. 163.

« comme un héros des temps de chevalerie »

Le bonheur d'écrire, c'est aussi celui d'inventer, et de se laisser aller à l'imagination. C'est ce que fait Stendhal dans le récit de l'évasion de Fabrice. Heureux en prison, celui-ci accepte cependant de s'évader, et le voilà héros d'un épisode rocambolesque, digne des romans de cape et d'épée. Brouillard, sentinelle endormie, amis providentiels, duchesse attentive, tout y est. L'ironie du narrateur ajoute un clin d'œil : le romancier prend-il tout cela au sérieux ?

Il attacha sa corde enfin débrouillée à une ouverture pratiquée dans le parapet pour l'écoulement des eaux, il monta sur ce même parapet, et pria Dieu avec ferveur ; puis, comme un héros des temps de chevalerie, il pensa un instant à Clélia. Combien je suis différent, se dit-il, du Fabrice léger et libertin qui entra ici il y a neuf mois ! Enfin il se mit à descendre cette étonnante hauteur. Il agissait mécaniquement, dit-il, et comme il eût fait en plein jour, descendant devant des amis, pour gagner un pari. Vers le milieu de la hauteur, il sentit tout à coup ses bras perdre leur force ; il croit même qu'il lâcha la corde un instant ; mais bientôt il la reprit ; peut-être, dit-il, il se retint aux broussailles sur lesquelles il glissait et qui l'écorchaient. Il éprouvait de temps à autre une douleur atroce entre les épaules, elle allait jusqu'à lui ôter la respiration. Il y avait un mouvement d'ondulation fort incommode ; il était renvoyé sans cesse de la corde aux broussailles. Il fut touché par plusieurs oiseaux assez gros qu'il réveillait et qui se jetaient sur lui en s'envolant. Les premières fois il crut être atteint par des gens descendant de la citadelle par la même voie que lui pour le poursuivre, et il s'apprêtait à se défendre. Enfin il arriva au bas de la grosse tour sans autre inconvénient que d'avoir les mains en sang. Il raconte que depuis le milieu de la tour, le talus qu'elle forme lui fut fort utile ; il frottait le mur en descendant, et les plantes qui croissaient entre les pierres le retenaient beaucoup. En arrivant en bas dans les jardins des soldats il tomba sur un acacia qui, vu d'en haut, lui semblait avoir quatre ou cinq pieds de hauteur, et qui en avait réellement quinze ou vingt. Un ivrogne qui se trouvait là endormi le prit pour un voleur. En tombant de cet arbre, Fabrice se démit presque le bras gauche. Il se mit à fuir vers le rempart, mais, à ce qu'il dit, ses jambes lui semblaient comme du coton ; il n'avait plus aucune force. Malgré le péril, il s'assit et but un peu d'eau-de-vie qui lui restait. Il s'endormit quelques minutes au point de ne plus savoir où il était ; en se réveillant il ne pouvait comprendre comment, se trouvant dans sa chambre, il voyait des arbres. Enfin la terrible vérité revint à sa mémoire. Aussitôt il marcha vers le rempart ; il y monta par un grand escalier. La sentinelle, qui était placée tout près, ronflait dans sa guérite. Il trouva une pièce de canon gisant dans l'herbe ; il y attacha sa troisième corde ; elle se trouva un peu trop courte, et il tomba dans un fossé bourbeux où il pouvait y avoir un pied d'eau. Pendant qu'il se relevait et cherchait à se reconnaître, il se sentit saisi par deux hommes : il eut peur un instant ; mais bientôt il entendit prononcer près de son oreille et à voix très basse : Ah ! monsignore ! monsignore ! Il comprit vaguement que ces hommes appartenaient à la duchesse ; aussitôt il s'évanouit profondément. Quelque temps après il sentit qu'il était porté par des hommes qui marchaient en silence et fort vite ; puis on s'arrêta, ce qui lui donna beaucoup d'inquiétude. Mais il n'avait ni la force de parler ni celle d'ouvrir les yeux ; il sentait qu'on le serrait ; tout à coup il reconnut le parfum des vêtements de la duchesse. Ce parfum le ranima ; il ouvrit les yeux ; il put prononcer les mots : Ah ! chère amie ! puis il s'évanouit de nouveau profondément.

La chartreuse de Parme, II, 22.

Pour préparer l'étude du texte

1. Faire l'étude d'un épisode de cape et d'épée : l'évasion, des difficultés, un héros courageux, la méprise, la duchesse.
2. L'aspect parodique du récit : l'exagération du ton, les invraisemblances, l'insistance sur certains détails heureux, le regard de Stendhal sur son héros.

Pour une étude comparée

Fabrice à Waterloo (cf. p. 161) / L'évasion de Fabrice : similitudes, évolution du personnage, regard de Stendhal.

« ce malheureux caprice de tendresse »

L'épilogue du roman, jouant avec le temps, reprend l'histoire après un délai de trois ans, et définit la situation de chaque personnage. Il y a une faille dans le bonheur de Clélia et de Fabrice : celui-ci ne peut voir son fils Sandrino, né de sa liaison avec Clélia. L'enlèvement projeté a quelque chose d'utopique et de tragiquement prémonitoire. A cause de ce « malheureux caprice », Fabrice finira ses jours dans la solitude.

Ici, nous demandons la permission de passer, sans en dire un seul mot, sur un espace de trois années.

A l'époque où reprend notre récit, il y avait déjà longtemps que le comte Mosca était de retour à Parme, comme premier ministre, plus puissant que jamais.

Après ces trois années de bonheur divin, l'âme de Fabrice eut un caprice de tendresse qui vint tout changer. La marquise avait un charmant petit garçon de deux ans, *Sandrino*, qui faisait la joie de sa mère ; il était toujours avec elle ou sur les genoux du marquis Crescenzi ; Fabrice, au contraire, ne le voyait presque jamais ; il ne voulut pas qu'il s'accoutumât à chérir un autre père. Il conçut le dessein d'enlever l'enfant avant que ses souvenirs fussent bien distincts.

Dans les longues heures de chaque journée où la marquise ne pouvait voir son ami, la présence de Sandrino la consolait ; car nous avons à avouer une chose qui semblera bizarre au nord des Alpes, malgré ses erreurs elle était restée fidèle à son vœu[1], elle avait promis à la Madone, l'on se le rappelle peut-être, de ne *jamais voir* Fabrice ; telles avaient été ses paroles précises : en conséquence elle ne le recevait que de nuit, et jamais il n'y avait de lumières dans l'appartement.

Mais tous les soirs il était reçu par son amie ; et, ce qui est admirable, au milieu d'une cour dévorée par la curiosité et par l'ennui, les précautions de Fabrice avaient été si habilement calculées, que jamais cette *amicizia*, comme on dit en Lombardie, ne fut même soupçonnée. Cet amour était trop vif pour qu'il n'y eût pas des brouilles ; Clélia était fort sujette à la jalousie, mais presque toujours les querelles venaient d'une autre cause. Fabrice avait abusé de quelque cérémonie publique pour se trouver dans le même lieu que la marquise[2] et la regarder, elle saisissait alors un prétexte pour sortir bien vite, et pour longtemps exilait son ami.

On était étonné à la cour de Parme de ne connaître aucune intrigue à une femme aussi remarquable par sa beauté et l'élévation de son esprit ; elle fit naître des passions qui inspirèrent bien des folies, et souvent Fabrice aussi fut jaloux.

Le bon archevêque Landriani était mort depuis longtemps ; la piété, les mœurs exemplaires, l'éloquence de Fabrice l'avaient fait oublier ; son frère aîné était mort, et tous les biens de la famille lui étaient arrivés. À partir de cette époque il distribua chaque année aux vicaires et aux curés de son diocèse les cent et quelque mille francs que rapportait l'archevêché de Parme.

Il eût été difficile de rêver une vie plus honorée, plus honorable et plus utile que celle que Fabrice s'était faite, lorsque tout fut troublé par ce malheureux caprice de tendresse.

— D'après ce vœu que je respecte et qui fait pourtant le malheur de ma vie puisque tu ne veux pas me voir de jour, dit-il un jour à Clélia, je suis obligé de vivre constamment seul, n'ayant d'autre distraction que le travail ; et encore le travail me manque. Au milieu de cette façon sévère et triste de passer les longues heures de chaque journée, une idée s'est présentée, qui fait mon tourment et que je combats en vain depuis six mois : mon fils ne m'aimera point ; il ne m'entend jamais nommer. Élevé au milieu du luxe aimable du palais Crescenzi, à peine s'il me connaît. Le petit nombre de fois que je le vois, je songe à sa mère, dont il me rappelle la beauté céleste et que je ne puis regarder, et il doit me trouver une figure sérieuse, ce qui, pour les enfants, veut dire triste.

— Eh bien ! dit la marquise, où tend tout ce discours qui m'effraye ?

— A revoir mon fils ; je veux qu'il habite avec moi ; je veux le voir tous les jours, je veux qu'il s'accoutume à m'aimer ; je veux l'aimer moi-même à loisir. Puisqu'une fatalité unique au monde veut que je sois privé de ce bonheur dont jouissent tant d'âmes tendres, et que je ne passe pas ma vie avec tout ce que j'adore, je veux du moins avoir auprès de moi un être qui te rappelle à mon cœur, qui te remplace en quelque sorte. Les affaires et les hommes me sont à charge dans ma solitude forcée ; tu sais que l'ambition a toujours été un mot vide pour moi, depuis l'instant où j'eus le bonheur d'être écroué par Barbone, et tout ce qui n'est pas sensation de l'âme me semble ridicule dans la mélancolie qui loin de toi m'accable.

[Bientôt Sandrino meurt. Désespérée, voyant dans la mort de son fils une punition du Ciel, Clélia ne lui survit pas. Fabrice renonce alors aux dignités et aux honneurs pour se retirer à la Chartreuse de Parme, un couvent situé « dans les bois voisins du Pô », où il meurt au bout d'un an de vie de pénitence. Quant à la Sanseverina, qui a entre-temps épousé le comte Mosca mais qui n'a jamais cessé d'aimer en secret Fabrice, elle disparaît à son tour.]

La chartreuse de Parme, II, 28.

Pour préparer l'étude du texte

1. Montrer, par l'étude précise du découpage du texte et celle des temps verbaux, que Stendhal fait ici un bilan de la situation de certains personnages.

2. Quelle est l'utilité du décalage entre l'annonce du « caprice de tendresse » et sa formulation directe ?

3. Expliquer par le contenu de cet épisode, par la situation des deux héros, et par le dénouement du roman, le choix de l'adjectif « malheureux » (l. 28).

1. Après avoir facilité l'évasion de Fabrice, Clélia en avait éprouvé du remords : en faisant s'évader Fabrice, n'avait-elle pas trahi son père, le gouverneur de la prison ? Aussi, pour apaiser sa conscience, avait-elle fait le vœu de ne jamais revoir Fabrice.

2. Clélia, devenue, par son mariage, marquise Crescenzi.

Le « Beylisme » ou la « chasse au bonheur »

Nés pour être heureux, les héros stendhaliens entreprennent, à l'image de leur créateur, une perpétuelle « chasse au bonheur » qui constitue le centre de leurs préoccupations et la trame de leur existence. Bien qu'il s'identifie souvent à l'amour, le bonheur ne se limite pas toujours à aimer et à être aimé. Il réside dans une attitude fondamentale de l'être à profiter de l'instant qui passe, à en extraire toutes les joies possibles. Contemplant les bords du lac de Côme, la comtesse Pietranera, tante de Fabrice, s'entend dire : « La vie s'enfuit, ne te montre donc pas si difficile envers le bonheur qui se présente, hâte-toi de jouir. »[1]

Cette « chasse », essentiellement individualiste, exclut toutefois la passivité. L'énergie et la volonté en sont inséparables. C'est que le bonheur, surtout quand il se confond avec l'amour, ne s'attend pas : il se conquiert. Aussi convient-il de s'y préparer par des actes gratuits, d'abord pour se prouver à soi-même ce que l'on vaut, ensuite pour se montrer capable d'agir aux grandes heures de l'existence. Julien s'impose ainsi de s'emparer de la main de Mme de Rênal, car s'il n'en a pas l'audace, où trouvera-t-il plus tard le courage d'affronter son premier duel[2] ?

Les héros stendhaliens vouent en conséquence un véritable culte à la force d'âme. La passion, lorsqu'elle est sincère, doit surmonter les obstacles que ne manqueront pas de dresser sur leur chemin la morale et les conventions sociales. Aimer, c'est toujours transgresser un interdit. Il appartient ainsi aux « happy few » de donner libre cours à la force d'âme qui les anime, même s'ils se heurtent à l'incompréhension des médiocres.

Vaincre les obstacles procure de la sorte une triple jouissance : on se justifie à ses propres yeux, on savoure des sensations fortes, on atteint à un bonheur d'autant plus vif, même s'il est bref, qu'on lui a tout sacrifié. Le « beylisme » s'affirme comme un art de vivre où la quête du bonheur et des plaisirs s'allie au courage, aux dangers affrontés, en dehors de toute considération morale autre que celle de triompher et de vivre selon les élans de son cœur.

La vanité de l'ambition

Il arrive pourtant que, dans sa quête, le héros stendhalien se méprenne sur la nature véritable du bonheur. « Puissance trompeuse », selon la formule de Pascal, l'ambition l'aveugle d'autant plus que — tels Julien ou Jules Branciforte dans *L'abbesse de Castro* — il est issu de milieu modeste. Quant à Fabrice, dans *La chartreuse de Parme*, s'il n'est certes pas né dans une classe inférieure, sa richesse et le désir des siens de le voir occuper des fonctions socialement dignes de son rang pèsent comme des menaces sur ses amours.

Aussi le héros stendhalien ne parvient-il au bonheur qu'après avoir cruellement ressenti la vanité de l'ambition et les mirages de la fortune. C'est dans sa prison que Julien découvre qu'il n'a véritablement aimé que Mme de Rênal ; et Fabrice a la révélation de l'amour lorsqu'il est enfermé dans la sinistre tour Farnèse.

Cette prise de conscience explique l'étonnante indifférence des personnages aux situations les plus dramatiques. Dominés par leur bonheur, ils ne songent plus à ce qu'ils vont devenir, mais à ce qu'ils vivent merveilleusement : la félicité à l'état pur. Souvent, alors, le temps s'abolit, la tendresse des personnages s'épanche. L'intensité de la passion leur fait oublier l'avenir.

Héroïsme et ordre social

Qu'il s'agisse de Julien, de Jules Branciforte chassé par les parents d'Hélène, dans *L'abbesse de Castro*, ou de Fabrice arrêté par la police, l'ordre social s'efforce de contrarier l'épanouissement de l'individu. Or les personnages stendhaliens souhaitent vivre selon les élans de leur cœur et érigent le romanesque et la bravoure en valeurs suprêmes dans une société qui veut les ignorer parce qu'elle les considère comme des notions irréelles. Le choc est donc inévitable.

Pour vivre pleinement, les héros stendhaliens sont contraints de multiplier ce que l'écrivain appelle des « folies », c'est-à-dire des actes que la morale et l'ordre social réprouvent. Dès que l'amour s'est emparé de Mme de Rênal, celle-ci commet en effet « folie » sur « folie » : elle reçoit Julien, le protège et, après l'avoir dénoncé au marquis de La Mole, elle oublie toute prudence en écrivant au jury pour plaider la cause de Julien. De même, Fabrice n'hésite pas à rejoindre Napoléon à Waterloo en sachant que son geste paraîtra suspect à la cour de Parme, ni à tuer, ni à tout entreprendre et subir pour l'amour de Clélia.

1. *La chartreuse de Parme*, I, 2.

2. *Le Rouge et le Noir*, I, 9.

Morale et action

Comment dès lors poursuivre un projet individualiste en contradiction avec les lois établies ? Dans un univers où domine l'hypocrisie, les personnages n'ont pas d'autre choix que de devenir à leur tour hypocrites. Aussi, tout comme Stendhal qui servit la monarchie de Juillet qu'il méprisait pourtant, ses personnages acceptent de dissimuler, de « jouer le jeu », du moins en apparence.

Tous conservent, en effet, au fond d'eux-mêmes le sens de l'honneur et de la générosité. Une différence essentielle les sépare du reste des hommes : la « qualité d'âme » qui, quelles que soient les positions sociales occupées et les intrigues, distingue les « âmes vulgaires » des « âmes droites ». L'unique critère qui détermine leur action consiste dans le sentiment d'accomplir ce qu'ils estiment devoir entreprendre. Une noblesse d'âme naturelle leur fait comprendre la valeur profonde de leurs actes.

On pourrait certes voir dans ce comportement des héros stendhaliens un artifice, une manière déguisée d'affirmer que la fin justifie les moyens ; et l'on comprend que l'on ait parfois taxé l'auteur et ses personnages d'immoralisme. A tort, cependant. L'honneur, le sens de la parole donnée, de l'hospitalité, de la solidarité, empêchent le héros de s'avilir et de ressembler à un [illegible] sans scrupules. La nature du beylisme, qui est refus de toute [illegible] bonheur, appelle l'être à s'épanouir, ce que l'individu [illegible] dans le vice.

La satire sociale

Stendhal situe ses romans dans des cadres géog[illegible] *Le Rouge et le Noir*, dont le sous-titre est : *Chronique de* [illegible] années de la Restauration. *Lucien Leuwen* se [illegible]) et de la bourgeoisie triomphante. Quant à *La ch*[illegible] petite cour italienne vers 1820. Esprit lucide, d[illegible] le roman comme un « miroir que l'on promène [illegible] vive satire de la société.

De l'Église, il dénonce le conservatisme e[illegible] écrit-il[1], l'Église de France semble avoir comp[illegible] soumission du cœur qui est tout à ses yeux. Réu[illegible] L'Église italienne, dans *La chartreuse de Parm*[illegible] évêque s'y avère un moyen comme un autre d[illegible]

De l'aristocratie, Stendhal fustige la futilité [illegible] et, en définitive, le parasitisme. La noblesse [illegible] étrangère à la naissance et aux titres.

De la bourgeoisie enfin, il méprise le sens [illegible] perdre ses privilèges et sa haine de toute nouveauté.

Le réalisme stendhalien

Stendhal s'affirme avant tout soucieux de vérité et, disait-il, de « penser juste ». Aussi s'attache-t-il aux « faits réels ». La plupart de ses œuvres s'inspirent d'événements authentiques. L'idée du *Rouge et le Noir* lui vient d'un procès ; les *Chroniques* et *La chartreuse de Parme* reposent sur une solide documentation historique. Même s'ils ne sont pas exempts de parti pris, ses tableaux constituent un reflet souvent fidèle de la réalité.

Le style de Stendhal renforce cette impression de réalisme. Si, à bien des égards, l'idéal de ses personnages se révèle romantique, l'écrivain refuse, quant à lui, l'emphase et les épanchements du style romantique. Il aimait à dire qu'avant d'écrire, il s'imposait de lire quelques pages du Code civil pour s'imprégner d'un style sec et logique. De fait, il n'hésite pas à juger ses personnages et même à se moquer d'eux quand ils deviennent trop sentimentaux. Si le goût de la logique le pousse à expliquer, c'est toutefois d'une manière brève. L'accumulation des « petits faits », qui crée un véritable art du raccourci, l'emporte toujours sur les longs commentaires.

On ne rencontre donc pas, chez Stendhal, de grands tableaux campant le décor de l'action, comme chez Balzac. Le milieu, à l'opposé de la future doctrine naturaliste de Zola, ne détermine pas davantage les personnages. Refusant de donner une simple photographie du réel, Stendhal ne retient que le typique.

La réalité n'est d'ailleurs souvent perçue que par les yeux du personnage. Dans *Le Rouge et le Noir*, par exemple, le lecteur ne connaît du séminaire de Besançon ou de Paris que ce que Julien en voit. Ce qu'il en ignore, le lecteur l'ignorera. Stendhal ne se comporte pas en romancier démiurge, omniprésent et omniscient. Le « réalisme subjectif »[2] qu'il pratique accroît ainsi l'« illusion du vrai ».

1. Dans *Le Rouge et le Noir.*

2. G. Blin, *Stendhal et les problèmes du roman*, Éd. J. Corti, 1953.

Napoléon dans la littérature

Joseph L.H. BELLANGÉ (1800-1866), *Le colporteur de plâtres* (1833).
Paris, Musée des Arts et Traditions Populaires.

« Tout le monde m'a aimé et m'a haï », écrivit Napoléon. C'était pressentir les jugements que l'on porterait sur sa vie et sur son action. Dénoncé comme un despote quand il était au pouvoir, admiré quand il fut exilé, vénéré après sa mort, il fut l'objet de sentiments violents et opposés.

Le tyran

En dépit de la propagande officielle, son gouvernement autoritaire vaut à Napoléon une réputation de tyran. A gauche, où on l'accuse de trahir les idéaux de la Révolution, des écrivains libéraux sont contraints à l'exil : Benjamin Constant et Mme de Staël — dont le livre *De l'Allemagne* est interdit en France — se réfugient à Coppet, en Suisse (cf. p. 16). A droite, où on lui reproche d'être l'héritier de la Terreur, des hommes, tels que Chateaubriand (cf. p. 29), entrent dans une franche opposition après l'exécution du duc d'Enghien (mars 1804). Des satires circulent, comme *La Napoléone* de Charles Nodier, dont la police pourchasse les auteurs. Las de batailles et de tueries, le pays, dans sa grande majorité, accueille la chute de l'Empire avec soulagement.

Les origines de la légende

Une évolution des esprits se produit après 1815. La Restauration (1814-1830) provoque une déception générale. De retour d'émigration, les nobles estiment leurs mérites mal récompensés (*Le lys dans la vallée* de Balzac). Les ouvriers regrettent la période de plein emploi et de hauts salaires qu'a été l'Empire. Les paysans qui formèrent la masse des troupes de la Grande Armée écoutent le soir, à la veillée, les survivants raconter et embellir leurs exploits : une telle scène figure dans *Le médecin de campagne* de Balzac. Enfin, toute une génération, née avec l'Empire et élevée dans le sentiment de la gloire, découvre une France frileuse (cf. Musset, p. 88), où le port de la soutane remplace le prestige de l'uniforme (cf. Stendhal, p. 151).

La lecture du *Mémorial de Sainte-Hélène* (1823), le plus grand succès de librairie du siècle, cristallise regrets et nostalgie : Napoléon, qui a dicté ses souvenirs à Las Cases, s'y présente comme le continuateur de la Révolution, désireux du bonheur des peuples, et, pour cette raison, haï des rois.

Pour beaucoup, Napoléon devient le héros par excellence, le « père du peuple », le martyr de la Révolution. Avec Béranger, la chanson populaire diffuse son culte. Bravant les interdictions royales, les colporteurs vendent gravures, images et statuettes de l'Empereur, aussitôt vénérées.

Le héros épique

Mais c'est surtout la littérature qui donne à la légende son principal support. Royaliste à l'origine et avant de se tourner vers le libéralisme, le Romantisme verse dans un « bonapartisme poétique », où l'aspect grandiose du personnage l'emporte sur la politique du chef d'État. La fin solitaire du maître de l'Europe sur le rocher de Sainte-Hélène (5 mai 1821) frappe les esprits. Julien Sorel, pour qui Napoléon symbolise l'homme énergique, dévore le *Mémorial* avec des « transports d'amour » (cf. p. 152). Balzac, qui évoque sa figure dans plusieurs de ses romans (cf. pp. 175, 180), n'est pas loin de le considérer comme un second Prométhée. Hugo chante dans *Les Orientales* le « héros éblouissant et sombre ». Il transforme l'aventure napoléonienne en épopée et en combat politique contre Napoléon III, qu'il surnomme « Napoléon le petit », par opposition au Grand Napoléon (cf. p. 244). La légende, qui atteint son apogée lors du retour des cendres de l'Empereur en France (1840), a en effet été si forte qu'elle a contribué à la naissance du Second Empire (1852-1870).

Après 1870 et la perte de l'Alsace-Lorraine, le mythe napoléonien acquiert une nouvelle dimension : celle du « Sauveur » que la France attend pour reconquérir les provinces annexées par l'Allemagne. En même temps, la légende se répand hors des frontières. Les Russes Dostoïevski (*Les frères Karamazov*, 1879-1880) et Tolstoï (*Guerre et paix*, 1865-1869) la véhiculent par exemple. Le présentant tour à tour comme un César des temps modernes, l'« homme de la Providence », comme un dictateur ou un héros d'épopée, la légende de Napoléon demeure vivace et contrastée à l'aube du XXe siècle, où la littérature et le cinéma lui consacreront, à travers le monde entier, plus de livres et de films qu'à aucun autre personnage de l'Histoire.

Balzac
1799-1850

Achille J.-J.-M. DEVÉRIA (1800-1857), *Portrait de Balzac à vingt-cinq ans.* Collection privée.

Animé par une prodigieuse vitalité, qu'il déploya dans les affaires, les voyages, le journalisme ou la mondanité, Balzac consacra sa vie à une création littéraire qui fut, à sa mesure, exceptionnellement puissante et féconde. Cette œuvre considérable (90 romans, 2 000 personnages) mobilisa son énergie, dévora son temps et finit par épuiser ses forces. Balzac avait voulu être aussi grand que Napoléon en se lançant à lui-même ce défi : « Ce qu'il a entrepris par l'épée, je l'accomplirai par la plume. »

Les années de jeunesse

Honoré Balzac naquit à Tours le 20 mai 1799. L'écrivain exagéra rétrospectivement les malheurs de son enfance. Il est vrai que ses parents formaient un couple assez mal assorti : Mme Balzac avait trente-deux ans de moins que son mari... Son fils reprocha à cette femme dure de l'avoir délaissé, mis en nourrice puis en pension. Pourtant la jeunesse d'Honoré fut égayée par ses deux sœurs qui l'aimaient, et stimulée par l'activité débordante de son père, autodidacte entreprenant et curieux de tout.

Après la chute de l'Empire en 1814, se pliant habilement au changement de régime, M. Balzac poursuit sa carrière d'administrateur des vivres à Paris. La famille s'installe dans le Marais, quartier de la bourgeoisie commerçante, à partir de 1822. Honoré observe et s'amuse ; il fait ses études de droit tout en travaillant comme clerc de notaire. Quand sa famille doit quitter Paris faute de moyens suffisants, il annonce solennellement qu'il reste et qu'il veut « écrire ».

Les chemins de la réussite

Les Balzac voient sans déplaisir naître cette vocation qui pourrait (peut-être) assurer leur fortune. On loue pour Honoré une « mansarde » où l'on espère que se manifestera promptement son génie. En vérité, le jeune auteur lit plus qu'il n'écrit. Il s'intéresse aux ouvrages de médecine, aux sciences, à la philosophie. Il se sent moins romancier que penseur, théoricien. Mais il faut vivre ! S'associant à un curieux « atelier » littéraire où l'on fabrique en série romans d'aventures et romans noirs, il produira sous divers pseudonymes ce type d'ouvrages « alimentaires ».

Balzac confiait à sa sœur que ses deux seuls désirs étaient d'être célèbre et d'être aimé... La première partie de ce programme est loin de se réaliser. Mais la seconde, en 1822, s'incarne en Madame de Berny. Cette voisine des Balzac à Villeparisis, près de Paris, avait quarante-cinq ans quand commença sa liaison avec Honoré qui en avait vingt-trois. Elle forma à la vie et au monde son amant qui se mettait à fréquenter le milieu de la bohème et du journalisme. Elle s'associa aussi, généreusement mais imprudemment, aux projets du jeune homme qui, croyant avoir le génie des affaires, se lança dans l'édition et l'imprimerie, entreprises qui le conduisirent à une déplorable faillite dont il devait toute sa vie traîner le passif.

En 1825, une nouvelle liaison, avec la duchesse d'Abrantès (autre femme de quarante ans...), vint flatter la vanité du jeune ambitieux, à une époque où les Balzac ajoutaient une particule à leur nom. Ces femmes mûres qui avaient vu tous les régimes se succéder depuis la Révolution fournissaient à l'écrivain une somme d'anecdotes qui orientèrent alors son écriture vers une nouvelle inspiration : Balzac va traiter des sujets qui nécessitent une bonne connaissance de la vie sociale et un sens aigu de l'observation. L'échec de son roman historique *Le dernier Chouan*[1] (premier roman signé de son nom) détermina Balzac à entamer cette nouvelle carrière.

Premiers succès

Paru en décembre 1829, *La physiologie du mariage* séduisit les femmes qui se reconnaissaient dans cet ouvrage bien informé. Dans de nombreuses nouvelles ou *Scènes de la vie privée*, Balzac se fait une spécialité de l'étude des mœurs contemporaines. Ces qualités, jointes à son goût pour la philosophie, intégrées à un récit en partie autobiographique, composent son premier grand livre, paru en 1831 : *La peau de chagrin*.

Ses premiers succès valurent à leur auteur des lettres d'admiratrices. Parmi elles, « l'Étrangère », Ève Hanska, comtesse russe d'origine polonaise dont Balzac s'éprit par correspondance avant de la rencontrer dans des circonstances fort romanesques. Les deux amants échangèrent la promesse de s'épouser... après la mort du comte Hanski !

Pour l'heure, l'écrivain infatigable accumule les récits qu'il groupera sous le nom d'*Études de mœurs*, classées en *Scènes de la vie de province* et en *Scènes de la vie parisienne* (*Eugénie Grandet ; La duchesse de Langeais*...). Publiés en revues ou fournis *in extremis* pour honorer des contrats d'édition, ces contes ou ces romans reçoivent donc déjà une organisation. Mais c'est avec *Le père Goriot* (1835) que l'écrivain conçoit l'idée de faire réapparaître certains de ses personnages dans différents romans. Ce procédé lui permet de « relier ses compositions l'une à l'autre, de manière à coordonner une histoire complète »[2]. Désormais, on peut vraiment parler d'un monde balzacien.

Frédéric LÉON, *Paris, 17 rue Visconti, chambre habitée par Balzac (ancienne imprimerie de Berny)*, aquarelle. Paris, Musée Carnavalet.

1. Qui deviendra *Les Chouans*.

2. « Avant-Propos » de *La comédie humaine*.

La grande idée

La certitude d'avoir trouvé une unité à son œuvre accroît encore la fécondité de Balzac. Harcelé par les éditeurs, pressé de toucher les avances et toujours en retard pour fournir les manuscrits, il travaille sans relâche, parfois quinze heures par jour ! Il écrit vite et presque sur commande mais c'est un artiste exigeant : il rature et corrige jusqu'à dix épreuves avant d'en autoriser le tirage.

La célébrité de Balzac ne parvient pourtant pas à rétablir sa situation financière catastrophique. Aux projets mirobolants destinés, selon lui, à faire sa fortune correspondent autant de dépenses et d'entreprises ruineuses. L'écrivain, qui a maintenant presque quarante ans, vit comme un dandy mais doit se cacher pour échapper à ses créanciers. Les années 1835-1840 furent cependant les plus productives de sa carrière. Il compose ses grands romans *(Illusions perdues, César Birotteau)* et signe en 1841 un contrat pour la publication de toutes ses œuvres sous le titre *La comédie humaine*. L'ambition d'écrire l'histoire complète des mœurs de son temps pousse l'auteur à concevoir d'autres projets, d'autres titres qu'annonce l'« Avant-Propos » publié en 1842.

Mais, à cette date, Balzac apprend une grande nouvelle : le décès du comte Hanski.

J.-J. GRANDVILLE (1803-1847), *Balzac, Frédérick Lemaître et Théophile Gautier.* Collection privée.

Dernières inquiétudes, derniers chefs-d'œuvre

Épouser Ève Hanska devient alors pour Balzac une de ces idées fixes dont ses héros sont si souvent les victimes. Il dépense une activité brouillonne à spéculer pour tenter de payer ses dettes, à installer une maison, acheter des meubles rares et écrire sans succès pour le théâtre. Plusieurs voyages en Europe lui permettront de rejoindre sa « femme » qui oppose avec bon sens bien des obstacles à leur mariage. La production littéraire de l'écrivain se ressent des hésitations de Madame Hanska. Selon les espoirs qu'elle lui donne, il se remet à *La comédie humaine*, donne une suite à certaines de ses œuvres et publie encore, en 1846 et 1847, *La cousine Bette* et *Le cousin Pons*. Mais ce seront les derniers grands romans. A ces élans d'intense créativité succèdent des périodes de découragement. Des crises fréquentes de fatigue cérébrale, d'étouffements, de palpitations laissent l'écrivain « hébété ». Quand, après un séjour d'un an et demi en Ukraine, Balzac épouse enfin Madame Hanska, sa santé est si mauvaise qu'il mourra trois mois après leur retour à Paris, le 18 août 1850.

Occultisme et fantastique

On limiterait beaucoup la richesse de l'œuvre de Balzac en ignorant la part qu'il fit au surnaturel et à l'occultisme. Les liens mystérieux du spirituel et du matériel, la toute-puissance de la pensée, les phénomènes de voyance, que l'on trouve de façon diffuse dans l'ensemble de *La comédie humaine*, sont le sujet des *Études philosophiques* et de *Louis Lambert* en particulier (cf. ci-dessous).

Balzac éprouvait une grande curiosité pour la science et la médecine de son temps et son imagination le portait vers l'étude des phénomènes paranormaux — prescience, influx magnétique, télépathie — qu'il intégra à la fiction romanesque. Ces éléments apparentent quelques-unes de ses œuvres à la littérature fantastique.

L'intrigue de *La peau de chagrin* repose sur le plus célèbre de ces thèmes fantastiques : le pacte passé avec une puissance surnaturelle. Le héros mourra victime de ce pacte dans une scène où Balzac manifeste un goût tout romantique pour le paroxysme et le délire (cf. p. 174).

Car ses débuts littéraires l'avaient formé au roman noir, au roman « frénétique », au bizarre, qui marqueront toute son œuvre et principalement ses premiers récits comme *Le colonel Chabert*, qu'il nommait d'ailleurs des « contes » (cf. p. 175).

Louis Lambert

1833

Enfant exceptionnel, Louis Lambert possède le don de la vie intérieure. Sa pensée et sa volonté sont si fortes qu'il éprouve leur existence matérielle sous la forme d'extases, de rêves prémonitoires, de magnétisme. Mais cette exaltation de la vie de l'esprit le conduira à la folie et il mourra à l'âge de vingt-huit ans.

Un ami résume ici les idées de Lambert sur la double nature de l'homme, à la fois âme et corps.

Il y aurait en nous deux créatures distinctes. Selon Swedenborg[1], l'ange serait l'individu chez lequel l'être intérieur réussit à triompher de l'être extérieur. Un homme veut-il obéir à sa vocation d'ange, dès que la pensée lui démontre sa double existence, il doit tendre à nourrir l'exquise nature de l'ange qui est en lui. Si, faute d'avoir une vue translucide de sa destinée, il fait prédominer l'action corporelle au lieu de corroborer[2] sa vie intellectuelle, toutes ses forces passent dans le feu de ses sens extérieurs, et l'ange périt lentement par cette matérialisation des deux natures. Dans le cas contraire, s'il substante[3] son intérieur des essences qui lui sont propres, l'âme l'emporte sur la matière et tâche de s'en séparer. Quand leur séparation arrive sous cette forme que nous appelons la Mort, l'ange, assez puissant pour se dégager de son enveloppe, demeure et commence sa vraie vie. Les individualités infinies qui différencient les hommes ne peuvent s'expliquer que par cette double existence ; elles la font comprendre et la démontrent. En effet, la distance qui se trouve entre un homme dont l'intelligence inerte le condamne à une apparente stupidité, et celui que l'exercice de sa vue intérieure a doué d'une force quelconque, doit nous faire supposer qu'il peut exister entre les gens de génie et d'autres êtres la même distance qui sépare les Aveugles des Voyants. Cette pensée, qui étend indéfiniment la création, donne en quelque sorte la clef des cieux. En apparence confondues ici-bas, les créatures y sont, suivant la perfection de leur *être intérieur*, partagées en sphères distinctes dont les mœurs et le langage sont étrangers les uns aux autres. Dans le monde invisible comme dans le monde réel, si quelque habitant des régions inférieures arrive, sans en être digne, à un cercle supérieur, non seulement il n'en comprend ni les habitudes ni les discours, mais encore sa présence y paralyse et les voix et les cœurs.

Louis Lambert.

Pour préparer le commentaire composé

1. Étudier l'expression de la dualité humaine : récapituler et analyser tous les procédés stylistiques mettant en relief le double aspect de l'être humain.
2. Étudier l'opposition entre le génie « voyant » et les autres êtres. En quoi consiste la supériorité du génie ?
3. La conception d'un univers organisé. Montrer comment le texte, dans ses idées et dans ses formulations, est une présentation d'un monde social hiérarchisé.

Pour un groupement de textes

Ordre social et difficultés d'intégration.

Balzac, *Le médecin de campagne ; Illusions perdues* (IIe partie, « Un grand homme de province à Paris »).
Stendhal, *Le Rouge et le Noir* (I, 22 ; II, 9, cf. p. 155 ; II, 45 : Discours de Julien aux jurés, cf. p. 157).

1. Balzac admirait beaucoup la pensée mystique de ce philosophe suédois (1688-1772). Selon Swedenborg, l'homme peut accéder, grâce à l'ange qui est en lui, aux réalités suprasensibles.
2. Lui donner plus de force, la faire passer au premier plan.
3. Donne pour substance à son être intérieur les essences qui lui sont propres.

La peau de chagrin

1831

Raphaël de Valentin a lié sa vie à un mystérieux talisman, un morceau de cuir (le « chagrin »), qui exauce tous les désirs dès qu'on les exprime. Mais à chaque fois cette peau rétrécit en même temps que décroît la vie de celui qui la possède.

Raphaël sait qu'il est parvenu maintenant aux dernières limites de son existence. Il ne doit plus rien désirer, car ce désir entraînerait fatalement sa mort. Survient Pauline, la femme qu'il aime...

Raphaël tira de dessous son chevet le lambeau de la Peau de chagrin, fragile et petit comme la feuille d'une pervenche, et le lui montrant : « Pauline, belle image de ma belle vie, disons-nous adieu, dit-il.

— Adieu ? répéta-t-elle d'un air surpris.

— Oui. Ceci est un talisman qui accomplit mes désirs, et représente ma vie. Vois ce qu'il m'en reste. Si tu me regardes encore, je vais mourir... »

La jeune fille crut Valentin devenu fou, elle prit le talisman, et alla chercher la lampe. Éclairée par la lueur vacillante qui se projetait également sur Raphaël et sur le talisman, elle examina très attentivement et le visage de son amant et la dernière parcelle de la Peau magique. En la voyant belle de terreur et d'amour, il ne fut plus maître de sa pensée : les souvenirs des scènes caressantes et des joies délirantes de sa passion triomphèrent dans son âme depuis longtemps endormie, et s'y réveillèrent comme un foyer mal éteint.

« Pauline, viens ! Pauline ! »

Un cri terrible sortit du gosier de la jeune fille, ses yeux se dilatèrent, ses sourcils, violemment tirés par une douleur inouïe, s'écartèrent avec horreur, elle lisait dans les yeux de Raphaël un de ces désirs furieux, jadis sa gloire à elle ; mais à mesure que grandissait ce désir, la Peau, en se contractant, lui chatouillait la main. Sans réfléchir, elle s'enfuit dans le salon voisin dont elle ferma la porte.

« Pauline ! Pauline ! cria le moribond en courant après elle, je t'aime, je t'adore, je te veux ! Je te maudis, si tu ne m'ouvres ! Je veux mourir à toi ! »

Par une force singulière, dernier éclat de vie, il jeta la porte à terre, et vit sa maîtresse à demi nue se roulant sur un canapé. Pauline avait tenté vainement de se déchirer le sein, et pour se donner une prompte mort, elle cherchait à s'étrangler avec son châle. « Si je meurs, il vivra ! » disait-elle en tâchant vainement de serrer le nœud. Ses cheveux étaient épars, ses épaules nues, ses vêtements en désordre, et dans cette lutte avec la mort, les yeux en pleurs, le visage enflammé, se tordant sous un horrible désespoir, elle présentait à Raphaël, ivre d'amour, mille beautés qui augmentèrent son délire ; il se jeta sur elle avec la légèreté d'un oiseau de proie, brisa le châle, et voulut la prendre dans ses bras.

Le moribond chercha des paroles pour exprimer le désir qui dévorait toutes ses forces ; mais il ne trouva que les sons étranglés du râle dans sa poitrine, dont chaque respiration creusée plus avant semblait partir de ses entrailles. Enfin, ne pouvant bientôt plus former de sons, il mordit Pauline au sein. Jonathas[1] se présenta tout épouvanté des cris qu'il entendait, et tenta d'arracher à la jeune fille le cadavre sur lequel elle s'était accroupie dans un coin.

« Que demandez-vous ? dit-elle. Il est à moi, je l'ai tué, ne l'avais-je pas prédit[2] ? »

La peau de chagrin, III.

Pour préparer l'étude du texte

1. Étudier précisément, par une analyse du vocabulaire et des effets stylistiques, l'expression d'une double violence : celle du désir, celle du désespoir.
2. Montrer que ce passage fait apparaître un véritable conflit entre la vie et la mort.
3. En quoi le comportement de Pauline accélère-t-il le dénouement en le rendant particulièrement tragique ?

Pour un groupement de textes

Les épilogues de romans.

Cf. groupement de textes p. 158.

1. Le vieux serviteur de Raphaël.
2. Pauline avait en effet cru lire le destin de Raphaël et lui avait prédit : « La femme que vous aimerez vous tuera. »

Antoine-Jean GROS (1771-1835), *La bataille d'Eylau* (1808). Paris, Musée du Louvre.

Le colonel Chabert

1835

Chabert, colonel d'Empire que l'on croyait mort, revient dans le Paris de la Restauration réclamer ses droits, sa fortune, sa femme. Mais le temps a passé et l'Histoire a tourné. Personne ne veut de cet encombrant « débris » de l'ancienne armée.

Seul l'avoué Derville lui témoigne de l'intérêt quand Chabert lui raconte son extraordinaire aventure : dix ans auparavant, il a été tenu pour mort sur le champ de bataille d'Eylau, et son corps jeté parmi les cadavres dans « la fosse aux soldats ».

Lorsque je revins à moi, monsieur, j'étais dans une position et dans une atmosphère dont je ne vous donnerais pas une idée en vous en entretenant jusqu'à demain. Le peu d'air que je respirais était méphitique[1]. Je voulus me mouvoir, et ne trouvai point d'espace. En ouvrant les yeux, je ne vis rien. La rareté de l'air fut l'accident le plus menaçant, et qui m'éclaira le plus vivement sur ma position. Je compris que là où j'étais, l'air ne se renouvelait point, et que j'allais mourir. Cette pensée m'ôta le sentiment de la douleur inexprimable par laquelle j'avais été réveillé. Mes oreilles tintèrent violemment. J'entendis, ou crus entendre, je ne veux rien affirmer, des gémissements poussés par le monde de cadavres au milieu duquel je gisais. Quoique la mémoire de ces moments soit bien ténébreuse, quoique mes souvenirs soient bien confus, malgré les impressions de souffrances encore plus profondes que je devais éprouver et qui ont brouillé mes idées, il y a des nuits où je crois encore entendre ces soupirs étouffés ! Mais il y a eu quelque chose de plus horrible que les cris, un silence que je n'ai jamais retrouvé nulle part, le vrai silence du tombeau. Enfin, en levant les mains, en tâtant les morts, je reconnus un vide entre ma tête et le fumier humain supérieur. Je pus donc mesurer l'espace qui m'avait été laissé par un hasard dont la cause m'était inconnue. Il paraît, grâce à l'insouciance ou à la précipitation avec laquelle on nous avait jetés pêle-mêle, que deux morts s'étaient croisés au-dessus de moi de manière à décrire un angle semblable à celui de deux cartes mises l'une contre l'autre par un enfant qui pose les fondements d'un château. En furetant avec promptitude, car il ne fallait pas flâner, je rencontrai fort heureusement un bras qui ne tenait à rien, le bras d'un Hercule ! un bon os auquel je dus mon salut. Sans ce secours inespéré, je périssais ! Mais, avec une rage que vous devez concevoir, je me mis à travailler les cadavres qui me séparaient de la couche de terre sans doute jetée sur nous, je dis nous, comme s'il y eût eu des vivants ! J'y allais ferme, monsieur, car me voici ! Mais je ne sais pas aujourd'hui comment j'ai pu parvenir à percer la couverture de chair qui mettait une barrière entre la vie et moi. Vous me direz que j'avais trois bras ! Ce levier, dont je me servais avec habileté, me procurait toujours un peu de l'air qui se trouvait entre les cadavres que je déplaçais, et je ménageais mes aspirations. Enfin je vis le jour, mais à travers la neige, monsieur ! En ce moment, je m'aperçus que j'avais la tête ouverte. Par bonheur, mon sang, celui de mes camarades ou la peau meurtrie de mon cheval peut-être, que sais-je ! m'avait, en se coagulant, comme enduit d'un emplâtre naturel. Malgré cette croûte, je m'évanouis quand mon crâne fut en contact avec la neige.

Le colonel Chabert.

Pour préparer l'étude du texte

1. Par une étude organisée du texte, mettre en relief tout ce qui l'apparente à un récit fantastique :
— un moment de conscience entre deux évanouissements ;
— des perceptions incertaines ;
— un univers d'outre-tombe ;
— une manière « surnaturelle » de réagir.

2. Montrer ce qui, cependant, peut donner au récit une tonalité très réaliste et vraisemblable.

1. Toxique et nauséabond.

Balzac historien des mœurs

L'ambition de Balzac dans *La comédie humaine* est d'effectuer, sur la société de son temps, une étude exhaustive et détaillée, comparable à celles que réalisent les naturalistes sur les variétés zoologiques (cf. p. 177).

Ceci implique une observation minutieuse de l'objet de l'étude. C'est un des caractères du réalisme balzacien. Autre aspect de ce réalisme : Balzac intègre à la littérature des éléments qui n'y avaient pas leur place jusqu'alors. Le matériel, le quotidien, les faits sociaux deviennent sujets et moteurs de l'intrigue. Le romanesque se saisit même de l'actualité (cf. p. 177).

La comédie humaine est de ce fait un tableau fidèle de la société française de la première moitié du XIXe siècle : on y trouve Paris et la province, l'aristocratie et la bourgeoisie, « les deux ou trois mille figures saillantes d'une époque »[1]. Mais l'écrivain ne se contente pas de peindre les différents types sociaux ; il « invente » le vrai, c'est-à-dire qu'il découvre ce qui se cache au plus intime de la société, dans les familles, dans les consciences. D'où l'importance accordée aux incidents minimes de la vie privée, de la vie domestique, pour révéler les drames et les combats qui s'y jouent et s'y livrent secrètement tous les jours (cf. p. 179).

Car la Société, dans sa dureté envers les faibles, accomplit sournoisement des « crimes sociaux » : abandon d'un père, détournement d'héritage, ruine d'un honnête homme... Balzac, historien des mœurs, dévoile les mécanismes de ces crimes cachés (cf. p. 180).

Le réalisme balzacien est explication du réel, et non simple copie. *La comédie humaine* est à la fois « l'histoire et la critique de la Société »[1].

Avant-Propos de « La comédie humaine »

1842

Cet Avant-Propos fut composé par Balzac pour la publication de ses œuvres complètes sous le titre de *La comédie humaine*, en 1842. L'écrivain y expose le plan de son œuvre mais surtout analyse l'influence de la pensée scientifique sur son projet romanesque. Si les méthodes d'investigation sont analogues, on voit pourtant ici que les sujets étudiés diffèrent sensiblement.

J.-J. GRANDVILLE (1803-1847), lithographie extraite des *Métamorphoses du jour* (1829). Collection particulière. Grandville utilise la métaphore animale pour mettre en scène ses contemporains ; il traduit ainsi sa vision pessimiste des hommes.

1. « Avant-Propos » de *La comédie humaine*.

Si Buffon[1] a fait un magnifique ouvrage en essayant de représenter dans un livre l'ensemble de la zoologie, n'y avait-il pas une œuvre de ce genre à faire pour la Société ? Mais la Nature a posé, pour les variétés animales, des bornes entre lesquelles la Société ne devait pas se tenir. Quand Buffon peignait le lion, il achevait la lionne en quelques phrases ; tandis que dans la Société la femme ne se trouve pas toujours être la femelle du mâle. Il peut y avoir deux êtres parfaitement dissemblables dans un ménage. La femme d'un marchand est quelquefois digne d'être celle d'un prince, et souvent celle d'un prince ne vaut pas celle d'un artiste. L'État Social a des hasards que ne se permet pas la Nature, car il est la Nature plus la Société. La description des Espèces Sociales était donc au moins double de celle des Espèces Animales, à ne considérer que les deux sexes. Enfin, entre les animaux, il y a peu de drames, la confusion ne s'y met guère ; ils courent sus les uns aux autres, voilà tout. Les hommes courent bien aussi les uns sur les autres ; mais leur plus ou moins d'intelligence rend le combat autrement compliqué. Si quelques savants n'admettent pas encore que l'Animalité se transborde dans l'Humanité par un immense courant de vie, l'épicier devient certainement pair de France, et le noble descend parfois au dernier rang social. Puis, Buffon a trouvé la vie excessivement simple chez les animaux. L'animal a peu de mobilier, il n'a ni arts ni sciences ; tandis que l'homme, par une loi qui est à rechercher, tend à représenter ses mœurs, sa pensée et sa vie dans tout ce qu'il approprie à ses besoins. Quoique Leuwenhoëk, Swammerdam, Spallanzani, Réaumur, Charles Bonnet, Müller, Haller[2] et autres patients zoographes aient démontré combien les mœurs des animaux étaient intéressantes, les habitudes de chaque animal sont, à nos yeux du moins, constamment semblables en tout temps ; tandis que les habitudes, les vêtements, les paroles, les demeures d'un prince, d'un banquier, d'un artiste, d'un bourgeois, d'un prêtre et d'un pauvre sont entièrement dissemblables et changent au gré des civilisations.

« Avant-Propos » de *La comédie humaine.*

Pour préparer le commentaire composé

1. Par une récapitulation et par une analyse précise des mots de liaison, faire apparaître les étapes de la démonstration.
2. Mettre clairement en évidence les oppositions entre l'état social et la nature.
3. L'écrivain et le naturaliste : des centres d'intérêt différents, des matières différentes, une tâche différente. Comment ces différences apparaissent-elles dans le texte ?

Pour une étude comparée

Rechercher les points communs qui existent — en ce qui concerne l'organisation sociale — entre l'« Avant-propos » de *La comédie humaine* et l'extrait de *Louis Lambert*, p. 173.

Pour un groupement de textes

Préfaces et avant-propos.

Balzac, « Avant-propos » de *La comédie humaine* ; Préface de *La peau de chagrin.*
Gautier, Préface de *Mademoiselle de Maupin* (cf. p. 292).
Maupassant, *Le roman* (Préface de *Pierre et Jean*, cf. p. 459).
Hugo, Préface de *Notre-Dame de Paris.*
Zola, Préface de *Thérèse Raquin* ; Préface de *L'assommoir.*

César Birotteau

1837

La Reine des roses, la parfumerie Birotteau, est florissante. Mais César, commerçant entreprenant, s'endette ; sa boutique périclite. Au contraire, celle de son futur gendre, Anselme Popinot, connaît un rapide essor grâce à l'utilisation de la publicité dans le lancement de l'Huile céphalique, produit vivifiant pour le cuir chevelu.

Pendant les catastrophes occidentales de *La Reine des roses*, la maison A. Popinot se levait radieuse dans les flammes orientales du succès. Conseillé par Gaudissart et par Finot[3], Anselme avait lancé son huile avec audace. Deux mille affiches avaient été mises depuis un mois aux endroits les plus apparents de Paris. Personne ne pouvait éviter de se trouver face à face avec l'Huile céphalique et de lire une phrase concise, inventée par Finot, sur l'impossibilité de faire pousser les cheveux et sur le danger de les teindre[4], accompagnée de la citation du mémoire lu à l'Académie des sciences par Vauquelin[5], un vrai certificat de vie pour les cheveux morts promis à ceux qui useraient de l'Huile céphalique. Tous les coiffeurs de Paris, les perruquiers, les parfumeurs avaient décoré leurs portes de cadres dorés, contenant un bel imprimé sur papier vélin, en tête duquel brillait la gravure d'Héro et de Léandre[6] réduite, avec cette assertion en épigraphe : *Les anciens peuples de l'Antiquité conservaient leurs chevelures par l'emploi de l'Huile céphalique.*

1. Naturaliste français (1707-1788), auteur (avec quelques collaborateurs) des 36 volumes de l'*Histoire naturelle.* Les espèces animales y sont précisément décrites, selon leur anatomie et leurs mœurs.
2. Savants — physiciens, naturalistes et physiologistes — des XVIIe et XVIIIe siècles.
3. Le premier, illustre commis voyageur, assure la diffusion du produit. Le second a rédigé le prospectus qui en vante les mérites et se chargera de la promotion publicitaire.
4. Des concurrents fondaient leur propre publicité sur ce qui est ici dénigré.
5. Personnage réel intégré à *La comédie humaine*, Nicolas Vauquelin, chimiste (1763-1829), avait effectivement fait des recherches sur la nature des cheveux.
6. Couple légendaire de l'Antiquité grecque, popularisé au début du XIXe siècle par des tableaux et des gravures (cf. p. 11).

« Il a inventé les cadres permanents, l'annonce éternelle ! » se dit Birotteau qui demeura stupéfait en regardant la devanture de *La Cloche d'argent*[1]. [...]

Popinot promit à Finot cinq cents francs par grand journal, et il y en avait dix ! trois cents francs par journal secondaire, et il y en avait dix autres ! s'il y était parlé, trois fois par mois, de l'Huile céphalique. Finot vit trois mille francs pour lui dans ces huit mille francs, son premier enjeu à jeter sur le grand et immense tapis vert de la Spéculation ! Il s'était donc élancé comme un lion sur ses amis, sur ses connaissances ; il habitait alors les bureaux de rédaction, il se glissait au chevet du lit de tous les rédacteurs, le matin ; et le soir il arpentait les foyers de tous les théâtres. « Pense à mon huile, cher ami, je n'y suis pour rien, affaire de camaraderie, tu sais ! Gaudissart, un bon vivant. » Telle était la première et la dernière phrase de tous ses discours. Il assaillit le bas de toutes colonnes finales aux journaux où il fit des articles en en laissant l'argent aux rédacteurs. Rusé comme un figurant qui veut passer acteur, alerte comme un saute-ruisseau[2] qui gagne soixante francs par mois, il écrivit des lettres captieuses[3], il flatta tous les amours-propres, il rendit d'immondes services aux rédacteurs en chef, afin d'obtenir ses articles. Argent, dîners, platitudes, tout servit son activité passionnée.

Histoire de la grandeur et de la décadence de César Birotteau.

Pour préparer l'étude du texte

1. Analyser les différents moyens publicitaires mis en œuvre par Popinot (préciser les lieux, le public touché).
2. Les conséquences d'une stratégie publicitaire. Étudier les formulations qui insistent particulièrement sur l'efficacité de cette stratégie.
3. Par une étude stylistique précise (choix lexicaux, temps verbaux, comparaisons, énumérations), montrer comment Balzac souligne et caractérise l'intense activité de Finot (l. 13 à 23).

Pour un groupement de textes

Roman et mécanismes économiques.

Balzac, *César Birotteau, Eugénie Grandet* (ch. 1 et 5).
Zola, *L'argent* (ch. 1, 3 et 10), *Au bonheur des dames* (ch. 13 et 14), *La curée* (ch. 2 et 3).
Maupassant, *Bel-Ami.*

Paris, rue de la Verrerie. Industriels vers 1830.

1. La boutique de Popinot.
2. Jeune garçon de courses dans une étude de notaire.
3. Qui cachent des erreurs ou des mensonges sous des dehors séduisants.

Eugénie Grandet

1833

Le tonnelier Grandet, fin spéculateur, a amassé une fortune considérable. Mais, par avarice, il contraint sa famille à vivre de privations. Son neveu Charles, dandy parisien qui séjourne chez lui à Saumur, lui paraît bien dépensier. La jeune Eugénie, elle, voudrait rendre la vie plus douce à son cousin dont elle est secrètement amoureuse. Elle lui a préparé en cachette de son père un petit déjeuner...

Les malheurs pressentis arrivent presque toujours. Là, Nanon[1], madame Grandet et Eugénie, qui ne pensaient pas sans frisson au retour du vieux tonnelier, entendirent un coup de marteau[2] dont le retentissement leur était bien connu.

— Voilà papa, dit Eugénie.

Elle ôta la soucoupe au sucre, en en laissant quelques morceaux sur la nappe. Nanon emporta l'assiette aux œufs. Madame Grandet se dressa comme une biche effrayée. Ce fut une peur panique de laquelle Charles s'étonna, sans pouvoir se l'expliquer.

— Eh ! bien, qu'avez-vous donc ? leur demanda-t-il.

— Mais voilà mon père, dit Eugénie.

— Eh ! bien ?...

Monsieur Grandet entra, jeta son regard clair sur la table, sur Charles, il vit tout.

— Ah ! ah ! vous avez fait fête à votre neveu, c'est bien, très bien, c'est fort bien ! dit-il sans bégayer[3]. Quand le chat court sur les toits, les souris dansent sur les planchers.

— Fête ?... se dit Charles, incapable de soupçonner le régime et les mœurs de cette maison.

— Donne-moi mon verre, Nanon, dit le bonhomme.

Eugénie apporta le verre. Grandet tira de son gousset un couteau de corne à grosse lame, coupa une tartine, prit un peu de beurre, l'étendit soigneusement, et se mit à manger debout. En ce moment, Charles sucrait son café. Le père Grandet aperçut les morceaux de sucre, examina sa femme qui pâlit, et fit trois pas ; il se pencha vers l'oreille de la pauvre vieille, et lui dit :

— Où donc avez-vous pris tout ce sucre[4] ?

— Nanon est allée en chercher chez Fessard, il n'y en avait pas.

Il est impossible de se figurer l'intérêt profond que cette scène muette offrait à ces trois femmes : Nanon avait quitté sa cuisine et regardait dans la salle pour voir comment les choses s'y passeraient. Charles ayant goûté son café, le trouva trop amer, et chercha le sucre que Grandet avait déjà serré.

— Que voulez-vous, mon neveu ? lui dit le bonhomme.

— Le sucre.

— Mettez du lait, répondit le maître de la maison, votre café s'adoucira.

Eugénie reprit la soucoupe au sucre que Grandet avait déjà serrée, et la mit sur la table en contemplant son père d'un air calme.

Eugénie Grandet.

Pour préparer l'étude du texte

1. Analyser tout ce qui fait de ce passage une petite scène théâtrale : dialogues, situation des personnages, arrivée de Grandet, information des uns, ignorance de Charles.
2. Étudier tous les éléments qui soulignent une tension dramatique.
3. En quoi cet épisode semble-t-il décisif ?

1. La servante.
2. Le heurtoir de la porte d'entrée.
3. Quand il parle affaires, le père Grandet se met à bégayer pour dérouter son partenaire.
4. Le sucre était devenu une denrée rare et chère pendant le Blocus continental (1806). Grandet avait profité de cette pénurie pour en bannir l'usage chez lui.

Causeries du soir, d'après une gravure d'Eugène LAMI (1800-1890), série « La vie de château ». Paris, Bibliothèque des Arts Décoratifs.

Le père Goriot

1835

Intrigué par le père Goriot qui est, comme lui, pensionnaire chez Mme Vauquer, l'étudiant Eugène de Rastignac s'interroge : le vieux vermicellier paraît seul et vit pauvrement mais il a été surpris sortant de chez la comtesse de Restaud... Pourquoi ce mystère ?

En visite chez sa cousine Mme de Beauséant, Rastignac entend raconter l'histoire du père Goriot par l'impertinente duchesse de Langeais.

« [...] Je me rends parfaitement compte de ce qui est arrivé à ce vieux vermicellier. Je crois me rappeler que ce Foriot...

— Goriot, madame[1].

— Oui, ce Moriot a été président de sa section[2] pendant la Révolution ; il a été dans le secret de la fameuse disette, et a commencé sa fortune par vendre dans ce temps-là des farines dix fois plus qu'elles ne lui coûtaient. Il en a eu tant qu'il en a voulu. L'intendant de ma grand-mère lui en a vendu pour des sommes immenses. Ce Goriot partageait sans doute, comme tous ces gens-là, avec le Comité de Salut public. Je me souviens que l'intendant disait à ma grand-mère qu'elle pouvait rester en toute sûreté à Grandvilliers, parce que ses blés étaient une excellente carte civique. Eh bien, ce Loriot, qui vendait du blé aux coupeurs de têtes, n'a eu qu'une passion. Il adore, dit-on, ses filles. Il a juché l'aînée dans la maison de Restaud, et greffé l'autre sur le baron de Nucingen, un riche banquier qui fait le royaliste. Vous comprenez bien que, sous l'Empire, les deux gendres ne se sont pas trop formalisés d'avoir ce vieux Quatre-vingt-treize[3] chez eux ; ça pouvait encore aller avec Buonaparte. Mais quand les Bourbons sont revenus[4], le bonhomme a gêné M. de Restaud, et plus encore le banquier. Les filles, qui aimaient peut-être toujours leur père, ont voulu ménager la chèvre et le chou, le père et le mari ; elles ont reçu le Goriot quand elles n'avaient personne ; elles ont imaginé des prétextes de tendresse. "Papa, venez, nous serons mieux, parce que nous serons seuls !" etc. Moi, ma chère[5], je crois que les sentiments vrais ont des yeux et une intelligence : le cœur de ce pauvre Quatre-vingt-treize a donc saigné. Il a vu que ses filles avaient honte de lui ; que, si elles aimaient leurs maris, il nuisait à ses gendres. Il fallait donc se sacrifier. Il s'est sacrifié, parce qu'il était père : il s'est banni de lui-même. En voyant ses filles contentes, il comprit qu'il avait bien fait. Le père et les enfants ont été complices de ce petit crime. Nous voyons cela partout. Ce père Doriot n'aurait-il pas été une tache de cambouis dans le salon de ses filles ? il y aurait été gêné, il se serait ennuyé. Ce qui arrive à ce père peut arriver à la plus jolie femme avec

1. C'est Rastignac qui corrige.
2. Districts administratifs qui avaient remplacé les « paroisses » pendant la Révolution.
3. C'est-à-dire ce vieux républicain, 1793 étant l'an II de la République.
4. En 1814, après l'abdication de Napoléon.
5. Mme de Langeais s'adresse à Mme de Beauséant, en ignorant Rastignac...

l'homme qu'elle aimera le mieux : si elle l'ennuie de son amour, il s'en va, il fait des lâchetés pour la fuir[1]. Tous les sentiments en sont là. Notre cœur est un trésor, videz-le d'un coup, vous êtes ruinés. Nous ne pardonnons pas plus à un sentiment de s'être montré tout entier qu'à un homme de ne pas avoir un sou à lui. Ce père avait tout donné. Il avait donné, pendant vingt ans, ses entrailles, son amour ; il avait donné sa fortune en un jour. Le citron bien pressé, ses filles ont laissé le zeste au coin des rues. »

Le père Goriot.

Pour préparer l'étude du texte

1. Une analyse historique. Étudier ses étapes. En quoi voit-on qu'elle est faite par une aristocrate ?
2. Une analyse psychologique. Étudier le vocabulaire de l'affectivité, l'observation des comportements, la volonté d'expliquer.
3. Une généralisation et un jugement. Montrer que la fin du texte comporte une analyse plus générale du cœur humain et suggère un jugement moral.

Pour un groupement de textes

Histoire et roman au XIXe siècle : origines historiques des personnages et des situations.

Musset, *Confession d'un enfant du siècle* (ch. 2).
Vigny, *Servitude et grandeur militaires* (« Histoire du cachet rouge »).
Balzac, *Le père Goriot* (ch. 2), *Eugénie Grandet* (ch. 1), *Le médecin de campagne* (ch. 3), *Le colonel Chabert* (cf. p. 175).
Barbey d'Aurevilly, *L'ensorcelée* (ch. 2).

Descriptions et portraits

L'idée première de *La comédie humaine* « vint d'une comparaison entre l'Humanité et l'Animalité »[2]. Balzac observe que les êtres humains, comme les animaux, impriment leur marque sur leur environnement. Ce fait explique l'importance que l'écrivain accorde aux descriptions. Décrire les lieux, l'habitat, le mobilier, c'est déjà parler des hommes puisque leur cadre de vie est « la représentation matérielle qu'ils donnent de leur pensée »[2] (cf. p. 182). Certains êtres vivent en étroite osmose avec le milieu dans lequel ils se développent ; ils reçoivent l'influence de ce milieu et lui communiquent en retour leur empreinte (cf. pp. 183-184). La description chez Balzac ne se limite donc pas au pittoresque. Située généralement au début du roman, elle a déjà une véritable valeur psychologique puisque le personnage s'inscrit étroitement dans le paysage qu'il occupe (cf. p. 183).

Les portraits de *La comédie humaine* s'inspirent de la médecine du temps de Balzac, à laquelle l'écrivain s'intéressait beaucoup : la phrénologie de Gall, la physiognomonie de Lavater qui voyaient une relation « scientifique » entre les traits physiques et les traits de caractère. Mais ce qui leur donne leur profondeur et leur variété, c'est la place que l'Histoire y occupe. Car l'homme change vite, à la différence des espèces animales. Modelé par les événements, il est le reflet de son temps. Le personnage balzacien est l'incarnation d'une époque, d'un régime, parfois d'une mode, et le portrait fixe cette image où l'Histoire s'est inscrite (cf. p. 184).

J.-J. GRANDVILLE (1803-1847), *L'animal s'élève vers l'homme*, dessin pour *Le magasin pittoresque* (1843). Collection particulière.

1. Cette perfidie s'adresse à Mme de Beauséant, victime d'un semblable abandon.
2. « Avant-Propos » de *La comédie humaine.*

Le père Goriot

1835

La description de la pension Vauquer au début de ce roman est une des plus célèbres de *La comédie humaine*. Le « spectacle désolant » de la pension est à l'image de sa propriétaire Mme Vauquer, elle-même en harmonie avec la médiocrité du lieu. On voit ici illustrée la thèse naturaliste de l'influence réciproque de l'être vivant et du milieu. Balzac a dédié *Le père Goriot* au savant Geoffroy Saint-Hilaire.

Cette première pièce exhale une odeur sans nom dans la langue, et qu'il faudrait appeler l'*odeur de pension*. Elle sent le renfermé, le moisi, le rance ; elle donne froid, elle est humide au nez, elle pénètre les vêtements ; elle a le goût d'une salle où l'on a dîné ; elle pue le service, l'office, l'hospice. Peut-être pourrait-elle se décrire si l'on inventait un procédé pour évaluer les quantités élémentaires et nauséabondes qu'y jettent les atmosphères catarrhales et *sui generis* de chaque pensionnaire, jeune ou vieux. Eh bien, malgré ces plates horreurs, si vous le compariez à la salle à manger, qui lui est contiguë, vous trouveriez ce salon élégant et parfumé comme doit l'être un boudoir. Cette salle, entièrement boisée, fut jadis peinte en une couleur indistincte aujourd'hui, qui forme un fond sur lequel la crasse a imprimé ses couches de manière à y dessiner des figures bizarres. Elle est plaquée de buffets gluants sur lesquels sont des carafes échancrées, ternies, des ronds de moiré métallique, des piles d'assiettes en porcelaine épaisse, à bords bleus, fabriquées à Tournai. Dans un angle est placée une boîte à cases numérotées qui sert à garder les serviettes, ou tachées ou vineuses, de chaque pensionnaire. Il s'y rencontre de ces meubles indestructibles, proscrits partout, mais placés là comme le sont les débris de la civilisation aux Incurables[1]. Vous y verriez un baromètre à capucin qui sort quand il pleut, des gravures exécrables qui ôtent l'appétit, toutes encadrées en bois noir verni à filets dorés ; un cartel[2] en écaille incrustée de cuivre ; un poêle vert, des quinquets d'Argand[3] où la poussière se combine avec l'huile, une longue table couverte en toile cirée assez grasse pour qu'un facétieux externe y écrive son nom en se servant de son doigt comme de style, des chaises estropiées, de petits paillassons piteux en sparterie[4] qui se déroule toujours sans se perdre jamais, puis des chaufferettes misérables à trous cassés, à charnières défaites, dont le bois se carbonise. Pour expliquer combien ce mobilier est vieux, crevassé, pourri, tremblant, rongé, manchot, borgne, invalide, expirant, il faudrait en faire une description qui retarderait trop l'intérêt de cette histoire, et que les gens pressés ne pardonneraient pas. Le carreau rouge est plein de vallées produites par le frottement ou par les mises en couleur. Enfin, là règne la misère sans poésie ; une misère économe, concentrée, râpée. Si elle n'a pas de fange encore, elle a des taches ; si elle n'a ni trous ni haillons, elle va tomber en pourriture.

Cette pièce est dans tout son lustre au moment où, vers sept heures du matin, le chat de Mme Vauquer précède sa maîtresse, saute sur les buffets, y flaire le lait que contiennent plusieurs jattes couvertes d'assiettes, et fait entendre son *rourou* matinal. Bientôt la veuve se montre, attifée de son bonnet de tulle sous lequel pend un tour de faux cheveux mal mis, elle marche en traînassant ses pantoufles grimacées. Sa face vieillotte, grassouillette, du milieu de laquelle sort un nez à bec de perroquet, ses petites mains potelées, sa personne dodue comme un rat d'église, son corsage trop plein et qui flotte, sont en harmonie avec cette salle où suinte le malheur, où s'est blottie la spéculation, et dont Mme Vauquer respire l'air chaudement fétide sans en être écœurée. Sa figure fraîche comme une première gelée d'automne, ses yeux ridés, dont l'expression passe du sourire prescrit aux danseuses à l'amer renfrognement de l'escompteur[5], enfin toute sa personne explique la pension, comme la pension implique sa personne. Le bagne ne va pas sans l'argousin[6], vous n'imagineriez pas l'un sans l'autre. L'embonpoint blafard de cette petite femme est le produit de cette vie, comme le typhus est la conséquence des exhalaisons d'un hôpital. Son jupon de laine tricotée, qui dépasse sa première jupe faite avec une vieille robe, et dont la ouate s'échappe par les fentes de l'étoffe lézardée, résume le salon, la salle à manger, le jardinet, annonce la cuisine et fait pressentir les pensionnaires. Quand elle est là, ce spectacle est complet.

Le père Goriot.

Petites poupées aide-mémoire pour Balzac sur les personnages de *La comédie humaine*. Paris, Maison de Balzac.

1. Hospices qui accueillaient les malades incurables et les indigents.
2. Une pendule murale.
3. Argand est le nom de l'inventeur de ces lampes à huile. Quinquet, lui, les améliora et leur donna son nom.
4. En corde tressée.
5. Celui qui avance de l'argent, en retenant une certaine somme.
6. « Bas officier des bagnes » (*Dictionnaire de l'Académie*, 1835).

Pour préparer l'étude du texte

1. Le point de vue : une présentation ambiguë. Montrer qu'elle est faite par un hôte habitué aux lieux, mais également vue de l'extérieur par celui qui découvre.

2. La description des lieux. Montrer qu'elle n'est pas seulement visuelle :
— les « pâles horreurs » perceptibles par l'odorat ;
— l'accumulation de crasse et d'objets suggérant le passage du temps.

3. Étudier le phénomène d'aggravation dans la description de la deuxième pièce : précision des éléments décrits, jeux d'accumulation, synthèse finale (« pourriture »).

Pour un groupement de textes

Fonctions de la description dans le roman.

Balzac, *Le père Goriot* (la pension Vauquer) ; *La peau de chagrin* (la maison de jeu ; le magasin de l'antiquaire, cf. p. 187).
Flaubert, *L'éducation sentimentale* (II, 2 : le bal chez les Dambreuse).
Zola, *Germinal* (description de la mine, cf. p. 501).
Barbey d'Aurevilly, *Une vieille maîtresse* (description de l'appartement).
Perec, *Les choses* (début du roman, description de l'appartement).
Butor, *La modification* (description de la valise).

Le lys dans la vallée

1836

A Tours, au cours d'un bal où il se sent perdu et gauche, le jeune Félix de Vandenesse est tout à coup fasciné par les épaules d'une inconnue, qu'il embrasse avec passion. Elle disparaît sans qu'il sache son nom.

Quelque temps après, se promenant dans la région, Félix ressent une vive émotion à la vue d'un paysage.

Là se découvre une vallée[1] qui commence à Montbazon, finit à la Loire, et semble bondir sous les châteaux posés sur ces doubles collines ; une magnifique coupe d'émeraude au fond de laquelle l'Indre se roule par des mouvements de serpent. A cet aspect, je fus saisi d'un étonnement voluptueux que l'ennui des landes ou la fatigue du chemin avait préparé. « Si cette femme, la fleur de son sexe, habite un lieu dans le monde, ce lieu, le voici ! » A cette pensée je m'appuyai contre un noyer sous lequel, depuis ce jour, je me repose toutes les fois que je reviens dans ma chère vallée. Sous cet arbre confident de mes pensées, je m'interroge sur les changements que j'ai subis pendant le temps qui s'est écoulé depuis le dernier jour où j'en suis parti. Elle demeurait là, mon cœur ne me trompait point : le premier castel que je vis au penchant d'une lande était son habitation. Quand je m'assis sous mon noyer, le soleil de midi faisait pétiller les ardoises de son toit et les vitres de ses fenêtres. Sa robe de percale produisait le point blanc que je remarquai dans ses vignes sous un hallebergier[2]. Elle était, comme vous le savez déjà, sans rien savoir encore[3], LE LYS DE CETTE VALLÉE où elle croissait pour le ciel, en la remplissant du parfum de ses vertus. L'amour infini, sans autre aliment qu'un objet à peine entrevu dont mon âme était remplie, je le trouvais exprimé par ce long ruban d'eau qui ruisselle au soleil entre deux rives vertes, par ces lignes de peupliers qui parent de leurs dentelles mobiles ce val d'amour, par les bois de chênes qui s'avancent entre les vignobles sur des coteaux que la rivière arrondit toujours différemment, et par ces horizons estompés qui fuient en se contrariant.

Le lys dans la vallée.

Pour préparer le commentaire composé

1. Une description marquée par l'affectivité. Analyser tous les procédés qui expriment l'émotion du narrateur.

2. La femme et le paysage. Étudier les éléments féminins du paysage et l'association de Mme de Mortsauf à la nature. Mettre en évidence les caractères poétiques de ce paysage.

3. Le jeu sur les temps. Par une étude précise des temps verbaux, montrer qu'il s'agit d'un récit rétrospectif (une plongée dans le passé). Expliquer l'importance, dans ce passage précis, de cette modalité d'écriture pour la suite de l'histoire.

1. La vallée de l'Indre, au sud de Tours.
2. Un pêcher ou un abricotier sauvage. L'orthographe exacte est : albergier.
3. Le roman tout entier est une longue lettre dans laquelle Félix raconte sa jeunesse, son impossible amour, et la mort de Mme de Mortsauf, le « lys dans la vallée ».

Le cousin Pons

1847

Ce roman forme, avec *La cousine Bette*, le second volet des *Parents pauvres*. Pons est un parasite qui endure avec bonhomie bien des humiliations. Ses proches le tolèrent avec mauvaise grâce et finissent par le renier. Mais on apprend que ce « raté » qui a toujours eu la manie du bric-à-brac, possède des objets qui valent une fortune. Aussitôt les pièges se resserrent pour capter l'héritage du vieillard. Sa concierge, Mme Cibot, se montre la plus avide.

Au début du roman, Balzac fait le portrait de ce curieux ménage de portiers.

Cibot, petit homme rabougri, devenu presque olivâtre à force de rester toujours assis[1], à la turque, sur une table élevée à la hauteur de la croisée grillagée qui voyait sur la rue, gagnait à son métier environ quarante sous par jour. Il travaillait encore, quoiqu'il eût cinquante-huit ans ; mais cinquante-huit ans, c'est le plus bel âge des portiers ; ils se sont faits à leur loge, la loge est devenue pour eux ce qu'est l'écaille pour les huîtres, et *ils sont connus dans le quartier !*

Mme Cibot, ancienne belle écaillère[2], avait quitté son poste au *Cadran bleu* par amour pour Cibot, à l'âge de vingt-huit ans, après toutes les aventures qu'une belle écaillère rencontre sans les chercher. La beauté des femmes du peuple dure peu, surtout quand elles restent en espalier à la porte d'un restaurant. Les chauds rayons de la cuisine se projettent sur les traits qui durcissent, les restes de bouteilles bus en compagnie des garçons s'infiltrent dans le teint, et nulle fleur ne mûrit plus vite que celle d'une écaillère. Heureusement pour Mme Cibot, le mariage légitime et la vie de concierge arrivèrent à temps pour la conserver ; elle demeura comme un modèle de Rubens[3], en gardant une beauté virile que ses rivales de la rue de Normandie[4] calomniaient, en la qualifiant de *grosse dondon*. Ses tons de chair pouvaient se comparer aux appétissants glacis des mottes de beurre d'Isigny ; et nonobstant[5] son embonpoint, elle déployait une incomparable agilité dans ses fonctions.

Le cousin Pons, ch. 6.

Pour préparer l'étude du texte

1. Montrer que chaque portrait est construit autour d'une présentation physique, d'un rapide historique et de l'analyse d'une adaptation professionnelle réussie.
2. Les caractérisations. Analyser leur précision, l'utilisation des comparaisons et des métaphores, leur tonalité souvent ironique.
3. En utilisant le texte de présentation de Mme Vauquer (cf. p. 182), montrer comment s'exprime la conception balzacienne de l'influence du métier et du milieu sur la physionomie.

La duchesse de Langeais

1834

Dans le style des moralistes du XVIIe siècle, Balzac analyse ici la psychologie complexe de la duchesse de Langeais, la Femme à la mode, la Parisienne. Dans le roman, Mme de Langeais exprimera toutes les contradictions de sa nature, séduisant par coquetterie le général de Montriveau, se refusant avec morgue, puis se prenant de passion pour lui au moment où il la quitte après l'avoir humiliée.

Au commencement de la vie éphémère que mena le faubourg Saint-Germain pendant la Restauration, et à laquelle, si les considérations précédentes sont vraies[6], il ne sut pas donner de consistance, une jeune femme fut passagèrement le type le plus complet de la nature à la fois supérieure et faible, grande et petite, de sa caste. C'était une femme artificiellement instruite, réellement ignorante ; pleine de sentiments élevés, mais manquant d'une pensée qui les coordonnât ; dépensant les plus riches trésors de l'âme à obéir aux convenances ; prête à braver la société, mais hésitant et arrivant à l'artifice par suite de ses scrupules ; ayant plus d'entêtement que de caractère, plus d'engouement que d'enthousiasme, plus de tête que de cœur ; souverainement femme et souverainement coquette, Parisienne surtout ; aimant l'éclat, les fêtes ; ne réfléchissant pas, ou réfléchissant trop tard ; d'une imprudence qui arrivait presque à de la poésie ; insolente à ravir, mais humble au fond du cœur ; affichant la force comme un roseau bien droit, mais, comme ce roseau, prête à fléchir sous une main puissante ; parlant beaucoup de la religion, mais ne l'aimant pas, et cependant prête à l'accepter comme un dénouement. Comment expliquer

1. M. Cibot raccommode les habits du quartier. Il est donc assis, comme il convient, en tailleur.
2. Elle ouvrait les huîtres et les vendait à la porte du restaurant *Le Cadran bleu*.
3. Peintre flamand (1577-1640) qui peignit avec prédilection des beautés épanouies.
4. La rue où Mme Cibot est concierge.
5. Terme juridique employé plaisamment ici. Il signifie : « malgré ».
6. Auparavant, Balzac étudie longuement l'aristocratie du faubourg Saint-Germain, devenue sous la Restauration le dernier bastion de l'ancienne noblesse. Au dire de Balzac, elle déclina après 1830 à cause de son égoïsme et de sa futilité.

une créature véritablement multiple, susceptible d'héroïsme, et oubliant d'être héroïque pour dire une méchanceté ; jeune et suave, moins vieille de cœur que vieillie par les maximes de ceux qui l'entouraient, et comprenant leur philosophie égoïste sans l'avoir appliquée ; ayant tous les vices du courtisan et toutes les noblesses de la femme adolescente ; se défiant de tout, et néanmoins se laissant parfois aller à tout croire ? Ne serait-ce pas toujours un portrait inachevé que celui de cette femme en qui les teintes les plus chatoyantes se heurtaient, mais en produisant une confusion poétique, parce qu'il y avait une lumière divine, un éclat de jeunesse qui donnait à ces traits confus une sorte d'ensemble ? La grâce lui servait d'unité. Rien n'était joué. Ces passions, ces demi-passions, cette velléité de grandeur, cette réalité de petitesse, ces sentiments froids et ces élans chaleureux étaient naturels et ressortaient de sa situation autant que de celle de l'aristocratie à laquelle elle appartenait.

La duchesse de Langeais.

Pour préparer le commentaire composé

1. Étudier l'originalité d'un caractère marqué par de multiples contradictions.
2. L'image stéréotypée d'une aristocrate du faubourg Saint-Germain. Étudier le conformisme, la soumission aux convenances, le poids d'un milieu.
3. A partir des analyses précédentes, essayer d'expliquer pourquoi Balzac parle d'un « portrait inachevé ».

Pour un regroupement de textes

L'art du portrait balzacien.

Le père Goriot, portraits de Mme Vauquer, de Poiret, du père Goriot ;
Illusions perdues, portraits de David Séchard et de Lucien Chardon ;
La duchesse de Langeais, portrait de la duchesse ;
La peau de chagrin, portrait de Fédora ;
Louis Lambert, portrait de Louis Lambert ;
La recherche de l'absolu, portrait de Balthazar Claës.

Eugène LAMI (1800-1890), *Intérieur d'une loge à l'Opéra de Paris* (1842). Paris, Musée Carnavalet.

La passion destructrice

Balzac conçut dès sa jeunesse une théorie des passions que développeront en particulier les *Études philosophiques*. Elle peut se résumer en ces termes : l'Idée (c'est-à-dire penser, vouloir, sentir) est une puissance destructrice de l'être (cf. p. 187).

Malgré la fascination qu'elle exerce sur lui, l'époque dans laquelle vit Balzac lui paraît illustrer, plus que toute autre, cette idée de l'usure vitale : les désirs sans cesse provoqués et rarement satisfaits rongent aussi les sociétés (cf. p. 188).

Le thème de la passion destructrice est donc pour Balzac un système philosophique qui conduit au procès d'une société de profit et de pouvoir. Mais c'est surtout une dimension psychologique et dramatique essentielle de son univers romanesque. Car les grands héros balzaciens sont eux aussi possédés par une idée fixe qui finit par les tuer. Ces ravages de la pensée se traduisent par un certain nombre de signes : la destruction de la famille, la déchéance progressive, les marques de la passion inscrites enfin sur l'être physique (cf. p. 188).

Ces obsessions sont souvent égoïstes (l'avarice du père Grandet) ; mais tout sentiment, s'il est poussé à son point extrême, peut détruire l'individu en épuisant sa volonté et ses forces. Ce peut être l'honnêteté maniaque de César Birotteau, la passion inavouée de Mme de Mortsauf dans *Le lys dans la vallée*, ou l'amour paternel du père Goriot (cf. p. 190).

Illustration pour *La peau de chagrin*. Paris, Bibliothèque Nationale.

La peau de chagrin

1831

La « peau de chagrin » est une mystérieuse allégorie de l'idée balzacienne : la vie s'épuise sous l'effet de la concentration des désirs, des jouissances et des pensées.

Pauvre et désespéré, Raphaël de Valentin a décidé de se suicider. En attendant la nuit, il entre par désœuvrement dans un « magasin de curiosités ». Là, un étrange vieillard lui montre un talisman, un morceau de cuir sur lequel sont inscrits ces mots que Raphaël traduit.

SI TU ME POSSÈDES, TU POSSÉDERAS TOUT.
MAIS TA VIE M'APPARTIENDRA. DIEU L'A
VOULU AINSI. DÉSIRE, ET TES DÉSIRS
SERONT ACCOMPLIS. MAIS RÈGLE
TES SOUHAITS SUR TA VIE.
ELLE EST LA. A CHAQUE
VOULOIR JE DÉCROÎTRAI
COMME TES JOURS.
ME VEUX-TU ?
PRENDS. DIEU
T'EXAUCERA.
SOIT !

« Ah ! vous lisez couramment le sanscrit[1], dit le vieillard. Peut-être avez-vous voyagé en Perse ou dans le Bengale ?

— Non, monsieur », répondit le jeune homme en tâtant avec curiosité cette Peau symbolique, assez semblable à une feuille de métal par son peu de flexibilité.

Le vieux marchand remit la lampe sur la colonne où il l'avait prise, en lançant au jeune homme un regard empreint d'une froide ironie qui semblait dire : « Il ne pense déjà plus à mourir. »

« Est-ce une plaisanterie, est-ce un mystère ? » demanda le jeune inconnu.

Le vieillard hocha de la tête et dit gravement : « Je ne saurais vous répondre. J'ai offert le terrible pouvoir que donne ce talisman à des hommes doués de plus d'énergie que vous ne paraissez en avoir ; mais, tout en se moquant de la problématique influence qu'il devait exercer sur leurs destinées futures, aucun n'a voulu se risquer à conclure ce contrat si fatalement proposé par je ne sais quelle puissance. Je pense comme eux, j'ai douté, je me suis abstenu, et...

— Et vous n'avez pas même essayé ? dit le jeune homme en l'interrompant.

— Essayer ! dit le vieillard. Si vous étiez sur la colonne de la place Vendôme, essaieriez-vous de vous jeter dans les airs ? Peut-on arrêter le cours de la vie ? L'homme a-t-il jamais pu scinder la mort ? Avant d'entrer dans ce cabinet, vous aviez résolu de vous suicider ; mais tout à coup un secret vous occupe et vous distrait de mourir. Enfant ! Chacun de vos jours ne vous offrira-t-il pas une énigme plus intéressante que ne l'est celle-ci ? Écoutez-moi. J'ai vu la cour licencieuse du régent[2]. Comme vous, j'étais alors dans la misère, j'ai mendié mon pain ; néanmoins j'ai atteint l'âge de cent deux ans, et suis devenu millionnaire : le malheur m'a donné la fortune, l'ignorance m'a instruit. Je vais vous révéler en peu de mots un grand mystère de la vie humaine. L'homme s'épuise par deux actes instinctivement accomplis qui tarissent les sources de son existence. Deux verbes expriment toutes les formes que prennent ces deux causes de mort : VOULOIR et POUVOIR. Entre ces deux termes de l'action humaine, il est une autre formule dont s'emparent les sages, et je lui dois le bonheur et ma longévité. *Vouloir* nous brûle et *Pouvoir* nous détruit ; mais SAVOIR laisse notre faible organisation dans un perpétuel état de calme.

La peau de chagrin, I.

Pour préparer l'étude du texte

1. Récapituler et classer tous les éléments qui donnent à la scène son caractère fantastique. En quoi le jeune homme fait-il déjà figure de victime ?
2. « L'ignorance m'a instruit. » Mettre en évidence le caractère paradoxal de l'expression puis montrer comment elle s'éclaire à partir des paroles du vieil antiquaire.
3. En comparant la formule qui définit le pacte et l'enseignement du vieillard, exprimer clairement les deux conceptions de l'existence sur lesquelles repose tout le roman.

1. En réalité, l'inscription figure dans le texte en caractères arabes.
2. Le régent Philippe d'Orléans, qui gouverna la France pendant la minorité de Louis XV, organisait volontiers des fêtes au cours desquelles les appétits et les désirs, principes de mort d'après le vieillard, étaient particulièrement sollicités...

La fille aux yeux d'or

1834

Henri de Marsay, jeune dandy parisien, se prend de passion pour « la fille aux yeux d'or », Paquita Valdès, et découvre qu'il a pour rivale sa propre sœur dont Paquita est très éprise. Pour se venger de Paquita, il décide de la tuer avec l'aide d'amis réunis en société secrète, les « Treize ». En ouverture à cette étrange histoire, Balzac composa ce tableau de l'Enfer parisien.

A EUGÈNE DELACROIX, PEINTRE

Un des spectacles où se rencontre le plus d'épouvantement est certes l'aspect général de la population parisienne, peuple horrible à voir, hâve, jaune, tanné. Paris n'est-il pas un vaste champ incessamment remué par une tempête d'intérêts sous laquelle tourbillonne une moisson d'hommes que la mort fauche plus souvent qu'ailleurs et qui renaissent toujours aussi serrés, dont les visages contournés, tordus, rendent par tous les pores l'esprit, les désirs, les poisons dont sont engrossés leurs cerveaux ; non pas des visages, mais bien des masques : masques de faiblesse, masques de force, masques de misère, masques de joie, masques d'hypocrisie ; tous exténués, tous empreints des signes ineffaçables d'une haletante avidité ? Que veulent-ils ? De l'or, ou du plaisir ?

Quelques observations sur l'âme de Paris peuvent expliquer les causes de sa physionomie cadavéreuse qui n'a que deux âges, ou la jeunesse ou la caducité[1]: jeunesse blafarde et sans couleur, caducité fardée qui veut paraître jeune. En voyant ce peuple exhumé[2], les étrangers, qui ne sont pas tenus de réfléchir, éprouvent tout d'abord un mouvement de dégoût pour cette capitale, vaste atelier de jouissances, d'où bientôt eux-mêmes ils ne peuvent sortir, et restent à s'y déformer volontiers.

Peu de mots suffiront pour justifier physiologiquement la teinte presque infernale des figures parisiennes, car ce n'est pas seulement par plaisanterie que Paris a été nommé un enfer. Tenez ce mot pour vrai. Là, tout fume, tout brûle, tout brille, tout bouillonne, tout flambe, s'évapore, s'éteint, se rallume, étincelle, pétille et se consume. Jamais vie en aucun pays ne fut plus ardente, ni plus cuisante. Cette nature sociale toujours en fusion semble se dire après chaque œuvre finie : « A une autre ! » comme se le dit la nature elle-même. Comme la nature, cette nature sociale s'occupe d'insectes, de fleurs d'un jour, de bagatelles, d'éphémères, et jette aussi feu et flamme par son éternel cratère.

La fille aux yeux d'or.

Pour préparer le commentaire composé

1. Étudier le caractère spectaculaire, visuel et visionnaire de l'horreur.
2. L'expression de la corruption morale. Montrer que, fidèle aux intentions exprimées dans l'Avant-Propos de *La comédie humaine* (cf. p. 177), Balzac associe constamment la réalité sociale parisienne à la nature.

Pour un groupement de textes

Images élogieuses ou critiques de Paris au XIXe siècle.

Balzac, *La fille aux yeux d'or, Illusions perdues* (IIe partie), *Le père Goriot.*
Flaubert, *L'éducation sentimentale* (fin de la Ire partie), *Madame Bovary* (I, 9).
Hugo, *Les misérables* (Les égouts de Paris, Ve partie, livre III).
Baudelaire, *Le spleen de Paris* (« A une heure du matin »).
Zola, *La curée, Nana* (ch. 8).

La recherche de l'absolu

1834

Balthazar Claës, notable estimé de la ville de Douai, ruine sa famille pour des recherches scientifiques qui devraient lui livrer le secret de l'unité de la matière : l'Absolu. Après y avoir renoncé quelque temps à la demande de sa fille Marguerite, Claës retombe dans son ancienne passion.

Marguerite était déjà venue plusieurs fois voir son père, accompagnée de sa sœur, ou de Jean[3]. Chaque fois, elle l'avait trouvé progressivement plus changé ; mais depuis sa dernière visite, la vieillesse s'était manifestée chez Balthazar par d'effrayants symptômes à la gravité desquels contribuait sans doute la parcimonie avec laquelle il vivait afin de pouvoir employer la plus grande partie de ses appointements à faire des expériences qui trompaient toujours son espoir. Quoiqu'il ne fût âgé que de soixante-cinq ans, il avait l'apparence d'un octogénaire. Ses yeux s'étaient profondément enfoncés dans leurs orbites, ses sourcils avaient blanchi, quelques cheveux lui garnissaient à peine la nuque ; il laissait croître sa barbe qu'il coupait avec des ciseaux quand elle le gênait ; il était courbé comme un vieux vigneron ; puis le désordre de ses vêtements avait repris un caractère de misère que la décrépitude rendait hideux. Quoiqu'une pensée forte animât ce grand visage dont les traits ne se voyaient plus sous les rides, la fixité du regard, un air désespéré, une constante inquiétude y gravaient les diagnostics de la

1. Synonyme de vieillesse, de décrépitude.
2. Au sens premier, *exhumer* signifie : sortir un cadavre de terre.
3. Le jeune frère de Marguerite.

démence, ou plutôt de toutes les démences ensemble. Tantôt il y apparaissait un espoir qui donnait à Balthazar l'expression du monomane[1] ; tantôt l'impatience de ne pas deviner un secret qui se présentait à lui comme un feu follet y mettait les symptômes de la fureur ; puis tout à coup un rire éclatant trahissait la folie, enfin la plupart du temps l'abattement le plus complet résumait toutes les nuances de sa passion par la froide mélancolie de l'idiot. Quelque fugaces et imperceptibles que fussent ces expressions pour des étrangers, elles étaient malheureusement trop sensibles pour ceux qui connaissaient un Claës sublime de bonté, grand par le cœur, beau de visage et duquel il n'existait que de rares vestiges.

La recherche de l'absolu.

Pour préparer l'étude du texte

1. Par une analyse précise des formulations, montrer que le texte est l'illustration d'un « changement progressif ». Montrer également que cette métamorphose s'opère à l'insu du personnage (ou, du moins, qu'il ne réagit pas).
2. Quels sont les traits physiologiques caractéristiques de la « monomanie » ?

Pour une étude comparée

Trois cas de monomanie.

Balthazar Claës dans *La recherche de l'absolu* ;
Raphaël de Valentin dans *La peau de chagrin* (IIIe partie) ;
Le père Goriot dans *Le père Goriot.*

Le père Goriot
1835

« Un brave homme — pension bourgeoise — 600 francs de rente — S'étant dépouillé pour ses filles qui toutes deux ont 50 000 francs de rente, mourant comme un chien. » C'est ainsi que Balzac résumait la destinée de son personnage, « Christ de la paternité », véritable martyr de sa passion.

Eau-forte par E. ABOT
d'après Lynch pour *Le père Goriot,*
Éditions A. Quanti, 1885. Paris, Bibliothèque Nationale.

1. Est atteint de *monomanie* celui qui est gouverné par une obsession.

Presque mourant, Goriot, abandonné par ses filles, les excuse encore.

Elles sont innocentes, mon ami[1] ! Dites-le bien à tout le monde, qu'on ne les inquiète pas à mon sujet. Tout est de ma faute, je les ai habituées à me fouler aux pieds. J'aimais cela, moi. Ça ne regarde personne, ni la justice humaine, ni la justice divine. Dieu serait injuste s'il les condamnait à cause de moi. Je n'ai pas su me conduire, j'ai fait la bêtise d'abdiquer mes droits. Je me serais avili pour elles ! Que voulez-vous ! le plus beau naturel, les meilleures âmes auraient succombé à la corruption de cette facilité paternelle. Je suis un misérable, je suis justement puni. Moi seul ai causé les désordres de mes filles, je les ai gâtées. Elles veulent aujourd'hui le plaisir, comme elles voulaient autrefois du bonbon. Je leur ai toujours permis de satisfaire leurs fantaisies de jeunes filles. A quinze ans, elles avaient voiture ! Rien ne leur a résisté. Moi seul suis coupable, mais coupable par amour. Leur voix m'ouvrait le cœur. Je les entends, elles viennent. Oh ! oui, elles viendront. La loi veut qu'on vienne voir mourir son père, la loi est pour moi. Puis ça ne coûtera qu'une course. Je la payerai. Écrivez-leur que j'ai des millions à leur laisser ! Parole d'honneur. J'irai faire des pâtes d'Italie à Odessa[2]. Je connais la manière. Il y a, dans mon projet, des millions à gagner. Personne n'y a pensé. Ça ne se gâtera point dans le transport comme le blé ou comme la farine. Eh, eh, l'amidon ? il y aura là des millions ! Vous ne mentirez pas, dites-leur des millions et quand même elles viendraient par avarice, j'aime mieux être trompé, je les verrai. Je veux mes filles ! je les ai faites ! elles sont à moi ! dit-il en se dressant sur son séant, en montrant à Eugène une tête dont les cheveux blancs étaient épars et qui menaçait par tout ce qui pouvait exprimer la menace.

Le père Goriot.

Pour préparer l'étude du texte

1. Étudier l'évolution du texte en montrant comment le vieillard passe d'une relative lucidité au délire.
2. L'affirmation d'une culpabilité. Montrer qu'elle prend un caractère obsessionnel. Par quel double amour le vieillard justifie-t-il son comportement ?
3. Le délire. Étudier l'expression de l'agitation et du désordre de la pensée, les contradictions avec les affirmations de la première partie, l'importance de l'argent dans les relations familiales.

Pour un groupement de textes

L'attrait de l'argent : un puisssant moteur du comportement humain.

Diderot, *Le neveu de Rameau* (éloge de l'or).
Lesage, *Turcaret*, I, 1, 2, 10 ; III, 4.
Balzac, *Le père Goriot* (« L'entrée dans le monde »), *Eugénie Grandet* (ch. 1 et 5), *Gobseck* (IIe partie).
Zola, *L'argent* (ch. 1 et 8), *La curée* (ch. 3 et 7).
Maupassant, *Bel-Ami* (II, 7).

L'initiation

La société est un labyrinthe, riche de promesses mais plein de dangers pour celui qui s'y engage. Pour aider le jeune héros à comprendre la complexité de ce monde et à en déjouer les pièges, des génies protecteurs transmettent leur expérience, et parfois leur sagesse (cf. p. 191). Mais cette éducation ne se fait pas sans rupture : à l'innocence du novice s'oppose souvent la rouerie de celui qui dévoile avec cynisme le vrai visage de la réalité (cf. p. 192).

Ces conseillers, image idéalisée de la femme mûre ou figure du Père, éprouvent à l'égard de leur jeune protégé un sentiment ambigu d'amour protecteur comme Mme de Mortsauf dans *Le lys dans la vallée*, parfois dangereusement possessif comme Vautrin. Avec le personnage de Carlos Herrera *(Illusions perdues)*, le guide bienveillant devient séducteur et tentateur (cf. p. 192). Car ces personnages qui initient le héros aux réalités du monde peuvent prendre sur lui un ascendant troublant : ils le modèlent à leur image et attendent de lui qu'il réalise leurs rêves et leurs ambitions.

Le thème balzacien de la paternité et de la vie par procuration ne peut-il pas se lire comme une métaphore de la création littéraire ? L'écrivain lui aussi crée des êtres, les façonne et leur insuffle son expérience et ses désirs. Ne voit-on pas Vautrin décider du sort de Lucien de Rubempré par ces mots : « Je suis l'auteur, tu seras le drame »[3] ?

1. Goriot s'adresse à l'étudiant Eugène de Rastignac qui est à son chevet.
2. Au début de sa maladie, Goriot prétendait, pour rétablir la fortune de ses filles, aller « faire de l'amidon en aiguilles à Odessa ».
3. *Splendeurs et misères des courtisanes*, Ire partie.

Le père Goriot

1835

« Vous voulez parvenir, je vous aiderai. »

Venu de province à Paris, Eugène de Rastignac, étudiant en droit, fait bientôt le dur apprentissage de la vie et connaît les poignants désirs de l'ambition. Ayant remarqué « combien les femmes ont d'influence sur la vie sociale », il profite de sa lointaine parenté avec Mme de Beauséant pour lui être présenté. La vicomtesse, amère et lucide, lui transmet quelques-unes des leçons que lui a données l'expérience.

« Le monde est infâme et méchant, dit enfin la vicomtesse. Aussitôt qu'un malheur nous arrive, il se rencontre toujours un ami prêt à venir nous le dire, et à nous fouiller le cœur avec un poignard en nous en faisant admirer le manche[1]. Déjà le sarcasme, déjà les railleries ! Ah ! je me défendrai. » Elle releva la tête comme une grande dame qu'elle était, et des éclairs sortirent de ses yeux fiers. « Ah ! fit-elle en voyant Eugène, vous êtes là !

— Encore, dit-il piteusement.

— Eh bien, monsieur de Rastignac, traitez ce monde comme il mérite de l'être. Vous voulez parvenir, je vous aiderai. Vous sonderez combien est profonde la corruption féminine, vous toiserez la largeur de la misérable vanité des hommes. Quoique j'aie bien lu dans ce livre du monde, il y avait des pages qui cependant m'étaient inconnues. Maintenant je sais tout. Plus froidement vous calculerez, plus avant vous irez. Frappez sans pitié, vous serez craint. N'acceptez les hommes et les femmes que comme des chevaux de poste que vous laisserez crever à chaque relais, vous arriverez ainsi au faîte de vos désirs. Voyez-vous, vous ne serez rien ici si vous n'avez pas une femme qui s'intéresse à vous. Il vous la faut jeune, riche, élégante. Mais si vous avez un sentiment vrai, cachez-le comme un trésor ; ne le laissez jamais soupçonner, vous seriez perdu. Vous ne seriez plus le bourreau, vous deviendriez la victime. Si jamais vous aimiez, gardez bien votre secret ! ne le livrez pas avant d'avoir bien su à qui vous ouvrirez votre cœur. Pour préserver par avance cet amour qui n'existe pas encore, apprenez à vous méfier de ce monde-ci... »

Le père Goriot.

Pour préparer le commentaire composé

1. Étudier tout ce qui souligne le rôle d'initiatrice de Mme de Beauséant : impératifs de recommandation, expression de la condition et de l'hypothèse, affirmation d'une expérience acquise.
2. Analyser la présentation qui est faite des hommes, des femmes et des relations sociales ; mettre en relief les procédés qui donnent au texte une tonalité amère et pessimiste.
3. L'art de la réussite sociale : les instruments, les itinéraires, l'hypocrisie. Les étudier en soulignant l'absence de scrupules et la cruauté des comportements.

Pour une étude comparée

Une image pessimiste du monde.

Balzac, *Le père Goriot*, les enseignements de Mme de Beauséant.
Musset, *On ne badine pas avec l'amour* (II, 5) .

Eau-forte par E. ABOT d'après Lynch pour *Le père Goriot*, Éditions A. Quanti, 1885. Paris, Bibliothèque Nationale.

1. Mme de Beauséant pressent qu'elle va être abandonnée par son amant. La société parisienne guette ce moment pour assister à son désastre.

« Voilà le carrefour de la vie... »

Vautrin est un des personnages les plus pittoresques de la pension Vauquer, mais c'est aussi le plus inquiétant. Les conseils qu'il donne paternellement à Rastignac annoncent l'homme d'expériences qui a sondé toutes les strates de la société. Dans la suite du roman, Vautrin sera arrêté par la police qui aura reconnu en lui l'ancien forçat Jacques Collin dit Trompe-la-Mort.

Voilà le carrefour de la vie, jeune homme, choisissez. Vous avez déjà choisi : vous êtes allé chez notre cousine de Beauséant, et vous y avez flairé le luxe. Vous êtes allé chez madame de Restaud, la fille du père Goriot, et vous y avez flairé la Parisienne. Ce jour-là vous êtes revenu avec un mot écrit sur votre front, et que j'ai bien su lire : *Parvenir !* parvenir à tout prix. Bravo ! ai-je dit, voilà un gaillard qui me va. Il vous a fallu de l'argent. Où en prendre ? Vous avez saigné vos sœurs. Tous les frères *flouent* plus ou moins leurs sœurs[1]. Vos quinze cents francs arrachés, Dieu sait comme ! dans un pays où l'on trouve plus de châtaignes que de pièces de cent sous[2], vont filer comme des soldats à la maraude. Après, que ferez-vous ? vous travaillerez ? Le travail, compris comme vous le comprenez en ce moment, donne, dans les vieux jours, un appartement chez maman Vauquer, à des gars de la force de Poiret[3]. Une rapide fortune est le problème que se proposent de résoudre en ce moment cinquante mille jeunes gens qui se trouvent tous dans votre position. Vous êtes une unité de ce nombre-là. Jugez des efforts que vous avez à faire et de l'acharnement du combat. Il faut vous manger les uns les autres comme des araignées dans un pot, attendu qu'il n'y a pas cinquante mille bonnes places. Savez-vous comment on fait son chemin ici ? par l'éclat du génie ou par l'adresse de la corruption. Il faut entrer dans cette masse d'hommes comme un boulet de canon, ou s'y glisser comme une peste.

Le père Goriot.

Pour préparer l'étude du texte

1. Étudier précisément la structure du texte en montrant qu'il est construit comme une véritable démonstration : rappel du passé, un avenir problématique, les moyens de l'emporter dans la compétition de la réussite.
2. Analyser l'art de la persuasion chez Vautrin :
— un langage familier ;
— le caractère exemplaire des situations vécues ;
— la force de l'expérience.

Pour une étude comparée

« Il m'a dit crûment ce que Madame de Beauséant me disait en y mettant les formes », se dira Rastignac après avoir écouté le discours de Vautrin. Faire une étude comparée des deux textes ci-dessus (p. 191 : « Vous voulez parvenir, je vous aiderai », et p. 192 : « Voilà le carrefour de la vie... »).

Illusions perdues

1843

Conformément à l'esthétique du feuilleton et fidèle à son procédé romanesque du retour des personnages, Balzac fait réapparaître Vautrin à la fin des *Illusions perdues.* Celui-ci se fait maintenant passer pour un prêtre du nom de Carlos Herrera. Son goût pour les jeunes gens ne s'est pas démenti puisque sa séduction s'exerce ici sur Lucien de Rubempré qu'il vient de « pêcher » alors que, désespéré par ses échecs parisiens, le jeune homme tentait de se noyer.

« Je vous ai pêché, je vous ai rendu la vie, et vous m'appartenez comme la créature est au créateur, comme, dans les contes de fées, l'Afrite[4] est au génie, comme l'icoglan[5] est au Sultan, comme le corps est à l'âme ! Je vous maintiendrai, moi, d'une main puissante dans la voie du pouvoir, et je vous promets néanmoins une vie de plaisirs, d'honneurs, de fêtes continuelles... Jamais l'argent ne vous manquera... Vous brillerez, vous paraderez, pendant que, courbé dans la boue des fondations, j'assurerai le brillant édifice de votre fortune. J'aime le pouvoir pour le pouvoir, moi ! Je serai toujours heureux de vos jouissances qui me sont interdites. Enfin, je me ferai vous !... Eh bien, le jour où ce pacte d'homme à démon, d'enfant à diplomate, ne vous conviendra plus, vous pourrez toujours aller chercher un petit endroit, comme celui dont vous parliez, pour vous noyer : vous serez un peu plus ou un peu moins ce que vous êtes aujourd'hui, malheureux ou déshonoré...

— Ceci n'est pas une homélie[6] de l'archevêque de Grenade ! s'écria Lucien en voyant la calèche arrêtée à une poste.

— Je ne sais pas quel nom vous donnez à cette instruction sommaire, mon fils, car je vous adopte et ferai de vous mon héritier ; mais c'est le code de l'ambition. Les élus de Dieu sont en petit nombre. Il n'y a pas de choix : ou il faut aller au fond du cloître (et vous y retrouvez souvent le monde en petit !), ou il faut accepter ce code.

1. Rastignac a en effet écrit à sa mère de lui envoyer 1 200 francs. Ses sœurs ayant réuni leurs économies, il a reçu la somme de 1 500 francs.
2. La région d'Angoulême, d'où vient Rastignac.
3. C'est-à-dire médiocres. Poiret est aussi pensionnaire de Mme Vauquer.
4. Esprit malfaisant dans la mythologie arabe.
5. Officier du palais du sultan dans l'empire ottoman.
6. Synonyme de *sermon.* Plus loin, le mot *instruction* a le même sens.

— Peut-être vaut-il mieux n'être pas si savant, dit Lucien en essayant de sonder l'âme de ce terrible prêtre.

— Comment ! reprit le chanoine, après avoir joué sans connaître les règles du jeu, vous abandonnez la partie au moment où vous y devenez fort, où vous vous y présentez avec un parrain solide... et sans même avoir le désir de prendre une revanche ! Comment, vous n'éprouvez pas l'envie de monter sur le dos de ceux qui vous ont chassé de Paris ! »

Lucien frissonna comme si quelque instrument de bronze, un gong chinois, eût fait entendre ces terribles sons qui frappent sur les nerfs.

Illusions perdues, III.

Pour préparer le commentaire composé

1. Les différentes étapes de la tentation. Montrer que Vautrin fait miroiter tout ce qui est de nature, sur des plans divers, à séduire Lucien.

2. Une liberté illusoire. Par une analyse précise des formulations (des temps verbaux, en particulier), montrer que Lucien n'a guère la possibilité de refuser.

3. Mettre en évidence tout ce qui, dans le texte, souligne le caractère satanique de Vautrin. Quelles conséquences peut-on en tirer concernant les voies de la réussite sociale ?

« Vautrin assis sur une table », illustration pour *Le père Goriot*, en 1851.
Paris, Bibliothèque Nationale.

Réussir

La plupart des romans de Balzac sont des romans d'apprentissage dans lesquels le héros s'élance à la conquête du monde, guidé par cet espoir ardent : réussir. Mais le romanesque balzacien met en évidence la contradiction entre ce désir et les obstacles qu'oppose la réalité. L'ordre social est une mécanique qui broie dans ses rouages les êtres les plus purs (cf. p. 194).

La solution pour s'assurer une prompte réussite serait de refouler tout idéalisme et d'accepter les corruptions sociales. Entre la probité qui le condamne à la solitude et l'opportunisme qui lui garantit le succès, le faible Lucien de Rubempré ne tarde pas à choisir (cf. p. 195). Eugène de Rastignac, lui, lance comme défi à la société le fameux : « A nous deux maintenant ! » Mais cette hardiesse ne lui vient qu'après la rapide dégradation morale que lui a fait subir son expérience de la vie (cf. p. 196).

Dans leur combat pour la réussite, les héros balzaciens sont bien loin d'être des chevaliers qui auraient pour armes l'honneur ou la vertu. Les plus brillants, les dandys, les mondains, sont de redoutables « corsaires en gants jaunes », ambitieux et sans scrupules. Les autres, que leur chance ou leur nature a moins bien servis, deviennent vite des don Quichotte brisés par les infamies du monde réel.

Illusions perdues
1839

« Je vous achète votre roman... »

Passant, aux yeux de ses concitoyens, pour le Chateaubriand d'Angoulême, Lucien de Rubempré est venu à Paris se faire un nom dans la littérature. Il met tous ses espoirs dans son roman historique, *L'Archer de Charles IX*. Il l'a proposé au libraire Doguereau, vieillard rusé qui tient à la fois du professeur et du marchand.

Deux jours après, le vieux Doguereau, surpris du style que Lucien avait dépensé dans sa première œuvre, enchanté de l'exagération des caractères qu'admettait l'époque où se développait le drame, frappé de la fougue d'imagination avec laquelle un jeune auteur dessine toujours son premier plan, il n'était pas gâté, le père Doguereau ! vint à l'hôtel où demeurait son Walter Scott[1] en herbe. Il était décidé à payer mille francs la propriété entière de *L'Archer de Charles IX*, et à lier Lucien par un traité pour plusieurs ouvrages. En voyant l'hôtel, le vieux renard se ravisa. « Un jeune homme logé là n'a que des goûts modestes, il aime l'étude, le travail ; je peux ne lui donner que huit cents francs. » L'hôtesse, à laquelle il demanda M. Lucien de Rubempré, lui répondit : « Au quatrième ! » Le libraire leva le nez, et n'aperçut que le ciel au-dessus du quatrième. « Ce jeune homme, pensa-t-il, est joli garçon, il est même très beau ; s'il gagnait trop d'argent, il se dissiperait, il ne travaillerait plus. Dans notre intérêt commun, je lui offrirai six cents francs ; mais en argent, pas de billets. » Il monta l'escalier, frappa trois coups à la porte de Lucien, qui vint ouvrir. La chambre était d'une nudité désespérante. Il y avait sur la table un bol de lait et une flûte de deux sous. Ce dénuement du génie frappa le bonhomme Doguereau.

« Qu'il conserve, pensa-t-il, ces mœurs simples, cette frugalité, ces modestes besoins. » « J'éprouve du plaisir à vous voir, dit-il à Lucien. Voilà, monsieur, comment vivait Jean-Jacques[2], avec qui vous aurez plus d'un rapport. Dans ces logements-ci brille le feu du génie et se composent les bons ouvrages. Voilà comment devraient vivre les gens de lettres, au lieu de faire ripaille dans les cafés, dans les restaurants, d'y perdre leur temps, leur talent et notre argent. » Il s'assit. « Jeune homme, votre roman n'est pas mal. J'ai été professeur de rhétorique[3], je connais l'histoire de France ; il y a d'excellentes choses. Enfin vous avez de l'avenir.

— Ah ! monsieur.

— Non, je vous le dis, nous pourrons faire des affaires ensemble. Je vous achète votre roman... »

Le cœur de Lucien s'épanouit, il palpitait d'aise, il allait entrer dans le monde littéraire, il serait enfin imprimé.

« Je vous l'achète quatre cents francs, dit Doguereau d'un ton mielleux et en regardant Lucien d'un air qui semblait annoncer un effort de générosité.

— Le volume ? dit Lucien.

— Le roman, dit Doguereau sans s'étonner de la surprise de Lucien. Mais, ajouta-t-il, ce sera comptant. Vous vous engagerez à m'en faire deux par an pendant six ans. »

Illusions perdues, II.

Pour préparer l'étude du texte

1. Sous forme de tableau, mettre en évidence :
— les éléments de la situation sociale de Lucien tels qu'ils sont progressivement découverts par le marchand ;
— les conclusions qu'il en tire ;
— les décisions qui en découlent (modification progressive du contrat).

2. Une double image de l'homme de lettres. Étudier le jeu d'oppositions entre la pauvreté et l'opulence.

3. La naïveté et la ruse. Montrer ce qui oppose les deux personnages. Comment Balzac oriente-t-il la sympathie du lecteur ?

Pour un groupement de textes

Une référence littéraire essentielle : Rousseau.

Chateaubriand, *Mémoires d'outre-tombe* (Ire partie, livre III).
Stendhal, *Le Rouge et le Noir* (I, 5 ; II, 8 et 9).
Balzac, *La peau de chagrin* (Ire et IIe parties).

1. Écrivain écossais qui connut en France un grand succès au début du XIXe siècle. Lucien l'a beaucoup imité dans son roman.
2. Jean-Jacques Rousseau vivait de façon austère et méprisait le luxe.
3. La Rhétorique était ce que nous appelons aujourd'hui la classe de Première.

« Le Paris des Champs-Élysées admira ces deux amants. »

Lucien de Rubempré, « grand homme de province », n'est plus à Paris qu'un pauvre poète inconnu. Il fait la connaissance de jeunes gens idéalistes, réunis en Cénacle, qui vantent les bienfaits du travail et de la probité. Mais sous l'influence d'Étienne Lousteau, Lucien se laisse tenter par les compromissions du journalisme mondain, qui lui procurent vite un succès facile et grisant.

Coralie[1] dégringola par les escaliers en entraînant Lucien qui entendit le négociant[2] se traînant comme un phoque après eux, sans pouvoir les rejoindre. Le poète éprouva la plus enivrante des jouissances : Coralie, que le bonheur rendait sublime, offrit à tous les yeux ravis une toilette pleine de goût et d'élégance. Le Paris des Champs-Élysées admira ces deux amants. Dans une allée du bois de Boulogne, leur coupé[3] rencontra la calèche de Mmes d'Espard et de Bargeton qui regardèrent Lucien d'un air étonné, mais auxquelles il lança le coup d'œil méprisant du poète qui pressent sa gloire et va user de son pouvoir. Le moment où il put échanger par un coup d'œil avec ces deux femmes quelques-unes des pensées de vengeance qu'elles lui avaient mises au cœur pour le ronger[4], fut un des plus doux de sa vie et décida peut-être de sa destinée. Lucien fut repris par les Furies de l'orgueil : il voulut reparaître dans le monde, y prendre une éclatante revanche, et toutes les petitesses sociales, naguère foulées aux pieds du travailleur, de l'ami du Cénacle, rentrèrent dans son âme. Il comprit alors toute la portée de l'attaque faite pour lui par Lousteau : Lousteau venait de servir ses passions ; tandis que le Cénacle, ce Mentor[5] collectif, avait l'air de les mater au profit des vertus ennuyeuses et de travaux que Lucien commençait à trouver inutiles. Travailler ! n'est-ce pas la mort pour les âmes avides de jouissances ? Aussi avec quelle facilité les écrivains ne glissent-ils pas dans le *farniente*[6], dans la bonne chère et les délices de la vie luxueuse des actrices et des femmes faciles ! Lucien sentit une irrésistible envie de continuer la vie de ces deux folles journées.

Illusions perdues, II.

Pour préparer l'étude du texte

1. Distinguer les deux parties du texte en montrant qu'elles correspondent à des modalités d'écriture différentes, mais qu'elles se rejoignent par leur thème.
2. Les images de la réussite. Étudier leur caractère visuel et extérieur. Montrer que cette réussite repose essentiellement sur l'argent, qui donne le pouvoir de mépriser.
3. Deux modes de vie (vie laborieuse et vie mondaine). Faire une analyse de chacun d'eux et montrer qu'ils apparaissent dans un autre extrait du même roman (cf. p. 194). En déduire l'évolution de Lucien dans la IIe partie du roman.

E. GUÉRARD, *Promenade au Bois de Boulogne vers 1855*, lithographie. Paris, Musée Carnavalet.

1. Jeune et belle actrice, maîtresse de Lucien.
2. Camusot, marchand de soieries, 56 ans, riche protecteur de Coralie.
3. Un coupé est une voiture fermée ; la calèche est découverte.
4. Lucien avait quitté Angoulême avec Mme de Bargeton qu'il aimait alors d'un amour sincère et naïf. Mais, une fois à Paris, influencée par Mme d'Espard, Mme de Bargeton avait renié Lucien et refusé de le saluer au cours d'une promenade semblable à celle-ci.
5. Gouverneur du fils d'Ulysse, Télémaque. Un *mentor* est un sage conseiller.
6. Mot italien qui signifie « ne rien faire ». Synonyme d'oisiveté.

Le père Goriot

1835

Le père Goriot est mort. Ses filles, Anastasie de Restaud et Delphine de Nucingen, prévenues de ce décès, refusent qu'on les dérange. L'étudiant Eugène de Rastignac qui a veillé Goriot dans son agonie, doit régler seul les frais de l'enterrement. Seul encore, il suivra le « corbillard des pauvres » jusqu'au cimetière du Père-Lachaise. C'est ainsi que se termine le roman.

Quand le corbillard vint, Eugène fit remonter la bière, la décloua, et plaça religieusement sur la poitrine du bonhomme une image qui se rapportait à un temps où Delphine et Anastasie étaient jeunes, vierges et pures, et *ne raisonnaient pas*, comme il l'avait dit dans ses cris d'agonisant. Rastignac et Christophe[1] accompagnèrent seuls, avec deux croque-morts, le char qui menait le pauvre homme à Saint-Étienne-du-Mont, église peu distante de la rue Neuve-Sainte-Geneviève. Arrivé là, le corps fut présenté à une petite chapelle basse et sombre, autour de laquelle l'étudiant chercha vainement les deux filles du père Goriot ou leurs maris. Il fut seul avec Christophe, qui se croyait obligé de rendre les derniers devoirs à un homme qui lui avait fait gagner quelques bons pourboires. En attendant les deux prêtres, l'enfant de chœur et le bedeau, Rastignac serra la main de Christophe, sans pouvoir prononcer une parole.

« Oui, monsieur Eugène, dit Christophe, c'était un brave et honnête homme, qui n'a jamais dit une parole plus haut que l'autre, qui ne nuisait à personne et n'a jamais fait de mal. »

Les deux prêtres, l'enfant de chœur et le bedeau vinrent et donnèrent tout ce qu'on peut avoir pour soixante-dix francs dans une époque où la religion n'est pas assez riche pour prier gratis. Les gens du clergé chantèrent un psaume, le *Libera*, le *De profundis*. Le service dura vingt minutes. Il n'y avait qu'une seule voiture de deuil pour un prêtre et un enfant de chœur, qui consentirent à recevoir avec eux Eugène et Christophe.

« Il n'y a point de suite[2], dit le prêtre, nous pourrons aller vite, afin de ne pas nous attarder, il est cinq heures et demie. »

Cependant, au moment où le corps fut placé dans le corbillard, deux voitures armoriées, mais vides, celle du comte de Restaud et celle du baron de Nucingen, se présentèrent et suivirent le convoi jusqu'au Père-Lachaise. A six heures, le corps du père Goriot fut descendu dans sa fosse, autour de laquelle étaient les gens[3] de ses filles, qui disparurent avec le clergé aussitôt que fut dite la courte prière due au bonhomme pour l'argent de l'étudiant. Quand les deux fossoyeurs eurent jeté quelques pelletées de terre sur la bière pour la cacher, ils se relevèrent, et l'un deux, s'adressant à Rastignac, lui demanda leur pourboire. Eugène fouilla dans sa poche et n'y trouva rien ; il fut forcé d'emprunter vingt sous à Christophe. Ce fait, si léger en lui-même, détermina chez Rastignac un accès d'horrible tristesse. Le jour tombait, un humide crépuscule agaçait les nerfs, il regarda la tombe et y ensevelit sa dernière larme de jeune homme, cette larme arrachée par les saintes émotions d'un cœur pur, une de ces larmes qui, de la terre où elles tombent, rejaillissent jusque dans les cieux. Il se croisa les bras, contempla les nuages, et le voyant ainsi, Christophe le quitta.

Rastignac, resté seul, fit quelques pas vers le haut du cimetière et vit Paris tortueusement couché le long des deux rives de la Seine, où commençaient à briller les lumières. Ses yeux s'attachèrent presque avidement entre la colonne de la place Vendôme et le dôme des Invalides, là où vivait ce beau monde dans lequel il avait voulu pénétrer. Il lança sur cette ruche bourdonnant un regard qui semblait par avance en pomper le miel, et dit ces mots grandioses : « A nous deux maintenant ! »

Et pour premier acte du défi qu'il portait à la Société, Rastignac alla dîner chez Mme de Nucingen.

Le père Goriot.

Pour préparer l'étude du texte

1. Un enterrement de pauvre. Étudier ce qui, dans le texte, insiste sur la pauvreté de la cérémonie et sur celle des participants.

2. Une atmosphère fantastique. Analyser tous les éléments qui concourent à faire de cet épisode une scène fantastique : personnages, moment, déroulement, spectacle de Paris, défi de Rastignac.

3. La double signification du dénouement : montrer qu'il est à la fois une fin (mort d'un être, fin d'une vie, fin d'une période de la vie de Rastignac) et un début (le défi jeté à la société).

Pour une étude comparée

Un enterrement de pauvre.

Comparer le traitement de ce thème par Balzac et par B. Vian (l'enterrement de Chloé dans *L'écume des jours*).

Pour un groupement de textes

Les épilogues de roman.

Cf. groupement de textes, p. 158.

1. Le « garçon de peine » de la pension Vauquer.
2. C'est-à-dire de cortège funèbre.
3. Les domestiques.

La méthode balzacienne : de l'analyse à la synthèse

Balzac s'est passionné pour la science que l'on appelait au XIXe siècle l'Histoire naturelle. Partant de l'idée que la société ressemble à la nature par sa composition et son organisation, il se propose d'étudier les espèces sociales comme les naturalistes étudient les espèces animales. Pour ce faire, il emprunte aux sciences naturelles leurs méthodes, c'est-à-dire l'observation (il nomme « tableaux » ou « scènes » la plupart de ses récits, et l'on sait la place qu'il donne à la description), la classification (son ambition est de dresser « l'inventaire des vices et des vertus »), enfin, l'analyse qui doit permettre de « surprendre le sens caché dans cet immense assemblage de figures »[1].

La Société une fois étudiée et comme décomposée, l'imaginaire balzacien la reconstruit et relie les parties en un Tout. Cet édifice est *La comédie humaine.* Une succession de récits sans lien entre eux ne pouvait satisfaire Balzac pour qui la grandeur de l'écrivain tient avant tout dans l'unité qu'il donne à son œuvre. « Il ne suffit pas d'être un homme, il faut être un système. »[2]

Examen minutieux et composition générale constituent donc la double ambition de Balzac qui s'était d'ailleurs fixé pour but dans son œuvre d'« arriver à la synthèse par l'analyse »[3].

Le réalisme balzacien procède de cette méthode. Pressé de dire si ses romans étaient la copie exacte de situations vécues, Balzac répondait qu'il fondait plusieurs faits en un seul et qu'il synthétisait. Et il ajoutait : « Souvent il est nécessaire de prendre plusieurs caractères semblables pour arriver à en composer un seul, de même qu'il se rencontre des originaux où le ridicule abonde si bien qu'en les dédoublant, ils fournissent deux personnages. »[4]

Ce même mouvement fonde également la psychologie balzacienne. Les personnages de *La comédie humaine* sont nettement individualisés parce qu'ils s'inscrivent dans un réel très précis ; mais ils sont aussi typisés[5] en étant l'incarnation d'une idée, ou, à eux seuls, l'expression d'un milieu ou d'une époque.

Le monde balzacien : diversité et unité

Être le peintre de la société du XIXe siècle exigeait de Balzac qu'il rende le foisonnement et la mobilité du réel ; la cohésion de l'œuvre de fiction l'oblige au contraire à délimiter son propos. Ces deux nécessités apparemment contradictoires se trouvent conciliées par la technique romanesque mise en œuvre avec *Le père Goriot* : le retour des personnages. En effet, les personnages reparaissants circulent dans *La comédie humaine* ; le lecteur les surprend sous diverses facettes, dans différentes sphères sociales, à différents âges de leur vie. Mais cette récurrence assure aussi l'unité du monde balzacien ; elle relie les romans entre eux et donne l'illusion d'un univers familier.

La société française de 1800 à 1840 est en pleine évolution. L'époque est riche en bouleversements ; elle voit se succéder bien des régimes politiques et la société libérale de 1830 rend possibles les mutations sociales et les changements de fortune les plus surprenants. Comment circonscrire un univers aussi difficile à saisir ? Balzac est aidé dans cette entreprise par sa position privilégiée de témoin et d'historien. Suffisamment proche des événements pour en ressentir le mouvement (vingt ans, dix ans, parfois moins, séparent le temps de l'action du temps de l'écriture du roman), il peut cependant les dominer et les comprendre grâce au recul historique.

Sans renoncer à la complexité de la réalité historique, sans schématisme, Balzac parvient à imposer une unité à la diversité du réel en faisant de son œuvre romanesque un monde en soi. Le monde de Balzac, en effet, est un monde codé ; tout y est signe : le vêtement révèle l'être ; le langage trahit l'appartenance sociale ; c'est un monde clos : une dizaine de villes, les mêmes médecins, les mêmes avoués, les mêmes usuriers peuplent *La comédie humaine* ; c'est un monde enfin qui est à soi-même sa propre référence : Balzac renvoie son lecteur d'un roman à l'autre, confond personnages réels et personnages fictifs, prend pour garant de la vérité la société imaginaire qu'il a lui-même créée. Le monde balzacien est un microcosme du monde réel, plus cohérent, plus signifiant, et non moins riche.

1. « Avant-Propos » de *La comédie humaine.*
2. Introduction, par Félix Davin, aux *Études de mœurs au XIXe siècle* (1835).
3. Préface d'*Une fille d'Ève* (1838).
4. *Le cabinet des Antiques*, préface (1839).
5. Balzac emploie ce terme dans une lettre à Mme Hanska (26 octobre 1838).

Paris amusant. Longchamps de cette année (1840), gravure. Paris, Bibliothèque des Arts Décoratifs.

Personnages balzaciens : les forts et les faibles

La société mise en place dans *La comédie humaine* est un lieu de conflits où s'affrontent les intérêts. Balzac la compare soit à une jungle où les victimes sont dévorées sans pitié, soit à une mécanique dont les rouages broient aveuglément ceux qui s'y engagent. Société sans cœur, elle consacre le triomphe de l'égoïsme et l'élimination des purs.

Le drame le plus poignant qui creuse l'abîme entre les forts et les faibles est celui de l'anachronisme : un homme revient dans un monde où il n'a plus sa place (c'est le cas de Chabert), où il n'évolue pas avec la société qui l'entoure (comme Pons, resté en 1844 un homme Empire, comme on dit un meuble Empire). Le faible, c'est ici le « débris ».

L'infériorité peut venir aussi d'un déracinement. Il peut être social : le roturier méprisé par le monde aristocratique qu'il convoite (Lucien au début des *Illusions perdues*) ou le jeune homme bien né mais déclassé parce qu'il manque d'argent (Raphaël au début de *La peau de chagrin*) ; il peut être aussi géographique : c'est le drame du provincial à Paris, inadapté, perdant sa probité et ses illusions (Lucien de Rubempré, Rastignac...).

On le voit cependant avec ces derniers exemples, force et faiblesse, pour Balzac, ne se partagent pas immuablement une société manichéenne. Dans le monde en évolution de *La comédie humaine*, elles peuvent aussi se succéder dans le destin individuel : Lucien prend sa revanche, puis sombre de nouveau ; Rastignac passe dans le camp des puissants et devient ministre. La typologie du fort et du faible rejoint ici le thème de l'échec et de la réussite.

Poussée à son point extrême, l'histoire de ces changements de fortune produit l'archétype balzacien de l'ascension et de la déchéance (« Grandeur et décadence » de César Birotteau, « Splendeurs et misères » des courtisanes), symbole d'une société ouverte aux ambitions mais sans pitié pour les erreurs.

Paris dans la littérature romanesque

Paris-province : antithèse sociale

Le centralisme, le développement que connaît alors la capitale et le rayonnement qu'elle exerce expliquent l'écart qui existe entre Paris et la province dans la France du XIXe siècle.

Sur cet éloignement, ou cette antinomie, le roman bâtit la plupart de ses intrigues. A l'ennui, l'immobilité et l'archaïsme de la province, s'opposent l'originalité, l'esprit et l'élégance de Paris. Paris seul est « le théâtre des grandes choses »[1].

Pour mieux mettre en évidence l'incompatibilité parfois dramatique de ces deux univers et l'attrait irrésistible qu'exerce Paris, le romancier s'intéressera aux relations entre Paris et la province, établies par le voyage, le mariage, la profession ou le hasard. C'est ce que fait Balzac dans les *Scènes de la vie parisienne* et les *Scènes de la vie de province.*

Les romans du XIXe siècle, pour la plupart romans d'éducation, ont souvent pour héros un jeune homme de province qui va tenter sa chance dans la capitale, attiré par les rêves de succès (Julien Sorel, Lucien de Rubempré, ou... d'Artagnan !). Mais Paris, Eldorado des gens de province, est aussi la ville de la désillusion dont les jeunes ambitieux mesurent vite, et à leurs dépens, l'artifice, la vanité et le cynisme. Car Paris est double ; il est « toute la gloire et toute l'infamie de la France »[2].

Un nouvel espace romanesque

Si Paris occupe une place si importante dans le roman du XIXe siècle, c'est que la capitale offre une riche matière à l'imaginaire. C'est la « ville aux cent mille romans »[3].

Après les beautés de la nature, cadre des romans de Rousseau et de Chateaubriand, l'espace urbain permet une nouvelle localisation de l'intrigue romanesque, avec : le quartier, symbole du cloisonnement des castes (le faubourg Saint-Germain, la Goutte-d'Or) ; l'immeuble, microcosme de la société et de sa hiérarchie (chez Balzac, par exemple, ou Zola : *Pot-Bouille*) ; la boutique, confluence de l'archaïsme et du modernisme, union du public et du privé (*César Birotteau, Le ventre de Paris*) ; le salon, foyer d'attraction, terrain piégé de l'ambition et des joutes amoureuses (*Le père Goriot*, *Bel-Ami*).

En s'appropriant l'espace parisien, le roman dessine une topographie imaginaire qui privilégie certains espaces : l'espace horizontal de la ville-labyrinthe où l'on erre (comme le fait Nerval dans *Aurélia*) ; les espaces élevés permettant un regard qui domine (Notre-Dame, le Père-Lachaise, les « fortifs ») ; ou, au contraire, l'espace souterrain où l'on s'enfonce (comme les égouts dans *Les misérables* ou les bas-fonds des *Mystères de Paris*).

La géographie urbaine, dans sa représentation romanesque, a, on le voit, valeur de symbole.

Paris, ville mythique

Quelques figures expriment plus spécifiquement les différentes fonctions que le roman assigne à Paris.

Paris est femme. Son personnage emblématique est celui de la mondaine, la « Parisienne », avec son insolence, son charme, son esprit (la duchesse de Langeais), mais aussi celui de la courtisane, de la prostituée, agent révélateur des corruptions sociales (Nana).

Paris est enfant. Le gamin, blagueur, astucieux, et prêt au sacrifice, le Gavroche des *Misérables*, incarne la vitalité et le courage de la capitale, prompte à braver l'autorité.

Car Paris, c'est aussi la révolution. Sujet de plusieurs romans *(Les misérables, L'éducation sentimentale, L'insurgé)*, cette fonction, historiquement fondée, est si ancrée dans l'imaginaire qu'elle autorise bien des combinaisons : Hugo peint les truands de la Cité médiévale à la lumière de la révolution de 1830 et les barricades de 1832 avec ses souvenirs de 1848...

Les métaphores qui décrivent Paris tendent à personnifier la ville ou à l'animer. La plus fréquente, parmi ces représentations allégoriques, est celle de la bête : elle s'éveille, gronde, étend ses griffes ou ses tentacules (Balzac, Zola). Cette bête peut devenir un monstre qui fascine et dévore. La ville absorbe, broie, digère et détruit, aidée par quelques auxiliaires typiquement urbains, devenus chez Zola les substituts de cette ville-Minotaure : les Halles, le Grand Magasin, l' « Assommoir »...

Paris, « personnage » des romans du XIXe siècle, prend ainsi place parmi les grands mythes modernes.

M. DELONDRE, *Dans l'omnibus* (1890). Paris, Musée Carnavalet.

1. Stendhal, *Le Rouge et le Noir.*
2. Balzac, *Illusions perdues.*
3. Balzac, *Ferragus.*

DU VRAISEMBLABLE AU FANTASTIQUE : MÉRIMÉE

Paul GAVARNI (1804-1866), Illustration de *Klein-Zach*, conte fantastique de Hoffmann (1843). Paris, Bibliothèque des Arts Décoratifs.

Le fantastique connaît un vif essor, contemporain du Romantisme et du réalisme. Préparé par la renaissance de l'irrationnel au XVIIIe siècle, influencé par les littératures étrangères, inséparables du discrédit des valeurs morales traditionnelles et des bouleversements historiques et sociaux, celui-ci se trouve favorisé par le « mal du siècle » et son goût pour le mystère et l'inconnu. L'explosion du fantastique manifeste ainsi une déception à l'égard de la science et une inquiétude spirituelle. Elle introduit le doute au cœur du réel. Le vrai, le vraisemblable deviennent sujets à caution, le terrain et la condition mêmes de l'ambiguïté.

L'IRRATIONNEL : UN HÉRITAGE DU XVIIIE SIÈCLE

Le « siècle des Lumières » ne fut pas uniquement épris de rigueur et de raison. Plus s'est développé l'esprit critique, plus s'est renforcé le besoin de croire au surnaturel. Trop sèche pour les âmes sensibles et trop inapte à traduire les élans du cœur, la science, dont les progrès ont affaibli l'Église et la foi, a paradoxalement œuvré à l'émergence de l'irrationnel. A l'ébranlement des ancestrales certitudes morales s'est ajouté, sous le double effet de la Révolution et du Premier Empire, l'effondrement de structures sociales séculaires. Cette disparition de toute référence stable a engendré l'éclosion de toutes formes de croyances[1]. L'occultisme s'est répandu tant dans le peuple que dans les classes plus cultivées. Sous l'influence du Suédois Swedenborg (1688-1772) et du Français Martinès de Pasqually, qui recommandait

1. Telles que la magie, l'alchimie, l'astrologie, la nécromancie.

l'étude des sciences ésotériques[1], l'illuminisme[2] a gagné la haute aristocratie. Adepte de ce dernier courant, Jacques Cazotte (1719-1792) donne avec *Le Diable amoureux* (1772), qui relate l'histoire d'un jeune seigneur espagnol brûlant d'entrer en relation avec Satan, le premier chef-d'œuvre véritablement fantastique.

L'INFLUENCE DES LITTÉRATURES ÉTRANGÈRES

— Le roman noir anglais : à la charnière des XVIIIe et XIXe siècles, les Français découvrent les œuvres d'Horace Walpole (*Le château d'Otrante*, 1764), d'Ann Radcliffe (*Les mystères d'Udolphe*, 1794), de Matthew Gregory Lewis (*Le moine*, 1796), caractéristiques du roman noir anglais qui accorde une place importante au surnaturel et au démoniaque, et où le recours constant au macabre et à la terreur suscite l'horreur : ce ne sont que fantômes, squelettes, cimetières hantés au clair de lune troublant maléfiquement l'ordre en apparence rationnel du monde.

— L'influence allemande : Goethe ouvre à son tour les portes du fantastique avec *Faust* (1808) qui retrace l'existence d'un vieux docteur qui, au terme d'une vie consacrée à l'étude, pactise avec le Diable et lui propose son âme en échange de la jeunesse et de la beauté. Mais c'est avec E.T.A. Hoffmann (1776-1822) dont l'œuvre (notamment *L'homme au sable*) connaît une vogue triomphale dans la France romantique de 1830, que le fantastique allemand atteint son apogée et exerce sa plus profonde empreinte.

L'ESSOR DU FANTASTIQUE EN FRANCE

La génération romantique française de 1820 accueille d'autant mieux cet héritage et ces influences que sa propension au rêve, à la contemplation de l'infini, et sa croyance dans un mystérieux au-delà[3] ne s'opposent pas à l'épanouissement du fantastique. Charles Nodier (1780-1844), l'un des maîtres à penser de l'époque, n'assigne-t-il pas à la littérature la mission de présenter les « aspects encore inaperçus des choses » ? Aux enfants du siècle nés « trop tard dans un monde trop vieux » (Musset), blasés par l'Histoire et bientôt inquiets du matérialisme, la littérature « frénétique » qui, vers 1820, fait fureur à Paris, offre des contes peuplés de vampires, de loups-garous et de sorcières : Nodier publie *Smarra ou les démons de la nuit* (1821) et Hugo, le roman *Han d'Islande* (1823) dont le héros est un monstre[4]. Dumas, Gautier versent dans le genre macabre. La voie est désormais ouverte pour Mérimée (1803-1870) qui, avec *La Vénus d'Ille* et *Lokis*[5], dépaysera ses lecteurs avec une maîtrise inégalée, les faisant insensiblement passer du vraisemblable au bizarre et du bizarre au fantastique.

Gravure de C.E. de BEAUMONT (1812-1888) pour *Le diable amoureux* de Cazotte, Édition de 1845. Paris, Bibliothèque Nationale.

1. Se dit de toute doctrine qui se transmet par tradition orale à des adeptes qualifiés.
2. Mouvement et doctrine de certains mystiques, situés hors de l'Église et dits « illuminés ».
3. Cf. Le Romantisme, p. 58 et suiv.
4. En 1830, Berlioz crée sa *Symphonie fantastique* qui s'achève sur une marche au supplice suivie d'un sabbat ; en 1831, Balzac publie *La peau de chagrin* dont la donnée essentielle est proprement surnaturelle.
5. Cf. Mérimée, pp. 202 et suiv.

Prosper Mérimée
1803-1870

Portrait anonyme de Prosper Mérimée. Paris, Musée Carnavalet.

Un esprit fantaisiste et sérieux

Né le 28 septembre 1803 à Paris, Prosper Mérimée est issu d'une famille bourgeoise et cultivée. Après des études de droit, cet ami de Stendhal se consacre à la littérature où il se distingue d'abord par son goût du canular. En 1825, Mérimée publie en effet *Le théâtre de Clara Gazul* (cf. p. 207) qu'il attribue à un auteur imaginaire — l'Espagnole Clara Gazul — dont il se présente comme le simple traducteur. Il récidive deux ans plus tard avec un recueil de ballades[1], *La Guzla* (1827), qui renferme des poèmes prétendument « illyriques »[2]. On ne découvrira que progressivement cette double supercherie humoristique.

Cet attrait pour la mystification ne s'en accompagne pas moins chez Mérimée d'une vive intelligence critique, soucieuse de vérité et de précision, comme en témoigne son évolution ultérieure. Cédant à la mode romantique pour l'histoire, il s'oriente vers le genre historique avec *La Jacquerie* (1828), drame « féodal » relatant une révolte paysanne du XIVe siècle, et avec sa *Chronique du règne de Charles IX* (1829), roman reconstituant minutieusement le massacre de la Saint-Barthélemy[3].

1. Petits poèmes de forme régulière, composés de trois couplets ou plus, avec un refrain et un envoi.
2. C'est-à-dire composés selon le rythme et sur les thèmes de la poésie de la Grèce antique.
3. Le 24 août 1572. Inquiet des progrès du protestantisme, Charles IX (1550-1574) ordonna le massacre des protestants : trois mille d'entre eux furent tués rien qu'à Paris.

Mais c'est surtout à partir de 1829 que Mérimée trouve sa véritable voie en publiant ses premières nouvelles : *L'enlèvement de la redoute*, qui raconte un épisode de la campagne de Russie, et *Tamango*, évocation cinglante de la traite des Noirs. Le succès est immédiat et considérable.

Nommé en 1834 inspecteur général des monuments historiques — fonction qu'il occupera jusqu'en 1860 —, Mérimée mène dès lors une double carrière de fonctionnaire et de nouvelliste. De 1829 à 1860, il écrit plus d'une vingtaine de nouvelles au nombre desquelles *Colomba* (1840), récit d'une sombre et tragique vengeance, et *Carmen* (1845) (cf. p. 205) figurent parmi les plus importantes. Certaines d'entre elles, comme *Les âmes du purgatoire* (1834) ou *La Vénus d'Ille* (1837) (cf. ci-dessous), révèlent le vif intérêt de Mérimée pour le fantastique. Sa maîtrise dans ce genre difficile de la nouvelle lui vaut en 1844 d'être élu à l'Académie française.

Intime du couple impérial, sénateur en 1853, Mérimée, malgré ses nombreuses fonctions officielles, entreprend à partir de cette date des travaux d'érudition historique et contribue à faire connaître en France la littérature russe en traduisant des œuvres de Gogol, de Pouchkine et de Tourgueniev. Il revient à la nouvelle en 1866 avec *La chambre bleue* (non publiée de son vivant) et, en 1869, avec *Lokis*.

Gravement malade depuis 1869, Mérimée, que la chute du Second Empire accable, meurt le 23 septembre 1870 à Cannes où il est inhumé.

La Vénus d'Ille (1837), nouvelle fantastique. → p. 203.
Carmen (1845), nouvelle dramatique espagnole. → p. 205.
Lokis (1869), nouvelle fantastique.

La Vénus d'Ille
1837

Visitant la région d'Ille, petite ville catalane, le narrateur loge chez un archéologue sur le point de marier son fils et qui possède une inquiétante Vénus en bronze. Outre qu'elle a « quelque chose de féroce » dans son expression, la statue a en effet causé la perte accidentelle d'une jambe à un jeune homme. Aussi, par superstition, les habitants d'Ille s'en méfient-ils. Le matin de ses noces, le fils de l'archéologue, engageant une partie de paume contre des amis, laisse au doigt de la statue sa bague de mariage afin de ne pas l'abîmer durant le jeu. Le soir, le jeune homme, affolé, révèle au narrateur que la statue ne le lui a pas laissé reprendre : « Le doigt de la Vénus s'est retiré, reployé ; elle serre la main [...]. C'est ma femme apparemment puisque je lui ai donné mon anneau [...]. Elle ne veut plus le rendre. » Le lendemain matin, le jeune homme est retrouvé mort, portant sur lui des marques comme s'il « avait été étreint dans un cercle de fer ». La jeune épouse affirme de fait avoir vu la statue étreindre son mari jusqu'à ce que mort s'ensuive. Malgré une enquête, qui innocente tous les suspects possibles, personne ne peut « éclairer cette mystérieuse catastrophe ».

Vénus et Mars sculptés par Antonio CANOVA (1757-1822). Photographie extraite de *La gypsothèque de Canova*, de Paolo Cusenza et Mauro Negro, Éditions Herscher, 1987.

Fier d'en être le propriétaire, l'archéologue, M. de Peyrehorade, présente à son invité la plus belle statue qu'il possède : la Vénus d'Ille. C'est l'occasion pour le narrateur de l'admirer et pour Mérimée de nous la décrire. Tout l'art de l'auteur consiste à en faire une femme inquiétante, presque vivante, dont on ne sait plus si elle est de bronze ou de chair. La description de la statue prépare ainsi progressivement le lecteur à l'événement surnaturel (l'animation de la Vénus d'Ille) et obéit à la loi fondamentale du fantastique : l'ambiguïté.

La chevelure, relevée sur le front, paraissait avoir été dorée autrefois. La tête, petite comme celle de presque toutes les statues grecques, était légèrement inclinée en avant. Quant à la figure, jamais je ne parviendrai à exprimer son caractère étrange, et dont le type ne se rapprochait de celui d'aucune statue antique dont il me souvienne. Ce n'était point cette beauté calme et sévère des sculpteurs grecs, qui, par système, donnaient à tous les traits une majestueuse immobilité. Ici, au contraire, j'observais avec surprise l'intention marquée de l'artiste de rendre la malice arrivant jusqu'à la méchanceté. Tous les traits étaient contractés légèrement : les yeux un peu obliques, la bouche relevée des coins, les narines quelque peu gonflées. Dédain, ironie, cruauté, se lisaient sur ce visage d'une incroyable beauté cependant. En vérité, plus on regardait cette admirable statue, et plus on éprouvait le sentiment pénible qu'une si merveilleuse beauté pût s'allier à l'absence de toute sensibilité.

« Si le modèle a jamais existé, dis-je à M. de Peyrehorade, et je doute que le Ciel ait jamais produit une telle femme, que je plains ses amants ! Elle a dû se complaire à les faire mourir de désespoir. Il y a dans son expression quelque chose de féroce, et pourtant je n'ai jamais vu rien de si beau.

— C'est Vénus tout entière à sa proie attachée ! »[1]

s'écria M. de Peyrehorade, satisfait de mon enthousiasme.

Cette expression d'ironie infernale était augmentée peut-être par le contraste de ses yeux incrustés d'argent et très brillants avec la patine d'un vert noirâtre que le temps avait donnée à toute la statue. Ces yeux brillants produisaient une certaine illusion qui rappelait la réalité, la vie. Je me souvins de ce que m'avait dit mon guide, qu'elle faisait baisser les yeux à ceux qui la regardaient. Cela était presque vrai, et je ne pus me défendre d'un mouvement de colère contre moi-même en me sentant un peu mal à mon aise devant cette figure de bronze.

« Maintenant que vous avez tout admiré en détail, mon cher collègue en antiquaillerie, dit mon hôte, ouvrons, s'il vous plaît, une conférence scientifique. Que dites-vous de cette inscription, à laquelle vous n'avez point pris garde encore ? »

Il me montrait le socle de la statue, et j'y lus ces mots :

CAVE AMANTEM

« *Quid dicis, doctissime*[2] ? me demanda-t-il en se frottant les mains. Voyons si nous nous rencontrerons sur le sens de ce *cave amantem !*

— Mais, répondis-je, il y a deux sens. On peut traduire : "Prends garde à celui qui t'aime, défie-toi des amants." Mais, dans ce sens, je ne sais si *cave amantem* serait d'une bonne latinité. En voyant l'expression diabolique de la dame, je croirais plutôt que l'artiste a voulu mettre en garde le spectateur contre cette terrible beauté. Je traduirais donc : "Prends garde à toi si *elle* t'aime." »

La Vénus d'Ille.

Pour préparer le commentaire composé

1. Étudier les éléments d'une description réaliste et d'une situation caractérisée par sa normalité : une statue inoffensive, deux interlocuteurs intéressés, le goût de l'érudition.
2. Étudier les éléments qui orientent le lecteur vers l'inquiétant et l'étrange : la difficulté à établir une description nette, des inscriptions prémonitoires, une impression de malaise.
3. En déduire quelques techniques de l'écriture fantastique : la coexistence du normal et de l'ambigu, un effet d'attente, l'importance des signes qu'on ne peut identifier que rétrospectivement.

Pour un groupement de textes

Le rôle des objets dans la création fantastique.

Mérimée, *La Vénus d'Ille.*
Gautier, « La cafetière », « Omphale ».
Villiers de L'Isle-Adam, « L'intersigne » *(Contes cruels).*
Maupassant, « La main », « Qui sait ? ».
Poe, « Le scarabée d'or », « La lettre volée » *(Histoires extraordinaires)* ; « Le masque de la mort rouge » *(Nouvelles histoires extraordinaires).*

1. Citation de *Phèdre* de Racine (I, 3, v. 306), Vénus étant la déesse de l'amour.

2. Citation latine que l'on peut traduire par : « Qu'en dis-tu, toi qui es très savant ? »

Dans son *Introduction à la littérature fantastique*, Tzvetan Todorov analyse les conditions mêmes de l'existence de ce genre littéraire. Après avoir souligné que le fantastique suppose qu'une ambiguïté se maintienne jusqu'à la fin du récit (« réalité ou rêve ? vérité ou illusion ? »), il s'efforce de définir le concept de fantastique par rapport à ceux de réel et d'imaginaire.

Ainsi se trouve-t-on amené au cœur du fantastique. Dans un monde qui est bien le nôtre, celui que nous connaissons, sans diables, sylphides, ni vampires, se produit un événement qui ne peut s'expliquer par les lois de ce même monde familier. Celui qui perçoit l'événement doit opter pour l'une des deux solutions possibles : ou bien il s'agit d'une illusion des sens, d'un produit de l'imagination et les lois du monde restent alors ce qu'elles sont ; ou bien l'événement a véritablement eu lieu, il est partie intégrante de la réalité, mais alors cette réalité est régie par des lois inconnues de nous. Ou bien le diable est une illusion, un être imaginaire ; ou bien il existe réellement, tout comme les autres êtres vivants : avec cette réserve qu'on le rencontre rarement.

Le fantastique occupe le temps de cette incertitude ; dès qu'on choisit l'une ou l'autre réponse, on quitte le fantastique pour entrer dans un genre voisin, l'étrange ou le merveilleux. Le fantastique, c'est l'hésitation éprouvée par un être qui ne connaît que les lois naturelles, face à un événement en apparence surnaturel. [...]

« J'en vins presque à croire » : voilà la formule qui résume l'esprit du fantastique. La foi absolue comme l'incrédulité totale nous mèneraient hors du fantastique ; c'est l'hésitation qui lui donne vie.

T. Todorov, Introduction à la littérature fantastique, *Éd. du Seuil, 1970.*

Carmen

1845

Carmen relate l'histoire tragique d'un jeune officier basque, Don José Lizzarabengo qui, par amour pour la belle gitane Carmen, déserte l'armée espagnole et devient, sous le nom de José Navarro, contrebandier, voleur et assassin. Mais, après l'avoir violemment aimé, Carmen le délaisse pour le picador Lucas. Fou de rage, José la tue sans pour autant cesser de l'adorer. Il se livre ensuite à la police. Jugé, il est condamné à mort.

Carmen offre un double intérêt, documentaire et littéraire. La nouvelle constitue en effet une sorte de reportage sur les mœurs des gitans d'Espagne, sur leur origine, leur caractère et leur langue. Elle dépeint en outre la destruction de deux êtres soumis à des forces qui les dépassent. En proie à la fatalité de l'amour, José accepte sa lente dégradation sociale et morale, cependant que Carmen demeure avant tout bohémienne, c'est-à-dire éprise de liberté. Ce choc de la passion et de la liberté confère à la nouvelle de Mérimée une profonde résonance tragique, moderne à bien des égards.

Gustave DORÉ (1832-1883), *Scène de rue en Espagne*. Toronto, Collection Joseph F. Tanenbaum.

Après avoir vainement tenté de convaincre Carmen de s'embarquer avec lui pour l'Amérique, José, ivre de douleur, se décide à la tuer. Carmen, qui pressent sa mort prochaine, n'en accepte pas moins de suivre José dans une ultime promenade : « Je te suis à la mort, oui, mais je ne vivrai plus avec toi. » Avec un art d'une étonnante sobriété, éloigné de tout effet mélodramatique, Mérimée donne à l'assassinat de Carmen un caractère inéluctable et digne, proche de l'atmosphère d'une tragédie.

Nous étions dans une gorge solitaire ; j'arrêtai mon cheval.

— Est-ce ici ? dit-elle.

Et d'un bond elle fut à terre. Elle ôta sa mantille[1], la jeta à ses pieds, et se tint immobile un poing sur la hanche, me regardant fixement.

— Tu veux me tuer, je le vois bien, dit-elle ; c'est écrit, mais tu ne me feras pas céder.

— Je t'en prie, lui dis-je, sois raisonnable. Écoute-moi ! tout le passé est oublié. Pourtant, tu le sais, c'est toi qui m'as perdu ; c'est pour toi que je suis devenu un voleur et un meurtrier. Carmen ! ma Carmen ! laisse-moi te sauver et me sauver avec toi.

— José, répondit-elle, tu me demandes l'impossible. Je ne t'aime plus ; toi, tu m'aimes encore, et c'est pour cela que tu veux me tuer. Je pourrais bien encore te faire quelque mensonge ; mais je ne veux pas m'en donner la peine. Tout est fini entre nous. Comme mon rom, tu as le droit de tuer ta romi[2] ; mais Carmen sera toujours libre. Calli[3] elle est née, calli elle mourra.

— Tu aimes donc Lucas ? lui demandai-je.

— Oui, je l'ai aimé, comme toi, un instant, moins que toi peut-être. A présent, je n'aime plus rien et je me hais pour t'avoir aimé.

Je me jetai à ses pieds, je lui pris les mains, je les arrosai de mes larmes. Je lui rappelai tous les moments de bonheur que nous avions passés ensemble. Je lui offris de rester brigand pour lui plaire. Tout, monsieur[4], tout ; je lui offris tout, pourvu qu'elle voulût m'aimer encore !

Elle me dit :

— T'aimer encore, c'est impossible. Vivre avec toi, je ne le veux pas.

La fureur me possédait. Je tirai mon couteau. J'aurais voulu qu'elle eût peur et me demandât grâce, mais cette femme était un démon.

— Pour la dernière fois, m'écriai-je, veux-tu rester avec moi !

— Non ! non ! non ! dit-elle en frappant du pied.

Et elle tira de son doigt une bague que je lui avais donnée, et la jeta dans les broussailles.

Je la frappai deux fois. C'était le couteau du Borgne[5] que j'avais pris, ayant cassé le mien. Elle tomba au second coup sans crier. Je crois voir encore son grand œil noir me regarder fixement ; puis il devint trouble et se ferma. Je restai anéanti une bonne heure devant ce cadavre. Puis, je me rappelai que Carmen m'avait dit souvent qu'elle aimerait à être enterrée dans un bois. Je lui creusai une fosse avec mon couteau, et je l'y déposai. Je cherchai longtemps sa bague et je la trouvai à la fin. Je la mis dans la fosse auprès d'elle avec une petite croix. Peut-être ai-je eu tort. Ensuite je montai sur mon cheval, je galopai jusqu'à Cordoue, et au premier corps de garde je me fis connaître. J'ai dit que j'avais tué Carmen ; mais je n'ai pas voulu dire où était son corps. L'ermite était un saint homme[6]. Il a prié pour elle. Il a dit une messe pour son âme... Pauvre enfant ! Ce sont les *Calés* qui sont coupables pour l'avoir élevée ainsi.

Carmen, ch. 3.

Pour préparer l'étude du texte

1. Étudier les modalités d'écriture (récit à la 1re personne et style direct), et montrer l'efficacité de leur alternance.
2. Faire apparaître par une étude stylistique précise l'opposition que Mérimée établit entre ses deux personnages : détermination négative de Carmen et attitude suppliante de José.
3. Comment s'exprime, dans ce passage, le conflit entre l'amour et la liberté ?

Pour un groupement de textes

La fascination de l'Espagne dans la littérature du XIXe siècle.

Musset, *Contes d'Espagne et d'Italie*, cf. p. 80.
Hugo, *Odes et ballades, Les rayons et les ombres* (« Guitare », « Autre guitare »), *La dernière gerbe* (« Guitare »), *Ruy Blas, Hernani*, cf. pp. 275, 276, 278, 279.
Gautier, *Émaux et camées* (« Carmen », « Les affinités secrètes »), cf. pp. 293, 294.

1. Écharpe de soie ou de dentelle, généralement noire, dont les Espagnoles se couvrent la tête et les épaules.
2. Femme, en langue gitane.
3. Note de Mérimée : « *Calo* ; féminin, *calli* ; pluriel, *calés*. Mot à mot : *noir* — nom que les bohémiens se donnent dans leur langue. »
4. Dans l'attente de son exécution, José fait le récit de sa vie au narrateur.
5. Un contrebandier tué par José.
6. José a demandé à un ermite de « dire une messe pour une âme qui va peut-être paraître devant son Créateur ».

Leonardo ALENZA (1807-1845), *Satire du suicide romantique*. Madrid, Musée Romantique.

Romantisme...

Deux ans avant que Victor Hugo formule la théorie du drame romantique dans sa *Préface* de *Cromwell* (1827), le *Théâtre de Clara Gazul* (1825) en applique certains principes : il s'agit de pièces en prose, traitant de sujets modernes et négligeant les unités de lieu et de temps[1]. Romantique, Mérimée l'est encore par son goût de la reconstitution historique, qui lui fait habilement mêler, dans sa *Chronique du règne de Charles IX* (1829), le roman d'aventures et le roman d'amour à une évocation minutieuse et précise de l'atmosphère et des mœurs du XVIe siècle. Ses nouvelles renferment des descriptions pittoresques et colorées, qui privilégient la couleur locale (italienne dans *Le vase étrusque*, 1830 ; corse dans *Colomba*, 1840 ; espagnole dans *Carmen*, cf. p. 206). A l'instar des *Chroniques italiennes* de son ami Stendhal, Mérimée met en scène des personnages en proie à des passions fatales qui les écrasent d'autant mieux qu'ils sont issus de milieux populaires ou frustes.

... et réalisme

Élevé dans un milieu voltairien qui lui a très tôt inculqué le goût de la logique et de la vérité, Mérimée ne cesse de contrôler, voire de réprimer, comme Stendhal, ses réactions et sa sensibilité. Il est trop sceptique et trop rationnel pour s'adonner aux élans du cœur. Aussi fait-il preuve d'une constante ironie qui peut aller jusqu'à l'humour noir (comme dans *Colomba*) et retient-il surtout les faits. Ses nouvelles s'appuient sur une documentation précise qui en font de véritables reportages sur la Corse *(Colomba)* ou sur l'Espagne *(Carmen)*. Souvent, elles s'agrémentent de réflexions sur l'évolution de la langue, de l'histoire d'un peuple. Rédigées dans un style sobre, froid, sans commentaire moral ou sentimental, elles annoncent certains récits de Maupassant.

Le fantastique de Mérimée

Il n'y a pas à opposer le fantastique de Mérimée à son réalisme. C'est toujours dans un univers très banal que les phénomènes extraordinaires deviennent les plus inquiétants. Aussi le fantastique de Mérimée repose-t-il d'abord sur l'ambiguïté : on ne peut ni retenir ni rejeter d'explications rationnelles à l'irruption de l'étrange. Fondé sur le doute, le fantastique permet en outre à Mérimée de rapporter des événements violents. *La Vénus d'Ille*, *Lokis* relatent des assassinats.

Ces qualités expliquent la réussite de Mérimée dans le genre difficile de la nouvelle. Sa brièveté, même relative, ne supporte pas en effet l'approximation. Tout, dans une nouvelle, doit être rapide, informatif ou troublant. Si l'on a pu dire que, par la rigueur de son style et l'architecture de ses écrits, Mérimée est un classique, son œuvre, par son mélange d'exotisme, de fantastique et de violences, s'inscrit toutefois dans le courant romantique.

1. Cf. Le théâtre romantique, p. 237.

L'EXOTISME

Plus qu'aucune autre époque, le XIXe siècle eut un goût marqué pour l'exotisme. Par force, par intérêt ou par soif d'aventures, les Français, longtemps sédentaires, voyagent de plus en plus nombreux hors d'Europe. Les guerres du Premier et du Second Empire, l'expansion coloniale les jettent sur les routes du monde, tandis qu'après 1850 le développement de la navigation à vapeur et du chemin de fer réduit les distances. Tous subissent l'attrait de l'insolite et du dépaysement. Même ceux qui ne voyagent pas rêvent d'un « ailleurs » somptueux et apaisant. L'exotisme devient un thème à la mode. Il n'en revêt pas moins des significations différentes chez les écrivains romantiques, les romanciers réalistes et les poètes de la seconde moitié du siècle.

L'exotisme chez les écrivains romantiques

Nostalgiques d'infini, les écrivains romantiques quittent souvent leur pays qu'ils jugent trop petit et trop « vieux » pour de lointains périples. L'exotisme est pour eux une source de pittoresque, de lyrisme et de méditation.

— L'exotisme, source de pittoresque. La quête de la nouveauté, la conviction qu'il n'existe pas de civilisations supérieures à d'autres conduisent les Romantiques à s'intéresser aux mœurs de peuples inconnus. L'un des premiers, Chateaubriand, dont toute l'œuvre porte la trace de son voyage en Amérique, révèle au public français les coutumes des Indiens dans *Atala* (cf. p. 31) et *René*. Hugo évoque dans *Les Orientales* les habitudes et les croyances musulmanes (cf. p. 247). Toutefois, ce pittoresque s'avère de plus en plus factice dans la mesure où il tend à devenir le fruit des lectures ou de l'imagination des auteurs, et non celui de leur expérience réelle. Ainsi, au contraire de Chateaubriand ou de Lamartine, Hugo parle de pays qu'il n'a pas visités. Le pittoresque exotique dégénère tant en convention que Musset s'en joue, jusqu'à la caricature, dans ses *Contes d'Espagne et d'Italie* (cf. p. 79).

— L'exotisme, source de lyrisme. La découverte de nouveaux paysages suscite un émerveillement que les auteurs s'efforcent de traduire par toutes les ressources du langage. En des phrases majestueuses et sonores, Chateaubriand s'extasie devant la grandiose et luxuriante nature américaine (cf. p. 39). Lamartine, comme plus tard Nerval, décrit dans son *Voyage en Orient* sa fascination du désert. Hugo s'émeut devant la beauté des sites méditerranéens (cf. p. 247). Le paysage exotique cesse d'être un simple décor pour s'accorder à la sensibilité du narrateur ou des personnages.

— L'exotisme, source de méditation. Aussi, devant ces mondes nouveaux, l'homme romantique s'interroge-t-il sur sa manière de vivre et sur sa destinée. La simplicité et la droiture de peuples considérés par les Européens comme primitifs (les Indiens, chez Chateaubriand), la joie de vivre et le sens de l'hospitalité des Orientaux (chez Lamartine, Hugo et, plus tard, Nerval) font prendre conscience de la disparition de certaines valeurs occidentales et de la relativité des notions morales. Les ruines des monuments de l'Antiquité sont par ailleurs l'occasion de méditer sur la fuite du temps (cf. p. 41). La beauté des paysages exotiques devient, chez Chateaubriand et Lamartine, la preuve de l'existence et de la majesté de Dieu (cf. pp. 39 et 70).

L'exotisme littéraire après 1850

Après 1850, le réalisme manifeste un tel souci d'exactitude et de vérité que les écrivains visitent fréquemment les pays qu'ils souhaitent décrire dans leurs œuvres. Avant de rédiger *Salammbô* (1862), qu'il définit comme un roman « archéologique », Flaubert se rend à Carthage, en étudie le site et amasse une volumineuse documentation historique (cf. p. 431). Pour les réalistes, il importe de ne rien avancer qui ne soit exact. Outre le dépaysement qu'il procure, l'exotisme est la condition et le garant de l'authenticité.

— L'exotisme des Parnassiens : le pittoresque et le refuge. Tantôt les Parnassiens s'attachent à décrire la nature de leur île natale (Leconte de Lisle, p. 298 ; J.-M. de Heredia, p. 302), dont ils gardent la nostalgie. Tantôt, afin de s'éloigner de leurs contemporains qu'ils jugent corrompus, ils cherchent une paix intérieure en ressuscitant des civilisations lointaines ou disparues (la Grèce primitive, l'Inde dans les *Poèmes antiques* de Leconte de Lisle). L'exotisme s'y montre ainsi tour à tour pittoresque et consolateur.

— L'exotisme chez Baudelaire et Mallarmé : la quête de l'idéal. On a pu dire des *Fleurs du mal* qu'elles étaient la « Bible de l'exotisme ». Il s'agit toutefois d'un exotisme imaginaire, qui ne se comprend qu'en fonction de la conception que se fait Baudelaire de l'homme (cf. pp. 336 et suiv.) : soumis au « spleen », mais conservant la nostalgie de l'idéal, l'homme aspire à retrouver Dieu et sa « patrie natale ». Celle-ci se situe en deçà et au-delà de la vie terrestre. L'exotisme baudelairien se colore donc d'une teinte métaphysique. Il se confond avec la quête de l'idéal entreprise par l'âme éprise d'un « ailleurs » salvateur et apaisant. Mallarmé qui, à ses débuts, subit fortement l'influence de Baudelaire, voit également dans l'exotisme la poursuite d'un idéal qui se confond souvent chez lui avec la Perfection et la Beauté (cf. p. 382).

— L'exotisme chez Rimbaud : de la révolte au goût du primitif. Dans son désir de rompre avec les lois ordinaires de la logique pour atteindre une autre réalité, Rimbaud pratique « un long, immense et raisonné dérèglement de tous les sens », comme par exemple dans *Le bateau ivre* (cf. p. 352). L'exotisme rimbaldien s'apparente dès lors à une exploration de l'inconscient. Il se charge aussi d'une véritable fascination envers tout ce qui est primitif et sauvage. L'exotisme illustre ainsi les rêves et les obsessions de l'homme.

ROMANTISME ET HISTOIRE

Hippolyte DELAROCHE (1797-1856), *Meurtre du duc de Guise* (1835).
Musée de Chantilly, Château de Condé.

UN GOÛT NOUVEAU

Lorsque commence le XIXe siècle, les Français viennent de vivre une période cruciale de leur histoire : la Révolution. Il se développe alors un intérêt nouveau pour le passé. Espoir de comprendre le présent ? Besoin de retrouver des racines ? L'Histoire devient objet de recherches et de réflexions.

Ce nouvel intérêt se marque par la défense du patrimoine. L'Assemblée Constituante avait déjà transformé le Louvre en Musée et créé les Archives Nationales. Les premières restaurations de monuments commencent en 1839 par la basilique romane de Vézelay, et se poursuivront sous l'impulsion de l'écrivain Prosper Mérimée, nommé inspecteur général des monuments historiques.

La politique n'est pas étrangère à ce goût nouveau pour l'Histoire. Les conquêtes napoléoniennes, en Égypte, en Italie, ouvrent les Français aux cultures antiques. Des équipes de savants (ce fut le cas de Champollion en Égypte), des amateurs d'art, accompagnent les expéditions militaires, et les musées français s'enrichissent de chefs-d'œuvre, parfois pillés, ou facilement acquis...

Dès le début du siècle, la littérature, avec Chateaubriand, ouvre la voie au renouveau de l'Histoire. Aristocrate particulièrement sensible à la disparition des valeurs de l'Ancien Régime, et notamment de la religion, il entreprend de faire revivre les origines du christianisme dans son roman *Les martyrs* (1809), qui séduisit ses contemporains par l'évocation pittoresque d'une époque lointaine et troublée.

UNE MODE

Dès lors, l'Histoire devient le sujet favori des artistes. Toute la génération romantique succombe à la tentation des drames et des romans historiques. Les jeunes filles romanesques comme Emma Bovary rêvent « bahuts, salle des gardes et ménestrels », flattées dans cet engouement par la peinture de style « troubadour », très en vogue à l'époque. Pour réussir dans la carrière littéraire, Lucien de Rubempré, le héros des *Illusions perdues* de Balzac, met tous ses espoirs dans son roman historique *L'Archer de Charles IX*. Les époques à la mode sont le Moyen Age (*Notre-Dame de Paris* de Victor Hugo) et la Renaissance (*Henri III et sa cour* d'Alexandre Dumas, *Chronique du règne de Charles IX* de Prosper Mérimée, *Hernani* de Victor Hugo).

Ce qui séduit les artistes et le public dans les sujets historiques, c'est, bien sûr, le pittoresque, la couleur locale, l'évasion, mais aussi un certain nombre de situations exemplaires qui trouvent un écho dans l'actualité : *Lorenzaccio* et l'opposition entre le tyran et les républicains ; *Cinq-Mars* de Vigny et le rapport entre la noblesse et la monarchie ; *Ruy Blas* et l'ascension sociale d'un roturier.

Le retour au passé distrait donc les esprits d'un présent mal aimé mais sert aussi à en dénoncer les défauts.

Antoine BARYE (1796-1875), *Charles VI dans la forêt du Mans* (1833), statuette en plâtre et cire. Paris, Musée du Louvre.

UNE SCIENCE

L'Histoire, si souvent prise comme sujet au XIXe siècle, devient en même temps objet d'étude. L'utilisation de documents, rendue possible par la création d'institutions comme l'École des Chartes sous la Restauration, fait de l'Histoire une véritable science. Jules Michelet travaille vingt ans à la section historique des Archives Nationales dont il est directeur. Ernest Renan aborde son *Histoire des origines du Christianisme* avec une formation d'orientaliste et une solide connaissance de l'hébreu. Tous témoignent d'une grande érudition, en particulier Fustel de Coulanges qui a rassemblé une information considérable sur le monde romain pour écrire en 1864 *La cité antique*.

La méthode des historiens est rigoureuse. Certains, comme Tocqueville pour *La démocratie en Amérique* (1835-1840), appuient leur étude de l'histoire contemporaine sur les témoignages et l'enquête réalisée sur place. La plupart, après 1840, se réclament du positivisme d'Auguste Comte : rechercher rigoureusement les effets et les causes et établir les lois qui les régissent. Cette Histoire est essentiellement déterministe : les phénomènes y sont étudiés comme les produits d'un milieu et d'un moment, selon la formule de Taine. Mais la règle reste la prudence : « Présenter comme certain ce qui est certain, comme probable ce qui est probable, comme possible ce qui est possible » (Renan).

L'Histoire au XIXe siècle atteint-elle pour autant l'objectivité ? Elle y tend, mais se trouve souvent « orientée » par l'engagement politique parfois passionné de son auteur (histoire monarchiste de Chateaubriand, démocratique de Michelet). D'autant plus que certains historiens sont aussi des hommes d'État : Thiers et Guizot, par exemple... L'historien est un savant, mais un savant parfois militant.

Un art

Augustin Thierry énonçait très clairement le projet de l'historien : « Faire de l'art en même temps que de la science. » Des historiens comme Michelet, Renan, sont des écrivains. Dans les recueils de textes littéraires on trouve aujourd'hui leur œuvre. Leur notoriété et leur audience étaient si grandes qu'elles n'étaient pas sans danger : le gouvernement du Second Empire destitua Michelet de ses fonctions de professeur ; Renan dut renoncer à sa chaire d'hébreu au Collège de France parce que sa *Vie de Jésus* avait été très contestée. Car chaque œuvre engage son auteur. Il n'existe pas, au XIXe siècle, d'« écoles », de groupes de chercheurs comme nous les connaissons aujourd'hui. Ce qui prime, c'est l'individu, la personnalité, le style.

Mais quel style ? La narration d'Augustin Thierry dans les *Récits des temps mérovingiens* (1840), ou bien l'analyse plus froide de Guizot dans l'*Histoire de la Révolution d'Angleterre* (1826-1856) ? Michelet, lui, veut faire de l'Histoire « la résurrection de la vie intégrale ». Une telle ambition implique un style vivant et personnel, le recours aux images, le goût des scènes et des portraits, un grand lyrisme.

On ne conçoit plus l'Histoire comme une succession d'événements mais comme un tout auquel concourent la géographie (le sol et le climat), les mœurs (les coutumes et les conditions de vie) : belle occasion pour les historiens d'exprimer dans ces évocations tout leur talent d'artistes. Parallèlement d'ailleurs, des romanciers comme Balzac, Hugo ou Zola font entrer l'Histoire dans leurs romans...

Au XIXe siècle, écrire l'histoire est un art et l'Histoire devient partie intégrante du patrimoine culturel des Français.

Hubert ROBERT (1733-1808), *La salle des saisons* (1802-1803). Paris, Musée du Louvre.

Jules Michelet
1798-1874

« Vivant esprit de la France, où te saisirais-je, si ce n'est en moi ? »
J. Michelet

Thomas COUTURE (1815-1879), *Portrait de Michelet.* Paris, Musée Carnavalet.

« La France est une personne ». Jules Michelet l'a tant aimée qu'il a consacré sa vie entière à en écrire l'histoire, avec ferveur et passion.

Cet amoureux de la France naît le 21 août 1798 à Paris et passe son enfance dans la modeste imprimerie de son père. Mais, en 1812, l'imprimerie est fermée. Michelet devra travailler pour poursuivre ses études dont il franchit toutes les étapes avec succès jusqu'à l'agrégation en 1821.

L'éclair de juillet

En 1827, Michelet est nommé professeur de philosophie et d'histoire à l'École Normale supérieure. C'est un enseignant passionné qui aime le contact avec un public ami. Mais l'histoire se passe aussi dans la rue : la Révolution de juillet 1830 éclate. Pour Michelet, c'est une révélation : « L'acteur principal [de l'histoire] est le peuple. » C'est à lui que Michelet s'attachera de toute son âme dans l'*Histoire de France* dont il conçoit alors le projet : « Cette œuvre laborieuse fut conçue d'un moment, de l'éclair de juillet. Dans ces jours mémorables, une grande lumière se fit et j'aperçus la France. »[1]

Nommé chef de la section historique des Archives royales, Michelet, après avoir publié une *Histoire de la République romaine* (1831), entreprend la rédaction des six premiers volumes de son *Histoire de France* (des origines au règne de Louis XI) qui paraissent entre 1833 et 1844.

L'écrivain de la Révolution

Dans les années qui précèdent la Révolution de 1848, la jeunesse éprise de liberté et de justice républicaines se presse aux cours de Michelet qui enseigne alors au Collège de France. Malgré les rappels à l'ordre des autorités politiques et universitaires, Michelet dénonce la trahison de l'Église de Rome (*Les Jésuites*, 1843), exalte la communauté fraternelle de la nation (*Le peuple*, 1846). Visiteur du passé, il compulse des milliers d'archives, interroge les derniers témoins de 1789, pour l'*Histoire de la Révolution française* qu'il publie de 1847 à 1853. A cette œuvre répond l'écho spectaculaire des émeutes de février 1848. La Seconde République est née. Michelet triomphe au Collège de France. Mais la troupe tire sur les ouvriers en juin : l'enthousiasme est brisé. Pour Michelet, une victoire du peuple est impossible tant que celui-ci ne recevra pas une véritable éducation. C'est sur ce thème qu'il professe en 1849 et 1850 mais ses idées républicaines lui valent la suspension de son cours au Collège de France lorsque Louis-Napoléon devient empereur, en 1852.

Le poète de l'Histoire

Michelet ne sombre pas pour autant dans le désespoir. Il voyage et, à cinquante ans, se remarie (il est veuf depuis 1839) avec Athénaïs Mialaret, une de ses étudiantes. Athénaïs a vingt ans et va donner à l'écrivain l'énergie et le soutien moral qui lui permettent de poursuivre son œuvre et de l'enrichir d'aspects nouveaux : il complète son *Histoire de France* en étudiant la Renaissance et la Réforme et en commençant une *Histoire du XIXe siècle* qui restera inachevée.

Michelet, poète et juge de l'Histoire, vivifie cette discipline par la grandeur de son projet, la puissance imagée de ses récits.

Sa vision poétique et mystique s'étend à la nature elle-même qu'il célèbre dans quatre livres : *L'oiseau* (1856), *L'insecte* (1857), *La mer* (1861) et *La montagne* (1868).

Enfin, ses engagements le conduisent à s'attaquer aux préjugés les plus tenaces : ne fait-il pas l'apologie de la sorcellerie contre le savoir officiel de l'Église médiévale, dans *La sorcière* (1862) ?

Lorsqu'il meurt à Hyères en 1874, épuisé par son travail, éprouvé par les malheurs de sa patrie, il laisse une œuvre monumentale.

Histoire de France (1833-1874). → p. 213.
Histoire de la Révolution française (1847-1853). → p. 215.
La sorcière (1862). → p. 216.

Histoire de France

1833-1874

L'*Histoire de France* de Michelet répond à son projet d'une « résurrection intégrale du passé ». L'écrivain ne se contente pas de rapporter les événements marquants qui jalonnent l'avènement d'une nation. Il veut mettre en scène un spectacle vivant dont l'acteur est le peuple et l'héroïne la France. Dans cette vision mystique de la patrie « aimée comme une personne » s'impose une étape capitale : la vie de Jeanne d'Arc dont Michelet fait l'incarnation humble et sacrée de la volonté populaire. Avec ce tome V de l'*Histoire de France*, apparaît pleinement le lyrisme de l'écrivain qui fait de l'événement une légende et de l'action une épopée.

C'est à l'orée du XIXe siècle que Michelet interrompt son récit parce que la période de la Restauration lui paraît aller à contre-courant de l'Histoire. C'est dire à quel point l'*Histoire de France* est informée (et déformée) par une vision personnelle, souvent au détriment de la rigueur scientifique. Mais, par ce sentiment de doute qui s'empare de lui, Michelet affirme aussi que l'Histoire, lorsqu'elle ne peut plus être écrite, reste à accomplir.

1. *Histoire de France*, Préface de 1869.

« La France [...] fille de sa liberté. »

Dans la Préface de 1869 pour l'*Histoire de France*, Michelet critique les théories historiques antérieures qui faisaient de la notion de race un facteur déterminant de l'explication des événements du passé. S'exprimant par images, Michelet définit sa propre conception de la « vie historique ».

Contre ceux qui poursuivent cet élément de race et l'exagèrent aux temps modernes, je dégageai de l'histoire elle-même un fait moral énorme et trop peu remarqué. C'est le puissant *travail de soi sur soi*, où la France, par son progrès propre, va transformant tous ses éléments bruts. De l'élément romain municipal, des tribus allemandes, du clan celtique, annulés, disparus, nous avons tiré à la longue des résultats tout autres et contraires même, en grande partie, à tout ce qui les précéda.

La vie a sur elle-même une action de personnel enfantement, qui, de matériaux préexistants, nous crée des choses absolument nouvelles. Du pain, des fruits, que j'ai mangés, je fais du sang rouge et salé qui ne rappelle en rien ces aliments d'où je les tire. — Ainsi va la vie historique, ainsi va chaque peuple, se faisant, s'engendrant, broyant, amalgamant des éléments, qui y restent sans doute à l'état obscur et confus, mais sont bien peu de chose relativement à ce que fit le long travail de la grande âme.

La France a fait la France, et l'élément fatal de la race m'y semble secondaire. Elle est fille de sa liberté. Dans le progrès humain, la part essentielle est la force vive, qu'on appelle homme. *L'homme est son propre Prométhée*[1].

Histoire de France, Préface de 1869.

Pour préparer l'étude du texte

1. L'art de la démonstration. Étudier la structure argumentative du texte (énoncé de la thèse, illustration, reprise de l'idée sur un plan plus général, conclusion).
2. L'idée de transformation. Analyser son expression à travers le champ lexical de la modification et de la création, les personnifications, le passage de la diversité à l'unité.
3. La glorification de l'homme. Montrer comment Michelet fait de l'homme l'artisan de cette transformation. Analyser le caractère élogieux des formulations qui le définissent et le caractérisent.

« nous avons brûlé une sainte ! »

Le livre X de l'*Histoire de France* s'achève par le récit de la mort de Jeanne d'Arc sur le bûcher après sa condamnation par les Anglais. Cet épisode offre à l'écrivain l'occasion de développer, avec lyrisme, sa vision d'une Jeanne sainte selon la Religion et selon la Patrie.

Cependant, la flamme montait. Au moment où elle la toucha, la malheureuse frémit et demanda de l'*eau* bénite ; de l'*eau*, c'était apparemment le cri de la frayeur... Mais se relevant aussitôt, elle ne nomma plus que Dieu, que ses anges et ses saintes. Elle leur rendit témoignage : « Oui, mes voix étaient de Dieu, mes voix ne m'ont pas trompée !... » [...] Enfin, laissant tomber sa tête, elle poussa un grand cri : « Jésus ! »

« Dix mille hommes pleuraient »... Quelques Anglais seuls riaient, ou tâchaient de rire. Un d'eux, des plus furieux, avait juré de mettre un fagot au bûcher ; elle expirait au moment où il le mit, il se trouva mal ; ses camarades le menèrent à une taverne pour le faire boire et reprendre ses esprits ; mais il ne pouvait se remettre : « J'ai vu, disait-il hors de lui-même, j'ai vu de sa bouche, avec le dernier soupir, s'envoler une colombe. » D'autres avaient lu dans les flammes le mot qu'elle répétait : « Jésus ! » Le bourreau alla, le soir, trouver frère Isambart ; il était tout épouvanté ; il se confessa, mais il ne pouvait croire que Dieu lui pardonnât jamais... Un secrétaire du roi d'Angleterre disait tout haut, en revenant : « Nous sommes perdus ; nous avons brûlé une sainte ! »

Histoire de France, X, 6.

Pour préparer le commentaire composé

1. Un récit dramatique. Rechercher et étudier les éléments qui font de ce passage un récit dramatique.
2. La méthode historique. Montrer que l'auteur s'efforce, par l'utilisation de plusieurs témoignages, de donner une vision pluraliste de la scène.
3. Un point de vue subjectif. Étudier la convergence des opinions et les éléments démonstratifs qui tendent à prouver le caractère sacré et symbolique de cette mort.

1. Prométhée : titan de la mythologie grecque. Selon la légende, il forma l'homme du limon de la terre, et pour animer sa créature, il déroba le feu du ciel, créant ainsi la première civilisation humaine. Il fut puni par Zeus et enchaîné sur le mont Caucase.

Histoire de la Révolution française

1847-1853

L'*Histoire de la Révolution française* s'inscrit au centre de l'œuvre de Michelet comme un résumé de l'Histoire tout entière et comme son aboutissement. La Révolution est pour lui moins une série d'événements qu'un principe éternel : celui de la Justice. C'est par rapport à ce principe que l'Histoire est écrite et jugée.

Ce nouvel « évangile » de l'humanité, ce « drame final » déploie ses épisodes comme les étapes d'un rite sacré : la prise de la Bastille ouvre le « combat de l'avenir » ; la Fête de la Fédération (14 juillet 1790) sanctifie la nouvelle religion de la Nation française unifiée ; avec la levée en masse et la bataille de Valmy (1792), naît la République dans l'enthousiasme du sacrifice ; enfin, la tragédie entre dans sa crise finale avec la Terreur, pleine du « cri des enfers » et « des voix héroïques ». Le personnage de Robespierre, critiqué pour sa tyrannie, effraye le républicain modéré qu'est Michelet mais aussi le subjugue.

Les héros multiformes du livre demeurent les hommes et les femmes anonymes de la Révolution par qui l'Histoire avance, irrésistiblement.

« Le sacrifice fut, dans ces jours, véritablement universel... »

En 1792, la France est envahie par les armées de l'Europe qui veulent rétablir la monarchie. Michelet, dans ces pages traversées par un souffle épique, raconte la levée en masse d'un peuple qui se sacrifie pour la liberté et la patrie. « La France gagna, trois jours après, la bataille de Valmy. »

C'était avec un véritable sentiment religieux que des milliers d'hommes, à peine armés, mal équipés encore, demandaient à traverser l'Assemblée nationale. Leurs paroles souvent emphatiques et déclamatoires, qui témoignent de leur impuissance pour exprimer ce qu'ils sentaient, n'en sont pas moins empreintes du sentiment très vif de foi qui remplissait leur cœur. Ce n'est pas dans les discours préparés de leurs orateurs qu'il faut chercher ces sentiments, mais dans les cris, les exclamations qui s'échappent de leurs poitrines. « Nous venons comme à l'église », disait l'un. — Et un autre : « Pères de la patrie, nous voici ! Vous bénirez vos enfants. »

Le sacrifice fut, dans ces jours, véritablement universel, immense et sans bornes. Plusieurs centaines de mille donnèrent leurs corps et leur vie, d'autres leur fortune, tous leurs cœurs, d'un même élan...

Dans les colonnes interminables de ces dons infinis d'un peuple, relevons telle ligne, au hasard.

De pauvres femmes de la Halle apportent quatre mille francs, le produit apparemment de quelques grossiers joyaux, leur anneau de mariage ?...

Plusieurs femmes des départements, spécialement du Jura, avaient dit que, tous les hommes partant, elles pourraient monter la garde. C'est aussi ce qu'offrit, dans l'Assemblée nationale, une mercière de la rue Saint-Martin, qui vint avec son enfant. La mère donne sa croix, un cœur en or et son dé d'argent. L'enfant, une petite fille, donne ce qu'elle a, une petite timbale d'argent et une pièce de cinq sols. Ce dé, l'instrument du travail pour la pauvre veuve, la petite pièce qui fait toute la fortune de l'enfant !... Ah ! trésor !... Et comment la France, avec cela, n'aurait-elle pas vaincu ?... Dieu te le rende au ciel, enfant ! C'est avec ton dé de travail et ta petite pièce d'argent que la France va lever des armées, gagner des batailles, briser les rois à Jemmapes... Trésor sans fond... On puisera, et il en restera toujours. Et plus il viendra d'ennemis, plus on trouvera encore. Il y en aura, au bout de deux ans, pour solder nos douze armées.

Histoire de la Révolution française, VII, 8.

Pour préparer l'étude du texte

1. Étudier les différentes modalités d'écriture du texte (récit, style direct, interventions du narrateur) et la variation des temps verbaux. Quelle est l'efficacité de ces procédés ?

2. Les différents aspects du sacrifice. Analyser les choix lexicaux et les formulations qui confèrent à cet événement historique un sens religieux. Montrer la diversité des sacrifices et leur valeur symbolique.

3. L'enthousiasme du narrateur. Étudier la tonalité admirative, le choix des exemples significatifs, les procédés d'amplification épique.

Pour un groupement de textes

Images du peuple en guerre : légende et réalité.

Flaubert, *L'éducation sentimentale* (IIe partie : « L'attaque des Tuileries »).
Hugo, *Les misérables*, IIe partie, livre I, ch. XIV ; *Quatre-vingt-treize*, Ire partie, livre IV, ch. VI.
Vallès, *L'insurgé*, ch. XVI-XXV.
Rimbaud, « Le mal » *(Poésies)*.
Villiers de L'Isle-Adam, « Vox populi » *(Contes cruels*, cf. p. 523).
Zola, *La débâcle*.

La sorcière

1862

Réhabiliter la sorcière, tel est l'étonnant projet de Michelet vers 1861. Étonnant et même scandaleux pour le lecteur du XIXe siècle habitué à la condamnation de la sorcellerie par l'Église et la morale chrétiennes. Pour l'écrivain, cette condamnation ne fait qu'illustrer la « férocité de la sottise » qui, au temps de l'Inquisition, conduisait la sorcière au bûcher. Michelet veut écrire une Histoire inédite, morale et anticléricale. Cette entreprise de démystification, qui s'appuie sur l'étude du procès des « possédées » aux XVIIe et XVIIIe siècles, retire à la sorcière son masque monstrueux et criminel pour dévoiler son visage humain. Elle aboutit à une apologie : la sorcière est féconde ; elle engendre de nouveaux savoirs. Face à l'école de l'Église et des lettrés, elle enseigne la découverte d'un monde, par les voies sacrilèges de la Science. Elle est « l'unique médecin du peuple, pendant mille ans ». Cette célébration de la Science, ancienne hérésie devenue religion nouvelle, s'inscrit dans le courant positiviste du XIXe siècle. L'originalité de *La sorcière* est à chercher surtout dans le culte de la Femme, incarnation de la Nature vivante et fée consolatrice, qu'y célèbre Michelet, comme dans toute son œuvre.

Victor HUGO, « La sorcière allant au bûcher après six mois de cachot et de torture », dessin pour *La sorcière*. Paris, Musée Victor Hugo.

« cet entassement de révoltes »

Dans l'Épilogue de *La sorcière*, Michelet répond à ceux qui croient réconciliables les « deux Esprits dont la lutte fit le moyen âge » : il s'agit de l'esprit de l'Église et de l'esprit qu'elle a condamné, qu'elle a nommé satanique et dans lequel Michelet voit le génie de la science.

Mais savez-vous ce qui proteste, ce qui solidement sépare les deux esprits, les empêche de se rapprocher ? C'est une réalité énorme qui s'est faite depuis cinq cents ans. C'est l'œuvre gigantesque que l'Église a maudite, le prodigieux édifice des sciences et des institutions modernes, qu'elle excommunia pierre par pierre, mais que chaque anathème grandit, augmenta d'un étage. Nommez-moi une science qui n'ait été révolte.

Il n'est qu'un seul moyen de concilier les deux esprits et de mêler les deux Églises. C'est de démolir la nouvelle, celle qui, dès son principe, fut déclarée coupable, condamnée. Détruisons, si nous le pouvons, toutes les sciences de la nature, l'Observatoire, le Muséum et le Jardin des Plantes[1], l'École de Médecine, toute bibliothèque moderne. Brûlons nos lois, nos codes. Revenons au Droit canonique[2].

Ces nouveautés, toutes, ont été Satan. Nul progrès qui ne fût son crime.

C'est ce coupable logicien, qui sans respect pour le droit clérical, conserva et refit celui des philosophes et des juristes, fondé sur la croyance impie du libre arbitre.

1. Hauts lieux des sciences de la nature à Paris dans les domaines de l'astronomie, l'histoire naturelle, la botanique et la zoologie.

2. Le droit conforme aux règles de l'Église.

C'est ce dangereux Magicien qui, pendant qu'on discute sur le sexe des anges et autres sublimes questions, s'acharnait aux réalités, créait la chimie, la physique, les mathématiques. Oui, les mathématiques. Il fallut les reprendre ; ce fut une révolte. Car on était brûlé pour dire que trois font trois.

La médecine, surtout, c'est le vrai satanisme, une révolte contre la maladie, le fléau mérité de Dieu. Manifeste péché d'arrêter l'âme en chemin vers le ciel, de la replonger dans la vie !

Comment expier tout cela ? Comment supprimer, faire crouler cet entassement de révoltes, qui aujourd'hui fait toute la vie moderne ? Pour reprendre le chemin des anges, Satan détruira-t-il cette œuvre ? Elle repose sur trois pierres éternelles : la Raison, le Droit, la Nature.

La sorcière, Épilogue.

Pour préparer l'étude du texte

1. Étudier la structure du texte : énoncé de la thèse, remède proposé, analyse des sciences « coupables », conclusion.
2. La volonté de persuader. Étudier tous les procédés stylistiques qui rendent ce passage polémique et efficace (interpellation du lecteur, interrogations oratoires, antithèses, hyperboles). Quels sont ceux de ces procédés qui contribuent à la tonalité très ironique du texte ?

Pour un groupement de textes

Magiciennes et sorcières.

Circé, *Odyssée*, Homère, chant X, vers 200-472.
Pamphila, *L'âne d'or*, Apulée, livre I.
Belkiss, *La fée aux miettes*, Nodier, cf. p. 117.
Nadja, Breton.
La Sylphide, *Mémoires d'outre-tombe*, Chateaubriand, cf. p. 46.
Les Sirènes, *Métamorphoses*, Ovide, livre V.
Les sorcières, *Macbeth*, Shakespeare.
La Lorelei, *Alcools*, Apollinaire.
Ondine, *Gaspard de la nuit*, Aloysius Bertrand, cf. p. 126.

Jean-Joseph WEERTS (1847-1927), *La nuit du 8 au 9 Thermidor.* Musée de Roubaix.

Pour Michelet, l'humanité est une force qui progresse, se transforme et se crée dans un élan permanent et total, dans une lutte héroïque contre la fatalité. Écrire l'histoire consiste à manifester ce progrès humain et à ressusciter ce long travail de création d'un pays par lui-même. Dès lors, l'historien-philosophe s'intéresse à toutes les formes de la vie d'un peuple : son enracinement géographique, le brassage de sa culture, son état social, ses institutions, sa religion. Il recourt à l'écriture épique pour donner la mesure de cette dynamique collective.

Mais l'histoire, selon Michelet, doit aussi mettre en scène les héros qui incarnent la volonté d'un peuple jusqu'au sacrifice. L'écrivain avoue qu'il recherche l'intimité de ces grands personnages pour lesquels il nourrit des sentiments parfois fraternels. Comme un romancier de l'histoire, il nous donne accès à leur conscience et multiplie les épisodes symboliques où leur stature se révèle. Il se pose souvent en juge et assigne devant son tribunal souverain leurs décisions ou leurs faiblesses. Mais avant de juger l'histoire, il la ressent. Il la voit et son écriture est d'abord image, sensation, sentiment, passion. Passion de la vie dont il souligne le constant renouvellement. Il n'hésite pas à poser au passé les questions du présent et à projeter sur celui-ci les lumières entrevues dans l'histoire. Cette démarche ne va pas sans contradictions. On peut reprocher à Michelet sa partialité, le ton polémique de son œuvre mais surtout l'insuffisance de l'explication historique. Si l'histoire nous a aujourd'hui habitués à une méthode scientifique plus rigoureuse que celle de Michelet, elle reste tributaire de cet écrivain visionnaire : dans son épopée de notre passé, surgit le tableau vivant des événements et des êtres arrachés à la nuit des temps ou à l'humilité de leur condition.

LE PEUPLE DANS LA LITTÉRATURE

Définitions

C'est l'histoire qui, au XIXe siècle, va faire du peuple un objet littéraire : les émeutes succèdent aux révolutions et, en profondeur, la France rurale devient la France des villes. Dans ce grand bouleversement, les écrivains découvrent, avec intérêt et parfois inquiétude, les « classes laborieuses » comme les habitants d'un nouveau monde à explorer.

Si l'image du prolétariat urbain et industriel s'impose de plus en plus comme le symbole des temps modernes, l'univers paysan n'est pas pour autant oublié. Idéalisé dans les « romans champêtres » de George Sand[1], le peuple des campagnes peut apparaître comme le témoin d'un monde dont les rythmes naturels et ancestraux sont appelés à s'effacer. De Balzac à Zola[2], l'enquête romanesque et sociale souligne cette évolution de la paysannerie confrontée à des mutations économiques et techniques qui la dépassent. La survivance des traditions et du langage paysan offre à Flaubert, dans *Madame Bovary*, et Maupassant, dans ses *Contes et nouvelles*, la possibilité d'exercer l'art de l'observateur et l'ironie du citadin.

Le peuple, acteur ou spectateur de l'Histoire ?

La question du peuple pour les écrivains du « siècle des Révolutions » est aussi politique : quel rôle doit jouer le peuple dans le devenir historique ? Les Romantiques se passionnent pour la révolte des nations opprimées en Grèce ou en Pologne. Michelet, dans l'étude historique (cf. p. 215), Hugo, dans le roman (*Quatre-vingt-treize*, cf. p. 272), font revivre l'histoire de la Révolution française qui fait du peuple le héros collectif d'une épopée moderne : celle de la Patrie.

Le drame romantique lui offre sa scène : Ruy Blas est le représentant de cette classe « qui a l'avenir et qui n'a pas le présent »[3]. Dans le présent, en effet, le peuple demeure souvent le spectateur impuissant d'une histoire qui remplace un tyran par un autre (Musset, *Lorenzaccio*, cf. p. 94). Gavroche meurt le nez dans le ruisseau au pied d'une barricade[4].

Le peuple apparaît donc comme une figure de l'échec : « géant enfant »[5] que des écrivains comme Vigny, Michelet, Hugo voudraient guider vers la lumière de la connaissance dont il est privé[6].

Le peuple est ainsi le plus souvent vu de l'extérieur et la vision de la foule révolutionnaire devient un thème majeur à la fin du XIXe siècle, une sorte d'image obsessionnelle : « flot vertigineux » et effrayant de l'émeute de 1848 vue par Flaubert dans *L'éducation sentimentale*, « vision rouge »[7] étendard sanglant des insurgés qui, pour Zola ou Vallès *(L'insurgé)*, annoncent la germination d'une société nouvelle.

Les damnés de la terre

La condition ouvrière et son cortège de misères, de dégradations physiques et morales, donne naissance à une abondante littérature qui dresse le sombre bilan des premières décennies de la Révolution industrielle, et c'est dans ce contexte que s'élabore une pensée socialiste humanitaire[8].

Mais les jugements portés sur le peuple des « misérables » sont ambigus. Le roman populaire de grande consommation qui naît au XIXe siècle en fait une peinture résolument noire, plus attentive aux crimes mystérieux commis dans les « bas-fonds » qu'à toute question sociale[9].

En revanche, Victor Hugo[10] dénonce l'exclusion des pauvres et souligne leur caractère sacré.

L'entraînement fatal de la misère et les injustices dont le peuple est la victime apparaissent également avec force dans l'œuvre de Zola. Dans ses romans, la description et parfois l'exaltation de son travail permettent à la figure nouvelle de l'ouvrier de conquérir une dignité littéraire.

La parole au peuple

Mais comment faire parler le peuple ? Michelet, qui veut être dans son œuvre la voix du peuple, confesse la difficulté de faire entendre sa langue[11].

Cette distance entre l'écrivain et le peuple est également présente chez Hugo ou Maupassant : s'ils essayent de restituer le verbe argotique du « gamin de Paris »[4] ou le dialecte du paysan normand, ils le font à la manière d'un ethnologue ou d'un philosophe enquêtant sur les Indiens d'Amazonie !

Zola tente de combler ce fossé linguistique et social parce qu'il prend conscience que la connaissance du peuple vrai, celui des usines, des mines et des banlieues urbaines, passe par la compréhension et l'expression de sa parole[12].

Ses personnages ne sortent pas du peuple pour s'en distinguer comme Julien Sorel *(Le Rouge et le Noir)* ou pour s'y consacrer charitablement comme Jean Valjean[4]. Leur héroïsme, souvent tragique, est d'avoir « l'odeur du peuple »[12], de parler « peuple ». Mais chez Zola subsiste la tension caractéristique de la représentation du peuple dans la littérature du XIXe siècle : préoccupation réaliste et sociale d'un côté, transfiguration poétique et mythique de l'autre contribuent à faire du peuple une figure complexe et contradictoire.

1. George Sand, *La mare au diable*, *François le Champi*, etc.
2. Balzac, *Les paysans*. Zola, *La terre*.
3. Hugo, *Ruy Blas*, Préface.
4. Hugo, *Les misérables*.
5. Michelet, *Histoire de France*.
6. Cf. Michelet, *Le peuple* (1846) et Hugo, *Châtiments*, « Stella ».
7. Zola, *Germinal*.
8. Cf. Lamennais, Fourier, Leroux, G. Sand, etc.
9. L'œuvre d'Eugène Sue représente une exception à cet égard.
10. Cf. Hugo, *Les Contemplations* (III,2), « Melancholia », (V,9), « Le mendiant ».
11. Michelet, *Nos fils* (1869).
12. Zola, Préface de *L'assommoir*.

ROMANTISME ET POLITIQUE

J.-J. GRANDVILLE (1803-1847), *Le système de Fourier*, caricature dans *Un autre monde*. Bibliothèque de Nancy.

Sous la Restauration, puis le règne de Louis-Philippe, l'Histoire semble piétiner. Le pouvoir traite par l'ignorance et la brutalité répressive (émeute des Canuts lyonnais, 1834) ce que l'on appelle « la question sociale », c'est-à-dire la misère d'un prolétariat urbain dont les effectifs se gonflent. Que le peuple constitue une force en marche (qu'on tente d'étouffer), les écrivains romantiques en ont la conscience intuitive. La plupart vont envisager la question sociale avec un mélange de générosité lyrique et d'idéalisme, qui viendra se briser contre une réalité historique capitale : l'échec de la Seconde République, suivi du coup d'État de Louis-Napoléon Bonaparte (2 décembre 1851).

L'INFLUENCE DES RÉFORMATEURS SOCIAUX

De 1820 à 1850, on assiste à un foisonnement d'ouvrages où la réflexion morale et philosophique fournit le support de théories sociales : celles-ci prétendent supprimer le paupérisme, c'est-à-dire la misère chronique d'une partie de la population, et développer une harmonie productive entre les divers corps sociaux. Les solutions proposées, faisant appel aux capacités morales et spirituelles des individus, ne sont pas proprement politiques ; ou plutôt — trait caractéristique de la période — politique, morale et même spiritualité sont confondues dans la perspective, souvent utopique, d'une régénération sociale.

LE CHRISTIANISME SOCIAL

L'Église catholique, fragilisée par les secousses révolutionnaires, croit trouver dans l'alliance avec la monarchie un rempart contre la déchristianisation. La hiérarchie catholique est généralement sourde aux revendications sociales ou même aux révoltes spontanées de la misère. Un penseur chrétien, Félicité de Lamennais (1782-1854), va tenter de réconcilier l'Église et le progrès social : ce prêtre breton à la générosité ardente, fondateur du journal *L'Avenir* (devise : « Dieu et Liberté »), rêve d'une société où l'Église, authentiquement évangélique, montrerait le chemin de la coexistence fraternelle. Il est excommunié en 1836 pour son livre *Paroles d'un croyant*, qui dénonce les compromissions de l'Église avec l'armée et la monarchie et prophétise, avec un lyrisme tout romantique, un avenir républicain et chrétien. La dimension religieuse de la revendication politique, due en partie au prestige de Lamennais, se fera sentir chez maints écrivains romantiques : Hugo, Lamartine, George Sand sont imprégnés de cet idéal fraternel et mystique qui relève d'un christianisme très élargi.

UTOPISME ET SOCIALISME

Les réformateurs sociaux, même s'ils ne se fondent pas sur des exigences proprement chrétiennes, font une large place à la dimension morale et spirituelle du progrès : c'est à un monde pacifié et fraternel que rêvent ces théoriciens d'un socialisme communautaire teinté d'utopie. Faut-il s'étonner que ces grands imaginatifs aient à leur tour séduit l'imagination des écrivains ? Citons d'abord Saint-Simon[1] (1760-1825) qui prône le règne de ceux qu'il appelle les « producteurs » (ou « industriels »), seuls capables de débloquer une société française figée par un esprit de caste encore féodal et par l'étatisme : on discerne ici l'apparition d'un libéralisme optimiste, moteur, selon Saint-Simon, de la prospérité générale et du bonheur. Les écrivains ont été sensibles à la mission que ce théoricien confie à l'artiste, dans cette société d'expansion : il sera « producteur » de biens spirituels, prophète de l'idée et poète du progrès.

Charles Fourier (1772-1837) propose pour sa part une société faite de petites communautés se suffisant à elles-mêmes, où la production économique et l'épanouissement de l'individu seraient harmonieusement réglés : rêve romantique d'une réconciliation de l'individu et de la collectivité, de la dimension sociale et de la dimension affective. Il faut mentionner Pierre Leroux (1797-1871) pour l'influence décisive qu'eut sa doctrine sur George Sand (cf. p. 229), et secondairement sur Hugo et Eugène Sue : socialisme mystique qui oppose « l'association ouvrière » à la possession capitaliste, et fait du progrès, de la liberté et de la patrie la véritable « religion nationale ».

L'ÉCRIVAIN : MISSION ET ENGAGEMENT

L'intérêt porté par le Romantisme français au domaine politique et social procède de l'ambition de totalité qui anime ce mouvement. Le « Je » lyrique dépasse l'individuel en affirmant qu'aucune aspiration ou souffrance humaine ne lui demeure étrangère : selon l'image célèbre de Hugo, il s'en fait « l'écho sonore »[2]. Parmi ces aspirations, la fougue et la flamme populaires des journées de 1830 ont mis en relief celles de liberté et de justice sociale. Les poètes[3] (même le sceptique Vigny) ont senti qu'ils ne pouvaient se soustraire à ce souffle de liberté, qui était désormais celui de l'Histoire. Lamartine, Hugo et d'autres écrivains en viennent à penser que le poète est investi d'une mission : garder les yeux fixés sur l'Avenir lumineux réservé au Peuple, l'exhorter à l'espoir en lui montrant le chemin du progrès :

> « Le poète en des jours impies
> Vient préparer des jours meilleurs.
> Il est l'homme des utopies,
> Les pieds ici, les yeux ailleurs. »

Telle est, définie par Hugo[4], la « Fonction du poète », missionnaire et prophète.

Le Progrès : voilà le mot clef, mythe autant que concept, que l'écrivain — et singulièrement le poète — brandit pour « faire flamboyer l'avenir » (Hugo). Il s'agit, indissolublement, du progrès social, de l'amélioration des mœurs et du développement de l'instruction dans le peuple. Le Progrès est à l'œuvre dans l'histoire de l'humanité (Hugo, *La légende des siècles* ; Lamartine, *Jocelyn*) ; il se confond avec le destin de ce Peuple de France dont Michelet, historien-poète, marque l'émergence au cours des siècles (cf. p. 213). C'est évidemment de ce même Progrès que se réclame George Sand dans ses romans « socialistes » inspirés par la doctrine de Pierre Leroux.

La « mission » conduit naturellement au militantisme social. Apogée de l'engagement romantique, la Révolution de 1848 et la Seconde République mobiliseront le verbe et l'action de Lamartine, Hugo, Sand. Mais après 1851, la veine du Romantisme politique ne triomphe plus que chez Hugo, dans les imprécations des *Châtiments* (cf. p. 252) ou le roman des *Misérables* (cf. p. 267) qui, paru en 1862, étonne la génération désengagée de Baudelaire et de Flaubert...

1. Auteur, entre autres ouvrages, du *Catéchisme des industriels* (1824) et du *Nouveau Christianisme* (1825).
2. *Les feuilles d'automne* (1831).
3. Il faut exclure Musset de cette évolution : lyrisme et soutien d'une cause, même noble, lui paraissant incompatibles.
4. *Les rayons et les ombres* (1840) s'ouvrent sur le poème « Fonction du poète ».

George Sand
1804-1876

Eugène DELACROIX (1798-1863), *Portrait de George Sand* (1838). Musée de Copenhague.

Elle inaugura sa carrière littéraire dans le scandale que suscita sa liberté de mœurs et de doctrine. Elle l'acheva dans la gloire, mais aussi dans le mépris de ceux qui pensaient déjà, comme Baudelaire, que c'est avec les bons sentiments que l'on fait la pire littérature. Récemment, on n'étudiait George Sand que dans les classes du premier cycle : encore s'agissait-il seulement de ses romans « champêtres ».

La voici aujourd'hui redécouverte pour l'ensemble de son œuvre, quantitativement égale à celle d'un Balzac.

Aurore Dupin : des influences contrastées

Par sa naissance, Aurore Dupin appartient à deux mondes. Sa famille paternelle compte parmi ses aïeux un roi de Pologne et un maréchal de France ; son grand-père Dupin de Francueil, riche financier d'Ancien Régime, était l'ami des arts et des lettres (et protecteur épisodique de Jean-Jacques Rousseau). C'est de cette branche qu'Aurore héritera son esprit aristocratique et voltairien. De sa grand-mère Dupin, Aurore apprend les manières du grand monde, reçoit le goût d'examiner « philosophiquement » (philosophie des Lumières) croyances et préjugés.

Par sa mère, elle appartient au peuple, et rappellera l'authenticité de sa fibre plébéienne : « Je tiens au peuple autant par le sang que par le cœur. » Après la mort prématurée de son père, en 1808, l'éducation d'Aurore se ressent de son hérédité contrastée. L'enfant adore sa mère, rêvant de remplacer auprès d'elle le père absent : c'est d'elle qu'elle tient le sens du devoir familial, le refus des préjugés sociaux, une foi chrétienne très affective.

Enfant, elle a vécu à Nohant, dans le Berry, partageant avec intrépidité les jeux des petits villageois ; adolescente, elle a passé quelques années dans une maison religieuse, où elle a traversé une crise de mysticisme : à dix-sept ans, elle est maîtresse de Nohant, sa grand-mère étant disparue. Sa vitalité et son originalité scandalisent le voisinage : habillée en homme, elle parcourt la campagne à cheval, prise les amitiés masculines et les discussions intellectuelles. Personnalité forte mais complexe, cette Aurore qu'enivrent la nature et le grand air mais qui n'aime que les amis subtils ou tourmentés, comme elle ; car sa soif de vie se double de mélancolie profonde : la lecture de *René* (cf. p. 35) et de Byron contrebalance l'influence de Rousseau, qui conforte sa religion du cœur et sa foi dans les bons sentiments. Romantique et rousseauiste, provocante et vulnérable, intrépide et inquiète, séduite par l'appel de l'infini comme par le goût de la terre, Aurore est vraiment une étonnante jeune fille.

George Sand : l'écriture libératrice

A dix-huit ans, elle épouse le baron Dudevant, homme honnête mais peu intellectuel. Deux maternités ne suffisent pas à combler la jeune femme. Elle s'ennuie ; elle a des crises mystiques ; elle entretient des liaisons exaltées, et parfois platoniques. Jules Sandeau, homme de lettres, propose à son amie de collaborer à un roman, *Rose et Blanche* (1831). L'année suivante, paraît *Indiana* : Aurore a écrit seule l'ouvrage, et pris le pseudonyme de Sand (abréviation de Sandeau) assorti du prénom George : prénom masculin, à l'orthographe anglicisée, destiné à prévenir les réactions misogynes, et à officialiser le goût de l'équivoque cher à Aurore Dupin. *Indiana*, bientôt suivi de *Lélia* (1833), connaît un immense succès au parfum de scandale : le thème, fortement autobiographique, est celui de la passion féminine bridée et brisée par l'égoïsme masculin, plus sensible aux conventions sociales. Le lyrisme romantique est mis au service du plaidoyer en faveur de la libération affective de la femme. George Sand, quant à elle, trouve dans l'écriture une indépendance morale et financière, et dans sa vie sentimentale exigeante et agitée, une libération des liens honnis du mariage.

Images de l'effervescence romantique

L'époque romantique est celle des cénacles, réunis autour d'une personnalité-phare : le groupe des amis de George Sand est l'un des plus attachants, dominé par la passion de la musique et les aspirations à la justice sociale.

Après son orageuse liaison avec Musset, George Sand est l'amie de Franz Liszt, puis la maîtresse — au sens fort du terme ! — de Chopin : dans les soirées d'hiver à Paris ou d'été à Nohant, George, Chopin, le peintre Delacroix, Balzac, l'actrice Marie Dorval (l'amie de Vigny) communient dans l'amour de la musique, pianistique et vocale surtout. Le grand roman de Sand, *Consuelo* (1842), a pour héroïne une cantatrice du XVIIIe siècle italien, à la recherche de la passion pure comme de la « lumière » métaphysique. A partir de 1835, les préoccupations politiques et sociales de l'écrivain s'affirment : sous l'influence décisive du théoricien Pierre Leroux (cf. p. 220), elle essaie de concilier ses aspirations mystiques (ennemies de tout dogme moral) et ses penchants humanitaires : socialisme fraternel et utopique (« communionisme », dit-elle) qui transparaît surtout dans *Le compagnon du tour de France* (1840). Cet idéal généreux est toutefois tourné vers le passé et le monde rural (son cher Berry) plutôt que vers l'univers ouvrier des villes (qui n'entre d'ailleurs en littérature qu'après 1850) : la réconciliation rousseauiste des cœurs efface les différences de fortune dans la série des romans dits, en raison de leur décor, « champêtres » : *Le meunier d'Angibault* (1845), *La mare au diable* (1846), *La petite Fadette* (1849), *François le Champi* (1850), *Les maîtres sonneurs* (1853).

L'engagement véritablement politique de George Sand a lieu en 1848 : après la révolution de février, elle appuie la cause socialiste (Barbès, Blanqui) et fonde un journal : *La cause du peuple* (titre repris en 1970 par le journal de J.-P. Sartre). Ses illusions seront brisées par les échecs populaires de juin 1848 et par le coup d'État de Louis-Napoléon Bonaparte. Elle interviendra généreusement auprès de ce dernier en faveur de ses amis condamnés. Mais le rôle politique de celle qui haïssait la violence et le sang est achevé : elle se retire à Nohant.

Joseph DANHAUSER (1805-1845), *Liszt au clavier* (1840). Berlin, Nationalgalerie der Staatlichen Museen Preussischer Kulturbesitz.

C'est l'esprit d'une époque qui prend fin dans ces années, et que George Sand aura incarné : idéalisme social et politique, teinté de mysticisme fraternel, foi dans la mission idéologique de la littérature. Mais l'écrivain a su être aussi voyageuse, observatrice et portraitiste des figures du temps : tel est l'aspect plus inattendu de son talent que révèlent les *Lettres d'un voyageur* (1836) et l'*Histoire de ma vie* (1854), autobiographie parfois complaisante, qui pourtant séduit par la lucidité intellectuelle et la sensibilité sans mièvrerie que les modernes lui reconnaissent.

« La bonne dame de Nohant »

Aux approches de la cinquantaine, un nouveau personnage apparaît en George Sand. L'écrivain sait éviter l'amertume de la désillusion, en recréant à Nohant une micro-société familiale et amicale : Dumas fils, Flaubert, Gautier, Tourgueniev sont ses hôtes. George s'attendrit sur Aurore, sa petite-fille, se dévoue auprès d'Alexandre Manceau, son nouveau compagnon, toujours souffrant. Ainsi s'exprime la nature protectrice et matriarcale de celle qu'on appelle « la bonne dame de Nohant », parce que sa générosité s'emploie à soulager les misères qui l'entourent.

Elle écrit toujours, avec une facilité étonnante : pièces de théâtre pour la scène parisienne (souvent adaptations de ses romans) ou pour le petit théâtre rustique de Nohant ; elle continue de faire paraître des romans, moins inspirés que ceux de sa jeunesse, et plus mélodramatiques (*Mademoiselle de La Quintinie*, 1863). Elle prépare une grande édition populaire illustrée de ses œuvres, destinant ainsi ses ouvrages à ce peuple dont elle avait voulu souligner la noblesse de l'histoire (cf. p. 229).

Dans ses dix dernières années, une amitié émouvante la lie à Flaubert : elle rêvait d'atteindre à la perfection de *L'éducation sentimentale* ; il s'émerveille qu'elle sache écrire avec son cœur (lui qui prêche pourtant la doctrine opposée).

Le 10 juin 1876, la cérémonie de ses obsèques réunit les paysans de Nohant et les célébrités littéraires du temps. Hugo envoya un message, où il glorifiait en elle le défenseur des nobles causes : « George Sand était une idée. » On peut préférer l'hommage de Flaubert : « Il fallait la connaître comme je l'ai connue pour savoir tout ce qu'il y avait de féminin dans ce grand homme, l'immensité de tendresse qui se trouvait dans ce génie » (lettre à Tourgueniev du 25 juin 1876).

Indiana (1832), roman. → p. 223.
Lélia (1833), roman.
Mauprat (1837), roman.
La mare au diable (1846), roman. → p. 225.
La petite Fadette (1849), roman.
Histoire de ma vie (1854) (20 volumes). → p. 228.

Indiana

1832

Dans un domaine proche de Fontainebleau, vivent Indiana, jeune femme intelligente, passionnée, naïve encore, son époux, le vieux colonel Delmare, esprit étroit et égoïste, et Sir Ralph Brown, cousin d'Indiana, secrètement épris d'elle, sous des allures froides et compassées. La jeune femme est séduite par Raymon de Ramière, beau et charmant jeune homme, à l'intelligence brillante et au cœur inconstant.

Raymon refuse de s'enfuir avec Indiana, lorsque celle-ci, contrainte de suivre son époux à l'île Bourbon (actuellement l'île de la Réunion), ose s'offrir à lui : la crainte de s'engager, de briser sa carrière et sa réputation, l'a fait lâchement reculer. Indiana, son vieux mari, et le fidèle Ralph se morfondent à l'île Bourbon : une lettre de Raymon, où il déplore sa solitude, pousse Indiana à le rejoindre en France, au péril de sa vie et de son honneur. C'est pour y trouver un Raymon que trois mois ont guéri de sa tristesse, et qui est maintenant marié. Brisée par la douleur, Indiana regagne l'île Bourbon : le colonel est mort, et Ralph, toujours plus sombre, propose à la jeune femme un suicide commun. Le hasard les arrête. Ralph se déclare enfin, et partage avec Indiana une vie retirée, loin des corruptions de la civilisation, dans un cadre à la fois exotique et mythique.

Le thème principal est l'opposition entre la femme, être de passion, qui cherche un absolu dans l'amour, et l'homme, être d'amour-propre, qui subordonne l'amour à sa réussite sociale. Opposition typiquement romantique encore, entre les impératifs de la passion et les contraintes de la société civile (mariage en particulier). La résolution de ces oppositions, dans le refuge final loin de la société humaine, s'inscrit dans la tradition rousseauiste (et rappelle explicitement *Paul et Virginie* de Bernardin de Saint-Pierre) : la virginité naturelle guérit les cœurs blessés et épure les âmes. Malgré cet artifice, *Indiana*, aujourd'hui redécouvert, est un roman charmant, qui unit le souffle romantique de la passion revendicatrice à la finesse de l'analyse et des portraits héritée du XVIIIe siècle.

Voici un portrait d'Indiana Delmare, avant que la passion pour Raymon ne soit venue la toucher : le thème de l'insatisfaction romantique se conjugue habilement avec celui de l'oppression de la femme.

Élevée au désert, négligée de son père, vivant au milieu des esclaves, pour qui elle n'avait d'autre secours, d'autre consolation que sa compassion et ses larmes, elle s'était habituée à dire : « Un jour viendra où tout sera changé dans ma vie, où je ferai du bien aux autres ; un jour où l'on m'aimera, où je donnerai tout mon cœur à celui qui me donnera le sien ; en attendant, souffrons ; taisons-nous, et gardons notre amour pour récompense à qui me délivrera. » Ce libérateur, ce messie n'était pas venu ; Indiana l'attendait encore. Elle n'osait plus, il est vrai, s'avouer toute sa pensée. Elle avait compris sous les charmilles taillées du Lagny[1] que la pensée même devait avoir là plus d'entraves que sous les palmistes[2] sauvages de l'île Bourbon ; et, lorsqu'elle se surprenait à dire encore par l'habitude : « Un jour viendra... un homme viendra... », elle refoulait ce vœu téméraire au fond de son âme, et se disait : « Il faudra donc mourir ! »

Aussi elle se mourait. Un mal inconnu dévorait sa jeunesse. Elle était sans force et sans sommeil. Les médecins lui cherchaient en vain une désorganisation apparente, il n'en existait pas ; toutes ses facultés s'appauvrissaient également, tous ses organes se lésaient avec lenteur ; son cœur brûlait à petit feu, ses yeux s'éteignaient, son sang ne circulait plus que par crise et par fièvre ; encore quelque temps, et la pauvre captive allait mourir. Mais, quelle que fût sa résignation ou son découragement, le besoin restait le même. Ce cœur silencieux et brisé appelait toujours à son insu un cœur jeune et généreux pour le ranimer. L'être qu'elle avait le plus aimé jusque-là, c'était Noun[3], la compagne enjouée et courageuse de ses ennuis ; et l'homme qui lui avait témoigné le plus de prédilection, c'était son flegmatique cousin sir Ralph. Quels aliments pour la dévorante activité de ses pensées, qu'une pauvre fille ignorante et délaissée comme elle, et un Anglais passionné seulement pour la chasse du renard !

Madame Delmare était vraiment malheureuse, et, la première fois qu'elle sentit dans son atmosphère glacée pénétrer le souffle embrasé d'un homme jeune et ardent, la première fois qu'une parole tendre et caressante enivra son oreille, et qu'une bouche frémissante vint comme un fer rouge marquer sa main, elle ne pensa ni aux devoirs qu'on lui avait imposés, ni à la prudence qu'on lui avait recommandée, ni à l'avenir qu'on lui avait prédit ; elle ne se rappela que le passé odieux, ses longues souffrances, ses maîtres despotiques. Elle ne pensa pas non plus que cet homme pouvait être menteur ou frivole. Elle le vit comme elle le désirait, comme elle l'avait rêvé, et Raymon eût pu la tromper, s'il n'eût pas été sincère.

Mais comment ne l'eût-il pas été auprès d'une femme si belle et si aimante ? Quelle autre s'était jamais montrée à lui avec autant de candeur et d'innocence ? Chez qui avait-il trouvé à placer un avenir si riant et si sûr ? N'était-elle pas née pour l'aimer, cette femme esclave qui n'attendait qu'un signe pour briser sa chaîne, qu'un mot pour le suivre ? Le ciel, sans doute, l'avait formée pour Raymon, cette triste enfant de l'île Bourbon, que personne n'avait aimée, et qui sans lui devait mourir.

Indiana, I, 6.

Pour préparer le commentaire composé

Étudier

1. L'expression de l'insatisfaction : la lassitude physique, le vide de la vie affective, l'attente d'une grande passion.
2. La dénonciation de la condition féminine : la solitude, les contraintes et les devoirs.
3. Le regard de la narratrice et les modalités d'écriture qui le traduisent : une volonté d'expliquer, l'ironie compréhensive, la mise en relief des dangers courus.

Pour une étude comparée

Emma et Indiana, deux héroïnes passionnées.

G. Sand, *Indiana*, Portrait d'Indiana.
Flaubert, *Madame Bovary*, Ire partie, ch. 6 : les rêves d'Emma, cf. p. 425.

Pour un groupement de textes

Rêves de femmes dans la littérature du XIXe siècle.

Balzac, *Mémoires de deux jeunes mariées* (ch. 1, 1re lettre ; ch. 10).
Stendhal, *Le Rouge et le Noir* (I, 8 et 16 ; II, 11).
Flaubert, *Madame Bovary*, *Un cœur simple*.
Maupassant, *Une vie* (ch. 1 et 4).
Zola, *L'assommoir* (ch. 6), *Thérèse Raquin* (ch. 4 et 7).

1. Domaine des Delmare, proche de Fontainebleau.
2. Palmiers nains.
3. Sa servante créole.

En 1842, la romancière rédige, pour son roman de jeunesse, une préface où elle souligne hardiment la revendication féministe qui s'y trouve implicitement contenue.

Ainsi, je le répète, j'ai écrit Indiana, *et j'ai dû l'écrire ; j'ai cédé à un instinct puissant de plainte et de reproche que Dieu avait mis en moi, Dieu qui ne fait rien d'inutile, pas même les plus chétifs êtres, et qui intervient dans les plus petites causes aussi bien que dans les grandes. Mais quoi ! celle que je défendais est-elle donc si petite ? C'est celle de la moitié du genre humain, c'est celle du genre humain tout entier ; car le malheur de la femme entraîne celui de l'homme, comme celui de l'esclave entraîne celui du maître, et j'ai cherché à le montrer dans* Indiana. *On a dit que c'était une cause individuelle que je plaidais ; comme si, à supposer qu'un sentiment personnel m'eût animé, j'eusse été le seul être infortuné dans cette humanité paisible et radieuse ! Assez de cris de douleur et de sympathie ont répondu au mien pour que je sache maintenant à quoi m'en tenir sur la suprême félicité d'autrui.*

Je ne crois pas avoir jamais rien écrit sous l'influence d'une passion égoïste ; je n'ai même jamais songé à m'en défendre. Ceux qui m'ont lu sans prévention comprennent que j'ai écrit Indiana *avec le sentiment non raisonné, il est vrai, mais profond et légitime, de l'injustice et de la barbarie des lois qui régissent encore l'existence de la femme dans le mariage, dans la famille et la société. Je n'avais point à faire un traité de jurisprudence, mais à guerroyer contre l'opinion ; car c'est elle qui retarde ou prépare les améliorations sociales. La guerre sera longue et rude ; mais je ne suis ni le premier, ni le seul, ni le dernier champion d'une si belle cause, et je la défendrai tant qu'il me restera un souffle de vie.*

Préface à Indiana, *1842.*

La mare au diable

1846

L'ouvrage s'ouvre sur des considérations de l'auteur, qui lui ont été inspirées par une scène de labour : grandeur simple des travaux et des jours de la campagne, pureté des cœurs que la vie citadine n'a pas corrompus.

Le roman proprement dit commence au chapitre III : Germain, veuf âgé de vingt-huit ans, s'apprête, sur les instances de son beau-père, à aller solliciter la main d'une riche paysanne d'un village berrichon. Il emmène avec lui son fils Petit-Pierre, et Marie, une adolescente pauvre, qu'il a charge d'accompagner jusqu'à la ferme où elle est engagée comme bergère. Dans l'obscurité et le brouillard, les voyageurs s'égarent et sont contraints de passer la nuit près de « la mare au diable », ignorant que les gens du pays lui attribuent une puissance maléfique. Germain sent naître en lui de l'amour pour Marie, et lui déclare avec timidité qu'il voudrait l'épouser. Elle semble n'y pas vouloir songer. Petit-Pierre, plus décidé, l'a déjà adoptée pour maman... Le lendemain, Germain, mécontent de lui, refuse la riche et vaniteuse promise et venge Marie des propos déshonnêtes qu'elle a dû entendre de son fermier. La pudeur, liée aux différences d'âge et de condition, retient encore longtemps Germain et Marie : ils s'acceptent enfin dans une scène touchante, et l'on célèbre leurs noces selon les coutumes ancestrales de leur province.

Dans ce court roman, les bons sentiments des cœurs modestes triomphent si uniment de la vanité et de la perfidie des nantis, qu'il conviendrait d'en sourire (on ne l'a que trop fait) si l'auteur ne nous avait avertis qu'elle s'était délibérément proposé, en l'écrivant, « une mission de sentiment et d'amour », le roman devant « remplacer la parabole et l'apologue des temps naïfs ». Il y a donc ici une morale et une esthétique héritées de Rousseau ou de Diderot, admirateur des tableaux édifiants de Greuze. Mais on décèle aussi, sous ce propos moral, une analyse très fine des cœurs simples et maladroits à l'expression (Germain) ou de la psychologie naïve et perspicace à la fois de l'adolescente (Marie). Le roman présente par ailleurs un intérêt documentaire, d'ordre ethnographique étant donné l'évolution des mœurs, sur la mentalité paysanne au milieu du XIXe siècle.

Théodore ROUSSEAU (1812-1867), *La mare au pied du coteau.* Paris, Musée du Louvre.

Marie vient de rassurer Petit-Pierre, qui a peur des loups, dans la forêt nocturne. La scène offre un bel exemple de cette communion naïve et sensible des cœurs, chère à George Sand.

— Il n'y a personne comme toi pour parler aux enfants, dit Germain à la petite Marie, et pour leur faire entendre raison. Il est vrai qu'il n'y a pas longtemps que tu étais toi-même un petit enfant et tu te souviens de ce que te disait ta mère. Je crois bien que plus on est jeune, mieux on s'entend avec ceux qui le sont. J'ai grand-peur qu'une femme de trente ans[1], qui ne sait pas encore ce que c'est que d'être mère, n'apprenne avec peine à babiller et à raisonner avec des marmots.

— Pourquoi donc pas, Germain ? Je ne sais pourquoi vous avez une mauvaise idée touchant cette femme ; vous en reviendrez !

— Au diable la femme ! dit Germain. Je voudrais en être revenu pour n'y plus retourner. Qu'ai-je besoin d'une femme que je ne connais pas ?

— Mon petit père, dit l'enfant, pourquoi donc est-ce que tu parles toujours de ta femme aujourd'hui puisqu'elle est morte ?...

— Hélas ! tu ne l'as donc pas oubliée, toi, ta pauvre chère mère ?

— Non, puisque je l'ai vu mettre dans une belle boîte de bois blanc, et que ma grand-mère m'a conduit auprès pour l'embrasser et lui dire adieu !... Elle était toute blanche et toute froide, et tous les soirs ma tante me fait prier le bon Dieu pour qu'elle aille se réchauffer avec lui dans le ciel. Crois-tu qu'elle y soit, à présent ?

— Je l'espère, mon enfant ; mais il faut toujours prier, ça fait voir à ta mère que tu l'aimes.

— Je vas dire ma prière, reprit l'enfant ; je n'ai pas pensé à la dire ce soir. Mais je ne peux pas la dire tout seul ; j'en oublie toujours un peu. Il faut que la petite Marie m'aide.

— Oui, mon Pierre, je vas t'aider, dit la jeune fille. Viens là, te mettre à genoux sur moi.

L'enfant s'agenouilla sur la jupe de la jeune fille, joignit ses petites mains, et se mit à réciter sa prière, d'abord avec attention et ferveur, car il savait très bien le commencement ; puis avec plus de lenteur et d'hésitation, et enfin répétant mot à mot ce que lui dictait la petite Marie, lorsqu'il arriva à cet endroit de son oraison, où le sommeil le gagnant chaque soir, il n'avait jamais pu l'apprendre jusqu'au bout. Cette fois encore, le travail de l'attention et la monotonie de son propre accent produisirent leur effet accoutumé, il ne prononça plus qu'avec effort les dernières syllabes, et encore après se les être fait répéter trois fois ; sa tête s'appesantit et se pencha sur la poitrine de Marie : ses mains se détendirent, se séparèrent et retombèrent ouvertes sur ses genoux. A la lueur du feu du bivouac, Germain regarda son petit ange assoupi sur le cœur de la jeune fille, qui, le soutenant dans ses bras et réchauffant ses cheveux blonds de sa pure haleine, s'était laissée aller aussi à une rêverie pieuse et priait mentalement pour l'âme de Catherine[2].

Germain fut attendri, chercha ce qu'il pourrait dire à la petite Marie pour lui exprimer ce qu'elle lui inspirait d'estime et de reconnaissance, mais ne trouva rien qui pût rendre sa pensée. Il s'approcha d'elle pour embrasser son fils qu'elle tenait toujours pressé contre son sein, et il eut peine à détacher ses lèvres du front du petit Pierre.

— Vous l'embrassez trop fort, lui dit Marie en repoussant doucement la tête du laboureur, vous allez le réveiller. Laissez-moi le recoucher, puisque le voilà reparti pour les rêves du paradis.

L'enfant se laissa coucher, mais en s'étendant sur la peau de chèvre du bât, il demanda s'il était sur la Grise. Puis, ouvrant ses grands yeux bleus, et les tenant fixés vers les branches pendant une minute, il parut rêver tout éveillé, ou être frappé d'une idée qui avait glissé dans son esprit durant le jour, et qui s'y formulait à l'approche du sommeil. — Mon petit père, dit-il, si tu veux me donner une autre mère, je veux que ce soit la petite Marie.

Et sans attendre de réponse, il ferma les yeux et s'endormit.

La mare au diable, ch. 9.

Pour préparer l'étude du texte

1. L'émotion. Étudier ce qui, dans les situations, dans les dialogues, dans l'intervention finale de Petit-Pierre, est de nature à susciter l'émotion. Comment cette émotion s'exprime-t-elle ?

2. Le rôle de Marie. Montrer comment Marie est conduite, par la situation, par l'attitude de Germain, par celle de l'enfant, à jouer le rôle d'une mère.

3. Les bons sentiments. En quoi ce texte illustre-t-il la « mission de sentiment et d'amour » que G. Sand confère à la littérature ?

1. C'est l'âge de la riche veuve que l'on engage Germain à épouser.

2. Femme de Germain, morte quelques années auparavant.

Extrait de l'Avertissement au lecteur, qui joue le rôle de préface à *La mare au diable.* La romancière dénonce la complaisance pessimiste d'un certain réalisme, et en général, l'immoralisme en littérature.

Certains artistes de notre temps, jetant un regard sérieux sur ce qui les entoure, s'attachent à peindre la douleur, l'abjection de la misère, le fumier de Lazare[1]*. Ceci peut être du domaine de l'art et de la philosophie ; mais, en peignant la misère si laide, si avilie, parfois si vicieuse et si criminelle*[2]*, leur but est-il atteint, et l'effet en est-il salutaire, comme ils le voudraient ? Nous n'osons pas nous prononcer là-dessus. On peut nous dire qu'en montrant ce gouffre creusé dans le sol fragile de l'opulence, ils effraient le mauvais riche, comme, au temps de la* danse macabre, *on lui montrait sa fosse béante et la mort prête à l'enlacer dans ses bras immondes. Aujourd'hui on lui montre le bandit crochetant sa porte et l'assassin guettant son sommeil*[2]*. Nous confessons que nous ne comprenons pas trop comment on le réconciliera avec l'humanité qu'il méprise, comment on le rendra sensible aux douleurs du pauvre qu'il redoute, en lui montrant ce pauvre sous la forme du forçat évadé et du rôdeur de nuit*[2]*. L'affreuse mort, grinçant des dents et jouant du violon dans les images d'Holbein*[3] *et de ses devanciers, n'a pas trouvé moyen, sous cet aspect, de convertir les pervers et de consoler les victimes. Est-ce que notre littérature ne procéderait pas un peu en ceci comme les artistes du moyen âge et de la Renaissance ? [...]*

Nous croyons que la mission de l'art est une mission de sentiment et d'amour, que le roman d'aujourd'hui devrait remplacer la parabole et l'apologue des temps naïfs, et que l'artiste a une tâche plus large et plus poétique que celle de proposer quelques mesures de prudence et de conciliation pour atténuer l'effroi qu'inspirent ses peintures. Son but devrait être de faire aimer les objets de sa sollicitude, et au besoin, je ne lui ferais pas un reproche de les embellir un peu. L'art n'est pas une étude de la réalité positive ; c'est une recherche de la vérité idéale, et Le Vicaire de Wakefield *fut un livre plus subtil et plus sain à l'âme que* Le Paysan perverti *et* Les Liaisons dangereuses[4].

Avertissement au lecteur de La mare au diable.

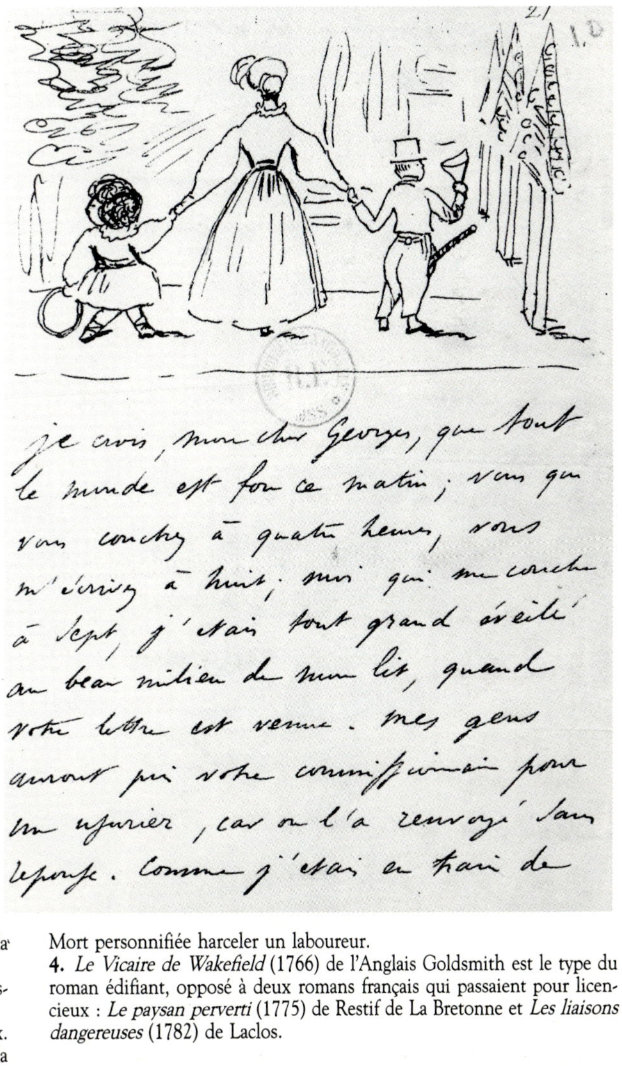
je crois, mon cher Georges, que tout le monde est fou ce matin ; vous qui vous couchez à quatre heures, vous m'écrivez à huit ; moi qui me couche à sept, j'étais tout grand éveillé au beau milieu de mon lit, quand votre lettre est venue. Mes gens auront pris votre commissionnaire pour un usurier, car on l'a renvoyé sans réponse. Comme j'étais en train de

Lettre d'Alfred de Musset à George Sand (1833). Dessin représentant George Sand tenant ses enfants par la main. Paris, Bibliothèque Nationale.

1. Il s'agit du Pauvre de l'Évangile de saint Luc (XVI, 19). En fait, dans la Bible, c'est Job sur son tas de fumier qui symbolise le dénuement.
2. Allusions plus ou moins directes aux personnages louches et pittoresques des romans d'Eugène Sue (cf. p. 242).
3. Hans Holbein (1497-1543), peintre célèbre pour ses tableaux religieux. George Sand vient de faire allusion à l'une de ses gravures, où l'on voit la Mort personnifiée harceler un laboureur.
4. *Le Vicaire de Wakefield* (1766) de l'Anglais Goldsmith est le type du roman édifiant, opposé à deux romans français qui passaient pour licencieux : *Le paysan perverti* (1775) de Restif de La Bretonne et *Les liaisons dangereuses* (1782) de Laclos.

Histoire de ma vie

1854

Un beau matin, Balzac, ayant bien vendu *La Peau de chagrin*, méprisa son entresol et voulut le quitter ; mais réflexion faite, il se contenta de transformer ses petites chambres de poète en un assemblage de boudoirs de marquise, et, un beau jour, il nous invita à venir prendre des glaces dans ses murs tendus de soie et bordés de dentelle. Cela me fit beaucoup rire ; je ne pensais pas qu'il prît au sérieux ce besoin d'un *vain luxe* et que ce fût pour lui autre chose qu'une fantaisie passagère. Je me trompais ; ces besoins d'imagination coquette devinrent les tyrans de sa vie, et pour les satisfaire il sacrifia souvent le bien-être le plus élémentaire. Dès lors il vivait un peu ainsi, manquant de tout au milieu de son superflu, et se privant de soupe et de café plutôt que d'argenterie et de porcelaine de Chine.

Réduit bientôt à des expédients fabuleux pour ne pas se séparer de colifichets qui réjouissaient sa vue, artiste fantaisiste, c'est-à-dire enfant aux rêves d'or, il vivait par le cerveau dans le palais des fées ; homme opiniâtre cependant, il acceptait, par la volonté, toutes les inquiétudes et toutes les souffrances, plutôt que de ne pas forcer la réalité à garder quelque chose de son rêve.

Puéril et puissant, toujours envieux d'un *bibelot*, et jamais jaloux d'une gloire, sincère jusqu'à la modestie, vantard jusqu'à la hâblerie, confiant en lui-même et aux autres, très expansif, très bon et très fou, avec un sanctuaire de raison intérieure, où il rentrait pour tout dominer dans son œuvre, cynique dans la chasteté, ivre en buvant de l'eau, intempérant de travail et sobre d'autres passions, positif et romanesque avec un égal excès, crédule et sceptique, plein de contrastes et de mystères, tel était Balzac encore jeune, déjà inexplicable pour quiconque se fatiguait de la trop constante étude de lui-même à laquelle il condamnait ses amis, et qui ne paraissait pas encore à tous aussi intéressante qu'elle l'était réellement. [...]

Son commerce était fort agréable, un peu fatigant de paroles pour moi qui ne sais pas assez répondre pour varier les sujets de conversation ; mais son âme était d'une grande sérénité, et en aucun moment je ne l'ai vu maussade. Il grimpait avec son gros ventre tous les étages de la maison du quai Saint-Michel et arrivait soufflant, riant et racontant sans reprendre haleine. Il prenait des paperasses sur ma table, y jetait les yeux et avait l'intention de s'informer un peu de ce que je pouvais être ; mais aussitôt, pensant à l'ouvrage qu'il était en train de faire, il se mettait à le raconter et, en somme, je trouvais cela plus instructif que tous les empêchements que Delatouche[1] questionneur désespérant, apportait à ma fantaisie.

Un soir que nous avions dîné chez Balzac d'une manière étrange, je crois que cela se composait de bœuf bouilli, d'un melon et de champagne frappé, il alla endosser une belle robe de chambre toute neuve, pour nous la montrer avec une joie de petite fille, et voulut sortir ainsi costumé, un bougeoir à la main, pour nous reconduire jusqu'à la grille du Luxembourg. Il était tard, l'endroit désert, et je lui observais qu'il se ferait assassiner en rentrant chez lui. « Du tout, me dit-il ; si je rencontre des voleurs, ils me prendront pour un fou, et ils auront peur de moi, ou pour un prince, et ils me respecteront. » Il faisait une belle nuit calme. Il nous accompagna ainsi, portant sa bougie allumée dans un joli flambeau de vermeil ciselé, parlant des quatre chevaux arabes qu'il n'avait pas encore, qu'il aurait bientôt, qu'il n'a jamais eus, et qu'il a cru fermement avoir pendant quelque temps. Il nous eût reconduits jusqu'à l'autre bout de Paris, si nous l'avions laissé faire.

Histoire de ma vie, IV, 15.

Maurice SAND (1823-1889), *Le jeu des bonshommes, Balzac et George Sand comme spectateurs* (1837).

1. Homme de lettres mondain, ami de Balzac et de George Sand.

Romantisme et engagement

Chez George Sand, on perçoit l'écho des luttes morales et idéologiques de la première moitié du siècle : à cet égard, elle incarne une tendance du Romantisme, qui fait de l'écrivain un éveilleur des consciences et un missionnaire des idées (cf. Hugo, Lamartine).

« Féminisme » de George Sand. Mme de Staël (cf. p. 17) avait déjà revendiqué pour la femme — et surtout pour la femme de génie — certains droits à l'indépendance affective et créatrice. George Sand, à partir d'une expérience personnelle (l'échec de son mariage), crée des situations romanesques où le mariage d'une femme supérieure est près d'étouffer ses virtualités de générosité et d'amour *(Indiana).* Dans *Lélia,* à travers le personnage d'une héroïne en quête d'absolu (affectif et spirituel), elle unit revendication idéologique et analyse du « mal du siècle », vu du côté féminin : de là, littérairement, un mélange de lyrisme exalté et de démonstration philosophique, qui est la voix propre de la première George Sand. Féminisme de l'écrivain ? Les guillemets sont de mise, car sa revendication se limite à l'autonomie affective de la femme (avec les retouches juridiques qui s'imposent) et se désintéresse de l'égalité politique (droit de vote) ou économique que réclame, à la même époque, la féministe Flora Tristan.

Rêves de conciliation sociale. Dans sa période socialisante, jusqu'en 1848, et même encore à l'arrière-plan de ses romans champêtres, George Sand fait entendre l'écho des théories socialistes de son temps (contemporaines du projet d'un roman de Hugo, *Les misères,* cf. p. 267).

L'influence de Lamennais et surtout de Pierre Leroux (cf. p. 220) l'entraîne à rêver à un communisme mystique : la venue de l'Esprit saint se manifestera ici-bas par l'union fraternelle des âmes, toutes classes confondues. En attendant, le riche doit au moins consentir à partager, suivant la lettre même de l'Évangile. L'écrivain, de son côté, doit à la fois éclairer et toucher, en exploitant la dimension romanesque et sentimentale de cette conciliation des classes. Telle est l'origine du thème majeur de George Sand : le mariage est réhabilité, dans la mesure où il scelle symboliquement la réconciliation de deux classes parfois antagonistes. Il est curieux de voir *La mare au diable* et *François le Champi* reprendre ce même schéma en symétrie inverse : le Champi, bâtard jadis abandonné, obtient la main de la femme généreuse et aisée qui l'avait recueilli, cependant que le bon Germain de *La mare* en épousant Marie, promise à un avenir de servante, l'intègre à la classe des propriétaires, parce que son bon cœur l'a touché. Tout ceci fait évidemment la part belle à l'idéalisme sentimental, dans la mesure où les préjugés et les pressions sociales s'évanouissent bien subitement avec l'union du héros et de l'héroïne. La romancière, fille spirituelle de Jean-Jacques Rousseau, a joué de l'effet discrètement pathétique et de l'émotion morale pour faire sentir au lecteur, par-delà la conciliation des cœurs, la grandeur simple de la conciliation des classes.

Idéalisme et poésie

Dans la préface de *La mare au diable* (p. 227), la romancière prétend se démarquer de certains écrivains de son temps (sans doute Balzac et Eugène Sue) qui se complaisent dans la peinture de « scélérats à effets dramatiques » ; elle déclare rechercher plutôt « la vérité idéale » à travers « des figures douces et suaves ». L'expression « vérité idéale » est ambiguë, et cette ambiguïté est décelable dans tous les romans champêtres : l'écrivain présente les meilleurs côtés de la nature humaine et leur triomphe. Après tout, bonté et générosité font aussi partie de la vérité humaine. Mais George Sand déclare n'avoir pas toujours résisté à la tentation d'embellir, de retoucher le vrai pour mieux édifier. Cela ne diminue nullement le mérite proprement littéraire de l'écrivain : car il n'est pas plus facile d'exprimer la poésie de la bonté simple que de faire éclore les fleurs du mal...

Chez Sand, cette poésie est diffuse et résiste à l'analyse. Elle tient sans doute au trait léger avec lequel sont dessinés paysages et psychologies (à l'opposé de l'esthétique réaliste). Les paroles des personnages simples (Germain, Marie, la Fadette ou le Champi) ne les expriment pas complètement : des gestes, des rires, des larmes, des silences même leur confèrent une profondeur suggestive et émotionnelle. Les paysages du Berry, apparemment banals et monotones, révèlent peu à peu leur mystère : bois sombres ou mares maléfiques. Ils sont en parfaite correspondance avec des âmes plus complexes qu'il n'y paraît. Quand ce ne sont pas les paroles humaines qui expriment le sentiment, c'est à la musique que revient ce rôle : idée romantique (Mme de Staël, Nerval) selon laquelle la passion primitive s'exprime par la musique. George Sand rêvait de transposer en musique savante les airs populaires de sa province. Son roman *Les maîtres sonneurs,* aujourd'hui redécouvert[1], exalte l'art presque magique des anciens joueurs de cornemuse, à travers lesquels semble chanter l'âme même de la terre. Et déjà, à la fin de *Consuelo,* on voyait l'héroïne, ancienne cantatrice célèbre, marcher par les chemins pour donner la joie aux âmes simples : alliance de poésie et d'idéalisme social qui est la meilleure part de George Sand.

1. On pourra se reporter à l'édition Folio, où l'œuvre est excellemment préfacée par Marie-Claire Bancquart.

LA LITTÉRATURE POPULAIRE

Une lecture chez la portière (vers 1840), gravure anonyme. Paris, Bibliothèque des Arts Décoratifs.

La création et le développement d'une littérature populaire (accessible à un vaste public et tirant son inspiration de ce public même) sont un phénomène du XIXe siècle. Il tient aux conditions sociales qui créent un nouveau public et aux données économiques qui déterminent l'extraordinaire croissance de la presse. Tout au long du siècle, cette littérature ne varie qu'en fonction des modifications des régimes et des mentalités : reflet de la société, elle conserve cependant ses caractéristiques littéraires et un rôle spécifique.

NAISSANCE ET DÉVELOPPEMENT DE LA LITTÉRATURE « INDUSTRIELLE »[1]

Au début du XIXe siècle, la littérature populaire n'existe que sous la forme d'ouvrages diffusés par colportage ou prêtés dans les cabinets de lecture. Les livres sont en effet chers[2] et de diffusion restreinte.

Les colporteurs véhiculent une littérature simpliste, naïvement sentimentale, faite d'histoires édifiantes et souvent larmoyantes. Les cabinets de lecture offrent, parallèlement à la lecture de l'élite (les premiers textes des Romantiques), des ouvrages à succès, aux tirages extraordinaires. De 1798 à 1825, *Coelina ou l'enfant du mystère*, de Ducray-Duminil, fut réédité onze fois. Ces ouvrages, inspirés des romans noirs ou des romans historiques (W. Scott), mêlent l'horreur à la morale, les méchants aux bons, selon des intrigues répétitives.

Mais deux facteurs favorisent bientôt (après 1830) le développement de la littérature populaire sous des formes nouvelles. Un effort en faveur de l'enseignement primaire (Loi Guizot de 1833) entraîne l'ouverture de nombreuses écoles (2 275 en 1834). Le nombre d'analphabètes[3] diminue considérablement. Ainsi se crée une catégorie de lecteurs potentiels dont l'instruction reste rudimentaire.

Par ailleurs, en 1836, la création d'une presse bon marché (*La Presse* d'É. de Girardin, et *Le Siècle* de Dutacq) permet une très large diffusion d'œuvres sous la forme, alors nouvelle, du feuilleton. La mode est lancée. Une littérature indissociable du journal est née. Écrite pour le peuple, elle parle du peuple et le met en scène. Elle s'adresse à un public qui ne peut, par manque de formation, avoir accès à des œuvres difficiles, chères et trop peu diffusées.

1. Le terme est de Sainte-Beuve, dans un article de 1839.
2. Un livre coûte de 3 à 7 francs. Le salaire journalier d'un ouvrier est de 2 francs.
3. Au début du siècle, sur 25 millions d'habitants, 15 millions ne savaient ni lire ni écrire.

Caractères du roman populaire

Il paraît sous forme de feuilleton dans les journaux *(La Presse, Le Siècle, Le Journal des Débats, Le Constitutionnel, Le Petit Journal, Le Petit Parisien, Le Matin, Le Journal).* Le découpage en épisodes détermine certaines caractéristiques spécifiques : nécessité de multiples péripéties limitées qui relancent sans cesse l'intérêt, coups de théâtre, revirements. Le feuilleton est construit sur un double principe de continuité (ce sont les mêmes personnages qui reviennent) et de discontinuité (les circonstances sont très diversifiées). C'est ce qui permet à E. Sue de « tenir » pendant seize mois avec les différents épisodes des *Mystères de Paris* (1842). Cette diversité maintient le lecteur en haleine par la technique de « la suite au prochain numéro ».

De quoi est-il question dans ces romans ? Une étude portant sur l'ensemble du siècle[1] fait apparaître des constantes dans le choix des lieux, des personnages et des intrigues.

— Les décors sont essentiellement industriels et urbains. C'est le monde ténébreux de la ville labyrinthe, dont les bas-fonds offrent un dépaysement par l'horreur, l'immoralité et le mystère. Les titres sont significatifs : aux *Mystères de Paris* d'E. Sue, répondent *Les mystères de Londres* de P. Féval (1844). Clémence Robert écrit *Les mendiants de Paris.* A l'intérieur de ce large décor s'opposent des lieux symboliques : la mansarde de la grisette et l'hôtel particulier, l'usine et le salon, la rue et l'intérieur confortable et bourgeois.

— Les personnages appartiennent à des types. Les bons sont également beaux (Rodolphe de Gérolstein, Rocambole, Lagardère). Les méchants sont forcément laids (le maître d'école des *Mystères de Paris*). Aux séducteurs hypocrites et lâches s'opposent les innocents persécutés, filles séduites, enfants abandonnés, mères courageuses, comme Eulalie Pontois, héroïne de C. Robert (1842), ou J. Fortier (*La porteuse de pain*, de Xavier de Montépin, 1884). Au terme d'innombrables souffrances, les bons sont récompensés, l'innocence reconnue, la méchanceté punie. Les victimes (Fleur de Marie[2], Jeanne Fortier[3]) sont réhabilitées.

— L'intrigue, démesurément longue, est faite d'innombrables variations sur quelques thèmes : l'erreur judiciaire, la poursuite et la vengeance, le pardon, les reconnaissances. Des situations dramatiques viennent pimenter l'ensemble : le fils de la victime est amoureux de la fille du bourreau, ou vice versa ! La fin de l'histoire marque le retour à la normalité après les bouleversements dus au mal. Le Bien triomphe presque toujours.

Fonctions et influence du roman populaire

Le roman populaire est générateur d'émotions fortes : haine, admiration, indignation. Il renvoie aux pulsions les plus profondes de l'âme, qui vibre et s'enthousiasme, compatit et s'enflamme. Il suscite des sentiments extrêmes. En ce sens, il offre une évasion du quotidien. Les bons font rêver ; les malheurs montrent aux lecteurs défavorisés qu'il y a pire que leur propre condition.

En même temps, il crée une véritable mythologie par le rêve de richesse et d'ascension sociale. La grisette et l'ouvrière rêvent au mariage qui les fera accéder à la bourgeoisie. Le roman populaire permet la recréation fictive d'une société différente, de schémas sociaux simplistes, réconfortants, parfois dangereux. Avant 1850, avec E. Sue, le roman populaire est volontiers dénonciateur et socialisant. Il met en relief les tares d'une société et propose des remèdes (réorganisation du système pénitentiaire, statut des filles mères, organisation de fermes communautaires qui inspireront les phalanstères[4]). Après 1850 et surtout après 1870, il s'adapte à l'idéologie bourgeoise et se fait le véhicule du conformisme : défense de la propriété, nationalisme, antisémitisme.

Parce qu'elle mêle les courants idéologiques à une utopie où se projettent les rêves de toute une population, la littérature populaire est peut-être un phénomène plus social que littéraire.

1. P. de Kock, Frédéric Soulié (*Les mémoires du diable*, 1837-1838), Dumas (*Capitaine Paul*, 1838), Sue (*Les mystères de Paris, Le juif errant*), P. Féval (*Les mystères de Londres, Le bossu*, 1857), Ponson du Terrail (diverses aventures de Rocambole), Xavier de Montépin (*La porteuse de pain*, 1884).
2. *Les mystères de Paris.*
3. *La porteuse de pain.*
4. Association de production dans laquelle les travailleurs vivent en communauté.

Alexandre Dumas
1802-1870

Achille J.J.M. DEVÉRIA (1800-1857), *Alexandre Dumas*, lithographie. Paris, Bibliothèque Nationale.

Une force de la nature

D'un optimisme inaltérable, débordant de santé, ennemi des chafouins et des pingres, il établit d'emblée avec le monde un rapport immédiat. La vraie vie est pour lui dans la dépense et dans la générosité, mais avec le panache des héros désintéressés dont d'Artagnan reste la meilleure illustration. Risquant sa vie dans des aventures où il se jette volontairement, dilapidant l'argent à peine gagné, faisant des folies pour le plaisir d'un beau geste, accompagnant tous ses actes de gaieté et d'esprit, il propose un art de vivre tourné vers les joies simples de l'existence.

Le dramaturge romantique

Dumas arrive à Paris en 1822 pour faire fortune. La lecture de Shakespeare lui donne vite le goût du théâtre. Il devient célèbre en 1829 avec *Henri III et sa cour*, qui est la première pièce romantique représentée. *Antony* en 1831, drame d'amour et de jalousie, confirme son succès et provoque un enthousiasme qui devient délire quand le rideau tombe sur la réplique fameuse : « Elle me résistait. Je l'ai assassinée. » Frédérick Lemaître, l'acteur adulé des théâtres de boulevard, interprète un nouveau succès, *Kean ou Désordre et génie* (1836), qui évoque la vie d'un célèbre tragédien anglais.

Le romancier prolifique

Walter Scott est avec Shakespeare la grande admiration de Dumas qui rêve d'écrire pour un large public des romans où Histoire et petite histoire conjuguent leurs attraits d'une façon vivante et pittoresque. Reprenant le roman d'un nommé Maquet, fait à partir des vrais mémoires de d'Artagnan, il rédige la fameuse trilogie : *Les trois mousquetaires*, *Vingt ans après* et *Le vicomte de Bragelonne* (1844-1848). Encouragé par le succès de ces romans, que les journaux s'arrachent pour les faire paraître en feuilletons, il ne cesse, en collaboration avec Maquet, d'en produire de nouveaux : *Le comte de Monte-Cristo* (1844-1845), *La reine Margot* (1845), *La dame de Monsoreau* (1846).

Enrichi par ces œuvres, Dumas acquiert une fortune colossale qu'il dilapide avec une générosité tapageuse. Il se fait bâtir un château de Monte-Cristo, multiplie les maîtresses et mène grande vie avec un entrain endiablé.

Mais, bientôt, il doit gagner Bruxelles, pour échapper aux créanciers. Il y écrit de savoureux *Mémoires* (1852-1855). Rentré en France, il meurt en 1870, laissant inachevé un *Dictionnaire de cuisine*, où il célèbre sa passion la plus chère, la gourmandise.

Henri III et sa cour (1829), pièce de théâtre.
Kean ou Désordre et génie (1836), pièce de théâtre. → p. 233.
Le comte de Monte-Cristo (1844), roman.
Les trois mousquetaires (1844), roman. → p. 234.
Vingt ans après (1845), roman.
Le vicomte de Bragelonne (1848-1850), roman.
La dame de Monsoreau (1846), roman.

Kean ou Désordre et génie

1836

La pièce décrit les démêlés de l'acteur anglais Kean avec l'injustice de l'ordre social, incarné par Lord Mewill, qu'il défie à l'occasion d'une intrigue amoureuse. Débauché, cabotin, coureur de tavernes, grande âme en dépit de sa condition de bateleur, Kean est un double de Dumas. Il incarne aussi la passion des Romantiques pour le théâtre ainsi que leur conception du génie. L'artiste est certes un être d'exception, mais il doit accepter d'être un exclu et d'endurer le mépris de la société. Dumas s'élève dans sa pièce contre cette situation, tout en admettant qu'elle est fatale.

L'acteur Kean dans *Othello* (vers 1820).
Paris, Bibliothèque Nationale.

Anna, pour échapper au mariage avec un homme qu'elle déteste, vient trouver refuge chez Kean. Elle lui demande des conseils pour faire du théâtre. L'acteur lui parle de sa passion.

ANNA O Kean ! Kean ! il faut que vous ayez bien souffert !... Comment avez-vous fait ?

KEAN Oui, j'ai bien souffert ! mais moins encore que ne doit souffrir une femme... car je suis un homme, moi... et je puis me défendre... Mon talent appartient à la critique, c'est vrai... Elle le foule sous ses pieds, elle le déchire avec ses griffes ; elle le mord avec ses dents... C'est son droit, et elle en use... Mais, quand un de ces aristarques[1] d'estaminet[2] s'avise de regarder dans ma vie privée, oh ! alors, la scène change. C'est moi qui menace, et c'est lui qui tremble. Mais cela arrive rarement... On voit trop souvent Hamlet faire des armes, pour que l'on cherche querelle à Kean.

ANNA Mais toutes ces douleurs ne sont-elles pas rachetées par ce seul mot que vous pouvez vous dire : « Je suis roi » ?

1. Nom d'un grammairien grec qui sert à désigner un critique sévère. 2. Petit café populaire.

KEAN Oui, je suis roi, c'est vrai... trois fois par semaine à peu près, roi avec un sceptre de bois doré, des diamants de strass[1] et une couronne de carton ; j'ai un royaume de trente-cinq pieds carrés, et une royauté qu'un bon petit coup de sifflet fait évanouir. Oh ! oui, oui, je suis un roi bien respecté, bien puissant, et surtout bien heureux, allez !

ANNA Ainsi, lorsque tout le monde vous applaudit, vous envie, vous admire...

KEAN Eh bien, parfois, je blasphème, je maudis, je jalouse le sort du portefaix courbé sous son fardeau, du laboureur suant sur sa charrue, et du marin couché sur le pont du vaisseau.

ANNA Et si une femme, jeune, riche, et qui vous aimât, venait vous dire : « Kean, ma fortune, mon amour sont à vous... sortez de cet enfer qui vous brûle... de cette existence qui vous dévore... quittez le théâtre... »

KEAN Moi ! moi ! quitter le théâtre... moi ! Oh ! vous ne savez donc pas ce que c'est que cette robe de Nessus[2] qu'on ne peut arracher de dessus ses épaules qu'en déchirant sa propre chair ? Moi, quitter le théâtre, renoncer à ses émotions, à ses éblouissements, à ses douleurs ! moi, céder la place à Kemble et à Macready, pour qu'on m'oublie au bout d'un an, au bout de six mois, peut-être ! Mais rappelez-vous donc que l'acteur ne laisse rien après lui, qu'il ne vit que pendant sa vie, que sa mémoire s'en va avec la génération à laquelle il appartient, et qu'il tombe du jour dans la nuit... du trône dans le néant... Non ! non ! lorsqu'on a mis le pied une fois dans cette fatale carrière, il faut la parcourir jusqu'au bout... épuiser ses joies et ses douleurs, vider sa coupe et son calice, boire son miel et sa lie... Il faut finir comme on a commencé, mourir comme on a vécu... mourir comme est mort Molière[3], au bruit des applaudissements, des sifflets et des bravos !... Mais, lorsqu'il est encore temps de ne pas prendre cette route, lorsqu'on n'a pas franchi la barrière... il n'y faut pas entrer... croyez-moi, miss, sur mon honneur, croyez-moi !

Kean, II, 4.

Pour préparer le commentaire composé

1. Instabilité et contradictions de la condition de comédien. Analyser la manière dont elles sont exprimées dans des domaines divers (affectivité, relations avec la critique et avec le public, contexte du théâtre, vie quotidienne).
2. Un choix personnel passionné et irréversible. Étudier son expression enthousiaste et sa justification.

Pour une étude comparée

Misère et grandeur de l'artiste au XIXe siècle.

Dumas, *Kean :* la condition du comédien ;
Vigny, *Chatterton :* la condition de l'écrivain (cf. p. 108).

Les trois mousquetaires

1844

Le jeune Gascon d'Artagnan vient chercher fortune à Paris où il se lie d'amitié avec Athos, Porthos et Aramis, trois mousquetaires attachés au service du roi. Le roman raconte la lutte qui oppose les intérêts du cardinal de Richelieu à ceux de la reine Anne d'Autriche qui a pour amant le duc de Buckingham. D'Artagnan sauve une première fois l'honneur de la reine, mais le duc de Buckingham, allié des protestants de La Rochelle, sera assassiné sur l'ordre de Richelieu au moment du siège de la ville. D'Artagnan se réconcilie finalement avec le cardinal et devient lieutenant des mousquetaires.

Ce roman est conduit à un rythme galopant. Duels, beuveries, poursuites, scènes de cour se succèdent dans un style sobre et véloce où l'action prime tout. Emporté par le mouvement irrésistible de l'intrigue, le lecteur cède au charme de ces héros musclés, bons vivants et d'une volonté opiniâtre. Tout leur est possible et seule compte la gaieté avec laquelle ils vivent leurs aventures. Ce livre, animé par la grâce de la jeunesse, est d'un optimisme communicatif et fait passer un souffle de liberté.

Porthos est un solide gaillard, aimant la bonne chère et les beaux discours. Il courtise la femme d'un procureur[4], qui l'invite à venir dîner chez elle. Porthos se présente au mari comme un cousin de son épouse et se réjouit du bon repas qu'il va faire aux frais de ses hôtes.

Bientôt l'heure du dîner arriva. On passa dans la salle à manger, grande pièce noire qui était située en face de la cuisine.

Les clercs, qui, à ce qu'il paraît, avaient senti dans la maison des parfums inaccoutumés, étaient d'une exactitude militaire, et tenaient en main leurs tabourets, tout prêts qu'ils étaient à s'asseoir. On les voyait d'avance remuer les mâchoires avec des dispositions effrayantes.

1. Matière artificielle imitant certaines pierres précieuses.
2. Allusion à la tunique empoisonnée qui tua Héraclès ; d'où le sens courant de « présent funeste ».
3. Molière est mort durant une représentation du *Malade imaginaire*.
4. Officier de justice.

— Tudieu ! pensa Porthos en jetant un regard sur les trois affamés, car le saute-ruisseau[1] n'était pas, comme on le pense bien, admis aux honneurs de la table magistrale ; tudieu ! à la place de mon cousin, je ne garderais pas de pareils gourmands. On dirait des naufragés qui n'ont pas mangé depuis six semaines.

Maître Coquenard entra, poussé sur son fauteuil à roulettes par Mme Coquenard, à qui Porthos, à son tour, vint en aide pour rouler son mari jusqu'à la table.

A peine entré, il remua le nez et les mâchoires à l'exemple de ses clercs.

— Oh ! oh ! dit-il, voici un potage qui est engageant !

— Que diable sentent-ils donc d'extraordinaire dans ce potage ? dit Porthos à l'aspect d'un bouillon pâle, abondant, mais parfaitement aveugle, et sur lequel quelques croûtes nageaient rares comme les îles d'un archipel.

Mme Coquenard sourit, et, sur un signe d'elle, tout le monde s'assit avec empressement.

Maître Coquenard fut le premier servi, puis Porthos ; ensuite Mme Coquenard emplit son assiette, et distribua les croûtes sans bouillon aux clercs impatients.

En ce moment la porte de la salle à manger s'ouvrit d'elle-même en criant, et Porthos, à travers les battants entrebâillés, aperçut le petit clerc qui, ne pouvant prendre part au festin, mangeait son pain à la double odeur de la cuisine et de la salle à manger.

Après le potage la servante apporta une poule bouillie, magnificence qui fit dilater les paupières des convives, de telle façon qu'elles semblaient prêtes à se fendre.

— On voit que vous aimez votre famille, Madame Coquenard, dit le procureur avec un sourire presque tragique ; voilà certes une galanterie que vous faites à votre cousin.

La pauvre poule était maigre et revêtue d'une de ces grosses peaux hérissées que les os ne percent jamais malgré leurs efforts ; il fallait qu'on l'eût cherchée bien longtemps avant de la trouver sur le perchoir où elle s'était retirée pour mourir de vieillesse.

« Diable ! pensa Porthos, voilà qui est fort triste ; je respecte la vieillesse, mais j'en fais peu de cas bouillie ou rôtie. »

Et il regarda à la ronde pour voir si son opinion était partagée ; mais tout au contraire de lui, il ne vit que des yeux flamboyants, qui dévoraient d'avance cette sublime poule, objet de ses mépris.

Mme Coquenard tira le plat à elle, détacha adroitement les deux grandes pattes noires, qu'elle plaça sur l'assiette de son mari ; trancha le cou, qu'elle mit avec la tête à part pour elle-même ; leva l'aile pour Porthos, et remit à la servante, qui venait de l'apporter, l'animal, qui s'en retourna presque intact, et qui avait disparu avant que le mousquetaire eût eu le temps d'examiner les variations que le désappointement amène sur les visages, selon les caractères et les tempéraments de ceux qui l'éprouvent.

Au lieu de poulet, un plat de fèves fit son entrée, plat énorme, dans lequel quelques os de mouton, qu'on eût pu, au premier abord, croire accompagnés de viande, faisaient semblant de se montrer.

Mais les clercs ne furent pas dupes de cette supercherie.

Les trois mousquetaires, ch. 32.

Pour préparer l'étude du texte

1. Analyser tout ce qui souligne le caractère inattendu de ce « festin ».

2. L'humour du texte. Montrer qu'il repose sur un jeu constant d'oppositions entre l'apparence et la réalité, entre les pensées de Porthos et la manière dont elles sont démenties par les faits. Montrer qu'il vient aussi de comparaisons, d'images et d'associations originales.

Affiche pour *Les trois mousquetaires* (vers 1885). Paris, Musée de la Publicité.

1. Petit clerc chez un homme de loi qui fait les courses et porte les colis.

Le château de Monte Cristo, paru dans *l'Illustration*, le 28 février 1848.
Ce château était, en fait, la demeure d'Alexandre Dumas à Saint-Germain. L'écrivain, suivant la mode arabisante de l'époque, avait fait venir le décorateur du bey de Tunis qui dessina en stuc sur les murs et les plafonds d'innombrables arabesques...

Outre son extraordinaire abondance, ce qui caractérise l'œuvre de Dumas est la passion qui l'anime et l'utilisation constante d'un grand sens du théâtre. Dramaturge passionné, Dumas s'apparente aux Romantiques qui triomphent vers 1830 (Hugo, Vigny, Musset). Romancier prolifique, il élabore un genre qui mêle le roman populaire à l'histoire et trouve là son originalité.

Des choix romantiques

Les héros de Dumas sont des êtres passionnés, animés par une énergie qui leur permet de vaincre les obstacles. Ils ne sont toutefois pas dénués de contradictions. Ainsi, Kean est associé par le titre de la pièce aux deux notions de « génie » et de « désordre ». Il peut de ce point de vue être pris pour le modèle du comédien déchiré et de l'artiste romantique qu'une fatalité maintient dans une condition grandiose et illusoire.

L'évasion et le dépaysement prennent la forme d'étonnantes péripéties vécues à des époques différentes. La fascination du passé correspond au goût romantique pour un retour à des époques révolues : Moyen Age *(La tour de Nesle)*, XVIe siècle *(La dame de Monsoreau)*, XVIIe siècle *(Les trois mousquetaires)*.

L'esthétique romantique apparaît aussi à travers le mélange des genres. Le tragique cotoie le bouffon, la grandiloquence le ridicule ; l'humour est rarement absent.

Ce sont précisément cette passion, cet entrain et cette fantaisie, souvent éteints chez les Romantiques après les années 1830-1840 qui font l'originalité et le charme des œuvres de Dumas.

L'originalité d'une œuvre romanesque marquée par le théâtre

Les romans de Dumas sont d'inspiration historique. Le sens du théâtre s'y révèle constamment par le goût du décor, le découpage des épisodes et une grande capacité de dramatisation.

Le décor est avant tout un cadre qui permet de mettre en place des données spatiales et temporelles indispensables. Ce décor est la plupart du temps rapidement campé : « Ce lundi, dix-huitième jour du mois d'août 1572, il y avait une grande fête au Louvre. »

Le découpage en épisodes, qui fait penser à des scènes de théâtre, est tout à fait représentatif du roman-feuilleton. Chaque scène est nettement délimitée et terminée par un coup de théâtre ou un rebondissement. Cette forme de concentration concourt à des effets de dramatisation que permettent aussi les choix historiques.

Dumas ne cherche pas la reconstitution historique. Mêler un ou plusieurs destins individuels à l'Histoire est un moyen efficace de dramatiser la vie et de retenir l'intérêt du lecteur. C'est aussi une manière de rendre l'Histoire plus familière (la Révolution dans *Le chevalier de Maison-Rouge*).

Le charme des récits vient enfin d'un entrain constant, d'une grande vivacité d'écriture. Le narrateur s'y fait conteur ou observateur, alternativement, ce qui lui permet de prendre une distance amusée par rapport aux événements qu'il rapporte, et d'orienter son lecteur vers une approche dramatique ou humoristique du passage.

LE THÉÂTRE ROMANTIQUE

Ph. © Blauel-Gnam/Arthothek, Munich

Honoré DAUMIER (1808-1879), *Le drame* (vers 1860). Munich, Neue Pinakothek.

Dans les années 1820, le mouvement romantique trouve d'abord son expression dans la poésie. A cette époque, le théâtre est un art populaire, qui connaît de nombreux succès, mais qui semble incapable de se renouveler. La tragédie, prisonnière de règles qui remontent au XVIIe siècle, imite inlassablement Racine. Le mélodrame est construit sur les mêmes stéréotypes : orpheline malheureuse et méchant persécuteur. Quant à la comédie, elle ne sort pas des chemins ouverts par Molière.

La nécessité d'un théâtre nouveau

C'est contre ce conformisme que partent en guerre certains Romantiques. Leur préoccupation est de trouver, au théâtre, une forme, un langage et un système dramaturgique qui s'adaptent à la sensibilité nouvelle et permettent son expression.

Le premier à s'intéresser à un théâtre nouveau est Stendhal. Dans *Racine et Shakespeare*, paru en 1823, il fait une étude comparée des deux auteurs et conclut à l'étonnante modernité du second. A sa suite, Hugo, Musset[1], Vigny, Dumas construisent d'extraordinaires drames lyriques et complexes qui choquent, enthousiasment, et provoquent parfois de véritables batailles, comme celle d'*Hernani* en 1830.

Le théâtre romantique est né. Il répond à des théories précises, développées dans de longues préfaces qui deviennent de véritables manifestes. Il est dominé par un mot, Liberté, et par des orientations que peut expliquer le contexte historique, social et littéraire dans lequel il se développe : respect de la vérité, adaptation au public contemporain, diversité des niveaux de langue utilisés. Il se veut une image de la vie, il se donne un rôle didactique.

Un théâtre adapté à la sensibilité contemporaine

Les dramaturges romantiques ont conscience de vivre dans un monde qui subit de constantes et profondes modifications. A une « population raisonnante et industrielle »[2], il faut offrir un théâtre vivant qui reflète ses préoccupations et suscite son intérêt et son enthousiasme par la vérité des caractères, des situations et du langage. « Le romantisme appliqué au genre tragique, c'est une tragédie en prose qui dure plusieurs mois et se passe en divers lieux. »[2]

En montrant que le drame n'est autre que « ce contraste de tous les jours, que cette lutte de tous les instants entre deux principes opposés qui sont toujours en présence dans la vie et qui se disputent l'homme depuis le berceau jusqu'à la tombe »[3], Hugo souligne à quel point ce nouveau genre est représentatif de la double nature de l'être humain.

Ces théories, qui fondent le drame romantique, expliquent qu'il se soit défini par rapport au genre qui le précédait, la tragédie classique, et qu'il cherche à se libérer de ses contraintes.

1. Le théâtre de Musset fut d'abord écrit pour être lu. Ses pièces furent jouées bien longtemps après leur publication.

2. Stendhal, *Racine et Shakespeare*.
3. Hugo, Préface de *Cromwell*.

Le refus des règles classiques

On se souvient des prescriptions énoncées par Boileau :

« Qu'en un lieu, qu'en un jour, un seul fait accompli
Tienne jusqu'à la fin le théâtre rempli. »

Ces deux vers du chant III de L'*Art poétique* résument la règle des trois unités : lieu, temps, action. Or, dans la Préface de *Cromwell*, Hugo s'élève contre de tels impératifs, incompatibles, selon lui, avec la vérité et la diversité de la vie : « Où a-t-on vu vestibule ou péristyle de telle sorte ? » écrit-il avec indignation. « Il résulte de là que ce qui est trop caractéristique, trop intime, trop local, pour se passer dans l'antichambre ou dans le carrefour, c'est-à-dire tout le drame, se passe dans la coulisse. » Il poursuit son attaque en critiquant les « récits » qui se substituent aux « scènes » et les « descriptions » qui prennent la place des « tableaux ». Dans le drame romantique, non seulement on n'hésite pas à changer de lieu, mais on montre sur scène ce qui, dans la tragédie, était contraire à la bienséance : combats, assassinats, exécutions.

L'unité de temps est rejetée par V. Hugo pour les mêmes raisons : « L'action encadrée de force dans les vingt-quatre heures est aussi ridicule qu'encadrée dans le vestibule. Toute action a sa durée propre comme son lieu particulier. » Seule, l'unité d'action échappe à la condamnation. Les actions secondaires sont possibles parce qu'elles donnent à l'œuvre l'épaisseur de la vie. Elles ne doivent pas, cependant, être multipliées : «il faut seulement que les parties, savamment subordonnées au tout, gravitent sans cesse vers l'action centrale et se groupent autour d'elle aux différentes étapes ou plutôt sur les divers plans du drame. »[1]

Le mélange des genres et des tons

Le XVIIe et le XVIIIe siècles accordaient une grande importance à la différenciation des genres : le tragique est noble et grand. Le comique est familier et simplement humain. Le drame romantique refuse cette séparation, qui ne reproduit pas la réalité. Dans la vie, le tragique ne côtoie-t-il pas le comique ? L'être humain est, comme le constate Hugo, à la fois grotesque par ses petitesses et sublime par son courage, ou par son esprit de sacrifice. Le mélange des genres est donc conforme à la nature humaine. « Les hommes et les événements [...] passent tour à tour bouffons et terribles, quelquefois terribles et bouffons tout ensemble. »[1]

Le refus de la séparation des genres conduit logiquement à récuser celle des tons et des styles. Distinguer le registre noble (celui de la tragédie) du registre familier (celui de la comédie) paraît absurde. Le dramaturge romantique évite la classification des termes du langage en « mots sénateurs » et « mots roturiers ». Dans son ambition de représenter « la vie totale »[1], il revendique la totalité du vocabulaire.

Ces innovations ne s'imposèrent pas sans mal. T. Gautier raconte (dans *Victor Hugo*) avec beaucoup de gaieté comment, lors de la première d'Hernani, la bataille s'engagea dès les vers suivants :

« Serait-ce déjà lui ? C'est bien à l'escalier
Dérobé... »

« La querelle était déjà engagée, ce mot rejeté sans façon à l'autre vers, cet enjambement audacieux, impertinent, même, semblait un spadassin de profession, allant donner une pichenette sur le nez du classicisme pour le provoquer en duel. »

La vocation du théâtre romantique

Ainsi libéré des règles classiques, le théâtre romantique courait le risque de devenir un genre populaire trop apparenté au facile mélodrame. Les théoriciens lui imposèrent donc quelques exigences de nature à le rehausser. Tout d'abord, Hugo proclame la nécessité des thèmes historiques. La plupart des drames romantiques, *Henri III et sa cour, Hernani, Ruy Blas, Lorenzaccio, Chatterton*, se situent dans un contexte marqué par l'histoire. On attribue ensuite à ce théâtre un rôle didactique. Il faut que ce « passé ressuscité » le soit « au profit du présent »[2]. Le drame romantique a, selon Hugo, une « mission nationale, une mission sociale, une mission humaine »[3].

Adapté à l'esprit de l'époque, ce théâtre fit grand bruit et connut de grands succès. La bataille d'*Hernani* (Le 25 février 1830) reste célèbre dans les annales du théâtre ! Le spectacle était autant dans la salle que sur la scène. Certaines pièces furent brillamment acclamées : *Henri III et sa cour, Antony, Kean*, de Dumas, *Chatterton*, de Vigny. Ce sont ces pièces, avec certains drames de Hugo, que l'on joue encore le plus fréquemment de nos jours. Car l'intrigue enchevêtrée de bien des pièces du répertoire romantique, ou leur psychologie jugée trop simpliste ne correspondent pas à la sensibilité moderne.

Les spectateurs applaudissant, lithographie de BERNARD et FREY (vers 1840). Paris, Bibliothèque des Arts Décoratifs.

1. Hugo, Préface de *Cromwell*.
2. Hugo, Préface de *Marie Tudor*.
3. Hugo, Préface de *Lucrèce Borgia*.

Eugène Sue
1804-1857

François G.G. LEPAULE (1804-1886), *Eugène Sue*. Paris, Musée Carnavalet.

Eugène Sue naît à Paris en 1804. Il appartient à une famille de la grande bourgeoisie dans laquelle on est chirurgien de père en fils. Mais le jeune homme préfère aux études les plaisirs de la vie parisienne. Son père ne l'entend pas ainsi, et quand les frasques de son fils deviennent trop onéreuses, il l'envoie loin des tentations de la capitale.

Devenu aide-chirurgien, Eugène Sue voyage : en Espagne ; à Toulon où il a pour domestique un ancien forçat ; dans les mers du Sud ; en Grèce où il reçoit le baptême du feu au cours de la sanglante bataille de Navarin[1] ; dans les Antilles enfin, où il peut constater à quel point les Noirs sont exploités par les colons.

Il a un sens aigu de l'observation et rentre à Paris l'esprit plein d'images, chargé de souvenirs qu'il saura utiliser. Il est le premier en France à composer des romans maritimes, et, avant Alexandre Dumas, des romans historiques. Leurs intrigues compliquées, leurs personnages sans nuances, leurs héros sataniques rappellent ceux des « romans noirs »[2] anglais alors en vogue. Puis il s'oriente vers le roman de mœurs. Entre-temps, il s'est ruiné, ayant follement dissipé la fortune qui lui venait de son père. La littérature devient pour lui l'unique moyen de gagner sa vie.

Il la gagne bien. Sa fécondité est étonnante : il publie plus de quarante romans et nouvelles, une vingtaine de pièces de théâtre, sans compter divers ouvrages dont une *Histoire de la marine française* en dix volumes.

Jusqu'en 1842, il était un écrivain estimé. Avec la publication des *Mystères de Paris*, il devient un homme célèbre. On a peine à imaginer l'engouement provoqué par ce roman qui paraît en feuilleton de juin 1842 à octobre 1843. De l'ouvrier au ministre, tous se passionnent. Les files d'attente s'allongent devant les salles de lecture publique. On s'adresse à l'auteur pour lui demander des conseils, des secours ; on le félicite, on le jalouse, on l'imite.

Poussé par sa générosité naturelle, par la fréquentation de ses amis, hommes de cœur aux idées libérales[3], Eugène Sue s'inspire, dans *Les mystères de Paris*, des théories un peu vagues d'un socialisme à la Fourier[4]. Après avoir dénoncé dans cette œuvre la corruption de la bourgeoisie, il s'attaque à l'hypocrisie des Jésuites dans *Le Juif errant* et tente plus tard de tracer l'histoire d'une famille prolétarienne à travers les âges dans *Les mystères du peuple*.

Les républicains de 1848 le reconnaissent comme l'un des leurs, et, sous la Seconde République, il devient député. Mais la chance tourne et au moment du coup d'État, il s'insurge contre le Prince-Président, Louis-Napoléon[5]. Il est obligé de quitter la France, et certains de ses livres, décriés par les gens au pouvoir, sont saisis. Il meurt en exil en 1857 : personne, dans la presse française, n'ose mentionner sa mort.

1. Les vaisseaux anglais, français et russes combattirent victorieusement la flotte turco-égyptienne pour assurer l'indépendance de la Grèce en 1827. Cette victoire fut célébrée par les écrivains romantiques.
2. Cf. p. 114, note 2.
3. Il est en particulier l'ami de Victor Schoelcher qui fit adopter le décret sur l'abolition de l'esclavage dans les colonies en 1848.
4. Charles Fourier (1772-1837) prône l'organisation sociétaire du « phalanstère », sorte de coopérative de travailleurs. La ferme modèle de Bouqueval, dans *Les mystères de Paris*, s'en inspire.
5. Louis-Napoléon, neveu de Napoléon Ier, élu Président de la IIe République, fomenta un coup d'État pour s'emparer du pouvoir, le 2 décembre 1851, et se fit proclamer Empereur l'année suivante.

Les mystères de Paris (1842-1843), roman. → p. 240.
Le Juif errant (1844-1845), roman.
Les mystères du peuple (1850-1857), roman.

Les mystères de Paris

1842-1843

Les mystères de Paris content comment Rodolphe, grand-duc de Gérolstein, beau, riche, fort, intelligent, mais secrètement malheureux, explore les bas-fonds de Paris, déguisé en ouvrier, pour retrouver la trace de sa fille disparue, Fleur-de-Marie.

Voici un extrait du premier chapitre, qui met en scène trois des principaux personnages, le Chourineur, un ancien forçat, Fleur-de-Marie, dite la Goualeuse, une prostituée au cœur pur, et un inconnu au cœur généreux, aux muscles d'acier, qui n'est autre que Rodolphe.

Le 13 décembre 1838, par une soirée pluvieuse et froide, un homme d'une taille athlétique, vêtu d'une mauvaise blouse, traversa le pont au Change et s'enfonça dans la Cité, dédale de rues obscures, étroites, tortueuses, qui s'étend depuis le Palais de Justice jusqu'à Notre-Dame.

Le quartier du Palais de Justice, très circonscrit, très surveillé, sert pourtant d'asile ou de rendez-vous aux malfaiteurs de Paris. N'est-il pas étrange, ou plutôt fatal, qu'une irrésistible attraction fasse toujours graviter ces criminels autour du formidable tribunal qui les condamne à la prison, au bagne, à l'échafaud !

Cette nuit-là, donc, le vent s'engouffrait violemment dans les espèces de ruelles de ce lugubre quartier ; la lueur blafarde, vacillante, des réverbères agités par la bise, se reflétait dans le ruisseau d'eau noirâtre qui coulait au milieu des pavés fangeux. [...]

L'homme dont nous parlons en entrant dans la rue aux Fèves, située au centre de la cité, ralentit beaucoup sa marche : il se sentait *sur son terrain.*

La nuit était profonde, l'eau tombait à torrents, de fortes rafales de vent et de pluie fouettaient les murailles.

Dix heures sonnaient dans le lointain à l'horloge du Palais de Justice.

Les femmes embusquées sous des porches voûtés, obscurs, profonds comme des cavernes, chantaient à demi-voix quelques refrains populaires.

Une de ces créatures était sans doute connue de l'homme dont nous parlons ; car, s'arrêtant brusquement devant elle, il la saisit par le bras.

— Bonsoir, Chourineur[1].

Cet homme, repris de justice, avait été ainsi surnommé au bagne.

— C'est toi, la Goualeuse[2], dit l'homme en blouse ; tu vas me payer l'*eau d'aff*[3], ou je te fais danser sans violons !

— Je n'ai pas d'argent, répondit la femme en tremblant ; car cet homme inspirait une grande terreur dans le quartier.

— Si ta *filoche* est à *jeun*[4], l'*ogresse* du tapis-franc[5] te fera crédit sur ta bonne mine.

— Mon Dieu ! je lui dois déjà le loyer des vêtements que je porte...

— Ah ! tu raisonnes ? s'écria le Chourineur. Et il donna dans l'ombre et au hasard un si violent coup de poing à cette malheureuse qu'elle poussa un cri de douleur aigu.

— Ça n'est rien que ça, ma fille ; c'est pour t'avertir...

A peine le brigand avait-il dit ces mots, qu'il s'écria avec un effroyable jurement :

— Je suis piqué à l'aileron ; tu m'as égratigné avec tes ciseaux.

Et, furieux, il se précipita à la poursuite de la Goualeuse dans l'allée noire.

— N'approche pas, ou je te crève les *ardents* avec mes *fauchants*[6], dit-elle d'un ton décidé. Je ne t'avais rien fait, pourquoi m'as-tu battue ?

— Je vais te dire ça, s'écria le bandit en s'avançant toujours dans l'obscurité.

— Ah ! je te tiens ! et tu vas la danser ! ajouta-t-il en saisissant dans ses larges et fortes mains un poignet mince et frêle.

— C'est toi qui vas danser ! dit une voix mâle. [...]

— Bon, puisque ça n'est pas un ami, il va y avoir du *raisiné par terre*[7], s'écria le Chourineur. Mais à qui donc la petite patte que je tiens là ?

— C'est la pareille de celle-ci.

1. Donneur de coups de couteau.
2. La Chanteuse.
3. L'eau-de-vie.
4. Si ta bourse est vide.
5. La tenancière d'une auberge mal famée.
6. Je te crève les yeux avec mes ciseaux.
7. Du sang répandu.

Sous la peau délicate et douce de cette main qui vint le saisir brusquement à la gorge, le Chourineur sentit se tendre des nerfs et des muscles d'acier. [...]

On entendit pendant quelques secondes le bruit d'une lutte acharnée.

— Mais tu veux donc que je t'*escarpe*[1] ? s'écria le bandit en faisant un violent effort pour se débarrasser de son adversaire, qu'il trouvait d'une vigueur extraordinaire. Bon, bon, tu vas payer pour la Goualeuse et pour toi, ajouta-t-il en grinçant des dents.

— Payer en monnaie de coups de poing, oui, répondit l'inconnu.

— Si tu ne lâches pas ma cravate, je te mange le nez, murmura le Chourineur d'une voix étouffée.

— J'ai le nez trop petit, mon homme, et tu n'y vois pas clair !

— Alors viens sous le *pendu glacé*[2].

— Viens, reprit l'inconnu, nous nous y regarderons le blanc des yeux.

Et, se précipitant sur le Chourineur, qu'il tenait toujours au collet, il le fit reculer jusqu'à la porte de l'allée et le poussa violemment dans la rue, à peine éclairée par la lueur du réverbère.

Le bandit trébucha ; mais, se raffermissant aussitôt, il s'élança avec furie contre l'inconnu, dont la taille très svelte et très mince ne semblait pas annoncer la force incroyable qu'il déployait.

Le Chourineur, quoique d'une constitution athlétique et de première habileté dans une sorte de pugilat appelé vulgairement la *savate,* trouva, comme on dit, son *maître.* [...]

Pour la troisième fois le brigand tomba comme un bœuf sur le pavé en murmurant :

— *Mon linge est lavé*[3].

— S'il renonce, ne l'achevez pas, ayez pitié de lui ! dit la Goualeuse qui pendant cette rixe s'était hasardée sur le seuil de l'allée de la maison de Bras-Rouge. Puis elle ajouta avec étonnement : Mais qui êtes-vous donc ? Excepté le Maître d'école, il n'y a personne, depuis la rue Saint-Éloi jusqu'à Notre-Dame, capable de battre le Chourineur. Je vous remercie bien, monsieur ; hélas ! sans vous il m'assommait.

L'inconnu, au lieu de répondre à cette femme, écoutait attentivement sa voix.

Jamais timbre plus doux, plus frais, plus argentin, ne s'était fait entendre à son oreille ; il tâcha de distinguer les traits de la Goualeuse ; il ne put y parvenir, la nuit était trop sombre, la clarté du réverbère était trop pâle.

Les mystères de Paris, I, 1.

Pour préparer l'étude du texte

1. Rechercher et analyser tous les éléments du texte qui permettent de définir :
— le décor ;
— les personnages ;
— l'action.

2. Quelles sont les caractéristiques du roman populaire à travers cet extrait (différents types de personnages, langage, péripéties de l'action) ?

Affiche pour *Les mystères de Paris.* Paris, Musée de la Publicité.

1. Que je te tue.
2. Sous le réverbère.
3. Je m'avoue vaincu.

Un feuilleton exemplaire

En 1842, le feuilleton est une création récente de la presse. Né en 1836, pour permettre aux journaux de gagner un plus grand nombre d'abonnés, il occupe le « rez-de-chaussée » de la première page. Frédéric Soulié en est d'abord l'auteur le plus prolifique[1]. Il est détrôné par Sue qui le sera à son tour par Dumas avec *Le comte de Monte-Cristo* (1844).

Les lois du genre sont bien établies : intrigue à « suspense » , la matière du livre étant répartie en épisodes découpés de manière à tenir le lecteur en haleine ; importance du hasard qui permet les rencontres, les reconnaissances, les méprises, tous les rebondissements possibles ; distribution manichéenne des personnages en bons et en méchants. *Les mystères de Paris* obéissent aux lois du genre. Mais le héros, Rodolphe, ne se contente pas de subir passivement les coups du sort : dans cette véritable descente aux enfers qu'il accomplit pour retrouver sa fille, il joue à la fois le rôle de la Providence et du Justicier, secourt les pauvres, réhabilite les humiliés, punit les méchants, nouvel avatar du chevalier errant cher aux romans du Moyen Age.

Réalisme et utopie

Ce qui fait la véritable originalité du livre, c'est une vision neuve de Paris, un Paris insoupçonné jusqu'alors en littérature, celui de la délinquance et du banditisme, aux coutumes, au langage aussi étranges aux yeux des lecteurs français que ceux des Peaux-Rouges de Fenimore Cooper[2]. C'est aussi le Paris des classes laborieuses, et celui des nantis, riches bourgeois, nobles dégénérés, hypocrites, fraudeurs, avares, luxurieux.

Mais, pour Eugène Sue, les uns comme les autres sont plus ignorants que méchants. Quand on éclaire leur âme, ils peuvent se transformer. Réalisme et utopie se mêlent étroitement dans *Les mystères de Paris.* Rodolphe est un généreux philanthrope plutôt qu'un véritable révolutionnaire. Bien qu'il prenne les traits d'un ouvrier, il n'est pas prêt à abandonner les privilèges de sa classe, ni sa fortune, dont il a besoin pour ses bonnes œuvres. D'ailleurs, faire le bien est pour lui un jeu au moins autant qu'une nécessité morale.

Ainsi, sous le foisonnement des épisodes et des personnages, cette œuvre recèle une certaine complexité — ce qui explique pourquoi elle a pu fasciner des écrivains aussi divers que Victor Hugo, Dostoïevski ou Henry Miller[3].

Le cabaret du Lapin Blanc, rue aux Fèves, gravure parue dans *Le Monde Illustré* du 15 février 1862. Paris, Bibliothèque des Arts Décoratifs.

1. Frédéric Soulié a écrit, entre autres, *Les mémoires du diable* en 1837-1838.
2. Fenimore Cooper, romancier américain du XIXe siècle, a dépeint les mœurs des Indiens. Sue se réfère explicitement à son œuvre dans son « Avant-propos ».
3. Henry Miller, auteur américain du XXe siècle, qui a longtemps vécu à Paris.

Victor Hugo
1802-1885

F.-J. HEIM (1787-1865), *Portrait de Victor Hugo* (vers 1845). Paris, Musée Carnavalet.

En disant de lui-même : « Je suis fils de ce siècle », Victor Hugo ne pouvait mieux se définir. Car non seulement il en occupe par sa longévité presque toute l'étendue, mais il en exprime toutes les tendances, toutes les curiosités. En même temps que, par la diversité de son œuvre et sa popularité, il contribue grandement à construire ce siècle, il le forme à son image. A ce double titre, le dix-neuvième siècle est « le siècle de Victor Hugo ».

L'enfance et les premiers succès

Paradoxalement, rien n'enracine l'écrivain le plus populaire de France dans aucun terroir de ce pays. Son père est lorrain, sa mère est bretonne, mais il ne vivra jamais lui-même dans ces régions. Il naît le 26 février 1802 à Besançon, et sa famille quittera cette ville six semaines plus tard. Car Léopold Hugo est officier, et sa carrière l'oblige à voyager : en Corse, à Naples, en Espagne. Sophie Hugo le suit avec ses trois garçons. Mais, bientôt, les époux se séparent ; Victor et ses frères vivront à Paris avec leur mère.

A l'instabilité de cette enfance vagabonde qui, semble-t-il, marqua durablement l'imagination de Hugo, s'ajoute une incertitude affective plus troublante : l'adolescent hésitera toujours dans ses affections entre son père, le général d'Empire tour à tour craint et admiré, et sa mère, royaliste, dont il idéalisa longtemps l'indulgence.

Au cours des études qu'il suit sous la direction d'un précepteur puis dans une pension fort rébarbative, le jeune garçon choisit très vite ce qui l'intéresse plus que tout : la poésie. Son père le destine à Polytechnique, mais Victor a d'autres occupations : traduire Virgile en vers français, écrire des tragédies, envoyer des poèmes aux concours des diverses académies. Il est aussitôt célébré par le monde littéraire comme un prodige. Ce succès l'encourage... à arrêter ses études ! et à fonder avec ses deux frères en 1819 un journal, le *Conservateur littéraire*, dont il écrit à lui seul plus de la moitié des textes.

Ses goûts vont alors à une poésie volontiers conservatrice ; mais très vite l'intérêt pour le théâtre, et en particulier le mélodrame, la lecture des romans historiques et des « romans noirs », l'amitié avec Charles Nodier (cf. p. 114) ouvrent son inspiration à l'imaginaire et au fantastique. C'est à cette veine qu'appartiennent les premiers romans : *Han d'Islande* et *Bug-Jargal*.

Deux expériences vont aussi lui découvrir de mystérieux domaines : ceux des profondeurs de l'esprit lorsque son frère Eugène doit être interné pour troubles mentaux. Ceux du cœur, également : à vingt ans, très amoureux, il épouse Adèle Foucher, qui sera la mère de ses cinq enfants[1]. Victor Hugo, poète de la famille et des douceurs du foyer, est heureux ; il est célèbre ; à vingt-trois ans, il reçoit la Légion d'honneur.

1. Léopold (qui ne vit que trois mois), Léopoldine, Charles, François-Victor et Adèle.

Le chef de l'École romantique

Comment expliquer que ce jeune homme rangé, bon père, bon époux, et fidèle à son roi, devienne alors le chef de file d'une jeunesse remuante, revendicatrice et bientôt révolutionnaire ? Ce n'est pas par l'engagement politique que Hugo s'est acquis cette réputation mais par ses appels à la liberté de l'art. Il a rassemblé autour de lui les jeunes écrivains (le « Cénacle »), défini un nouvel art dramatique dans la préface de *Cromwell*, étonné par la virtuosité de sa versification dans *Les Orientales*, et pris bien des libertés avec les conventions artistiques. Il s'est lancé dans la bataille entre les Classiques (entendons : les partisans de l'ordre) et les Romantiques (les partisans de l'indépendance en matière de goût).

Au moment où la révolution de 1830 met fin au règne de Charles X, Hugo fait, lui, « souffler un vent révolutionnaire » sur le théâtre qui devient la tribune des idées nouvelles et des audaces littéraires. En moins de dix ans, il donne huit drames, dont *Hernani* en 1830, qui déclenche une bataille mémorable (cf. p. 274).

Mais les planches et les coulisses ont d'autres attraits : en 1833, l'auteur de *Lucrèce Borgia* tombe sous le charme d'une de ses jeunes interprètes, Juliette Drouet, qui voit en lui « le Dieu fait homme ». Leur liaison durera un demi-siècle.

Pour l'heure, Victor Hugo vit intensément, il voyage avec Juliette, et écrit beaucoup. De 1830 à 1840, quatre recueils de poésie lyrique, un roman historique *(Notre-Dame de Paris)* et son drame *Ruy Blas* font de lui le grand écrivain de sa génération.

Pourtant cet homme glorieux connaît des échecs : à l'Académie Française ; au théâtre, où *Les Burgraves* quittent l'affiche après trente-trois représentations. Faut-il mettre au rang des chagrins personnels le mariage de Léopoldine ? Victor Hugo a quarante et un ans ; avec Léopoldine, c'est sa jeunesse qui s'éloigne.

La blessure et les combats

Représentons-nous alors cet homme, au retour d'un voyage en Espagne avec Juliette Drouet, entrant à Rochefort au café de l'Europe, dépliant un journal et y lisant l'annonce de la mort de sa fille, noyée accidentellement dans la Seine avec son mari, le 4 septembre 1843. « Oh ! je fus comme fou dans le premier moment », avouera-t-il plus tard.

On a prétendu, à tort, qu'après cette tragédie, Hugo n'avait plus écrit pendant presque dix ans. Il ne publie rien en effet. Mais l'expérience de la douleur, le doute et la révolte, la méditation sur la mort s'expriment dans plusieurs poèmes écrits à cette époque, les plus graves des futures *Contemplations*. C'est aussi dans ces années qu'est mis en chantier le roman qui deviendra *Les misérables*. Car depuis longtemps Hugo s'intéresse au sort des condamnés ; il a visité le bagne de Toulon ; il enquête sur les conditions de détention et devient l'adversaire acharné de la peine de mort. Le poète s'est-il changé en homme politique ? Ces deux fonctions ne seraient pas si contradictoires pour celui qui a depuis longtemps assigné à la poésie une mission civilisatrice.

En 1848, après l'abdication de Louis-Philippe, Victor Hugo s'impose à l'Assemblée Constituante comme un orateur « de gauche ». Pendant toute la Seconde République, il développe à la tribune les thèmes qui sont ou seront ceux de ses poèmes ou de ses romans : réquisitoires contre la déportation, contre le travail des enfants, discours sur l'instruction obligatoire, et tout ce qu'il définissait lui-même comme « les droits de l'homme ». Quand la République est étouffée par le coup d'État de Louis-Napoléon Bonaparte le 2 décembre 1851, le député Hugo assiste aux émeutes et encourage les insurgés. Mais, dès le 4 décembre, 25 000 francs de récompense sont promis à qui l'arrêtera. Il faut se cacher, changer d'identité, et fuir. A Bruxelles, le tribun n'a plus la parole, mais il lui reste sa plume ; il se lance dans le récit des crimes du 2 décembre et publie un pamphlet, *Napoléon le petit*. C'en est trop : le gouvernement français exige de la Belgique qu'elle exile Victor Hugo. Cet exil dans les îles anglaises de la Manche, imposé en juillet 1852, durera presque vingt ans...

L'exil

Pendant toutes ces années, l'influence de Victor Hugo ira grandissant. La publication clandestine des *Châtiments* en 1853 fait de lui le phare de l'opposition au Second Empire. Des républicains viennent le consulter ; on sollicite son soutien. C'est d'ailleurs une pétition en faveur d'autres proscrits qui lui vaut d'être expulsé de Jersey pour l'île voisine de Guernesey. Le 16 août 1859, quand paraîtra le décret d'amnistie qui lui permettrait de revenir en France, il refusera cette tentation en posant solennellement cette condition : « Quand la liberté rentrera, je rentrerai. »

Ce séjour forcé de près de vingt ans sur une île a ouvert ses yeux de poète visuel et visionnaire à des paysages mystérieux et grandioses. L'« océan » et ses tempêtes, les grottes et les promontoires inspirent son œuvre d'écrivain et de dessinateur. Mais il est d'autres espaces où celui qui s'était déjà dit voyant va désormais pénétrer : les régions de l'au-delà. Le fantastique, il est vrai, est quotidien dans ces îles ; au surplus, la famille Hugo a été initiée aux secrets des tables tournantes.

On va se livrer avec passion à des séances de spiritisme au cours desquelles « parleront » Léopoldine, Napoléon III, Shakespeare, Jésus-Christ... Pour Hugo, ces interventions de l'invisible sont la preuve (s'il était besoin) que l'au-delà et le monde terrestre peuvent communiquer. Le recueil des *Contemplations*, publié en 1856, exprime ce dialogue avec la mort. Le poète devient celui qui, mieux que tout autre, guide l'homme dans la connaissance de l'inconnu.

Le grand homme est d'ailleurs à lui seul une sorte de mythe. Il se fait complaisamment photographier « écoutant Dieu » ou dominant l'océan sur le rocher des proscrits. Dans toute son œuvre d'exil, il aura conscience d'accomplir une mission prophétique : récrire l'histoire de l'humanité et lui donner un sens, et ce sera *La légende des siècles* ; dénoncer les misères sociales, peindre une destinée, de la déchéance à la rédemption, et ce sera *Les misérables*, publié en 1862.

Les dernières années

C'est la défaite française de 1870, parce qu'elle entraîne la chute de l'Empire, qui permet à Hugo de rentrer dans son pays. Retour mélancolique pour le patriote qu'il est, mais l'accueil qu'on lui fait le console de tout. La foule crie : « Vive Hugo ! Vive la République ! »

Les quinze années qui lui restent à vivre vont être pour le vieil homme une suite douce-amère de satisfactions et de tristesses. Il voit mourir ses deux fils, puis ce sera Juliette ; mais ses petits-enfants restent auprès de lui et il écrit pour eux *L'art d'être grand-père*. Il donne encore un grand roman, *Quatre-vingt-treize*, et la dernière série de *La légende des siècles* est un énorme succès. Le jour de ses quatre-vingts ans, le poète peut mesurer l'étendue de sa popularité en voyant défiler sous ses fenêtres 600 000 Parisiens lui souhaitant un bon anniversaire.

De la mort de l'écrivain, le 22 mai 1885, on retiendra surtout le spectacle des funérailles nationales, à la mesure de sa célébrité : deux millions de personnes venues se recueillir devant l'Arc de Triomphe où le corps a été exposé avant d'être conduit au Panthéon. Mais on pourra préférer se souvenir de l'intimité des dernières paroles (le dernier alexandrin !) que le poète prononça sur son lit de mort :

« C'est ici le combat du jour et de la nuit. »

Charles-Émile CALLANDE DE CHAMP-MARTIN (1797-1883), *Juliette Drouet* (vers 1827). Paris, Musée Victor Hugo

L'ŒUVRE POÉTIQUE

Odes et Ballades (1828), recueil groupant *Les Odes, Les nouvelles Odes* et *Les Ballades.* Déjà publié en 1826. Quelques pièces sont ajoutées pour l'édition définitive en 1828. → p. 246.

Les Orientales (1829), recueil de 41 poèmes. → p. 247.

Les feuilles d'automne (1831), 40 poèmes et une importante préface. → p. 249.

Les rayons et les ombres (1840), recueil lyrique. → p. 250.

Châtiments (1853), poésie satirique. → p. 252.

Les Contemplations (1856), six livres de 20 à 30 poèmes de longueurs très diverses. → p. 255.

La légende des siècles (1859, 1877, 1883), 61 « petites épopées » dont certaines comptent plus de 1 000 vers. L'œuvre fut publiée en trois *Séries.* → p. 264.

Odes et Ballades

1828

Dans ce recueil, le poète qui n'a que vingt-six ans regroupe ses œuvres de... jeunesse ! Les premières Odes, déjà publiées en 1822, sont pour la plupart des pièces de circonstance assez conventionnelles sur des sujets édifiants comme *Le baptême du duc de Bordeaux* ou *Le rétablissement de la statue de Henri IV* ! Mais les suivantes sont plus personnelles : Hugo y parle de son bonheur, de ses promenades, de ses rêves ; les retrouvailles avec son père, le général d'Empire, éveillent en lui une ardeur bonapartiste qu'il exprime avec une certaine audace dans ce recueil paru sous la Restauration. Pourtant, l'ensemble reste sage. L'auteur réclame la liberté pour l'art, mais « Il ne faut pas croire que cette liberté doive produire le désordre ; bien au contraire ».

Avec *Les Ballades,* il se montre plus novateur. Ce « genre capricieux », proche de la chanson, inspiré d'un Moyen Age de fantaisie ou d'un Orient imaginaire, lui permet d'essayer de nouvelles formes. Ce qui ne va pas sans certaines acrobaties ! Témoin : *La chasse du Burgrave.* 44 strophes bâties sur ce schéma prosodique :

Il part, et madame Isabelle,
Belle,
Dit gaiement du haut des remparts :
— Pars !

Le pas d'armes[1] du roi Jean

Qui est ce roi Jean ? Inutile de chercher. Ce qui plaît à Hugo dans ce sujet pittoresque, c'est la prouesse. Celle des chevaliers ? Bien plutôt la sienne : le poème compte 256 vers de... 3 syllabes ! En voici les douze premières strophes.

Çà, qu'on selle,
Écuyer,
Mon fidèle
Destrier[2].
Mon cœur ploie
Sous la joie,
Quand je broie
L'étrier.

Par saint Gille,
Viens-nous-en,
Mon agile
Alezan ;
Viens, écoute,
Par la route,
Voir la joute
Du roi Jean.

Qu'un gros carme
Chartrier[3]
Ait pour arme
L'encrier ;
Qu'une fille,
Sous la grille,
S'égosille
A prier.

Nous qui sommes,
De par Dieu,
Gentilshommes
De haut lieu,
Il faut faire
Bruit sur terre,
Et la guerre
N'est qu'un jeu.

Ma vieille âme
Enrageait ;
Car ma lame,
Que rongeait
Cette rouille
Qui la souille,
En quenouille
Se changeait.

Cette ville
Aux longs cris,
Qui profile
Son front gris,
Des toits frêles,
Cent tourelles,
Clochers grêles,
C'est Paris !

Quelle foule,
Par son sceau !
Qui s'écoule
En ruisseau,
Et se rue,
Incongrue,
Par la rue
Saint-Marceau.

Notre-Dame ! —
Que c'est beau !
Sur mon âme
De corbeau,
Voudrais être
Clerc ou prêtre
Pour y mettre
Mon tombeau !

Les quadrilles,
Les chansons,
Mêlent filles
Aux garçons.
Quelles fêtes !
Que de têtes
Sur les faîtes
Des maisons !

Un maroufle[4],
Mis à neuf,
Joue et souffle
Comme un bœuf
Une marche
De Luzarche
Sur chaque arche
Du Pont-Neuf.

Le vieux Louvre ! —
Large et lourd,
Il ne s'ouvre
Qu'au grand jour,
Emprisonne
La couronne,
Et bourdonne
Dans sa tour.

Los aux dames ![5]
Au roi los !
Vois les flammes[6]
Du champ clos,
Où la foule,
Qui s'écroule,
Hurle et roule
A grands flots.

Odes et Ballades, Ballade douzième.

1. Tournoi où combattent les chevaliers.
2. Cheval de bataille conduit à la main droite (dextre) par l'écuyer à qui le chevalier donne ici ses ordres.
3. Moine qui garde les chartes, c'est-à-dire les documents écrits.
4. Un coquin.
5. Louanges aux dames !
6. Les oriflammes, les drapeaux.

Pour préparer l'étude du texte

1. Après avoir mis en évidence les différentes étapes du récit, étudier ce qui en fait la fantaisie (rythmes, ton, images).
2. Faire la récapitulation de tout ce qui relève d'un contexte médiéval.
3. En quoi les situations, les personnages, leurs comportements peuvent-ils faire penser à des stéréotypes ?

Pour un groupement de textes

Romantisme et Moyen Age.

Madame de Staël, *De l'Allemagne* (cf. p. 18).
Chateaubriand, *Le génie du Christianisme* (cf. p. 39).
Hugo, *Odes et Ballades* ; *Notre-Dame de Paris.*
Musset, *Contes d'Espagne et d'Italie* (cf. p. 80).
Aloysius Bertrand, *Gaspard de la nuit* (cf. p. 123).
Nerval, *Les chimères* (cf. p. 134).

Les Orientales
1829

En 1827, dans la préface de son drame *Cromwell*, Victor Hugo s'était battu pour la liberté dans l'art. Avec le recueil des *Orientales*, il va prouver que tout est possible à l'artiste. « Que le poète donc aille où il veut, en faisant ce qui lui plaît ; c'est la loi. » L'Orient l'attire ; il peindra l'Orient ! Il ne l'a jamais vu mais ses souvenirs d'enfance en Espagne lui reviennent, et il a été impressionné, l'été précédent, par le flamboiement du soleil se couchant sur... Paris ! « D'ailleurs, tout est sujet ; tout relève de l'art ; tout a droit de cité en poésie. » Et l'Orient justement répond au goût de l'époque ; c'est un sujet d'actualité, car les Grecs se sont révoltés contre les Turcs et l'Europe a pris fait et cause en faveur des insurgés. *Les Orientales* vont séduire tous les partisans de l'indépendance. Tous les amateurs d'exotisme aussi : muftis, pachas, califes et sultanes sont les personnages principaux de ces poèmes colorés comme des tableaux, où la versification prend parfois des formes stupéfiantes.

L'enfant

Le massacre par les Turcs des habitants de l'île de Chio[1] avait déjà inspiré à Delacroix un célèbre tableau en 1824.

O horror ! horror ! horror !
Shakespeare, *Macbeth.*

Les Turcs ont passé là. Tout est ruine et deuil.
Chio, l'île des vins, n'est plus qu'un sombre écueil,
Chio, qu'ombrageaient les charmilles,
Chio, qui dans les flots reflétait ses grands bois,
Ses coteaux, ses palais, et le soir quelquefois
Un chœur dansant de jeunes filles.

Tout est désert. Mais non ; seul près des murs noircis,
Un enfant aux yeux bleus, un enfant grec, assis,
Courbait sa tête humiliée ;
Il avait pour asile, il avait pour appui
Une blanche aubépine, une fleur, comme lui
Dans le grand ravage oubliée.

Ah ! pauvre enfant, pieds nus sur le roc anguleux !
Hélas ! pour essuyer les pleurs de tes yeux bleus
Comme le ciel et comme l'onde,
Pour que dans leur azur, de larmes orageux,
Passe le vif éclair de la joie et des jeux,
Pour relever ta tête blonde,

Que veux-tu ? Bel enfant, que te faut-il donner
Pour rattacher gaîment et gaîment ramener
En boucles sur ta blanche épaule
Ces cheveux, qui du fer n'ont pas subi l'affront,
Et qui pleurent épars autour de ton beau front,
Comme les feuilles sur le saule ?

Qui pourrait dissiper tes chagrins nébuleux ?
Est-ce d'avoir ce lys[2], bleu comme tes yeux bleus,
Qui d'Iran borde le puits sombre ?
Ou le fruit du tuba[3], de cet arbre si grand,
Qu'un cheval au galop met, toujours en courant,
Cent ans à sortir de son ombre ?

Veux-tu, pour me sourire, un bel oiseau des bois,
Qui chante avec un chant plus doux que le hautbois,
Plus éclatant que les cymbales ?
Que veux-tu ? fleur, beau fruit, ou l'oiseau merveilleux ?
— Ami, dit l'enfant grec, dit l'enfant aux yeux bleus,
Je veux de la poudre et des balles.

Les Orientales, XVIII.

Pour préparer le commentaire composé

Étudier
— les images de la guerre et de la destruction ;
— l'expression de la paix, du bonheur et de l'innocence ;
— le jeu des oppositions et le triomphe inattendu de la violence.

1. Ile grecque de la mer Égée. (Compter deux syllabes.)
2. Fleur rare, exotique, donc fort précieuse et sans doute imaginaire.
3. D'après une note de Victor Hugo, c'est l'arbre du paradis musulman, tel que le décrit le Coran.

Les Djinns

Miniature du XVIe siècle extraite du carnet de route de Matraqui.
Bibliothèque d'Istambul.

Murs, ville
Et port,
Asile
De mort,
Mer grise
Où brise
La brise,
Tout dort.

Dans la plaine
Naît un bruit.
C'est l'haleine
De la nuit.
Elle brame
Comme une âme
Qu'une flamme
Toujours suit !

La voix plus haute
Semble un grelot. —
D'un nain qui saute
C'est le galop.
Il fuit, s'élance,
Puis en cadence
Sur un pied danse
Au bout d'un flot.

La rumeur approche,
L'écho la redit.
C'est comme la cloche
D'un couvent maudit ; —
Comme un bruit de foule,
Qui tonne et qui roule,
Et tantôt s'écroule,
Et tantôt grandit.

Dieu ! la voix sépulcrale
Des Djinns !... Quel bruit ils font !
Fuyons sous la spirale
De l'escalier profond !
Déjà s'éteint ma lampe,
Et l'ombre de la rampe,
Qui le long du mur rampe,
Monte jusqu'au plafond.

C'est l'essaim des Djinns qui passe,
Et tourbillonne en sifflant !
Les ifs, que leur vol fracasse,
Craquent comme un pin brûlant.
Leur troupeau, lourd et rapide,
Volant dans l'espace vide,
Semble un nuage livide
Qui porte un éclair au flanc.

Ils sont tout près ! — Tenons fermée
Cette salle où nous les narguons.
Quel bruit dehors ! Hideuse armée
De vampires et de dragons !
La poutre du toit descellée
Ploie ainsi qu'une herbe mouillée,
Et la vieille porte rouillée
Tremble, à déraciner ses gonds !

Cris de l'enfer ! voix qui hurle et qui pleure !
L'horrible essaim, poussé par l'aquilon,
Sans doute, ô ciel ! s'abat sur ma demeure.
Le mur fléchit sous le noir bataillon.
La maison crie et chancelle penchée.
Et l'on dirait que, du sol arrachée,
Ainsi qu'il chasse une feuille séchée,
Le vent la roule avec leur tourbillon !

Prophète ! si ta main me sauve
De ces impurs démons des soirs,
J'irai prosterner mon front chauve
Devant tes sacrés encensoirs !
Fais que sur ces portes fidèles
Meure leur souffle d'étincelles,
Et qu'en vain l'ongle de leurs ailes
Grince et crie à ces vitraux noirs !

Ils sont passés ! — Leur cohorte
S'envole, et fuit, et leurs pieds
Cessent de battre ma porte
De leurs coups multipliés.
L'air est plein d'un bruit de chaînes,
Et dans les forêts prochaines
Frissonnent tous les grands chênes,
Sous leur vol de feu pliés !

Détail d'une miniature persane. *Livre des Rois*, XVIIe siècle. Musée d'Alwar (Radjasthan, Inde).

De leurs ailes lointaines
Le battement décroît,
Si confus dans les plaines,
Si faible, que l'on croit
Ouïr la sauterelle
Crier d'une voix grêle,
Ou pétiller la grêle
Sur le plomb d'un vieux toit.

D'étranges syllabes
Nous viennent encor ; —
Ainsi, des Arabes
Quand sonne le cor,
Un chant sur la grève
Par instants s'élève,
Et l'enfant qui rêve
Fait des rêves d'or.

Les Djinns funèbres,
Fils du trépas,
Dans les ténèbres
Pressent leurs pas ;
Leur essaim gronde ;
Ainsi, profonde,
Murmure une onde
Qu'on ne voit pas.

Ce bruit vague
Qui s'endort,
C'est la vague
Sur le bord ;
C'est la plainte,
Presque éteinte,
D'une sainte
Pour un mort.

On doute
La nuit...
J'écoute : —
Tout fuit,
Tout passe ;
L'espace
Efface
Le bruit.

28 août 1828.

Les Orientales, XXVIII.

Les feuilles d'automne

1831

Hugo se laisse aller à sa rêverie. Amis, parents, enfants, paysages et souvenirs, tout ce qui le touche entre dans cette poésie intime. Au moment où, avec la Révolution de Juillet 1830, s'écroule la monarchie et où se fait entendre le « tumulte de la place publique », ces *Feuilles d'automne* sont des confidences, des poèmes de la vie de famille. Ce sont aussi « de ces élégies comme le cœur du poète en laisse sans cesse écouler par toutes les fêlures que lui font les secousses de la vie ».

Toutefois, ce n'est pas le mûrissement de l'homme privé qui est le plus important, mais l'évolution du créateur : Victor Hugo définit désormais sa poésie comme un « écoulement », où le langage et la vie sont emportés. Dans la plupart des poèmes, les images du flot, du vol, des parfums, de la fleur, de l'écho, toutes associées à la création poétique, montrent bien que chez Hugo le Verbe est, par excellence, naturel.

« Le soleil s'est couché... »

Le soleil s'est couché ce soir dans les nuées ;
Demain viendra l'orage, et le soir, et la nuit ;
Puis l'aube, et ses clartés de vapeurs obstruées ;
Puis les nuits, puis les jours, pas du temps qui s'enfuit.

Tous ces jours passeront ; ils passeront en foule
Sur la face des mers, sur la face des monts,
Sur les fleuves d'argent, sur les forêts où roule
Comme un hymne confus des morts que nous aimons.

Et la face des eaux, et le front des montagnes,
Ridés et non vieillis, et les bois toujours verts
S'iront rajeunissant ; le fleuve des campagnes
Prendra sans cesse aux monts le flot qu'il donne aux mers.

Mais moi, sous chaque jour courbant plus bas ma tête,
Je passe et, refroidi sous ce soleil joyeux,
Je m'en irai bientôt, au milieu de la fête,
Sans que rien manque au monde, immense et radieux.

Les feuilles d'automne, « Soleils couchants », VI.

Pour préparer l'étude du texte

1. Repérer toutes les formes d'expression du temps. Montrer que la versification concourt à cette expression.
2. Analyser les différentes images de la nature.
3. La situation de l'homme. Montrer qu'elle se définit à la fois par rapport au temps et par rapport à la nature.

Les rayons et les ombres

1840

Ce recueil forme avec les trois précédents[1] un ensemble d'une même inspiration lyrique. Mais, ici, l'« horizon » est « plus élargi ». Le quotidien, les sentiments intimes, toujours présents, trouvent maintenant leur sens dans un « ailleurs » qui correspond bien à l'importance que prennent alors chez Victor Hugo et l'imagination et le sentiment religieux.

Déjà, dans *Les voix intérieures*, l'épanchement personnel, la confidence ne suffisaient plus à Hugo. Il s'était alors créé un porte-parole, Olympio, un double, grâce auquel la subjectivité de son moi intérieur pouvait devenir la voix de l'homme universel. *« Il vient une certaine heure dans la vie où, l'horizon s'agrandissant sans cesse, un homme se sent trop petit pour continuer de parler en son nom. Il crée alors, poète, philosophe ou penseur, une figure dans laquelle il se personnifie et s'incarne ; c'est encore l'homme, ce n'est plus le moi... »*

Les rayons et les ombres font entendre cette nouvelle voix et répondent à l'ambition que Hugo fixe au vrai poète : écrire « le Poème de l'Homme ». Le premier texte du recueil définit la « fonction du poète » : il est le voyant, le prophète qui « Vient préparer des jours meilleurs », qui doit « Faire flamboyer l'avenir » ! Sa mission fait de lui le phare de l'humanité :

> « Peuples ! écoutez le poète !
> Écoutez le rêveur sacré ! »

Tristesse d'Olympio

En octobre 1837, Victor Hugo retrouva les paysages de la vallée de Bièvre où, au cours des automnes 1834 et 1835, Juliette Drouet et lui s'étaient souvent rejoints pour des rendez-vous amoureux.

Les champs n'étaient point noirs, les cieux n'étaient pas mornes.
Non, le jour rayonnait dans un azur sans bornes
Sur la terre étendu.
L'air était plein d'encens et les prés de verdures
Quand il revit ces lieux où par tant de blessures
Son cœur s'est répandu !

L'automne souriait ; les coteaux vers la plaine
Penchaient leurs bois charmants qui jaunissaient à peine ;
Le ciel était doré ;
Et les oiseaux, tournés vers celui que tout nomme,
Disant peut-être à Dieu quelque chose de l'homme,
Chantaient leur chant sacré !

Il voulut tout revoir, l'étang près de la source,
La masure où l'aumône avait vidé leur bourse,
Le vieux frêne plié,
Les retraites d'amour au fond des bois perdues,
L'arbre où dans les baisers leurs âmes confondues
Avaient tout oublié !

Il chercha le jardin, la maison isolée,
La grille d'où l'œil plonge en une oblique allée,
Les vergers en talus.
Pâle, il marchait. — Au bruit de son pas grave et sombre
Il voyait à chaque arbre, hélas ! se dresser l'ombre
Des jours qui ne sont plus.

Il entendait frémir dans la forêt qu'il aime
Ce doux vent qui, faisant tout vibrer en nous-même,
Y réveille l'amour,
Et, remuant le chêne ou balançant la rose,
Semble l'âme de tout qui va sur chaque chose
Se poser tour à tour.

Les feuilles qui gisaient dans le bois solitaire,
S'efforçant sous ses pas de s'élever de terre,
Couraient dans le jardin ;
Ainsi, parfois, quand l'âme est triste, nos pensées
S'envolent un moment sur leurs ailes blessées,
Puis retombent soudain.

Il contempla longtemps les formes magnifiques
Que la nature prend dans les champs pacifiques ;
Il rêva jusqu'au soir ;
Tout le jour il erra le long de la ravine,
Admirant tour à tour le ciel, face divine,
Le lac, divin miroir.

1. *Les feuilles d'automne, Les chants du crépuscule, Les voix intérieures.*

Hélas ! se rappelant ses douces aventures,
Regardant, sans entrer, par-dessus les clôtures,
Ainsi qu'un paria[1],
Il erra tout le jour. Vers l'heure où la nuit tombe,
Il se sentit le cœur triste comme une tombe,
Alors, il s'écria :

— « O douleur ! j'ai voulu, moi dont l'âme est troublée,
Savoir si l'urne encor conservait la liqueur,
Et voir ce qu'avait fait cette heureuse vallée
De tout ce que j'avais laissé là de mon cœur !

« Que peu de temps suffit pour changer toutes choses !
Nature au front serein, comme vous oubliez !
Et comme vous brisez dans vos métamorphoses
Les fils mystérieux où nos cœurs sont liés ! »

(Le poème se poursuit sur 28 strophes dans lesquelles Olympio déplore l'indifférence de la nature. Mais de cet amour, le cœur des amants gardera toujours le « sacré souvenir ».)

Les rayons et les ombres, XXXIV.

Pour préparer l'étude du texte

1. Analyser l'effet produit par l'emploi de la troisième personne du singulier et de la première personne du pluriel dans l'expression d'une expérience personnelle.
2. L'emploi des temps verbaux. Comment expliquer l'utilisation très fréquente du présent dans un récit au passé ?
3. L'expression des sentiments d'Olympio. Montrer que ces sentiments sont diversifiés et qu'ils sont exprimés par des moyens stylistiques différents.

Pour un groupement de textes

Le souvenir, la nature et le temps.

Hugo, « Tristesse d'Olympio » *(Les rayons et les ombres)* ; « O souvenirs... » (*Les Contemplations*, cf. p. 260).
Musset, « Souvenir ».
Lamartine, « Le lac » (*Méditations poétiques*, cf. p. 68).
Verlaine, « Après trois ans » *(Poèmes saturniens)* ; « Colloque sentimental » (*Les fêtes galantes*, cf. p. 391).

Paul FLANDRIN (1811-1902), *La solitude* (1857). Paris, Musée du Louvre.

1. Un exclu.

Châtiments

1853

Habitué depuis cinq ans à monter à la tribune, et après avoir défendu par la parole et l'action la cause de la République pendant le coup d'État de décembre 1851, Victor Hugo ne va pas se taire dans son exil, bien au contraire. Avec les *Châtiments*, il compose un recueil très divers. On y trouve des chansons, des fables, des témoignages personnels, de grandes fresques historiques : 6 200 vers de dénonciation et de révolte. Chaque texte est un pamphlet politique, c'est-à-dire une critique féroce (et brillante) du régime qui s'est imposé par la force.

Le livre est satirique : Victor Hugo discrédite et tourne en ridicule le pouvoir qui l'a exilé et a étouffé la République naissante. Qui détient ce pouvoir ? Celui que Hugo appelle avec mépris *Monsieur Bonaparte* ou *le sanglant gredin* ou *l'homme louche de l'Élysée* : Louis-Napoléon, devenu Napoléon III,

« Prince qu'aucun de ceux qui lui donnent leur voix
Ne voudrait rencontrer le soir au coin d'un bois ! »

Les *Châtiments*, à cet égard, sont un règlement de comptes sans pitié. « Je me charge de l'avenir historique de ce drôle », s'était promis Hugo ! Le premier titre retenu pour le recueil était *Les vengeresses*. La satire s'exerce aussi sur tous ceux qui soutiennent le « tyran » : l'armée, l'Église, la finance. Chaque livre dont est composé le recueil a pour titre un des principes sur lesquels ce régime autoritaire et réactionnaire s'est établi : « La société est sauvée », « L'ordre est rétabli », « La stabilité est assurée »... Ce sont, bien sûr, chez Victor Hugo, des antiphrases pleines d'ironie.

Mais la raillerie s'accompagne d'un sentiment d'indignation. Hugo raconte les souffrances endurées par les victimes du coup d'État ; il décrit la misère qu'il a vue dans les taudis de Lille, rappelle les sacrifices des soldats de l'an II qui ont fait triompher la Révolution. La composition du recueil vient alors donner un sens, historique, politique, et presque religieux, à toutes ces épreuves : le premier poème s'intitule *Nox*, c'est-à-dire la Nuit ; le dernier, *Lux*, c'est-à-dire la Lumière. Comprenons le message : la destinée de l'Homme le mène des ténèbres à la clarté ; l'injustice ne triomphera pas ; le mal, dont l'existence vient de se manifester par le 2 décembre, recevra son châtiment.

Souvenir de la nuit du 4[1]

Un enfant de sept ans et demi, nommé Boursier, a été pris dans la fusillade du boulevard Montmartre, ordonnée deux jours après le coup d'État pour réprimer les tentatives d'insurrection. Victor Hugo, qui avait assisté à la veillée funèbre, a raconté, en prose, cette même scène dans *Histoire d'un crime* qui sera publié en 1877-78.

L'enfant avait reçu deux balles dans la tête.
Le logis était propre, humble, paisible, honnête ;
On voyait un rameau bénit sur un portrait.
Une vieille grand-mère était là qui pleurait.
Nous le déshabillions en silence. Sa bouche,
Pâle, s'ouvrait ; la mort noyait son œil farouche ;
Ses bras pendants semblaient demander des appuis.
Il avait dans sa poche une toupie en buis.
On pouvait mettre un doigt dans le trou de ses plaies.
Avez-vous vu saigner la mûre dans les haies ?
Son crâne était ouvert comme un bois qui se fend.
L'aïeule regarda déshabiller l'enfant,
Disant : — Comme il est blanc ! approchez donc la lampe.
Dieu ! ses pauvres cheveux sont collés sur sa tempe ! —
Et quand ce fut fini, le prit sur ses genoux.
La nuit était lugubre ; on entendait des coups
De fusil dans la rue où l'on en tuait d'autres.
— Il faut ensevelir l'enfant, dirent les nôtres.
Et l'on prit un drap blanc dans l'armoire en noyer.
L'aïeule cependant l'approchait du foyer,
Comme pour réchauffer ses membres déjà roides.
Hélas ! ce que la mort touche de ses mains froides
Ne se réchauffe plus aux foyers d'ici-bas !
Elle pencha la tête et lui tira ses bas,
Et dans ses vieilles mains prit les pieds du cadavre.
— Est-ce que ce n'est pas une chose qui navre !
Cria-t-elle ; monsieur, il n'avait pas huit ans !
Ses maîtres, il allait en classe, étaient contents.
Monsieur, quand il fallait que je fisse une lettre,
C'est lui qui l'écrivait. Est-ce qu'on va se mettre
A tuer les enfants maintenant ? Ah ! mon Dieu !
On est donc des brigands ? Je vous demande un peu,
Il jouait ce matin, là, devant la fenêtre !
Dire qu'ils m'ont tué ce pauvre petit être !
Il passait dans la rue, ils ont tiré dessus.

1. Il s'agit du 4 décembre 1851.

Monsieur, il était bon et doux comme un Jésus.
Moi je suis vieille, il est tout simple que je parte ;
Cela n'aurait rien fait à monsieur Bonaparte
De me tuer au lieu de tuer mon enfant ! —
Elle s'interrompit, les sanglots l'étouffant,
Puis elle dit, et tous pleuraient près de l'aïeule :
— Que vais-je devenir à présent toute seule ?
Expliquez-moi cela, vous autres, aujourd'hui.
Hélas ! je n'avais plus de sa mère que lui.
Pourquoi l'a-t-on tué ? je veux qu'on me l'explique.
L'enfant n'a pas crié Vive la République ! —
Nous nous taisions, debout et graves, chapeau bas,
Tremblant devant ce deuil qu'on ne console pas.

Vous ne compreniez point, mère, la politique.
Monsieur Napoléon, c'est son nom authentique,
Est pauvre, et même prince ; il aime les palais ;
Il lui convient d'avoir des chevaux, des valets,
De l'argent pour son jeu, sa table, son alcôve[1],
Ses chasses ; par la même occasion, il sauve
La famille, l'église et la société ;
Il veut avoir Saint-Cloud[2] plein de roses l'été,
Où viendront l'adorer les préfets et les maires ;
C'est pour cela qu'il faut que les vieilles grand'mères,
De leurs pauvres doigts gris que fait trembler le temps,
Cousent dans le linceul des enfants de sept ans.

Jersey, 2 décembre 1852.

Châtiments, II, 3.

Pour préparer l'étude du texte

1. Mettre en évidence dans la 1re partie du texte (v. 1 à 48) l'alternance entre récit, description et discours direct.
2. Analyser, en les classant, les procédés qui font naître le pathétique et l'émotion.
3. Recher.cher, récapituler et étudier par quels moyens Hugo fait de ce poème un texte violemment dénonciateur.

Pierre LANGLOIS, *Souvenir de la nuit du 4* (1880).
Musée de Thionville.

1. Parmi tous ces plaisirs coûteux, l'alcôve désigne le lieu des conquêtes amoureuses !

2. Célèbre par ses jardins, ce château des environs de Paris est lié au destin des Bonaparte. C'est là qu'eut lieu le coup d'État du 18 Brumaire 1799 ; puis, en 1870, Napoléon III y signera la déclaration de guerre à la Prusse.

« Puisque le juste... »

Le dernier vers de ce poème rappelle *Souvenir de la nuit du 4.* L'exil est ici célébré comme le signe le plus noble du refus de la violence et de l'injustice.

Puisque le juste est dans l'abîme,
Puisqu'on donne le sceptre au crime,
Puisque tous les droits sont trahis,
Puisque les plus fiers restent mornes,
Puisqu'on affiche au coin des bornes
Le déshonneur de mon pays ;

O République de nos pères,
Grand Panthéon plein de lumières,
Dôme d'or dans le libre azur,
Temple des ombres immortelles,
Puisqu'on vient avec des échelles
Coller l'empire sur ton mur ;

Puisque toute âme est affaiblie,
Puisqu'on rampe ; puisqu'on oublie
Le vrai, le pur, le grand, le beau,
Les yeux indignés de l'histoire,
L'honneur, la loi, le droit, la gloire,
Et ceux qui sont dans le tombeau ;

Je t'aime, exil ! douleur, je t'aime !
Tristesse, sois mon diadème.
Je t'aime, altière pauvreté !
J'aime ma porte aux vents battue.
J'aime le deuil, grave statue
Qui vient s'asseoir à mon côté.

J'aime le malheur qui m'éprouve ;
Et cette ombre où je vous retrouve,
O vous à qui mon cœur sourit,
Dignité, foi, vertu voilée,
Toi, liberté, fière exilée,
Et toi, dévoûment, grand proscrit !

J'aime cette île solitaire,
Jersey, que la libre Angleterre
Couvre de son vieux pavillon,
L'eau noire, par moments accrue,
Le navire, errante charrue,
Le flot, mystérieux sillon.

J'aime ta mouette, ô mer profonde,
Qui secoue en perles ton onde
Sur son aile aux fauves couleurs,
Plonge dans les lames géantes,
Et sort de ces gueules béantes
Comme l'âme sort des douleurs !

J'aime la roche solennelle
D'où j'entends la plainte éternelle,
Sans trêve comme le remords,
Toujours renaissant dans les ombres,
Des vagues sur les écueils sombres,
Des mères sur leurs enfants morts !

Jersey, décembre 1852.

Châtiments, II, 5.

Pour préparer l'étude du texte

1. Préciser quels sont les mouvements du texte.
2. Étudier
— la critique de la situation politique ;
— l'expression du lyrisme personnel ;
— la célébration des valeurs morales fondamentales.
3. Montrer comment Hugo parvient à associer ces trois registres.

Pour la publication des *Châtiments* en 1853, Victor Hugo fut en correspondance suivie avec son éditeur Hetzel, qu'il avait connu lors de son exil en Belgique.

Dans le premier extrait, l'écrivain énonce avec force son projet poétique et politique, déjà résumé peu auparavant en ces termes : « Encrier contre canon. L'encrier brisera les canons. »

Dans le second extrait, Hugo suggère à Hetzel une stratégie éditoriale qui ferait d'une publication clandestine un véritable réquisitoire contre la censure.

Ce livre-ci sera violent. Ma poésie est honnête, mais pas modérée.

J'ajoute que ce n'est pas avec de petits coups qu'on agit sur les masses. J'effaroucherai le bourgeois peut-être, qu'est-ce que cela me fait si je réveille le peuple ? Enfin, n'oubliez pas ceci : je veux avoir un jour le droit d'arrêter les représailles, de me mettre en travers des vengeances, d'empêcher, s'il se peut, le sang de couler, et de sauver toutes les têtes, même celle de Louis Bonaparte. Or, ce serait un pauvre titre que des rimes modérées. Dès à présent, comme homme politique, je veux semer dans les cœurs, au milieu de mes paroles indignées, l'idée d'un châtiment autre que le carnage. Ayez mon but présent à l'esprit : clémence implacable.

Marine Terrace, 6 février 1853.

Si vous avez repris un peu d'ascendant sur votre douleur, et si vous pouvez causer affaires, dites-moi ce que vous pensez de ceci :

Imprimer le livre à Bruxelles, m'envoyer ici les épreuves, sur chaque épreuve je marquerai à l'encre rouge un certain nombre de vers *(les dangereux) ; l'épreuve reçue, vous feriez tirer au nombre que nous fixerions, huit ou dix mille, ce nombre tiré, on remanierait la feuille,* on remplacerait par des points tous les vers marqués à l'encre rouge, *et l'on tirerait cinq cents. On se trouverait ainsi avoir deux éditions, l'une, complète, tirée à grand nombre ; l'autre avec des points, des blancs et des lacunes, tirée à cinq cents. On publierait ostensiblement l'édition avec des points et des blancs, on ferait le dépôt, on prendrait propriété, etc., et l'on attendrait le procès, cette édition-là au poing ; et l'on vendrait sous main, et l'on expédierait partout l'édition complète qui serait clandestine. — Qu'en dites-vous ? Il y a là plusieurs avantages, ce me semble : 1°, mode moins dangereux et pouvant rassurer le libraire éditeur et l'imprimeur, 2°, propriété prise et empêchement des contrefaçons. Je dirais carrément dans la préface qu'à cause de la loi Faider[1], ne pouvant plus accepter de procès en Belgique, je publie mon livre tronqué, mais que j'ai pris mes mesures pour que le texte complet soit aussi imprimé et circule. — Que dites-vous de l'idée ?*

Marine Terrace, 24 mars 1853.

Correspondance entre Victor Hugo et Pierre-Jules Hetzel, *tome I. Texte établi, présenté et annoté par Sheila Gaudon, Éd. Klincksieck, 1979.*

Victor HUGO, *Fracta Juventus, Léopoldine.* Paris, Musée Victor Hugo.

Les Contemplations

1856

Avant d'aborder le recueil poétique le plus important de l'œuvre de Hugo, il faut en examiner brièvement la structure. Il se compose de deux tomes : *Autrefois* (1830-1843) et *Aujourd'hui* (1843-1855). Le premier tome comprend trois livres : *Aurore — L'âme en fleur — Les luttes et les rêves.* Le deuxième en comprend trois aussi : *Pauca meae* (mots latins qui signifient « Quelques vers pour ma fille » ou bien « Le peu qui me reste de ma fille ») — *En marche — Au bord de l'infini.*

Au centre de ce diptyque, une date : 4 septembre 1843. La mort de Léopoldine. Le recueil est tout entier construit autour de cet événement. Les poèmes écrits avant 1843, ou écrits plus tard et antidatés, prennent place dans le premier tome, *Autrefois. Aujourd'hui,* au contraire, rassemble toutes les pièces inspirées par le deuil, le souvenir, la solitude de l'exil, la révolte et la méditation sur la mort. « *Autrefois, Aujourd'hui.* Un abîme les sépare, le tombeau. »

Livre d'une morte, comme en témoignent les poèmes-dédicaces qui ouvrent et terminent l'ouvrage (« A ma fille » et « A celle qui est restée en France »), *Les Contemplations* sont aussi le livre d'un mort. Quelque temps avant la publication, Victor Hugo écrivait à l'un de ses amis : « Ce livre pourrait être divisé en quatre parties qui auraient pour titre — *ma jeunesse morte, — mon cœur mort, — ma fille morte, — ma patrie morte.* » Dans *Les Contemplations* (et la connotation religieuse du titre peut l'indiquer), Hugo nous parle d'outre-tombe. Au reste, ce n'est plus le livre d'un homme que nous lisons, mais « les Mémoires d'une âme » comme il est écrit dans la préface. Livre d'un mort, mémoires d'une âme : on le voit, Hugo dépasse l'aventure individuelle pour atteindre l'Homme et sa destinée. Ce livre est l'histoire de tous. « Ah ! insensé, qui crois que je ne suis pas toi », crie l'auteur à son lecteur.

Ce point est essentiel pour définir le lyrisme de Hugo dans *Les Contemplations.* « On se plaint quelquefois des écrivains qui disent « moi ». Parlez-nous de nous, leur crie-t-on. Hélas ! quand je vous parle de moi, je vous parle de vous », explique-t-il[2].

L'expression des sentiments, l'épanchement personnel ne sont plus seulement narcissiques. Si l'œuvre est un miroir, c'est un miroir tendu au lecteur : *« L'auteur a laissé, pour ainsi dire, ce livre se faire en lui. La vie, en filtrant goutte à goutte à travers les événements et les souffrances, l'a déposé dans son cœur. Ceux qui s'y pencheront retrouveront leur propre image dans cette eau profonde et triste, qui s'est lentement amassée là, au fond d'une âme. »*[2]

1. Du nom du ministre de la Justice belge, cette loi visait à interdire les publications offensantes envers les souverains étrangers.

2. *Les Contemplations,* Préface.

Vieille chanson du jeune temps

En datant officiellement ce texte de l'année 1831, Victor Hugo l'intègre aux souvenirs d'*Autrefois* et l'attribue au jeune homme qu'il était alors. Le poème, pourtant, a été écrit le 18 janvier 1855, ce qui suffirait à justifier le dernier vers...

Je ne songeais pas à Rose ;
Rose au bois vint avec moi ;
Nous parlions de quelque chose,
Mais je ne sais plus de quoi.

J'étais froid comme les marbres ;
Je marchais à pas distraits ;
Je parlais des fleurs, des arbres ;
Son œil semblait dire : « Après ? »

La rosée offrait ses perles,
Le taillis ses parasols ;
J'allais ; j'écoutais les merles,
Et Rose les rossignols.

Moi, seize ans, et l'air morose ;
Elle, vingt ; ses yeux brillaient.
Les rossignols chantaient Rose
Et les merles me sifflaient.

Rose, droite sur ses hanches,
Leva son beau bras tremblant
Pour prendre une mûre aux branches ;
Je ne vis pas son bras blanc.

Une eau courait, fraîche et creuse,
Sur les mousses de velours ;
Et la nature amoureuse
Dormait dans les grands bois sourds.

Rose défit sa chaussure,
Et mit, d'un air ingénu,
Son petit pied dans l'eau pure ;
Je ne vis pas son pied nu.

Je ne savais que lui dire ;
Je la suivais dans le bois,
La voyant parfois sourire
Et soupirer quelquefois.

Je ne vis qu'elle était belle
Qu'en sortant des grands bois sourds.
« Soit ; n'y pensons plus ! » dit-elle.
Depuis, j'y pense toujours.

Paris, juin 1831.

Les Contemplations, Autrefois, I, 19.

Pour préparer le commentaire composé

Étudier

1. La mise en place des éléments du récit : contexte, personnages, évolution temporelle et spatiale.
2. La distanciation ironique que le narrateur-héros établit par rapport à lui-même.
3. Les éléments qui permettent de donner à l'anecdote une portée plus générale.

Pour un groupement de textes

Amour et adolescence.

Hugo, « Vieille chanson du jeune temps » (*Les Contemplations*) ; « Pour Jeanne seule » (*Chansons des rues et des bois*, Poème I).
Musset, « Chanson de Fortunio » *(Comédies et proverbes).*
Rimbaud, « Roman », « Les reparties de Nina » *(Poésies).*
Cros, « Cueillette » *(Le collier de griffes).*

« Elle était déchaussée, elle était décoiffée... »

Elle était déchaussée, elle était décoiffée,
Assise, les pieds nus, parmi les joncs penchants ;
Moi, qui passais par là, je crus voir une fée,
Et je lui dis : Veux-tu t'en venir dans les champs ?

Elle me regarda de ce regard suprême
Qui reste à la beauté quand nous en triomphons,
Et je lui dis : Veux-tu, c'est le mois où l'on aime,
Veux-tu nous en aller sous les arbres profonds ?

Elle essuya ses pieds à l'herbe de la rive,
Elle me regarda pour la seconde fois,
Et la belle folâtre alors devint pensive.
Oh ! comme les oiseaux chantaient au fond des bois !

Comme l'eau caressait doucement le rivage !
Je vis venir à moi, dans les grands roseaux verts,
La belle fille heureuse, effarée et sauvage,
Ses cheveux dans ses yeux, et riant au travers.

Mont.-l'Am., juin 183.. m. 16. avril 1853.

Les Contemplations, Autrefois, I, 21.

Pour préparer l'étude du texte

1. Étudier l'image de la séduction à travers la description de la jeune fille et à travers le récit de son comportement.
2. Étudier le jeu d'alternance entre les deux personnages (« Elle » et « Je »). Montrer comment s'opère un changement progressif de rôle.
3. En quoi ce texte dépasse-t-il l'expérience personnelle, pour donner une image classique de la rencontre ?

Émile BAYARD (1837-1891), *La fête chez Thérèse.* Paris, Musée Victor Hugo.

La fête chez Thérèse

Des scènes galantes comparables à celles-ci étaient utilisées en peinture comme motifs décoratifs au XIIIe siècle. C'est ce que rappelle le titre initial du poème : *Trumeau* ou *Dessus de porte.*

La chose fut exquise et fort bien ordonnée.
C'était au mois d'avril, et dans une journée
Si douce, qu'on eût dit qu'amour l'eût faite exprès.
Thérèse, la duchesse à qui je donnerais,
Si j'étais roi, Paris, si j'étais Dieu, le monde,
Quand elle ne serait que Thérèse la blonde,
Cette belle Thérèse, aux yeux de diamant,
Nous avait conviés dans son jardin charmant.

On était peu nombreux. Le choix faisait la fête,
Nous étions tous ensemble et chacun tête à tête.
Des couples pas à pas erraient de tous côtés.
C'étaient les fiers seigneurs et les rares beautés,
Les Amyntas[1] rêvant auprès des Léonores[1],
Les marquises riant avec les monsignores ;
Et l'on voyait rôder dans les grands escaliers
Un nain qui dérobait leur bourse aux cavaliers.

[Un divertissement en plein air est donné aux invités.]

Rien de plus. C'était simple et beau. — Par intervalles,
Le singe faisait rage et cognait ses timbales ;
Puis Pierrot répliquait. — Écoutait qui voulait.
L'un faisait apporter des glaces au valet ;
L'autre, galant drapé d'une cape fantasque,
Parlait bas à sa dame en lui nouant son masque ;
Trois marquis attablés chantaient une chanson.
Thérèse était assise à l'ombre d'un buisson ;
Les roses pâlissaient à côté de sa joue,
Et, la voyant si belle, un paon faisait la roue.

Moi, j'écoutais pensif un profane couplet
Que fredonnait dans l'ombre un abbé violet.

La nuit vint ; tout se tut ; les flambeaux s'éteignirent ;
Dans les bois assombris les sources se plaignirent ;
Le rossignol, caché dans son nid ténébreux,
Chanta comme un poète et comme un amoureux.
Chacun se dispersa sous les profonds feuillages ;
Les folles en riant entraînèrent les sages ;
L'amante s'en alla dans l'ombre avec l'amant ;
Et, troublés comme on l'est en songe, vaguement,
Ils sentaient par degrés se mêler à leur âme,
A leurs discours secrets, à leurs regards de flamme,
A leur cœur, à leur sens, à leur molle raison,
Le clair de lune bleu qui baignait l'horizon.

Avril 18...

Les Contemplations, Autrefois, I, 22.

Pour préparer l'étude du texte

1. Montrer que le texte suit une progression organisée et l'inscrit dans un déroulement temporel.
2. Rechercher et analyser tous les procédés qui soulignent le rôle transfigurateur de la fête dans des domaines variés (moments, lieux, personnages, situations).
3. Étudier tout ce qui, dans les vers 29-40, suggère le mystère et la confusion.

Pour un groupement de textes

Images de la fête.

Rabelais, *Gargantua* ch. 4 ; *Le quart livre*, ch. 14.
Balzac, *Sarasine* (premières pages).
Nerval, *Les filles du feu*, « Sylvie ».
Verlaine, *Les fêtes galantes.*

1. Personnages de romans.

Melancholia

Le travail des enfants n'est qu'un aspect particulièrement révoltant des misères humaines que décrit Victor Hugo dans ce long poème de 336 vers. On y rencontre aussi une femme que la pauvreté pousse à la prostitution, un bagnard condamné pour avoir volé un pain : ce sont déjà quelques-uns des personnages du roman que Hugo commence en 1845, qui s'intitule alors *Les misères* et deviendra beaucoup plus tard *Les misérables.*

[...]
Où vont tous ces enfants dont pas un seul ne rit ?
Ces doux êtres pensifs que la fièvre maigrit ?
Ces filles de huit ans qu'on voit cheminer seules ?
Ils s'en vont travailler quinze heures sous des meules[1] ;
Ils vont, de l'aube au soir, faire éternellement
Dans la même prison le même mouvement.
Accroupis sous les dents d'une machine sombre,
Monstre hideux, qui mâche on ne sait quoi dans l'ombre,
Innocents dans un bagne, anges dans un enfer,
Ils travaillent. Tout est d'airain, tout est de fer.
Jamais on ne s'arrête et jamais on ne joue.
Aussi quelle pâleur ! La cendre est sur leur joue.
Il fait à peine jour, ils sont déjà bien las.
Ils ne comprennent rien à leur destin, hélas !
Ils semblent dire à Dieu : « Petits comme nous sommes,
Notre père, voyez ce que nous font les hommes ! »
O servitude infâme imposée à l'enfant !
Rachitisme ! travail dont le souffle étouffant
Défait ce qu'a fait Dieu, qui tue, œuvre insensée,
La beauté sur les fronts, dans les cœurs la pensée,
Et qui ferait — c'est là son fruit le plus certain ! —
D'Apollon un bossu, de Voltaire un crétin !
Travail mauvais qui prend l'âge tendre en sa serre,
Qui produit la richesse en créant la misère,
Qui se sert d'un enfant ainsi que d'un outil !
Progrès dont on demande : « Où va-t-il ? que veut-il ? »
Qui brise la jeunesse en fleur ! qui donne, en somme,
Une âme à la machine et la retire à l'homme !
Que ce travail, haï des mères, soit maudit !
Maudit comme le vice où l'on s'abâtardit,
Maudit comme l'opprobre[2] et comme le blasphème[3] !
O Dieu ! qu'il soit maudit au nom du travail même,
Au nom du vrai travail, saint, fécond, généreux,
Qui fait le peuple libre et qui rend l'homme heureux !

Les Contemplations, Autrefois, III, 2.

Illustration pour *Melancholia.* Éditions Hetzel (vers 1880).

Pour préparer l'étude du texte

1. Étudier l'évolution du texte : interrogations, description, malédiction.
2. Rechercher et analyser les procédés stylistiques qui contribuent à donner à ce texte une violence dénonciatrice.
3. Montrer que le texte est construit sur une double image contradictoire du travail.

Pour un groupement de textes

L'enfance malheureuse au XIXe siècle.

Hugo, « L'enfant » (*Les Orientales*, cf. p. 247) ; « Melancholia » *(Les Contemplations)* ; La mort de Gavroche (*Les misérables*, 5e partie, I.I, ch. 15), Cosette (*Les misérables*, 2e partie, LIII, ch. 7) ; « Souvenir de la nuit du 4 » (*Châtiments*, cf. p. 252).
Sue, « Le jugement » (*Les mystères de Paris*, IIIe partie, ch. 20).
Rimbaud, « Les effarés », « Les étrennes des orphelins » *(Poésies).*
Laforgue, « La chanson du petit hypertrophique » *(Le sanglot de la terre).*

1. Tout ce qui sert à broyer.
2. Déshonneur, avilissement.
3. Sacrilège, insulte envers Dieu.

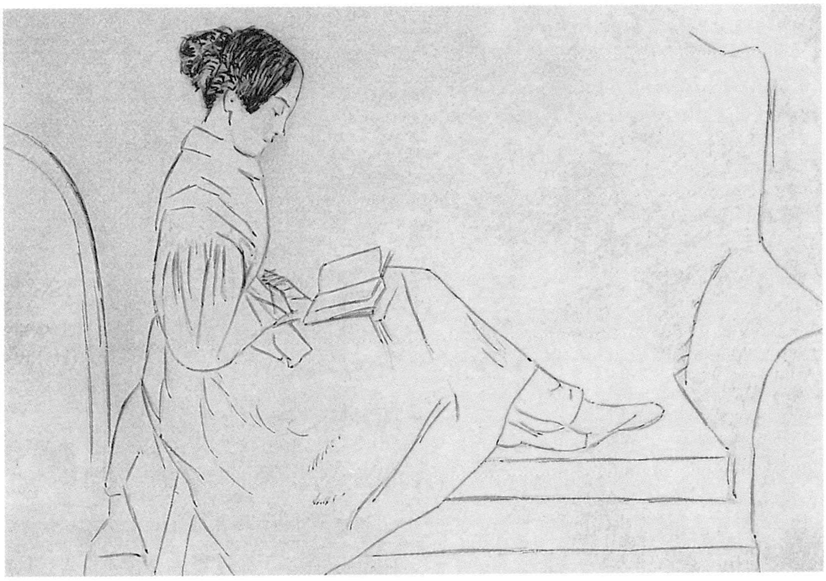

Léopoldine Hugo en 1837, par Madame Hugo. Collection particulière.

Trois ans après

Ce poème, dont nous donnons les douze dernières strophes, a été écrit en 1846, « trois ans après » la mort de Léopoldine. Dans le recueil, il est précédé d'une page blanche sur laquelle figure, seule, la date de cette mort : 4 septembre 1843.

Maintenant, je veux qu'on me laisse !
J'ai fini ! le sort est vainqueur.
Que vient-on rallumer sans cesse
Dans l'ombre qui m'emplit le cœur ?

Vous qui me parlez, vous me dites
Qu'il faut, rappelant ma raison,
Guider les foules décrépites
Vers les lueurs de l'horizon ;

Qu'à l'heure où les peuples se lèvent,
Tout penseur suit un but profond ;
Qu'il se doit à tous ceux qui rêvent,
Qu'il se doit à tous ceux qui vont ;

Qu'une âme, qu'un feu pur anime,
Doit hâter, avec sa clarté,
L'épanouissement sublime
De la future humanité ;

Qu'il faut prendre part, cœurs fidèles,
Sans redouter les océans,
Aux fêtes des choses nouvelles,
Aux combats des esprits géants !

Vous voyez des pleurs sur ma joue,
Et vous m'abordez mécontents,
Comme par le bras on secoue
Un homme qui dort trop longtemps.

Mais songez à ce que vous faites !
Hélas ! cet ange au front si beau,
Quand vous m'appelez à vos fêtes,
Peut-être a froid dans son tombeau.

Peut-être, livide et pâlie,
Dit-elle dans son lit étroit :
« Est-ce que mon père m'oublie[1]
Et n'est plus là, que j'ai si froid ? »

Quoi ! lorsqu'à peine je résiste
Aux choses dont je me souviens,
Quand je suis brisé, las et triste,
Quand je l'entends qui me dit : « Viens ! »

Quoi ! vous voulez que je souhaite,
Moi, plié par un coup soudain,
La rumeur qui suit le poète,
Le bruit que fait le paladin[2] !

Vous voulez que j'aspire encore
Aux triomphes doux et dorés !
Que j'annonce aux dormeurs l'aurore !
Que je crie : « Allez ! espérez ! »

Vous voulez que, dans la mêlée,
Je rentre ardent parmi les forts,
Les yeux à la voûte étoilée... —
Oh ! l'herbe épaisse où sont les morts !

Les Contemplations, Aujourd'hui, IV, 3.

Pour préparer l'étude du texte

1. Repérer et étudier précisément les différentes formes d'énoncé : discours à la première personne, style direct, style indirect. Préciser, lorsque c'est possible, qui parle et à qui.

2. Montrer, à partir de l'étude précédente, que les deux principaux types d'énoncé correspondent à deux situations différentes du poète. Préciser ces deux situations.

3. Étudier l'antagonisme qui oppose les deux situations étudiées précédemment, aussi bien dans les idées que dans leur formulation.

1. « Est-ce parce que mon père m'oublie... »
2. Au Moyen Age, chevalier qui se signalait par ses actions nobles et généreuses.

« O souvenirs ! printemps ! aurore !... »

Résurgence d'*Autrefois* dans l'*Aujourd'hui* de la tombe, ces souvenirs font revivre les étés 1840 et 1841 que la famille Hugo passa à Saint-Prix dans une maison appelée la Terrasse.

O souvenirs ! printemps ! aurore !
Doux rayon triste et réchauffant !
— Lorsqu'elle était petite encore,
Que sa sœur était tout enfant... —

Connaissez-vous, sur la colline
Qui joint Montlignon à Saint-Leu[1],
Une terrasse qui s'incline
Entre un bois sombre et le ciel bleu ?

C'est là que nous vivions. — Pénètre,
Mon cœur, dans ce passé charmant ! —
Je l'entendais sous ma fenêtre
Jouer le matin doucement.

Elle courait dans la rosée,
Sans bruit, de peur de m'éveiller ;
Moi, je n'ouvrais pas ma croisée,
De peur de la faire envoler.

Ses frères riaient... — Aube pure !
Tout chantait sous ces frais berceaux,
Ma famille avec la nature,
Mes enfants avec les oiseaux ! —

Je toussais, on devenait brave.
Elle montait à petits pas,
Et me disait d'un air très grave :
« J'ai laissé les enfants en bas. »

Qu'elle fût bien ou mal coiffée,
Que mon cœur fût triste ou joyeux,
Je l'admirais. C'était ma fée,
Et le doux astre de mes yeux !

Nous jouions toute la journée.
O jeux charmants ! chers entretiens !
Le soir, comme elle était l'aînée,
Elle me disait : « Père, viens !

Nous allons t'apporter ta chaise,
Conte-nous une histoire, dis ! » —
Et je voyais rayonner d'aise
Tous ces regards du paradis.

Alors, prodiguant les carnages,
J'inventais un conte profond
Dont je trouvais les personnages
Parmi les ombres du plafond.

Toujours, ces quatre douces têtes
Riaient, comme à cet âge on rit,
De voir d'affreux géants très bêtes
Vaincus par des nains pleins d'esprit.

J'étais l'Arioste[2] et l'Homère
D'un poème éclos d'un seul jet ;
Pendant que je parlais, leur mère
Les regardait rire, et songeait.

Leur aïeul, qui lisait dans l'ombre,
Sur eux parfois levait les yeux,
Et moi, par la fenêtre sombre,
J'entrevoyais un coin des cieux !

Villequier, 4 septembre 1846.

Les Contemplations, Aujourd'hui, IV, 9.

Pour préparer l'étude du texte

1. Déterminer les différentes parties du texte en mettant en relief les jeux d'alternance (exclamation/récit), la progression dans le temps, la succession des rituels. Montrer qu'il s'agit d'un véritable voyage dans un passé heureux qui s'apparente au paradis.
2. Relever les éléments qui définissent le rôle de Léopoldine et la complicité qui s'établit entre le père et la fille.
3. Le rôle du conteur. Analyser l'ironie de Hugo envers lui-même.

« Demain, dès l'aube... »

Ce « poème-anniversaire », est daté du 3 septembre 1847. Léopoldine est morte le 4 septembre 1843.

Demain, dès l'aube, à l'heure où blanchit la campagne,
Je partirai. Vois-tu, je sais que tu m'attends.
J'irai par la forêt, j'irai par la montagne.
Je ne puis demeurer loin de toi plus longtemps.

Je marcherai les yeux fixés sur mes pensées,
Sans rien voir au-dehors, sans entendre aucun bruit,
Seul, inconnu, le dos courbé, les mains croisées,
Triste, et le jour pour moi sera comme la nuit.

Je ne regarderai ni l'or du soir qui tombe,
Ni les voiles au loin descendant vers Harfleur,
Et quand j'arriverai, je mettrai sur ta tombe
Un bouquet de houx vert et de bruyère en fleur.

Les Contemplations, Aujourd'hui, IV, 14.

Pour préparer le commentaire composé

1. Le récit d'un déplacement suivant une progression dans l'espace et dans le temps.
2. Les aspects sentimentaux du voyage.
3. Le pouvoir d'immortalité de la poésie.

1. Ces localités se trouvent près de Pontoise.
2. Poète italien de la Renaissance qui avait écrit, avec le *Roland furieux*, un récit plein d'aventures et d'exploits chevaleresques.

Constant TROYON (1810-1865), *Le petit troupeau.* Paris, Musée du Louvre.

Pasteurs et troupeaux

Les paysages de bords de mer ont inspiré Hugo pendant son exil. Mais, plus qu'une description, c'est une vision qu'il en donne, comme il le faisait d'ailleurs dans ses nombreux dessins.

A Madame Louise C.

Le vallon où je vais tous les jours est charmant,
Serein, abandonné, seul sous le firmament,
Plein de ronces en fleurs ; c'est un sourire triste.
Il vous fait oublier que quelque chose existe,
Et, sans le bruit des champs remplis de travailleurs,
On ne saurait plus là si quelqu'un vit ailleurs.
Là, l'ombre fait l'amour ; l'idylle[1] naturelle
Rit ; le bouvreuil avec le verdier s'y querelle,
Et la fauvette y met de travers son bonnet ;
C'est tantôt l'aubépine et tantôt le genêt ;
De noirs granits bourrus, puis des mousses riantes ;
Car Dieu fait un poème avec des variantes ;
Comme le vieil Homère, il rabâche parfois,
Mais c'est avec les fleurs, les monts, l'onde et les bois !
Une petite mare est là, ridant sa face,
Prenant des airs de flot pour la fourmi qui passe,
Ironie étalée au milieu du gazon,
Qu'ignore l'océan grondant à l'horizon.
J'y rencontre parfois sur la roche hideuse
Un doux être ; quinze ans, yeux bleus, pieds nus, gardeuse
De chèvres, habitant, au fond d'un ravin noir,
Un vieux chaume croulant qui s'étoile le soir ;
Ses sœurs sont au logis et filent leur quenouille ;
Elle essuie aux roseaux ses pieds que l'étang mouille ;
Chèvres, brebis, béliers, paissent ; quand, sombre esprit,
J'apparais, le pauvre ange a peur, et me sourit ;
Et moi, je la salue, elle étant l'innocence.
Ses agneaux, dans le pré plein de fleurs qui l'encense,
Bondissent, et chacun, au soleil s'empourprant,
Laisse aux buissons, à qui la bise le reprend,
Un peu de sa toison, comme un flocon d'écume.
Je passe ; enfant, troupeau, s'effacent dans la brume ;
Le crépuscule étend sur les longs sillons gris
Ses ailes de fantôme et de chauve-souris ;
J'entends encore au loin dans la plaine ouvrière
Chanter derrière moi la douce chevrière ;
Et, là-bas, devant moi, le vieux gardien pensif
De l'écume, du flot, de l'algue, du récif,
Et des vagues sans trêve et sans fin remuées,
Le pâtre promontoire au chapeau de nuées,
S'accoude et rêve au bruit de tous les infinis,
Et, dans l'ascension des nuages bénis,
Regarde se lever la lune triomphale,
Pendant que l'ombre tremble, et que l'âpre rafale
Disperse à tous les vents avec son souffle amer
La laine des moutons sinistres de la mer.

Les Contemplations, Aujourd'hui, V, 23.

Pour préparer l'étude du texte

1. Faire le plan du texte en soulignant la métamorphose progressive du paysage. En préciser les étapes. Montrer que la première lecture du texte peut en faire apparaître une seconde, différente, qui repose sur une métaphore.

2. Hugo et la nature. Souligner la diversité des éléments qui retiennent l'attention du poète. Montrer que la relation est à la fois moqueuse, complice, visionnaire.

1. C'est-à-dire les amours.

« J'ai cueilli cette fleur pour toi sur la colline. »

Après une excursion dans une île sauvage voisine de Jersey, Victor Hugo offrit à Juliette Drouet ce poème où se mêlent de façon poignante l'amour et la tristesse.

J'ai cueilli cette fleur pour toi sur la colline.
Dans l'âpre escarpement qui sur le flot s'incline,
Que l'aigle connaît seul et peut seul approcher,
Paisible, elle croissait aux fentes du rocher.
L'ombre baignait les flancs du morne promontoire ;
Je voyais, comme on dresse au lieu d'une victoire
Un grand arc de triomphe éclatant et vermeil,
A l'endroit où s'était englouti le soleil,
La sombre nuit bâtir un porche de nuées.
Des voiles s'enfuyaient, au loin diminuées ;
Quelques toits, s'éclairant au fond d'un entonnoir,
Semblaient craindre de luire et de se laisser voir.
J'ai cueilli cette fleur pour toi, ma bien-aimée.
Elle est pâle, et n'a pas de corolle embaumée.
Sa racine n'a pris sur la crête des monts
Que l'amère senteur des glauques goëmons ;
Moi, j'ai dit : « Pauvre fleur, du haut de cette cime,
Tu devais t'en aller dans cet immense abîme
Où l'algue et le nuage et les voiles s'en vont.
Va mourir sur un cœur, abîme plus profond.
Fane-toi sur ce sein en qui palpite un monde.
Le ciel, qui te créa pour t'effeuiller dans l'onde,
Te fit pour l'océan, je te donne à l'amour. »
Le vent mêlait les flots ; il ne restait du jour
Qu'une vague lueur, lentement effacée.
Oh ! comme j'étais triste au fond de ma pensée
Tandis que je songeais, et que le gouffre noir
M'entrait dans l'âme avec tous les frissons du soir !

Ile de Serk, août 1855.

Les Contemplations, Aujourd'hui, V, 24.

Pour préparer le commentaire composé

Étudier

1. La présentation des circonstances et des personnages concernés (temps-lieu-narrateur-destinataire).
2. L'état d'âme du poète et la perception nostalgique du monde environnant.
3. La métamorphose progressive des éléments du paysage.

Ce que dit la bouche d'ombre

Les Contemplations se terminent par un immense poème de 786 vers, révélation faite à Hugo par le spectre de la mort et qui l'institue prophète d'une religion nouvelle dont le dogme se résume en ces mots : *Tout est plein d'âmes*. Dans l'échelle des êtres, de l'animal au végétal puis au minéral, l'homme mauvais descend, selon la gravité de ses fautes ; mais dans ces réincarnations successives, il expie, se purifie et tend à la rédemption.

Les âmes monstrueuses, elles, sont proscrites et purgent leurs peines dans des « bagnes » extra-terrestres : des planètes, comme Saturne par exemple.

[...]
Oui, ton fauve univers est le forçat de Dieu.
Les constellations, sombres lettres de feu,
Sont les marques du bagne à l'épaule du monde.
Dans votre région tant d'épouvante abonde,
Que, pour l'homme, marqué lui-même du fer chaud,
Quand il lève les yeux vers les astres, là-haut,
Le cancer resplendit, le scorpion flamboie,
Et dans l'immensité le chien sinistre aboie ![1]
Ces soleils inconnus se groupent sur son front
Comme l'effroi, le deuil, la menace et l'affront ;
De toutes parts s'étend l'ombre incommensurable ;
En bas l'obscur, l'impur, le mauvais, l'exécrable,
Le pire, tas hideux, fourmillent ; tout au fond,
Ils échangent entre eux dans l'ombre ce qu'ils font ;
Typhon[2] donne l'horreur, Satan donne le crime ;
Lugubre intimité du mal et de l'abîme !
Amours de l'âme monstre et du monstre univers !
Baiser triste ! et l'informe engendré du pervers,
La matière, le bloc, la fange, la géhenne[3],
L'écume, le chaos, l'hiver, nés de la haine,
Les faces de beauté qu'habitent des démons,
Tous les êtres maudits, mêlés aux vils limons,
Pris par la plante fauve et la bête féroce,
Le grincement de dents, la peur, le rire atroce,
L'orgueil, que l'infini courbe sous son niveau,
Rampent, noirs prisonniers, dans la nuit, noir caveau.
[...]

Le poème s'achève sur la promesse de la rédemption :

Espérez ! espérez ! espérez ! misérables !
Pas de deuil infini, pas de maux incurables,
Pas d'enfer éternel !

et un dernier vers prophétique :

[...] un ange
Criera : Commencement !

Les Contemplations, Aujourd'hui, VI, 26.

1. On aura reconnu le nom des constellations.
2. Monstre de la mythologie grecque. Il voulut renverser les dieux de l'Olympe. Ses descendants l'égalent en abomination... : l'Hydre de Lerne, Cerbère, la Chimère.
3. Lieu de supplice, dans la Bible. Autre nom de l'Enfer.

Pour préparer l'étude du texte

Le texte est construit sur une triple thématique : le crime et la culpabilité, l'épouvante, l'ombre et la lumière.

1. Étudier l'expression de ces différentes notions en mettant en relief les champs lexicaux.
2. Analyser les liens que l'auteur établit entre ces notions.

Pour un groupement de textes

Images de la condition humaine : péché, déchéance et châtiment.

D'Aubigné, *Les tragiques*, LVII, v. 981 à 1022.
Pascal, *Pensées* 29, 246 (Éd. Lafuma).
Bossuet, *Sermon sur la mort* (1er point).
Baudelaire, *Les Fleurs du mal* (« Spleen et idéal », « Spleen », 4e texte répondant à ce titre)
Claudel, *Cinq grandes odes* (« La maison fermée »).
Y. Bonnefoy, *Hier régnant désert* (5e partie du texte intitulé « Menaces du témoin »).

Victor Hugo, *Dolmen d'où m'a parlé la bouche d'ombre*. Paris, Musée Victor Hugo.

Critique littéraire né en 1902, Georges Poulet s'est intéressé entre autres aux rapports des écrivains avec les catégories de l'espace et du temps, que l'œuvre cherche à organiser ou au contraire à fuir.

Parmi tous les effets de contraste qui constituent l'œuvre de Hugo, il n'en est pas de plus saisissant que celui qu'on trouve entre le mouvement spirituel par lequel les images en lui d'abord pointent, surgissent, s'amassent et emplissent tout l'horizon ; et d'autre part le mouvement par lequel, ayant passé à travers la pensée, elles décroissent, se désagrègent et se perdent dans la distance :

Bientôt autour de moi les ténèbres s'accrurent,
L'horizon se perdit, les formes disparurent,
Et l'homme avec la chose et l'être avec l'esprit
Flottèrent à mon souffle, et le frisson me prit.
J'étais seul...
Puis, comme en un chaos qui reprendrait un monde,
Tout se perd dans les plis d'une brume profonde,
Tout ne doit que surgir, flotter et disparaître...

Tel est le double mouvement qui se retrouve un peu partout, dans Les Contemplations, *dans* La légende, *dans* Dieu, *dans toutes les grandes œuvres de la maturité. C'est déjà, comme Baudelaire, le premier, l'avait fait remarquer, le sujet même de* la Pente de la rêverie [1] *qui date de 1830. Mais c'était déjà le sujet des* Djinns *qui datent de 1828. Tout l'effort poétique de Hugo a consisté à tâcher de condenser dans un vide — le vide de la pensée — un noyau vaporeux d'images pour s'en faire une réalité, toute la réalité. Et d'abord cette tentative paraît réussir. Les images se concrétisent, s'amalgament, un monde se forme où la pensée se trouve, se situe et s'appuie. Mais cette réalité imaginaire s'avère bientôt comme fantastique. Sa fécondité même finit par devenir l'agent principal de sa destruction. Car elle n'existe que par une continuelle invention qui attire toujours la pensée au-delà de ce qui est vers ce qui peut être. C'est comme une sorte de cercle vicieux où il faut sans cesse que l'imagination produise de nouvelles formes pour étayer celles qu'elle a déjà imaginées.*

G. Poulet, Études sur le temps humain, *II : La distance intérieure, ch. VI : « Hugo », IV, Éd. Plon, 1952.*

1. *Les feuilles d'automne*, XXIX, *La pente de la rêverie.*

La légende des siècles

1859-1877-1883

« J'eus un rêve : le mur des siècles m'apparut. » Ainsi commence le récit de « La vision d'où est sorti ce livre ». C'est assez dire l'importance de la mission que se fixe ici Victor Hugo. Il est plus que jamais le « voyant » dont le regard embrasse la totalité du temps et de l'espace. Il en résulte une somme poétique qui est parfois, il faut le reconnaître, assez indigeste.

Le projet à l'origine était cependant plus modeste : rassembler un certain nombre de poèmes qui témoigneraient des principales étapes de l'histoire humaine. Mais une simple juxtaposition de récits historiques ou légendaires ne pouvait pas satisfaire Hugo. L'ensemble qui peu à peu s'organise, impose en même temps son sens : l'histoire de l'humanité, c'est la lutte de l'homme contre tout ce qui l'opprime et son ascension vers la lumière grâce au progrès matériel et spirituel.

Pour écrire ce combat entre le Bien et le Mal, entre les forces de la liberté et celles de la servitude, le registre poétique qui s'impose tout naturellement à Hugo est celui de l'épopée. Ce genre se caractérise par l'amplification de la réalité, par la transformation des êtres, des objets et des faits en symboles et en mythes porteurs de valeurs morales exemplaires. Hugo avait donné le nom de « petites épopées » aux premiers poèmes composés pour *La légende des siècles*. Mais l'héroïsme propre à ces récits, Victor Hugo le prête aux humbles, aux victimes. Cette poésie touffue devint vite populaire.

Les pauvres gens

Ce poème très populaire, dont nous ne citons ici qu'un extrait, a été souvent étudié et appris en « récitation » par les écoliers de la IIIe République. La lecture d'un fait divers avait inspiré à Victor Hugo cette épopée des humbles.

L'homme est en mer. Depuis l'enfance matelot,
Il livre au hasard sombre une rude bataille.
Pluie ou bourrasque, il faut qu'il sorte, il faut qu'il aille,
Car les petits enfants ont faim. Il part le soir,
Quand l'eau profonde monte aux marches du musoir[1].
Il gouverne à lui seul sa barque à quatre voiles.
La femme est au logis, cousant les vieilles toiles,
Remmaillant les filets, préparant l'hameçon,
Surveillant l'âtre où bout la soupe de poisson,
Puis priant Dieu sitôt que les cinq enfants dorment.
Lui, seul, battu des flots qui toujours se reforment,
Il s'en va dans l'abîme et s'en va dans la nuit.
Dur labeur ! tout est noir, tout est froid ; rien ne luit.
Dans les brisants, parmi les lames en démence,
L'endroit bon à la pêche, et, sur la mer immense,
Le lieu mobile, obscur, capricieux, changeant,
Où se plaît le poisson aux nageoires d'argent,
Ce n'est qu'un point ; c'est grand deux fois comme la chambre.
Or, la nuit, dans l'ondée et la brume, en décembre,
Pour rencontrer ce point sur le désert mouvant,
Comme il faut calculer la marée et le vent !
Comme il faut combiner sûrement les manœuvres !
Les flots le long du bord glissent, vertes couleuvres ;
Le gouffre roule et tord ses plis démesurés,
Et fait râler d'horreur les agrès[2] effarés.
Lui, songe à sa Jeannie[3] au sein des mers glacées,
Et Jeannie, en pleurant, l'appelle ; et leurs pensées
Se croisent dans la nuit, divins oiseaux du cœur.

[La femme du pêcheur découvre que sa voisine est morte dans la nuit, laissant deux petits orphelins. Elle les recueille, inquiète cependant d'imposer à son mari deux autres bouches à nourrir. Mais le pêcheur, grande âme, accueille les deux enfants à son foyer, malgré la mauvaise pêche et la misère qui menace.]

La légende des siècles, LII, 2.

Pour préparer le commentaire composé

1. Étudier dans le texte les éléments qui relèvent de la familiarité (réalité présentée, ton).
2. Repérer et analyser les procédés de l'agrandissement épique et de la dramatisation.
3. Quel semble être l'objectif de Hugo dans l'association de la tonalité familière et de la tonalité épique ?

1. Extrémité d'une jetée ou d'une digue qui ressemble à un museau.
2. Équipement nécessaire au gréement d'un bateau : cordages, poulies, etc.
3. Sa femme.

Pleine mer - Plein ciel

Dans le diptyque « Pleine mer - Plein ciel » (dont il est donné ici les huit dernières strophes), Victor Hugo décrit le naufrage d'un énorme navire, symbole de l'ancien monde, « enveloppé d'une brume éternelle », et d'autre part le vol dans l'azur d'un navire des airs, symbole de l'esprit humain et du progrès.

En 1851, un ingénieur avait imaginé un ballon dirigeable baptisé « aéroscaphe ». L'invention n'avait pas été réalisée mais les rêves avaient, eux, pris leur essor...

Oh ! ce navire fait le voyage sacré !
C'est l'ascension bleue à son premier degré ;
Hors de l'antique et vil décombre,
Hors de la pesanteur, c'est l'avenir fondé ;
C'est le destin de l'homme à la fin évadé,
Qui lève l'ancre et sort de l'ombre !

Ce navire là-haut conclut le grand hymen[1].
Il mêle presque à Dieu l'âme du genre humain.
Il voit l'insondable, il y touche ;
Il est le vaste élan du progrès vers le ciel ;
Il est l'entrée altière et sainte du réel
Dans l'antique idéal farouche.

Oh ! chacun de ces pas conquiert l'illimité !
Il est la joie ; il est la paix ; l'humanité
A trouvé son organe immense ;
Il vogue, usurpateur sacré, vainqueur béni,
Reculant chaque jour plus loin dans l'infini
Le point sombre où l'homme commence.

Il laboure l'abîme ; il ouvre ces sillons
Où croissaient l'ouragan, l'hiver, les tourbillons,
Les sifflements et les huées ;
Grâce à lui, la concorde est la gerbe des cieux ;
Il va, fécondateur du ciel mystérieux,
Charrue auguste des nuées.

Il fait germer la vie humaine dans ces champs
Où Dieu n'avait encor semé que des couchants
Et moissonné que des aurores ;
Il entend, sous son vol qui fend les airs sereins,
Croître et frémir partout les peuples souverains,
Ces immenses épis sonores !

Nef[2] magique et suprême ! elle a, rien qu'en marchant,
Changé le cri terrestre en pur et joyeux chant,
Rajeuni les races flétries,
Établi l'ordre vrai, montré le chemin sûr,
Dieu juste ! et fait entrer dans l'homme tant d'azur
Qu'elle a supprimé les patries !

Faisant à l'homme avec le ciel une cité,
Une pensée avec toute l'immensité,
Elle abolit les vieilles règles ;
Elle abaisse les monts, elle annule les tours ;
Splendide, elle introduit les peuples, marcheurs lourds,
Dans la communion des aigles.

Elle a cette divine et chaste fonction
De composer là-haut l'unique nation,
A la fois dernière et première,
De promener l'essor dans le rayonnement,
Et de faire planer, ivre de firmament,
La liberté dans la lumière.

La légende des siècles, LVIII, 2.

Gustave DORÉ (1832-1883), *Entre ciel et terre* (1862), détail. Musée de Belfort.

Pour préparer l'étude du texte

1. Étudier l'évolution du texte en détaillant les différentes fonctions que Hugo attribue au progrès.
2. Montrer que le texte est construit sur une métaphore (navire = progrès) et analyser tous les éléments qui permettent ce rapprochement.

1. L'union, le mariage.
2. *Navire* et *nef* ont le même sens et la même origine étymologique, le mot latin *navis* : le navire. Le mot « aéroscaphe » pourrait se traduire par : « la barque de l'air »...

L'ŒUVRE NARRATIVE

Notre-Dame de Paris
1831

Pour écrire ce roman, Victor Hugo avait rassemblé une importante documentation sur Paris au XVe siècle. Sachant que le public s'intéressait aux romans historiques et au Moyen Age, il voulait que son livre soit riche d'anecdotes pittoresques et de détails exacts.

Mais ce qui rendit ce roman très vite populaire (et ce que l'on continue à en retenir, comme en témoignent les adaptations filmées), ce sont les figures fortement typées et contrastées de Quasimodo, le sonneur de cloches, contrefait et sourd mais bon et aimant ; de la jeune et belle bohémienne Esméralda, désirée par l'archidiacre Frollo, condamnée par lui pour un crime qu'elle n'a pas commis et protégée par Quasimodo, le bossu de Notre-Dame ; du satanique Claude Frollo qui, par jalousie, cherche à tuer le beau Phoebus qu'aime Esméralda, puis fera pendre l'« Égyptienne » avant d'être à son tour précipité du haut de la cathédrale par le sonneur de cloches. Et dominant tout : Notre-Dame, personnifiée, agissante, symbole du Moyen Age, de Paris et du peuple.

Victor Hugo, pour parler de son œuvre, employait tantôt le mot « roman », tantôt le mot « drame ». Il est vrai que *Notre-Dame de Paris* a toutes les qualités que Hugo demandait au drame : la couleur locale, l'action, les rebondissements, l'alliance du sublime et du grotesque réalisée dans le personnage de Quasimodo. C'est bien ce caractère dramatique de l'œuvre qui séduisit Lamartine, au point de lui faire écrire, avec quelque exagération, que l'auteur de *Notre-Dame de Paris* était « le Shakespeare du roman » !

Antoine WIERTZ (1806-1865), *Esmeralda* (1839) et *Quasimodo* (1839). Musées Royaux des Beaux-Arts de Belgique.

« une condamnée à mort sauvée par Quasimodo »

Sur le parvis de Notre-Dame, Esméralda, injustement accusée de meurtre, est condamnée à être pendue. Mais Quasimodo enlève l' « Égyptienne » et l'emporte dans la cathédrale. Là, le droit d'asile est sacré.

Quasimodo s'était arrêté sous le grand portail. Ses larges pieds semblaient aussi solides sur le pavé de l'église que les lourds piliers romans. Sa grosse tête chevelue s'enfonçait dans ses épaules comme celle des lions qui eux aussi ont une crinière et pas de cou. Il tenait la jeune fille toute palpitante suspendue à ses mains calleuses comme une draperie blanche ; mais il la portait avec tant de précaution qu'il paraissait craindre de la briser ou de la faner. On eût dit qu'il sentait que c'était une chose délicate, exquise et précieuse, faite pour d'autres mains que les siennes. Par moments, il avait l'air de n'oser la toucher, même du souffle. Puis, tout à coup, il la serrait avec étreinte dans ses bras, sur sa poitrine anguleuse, comme son bien, comme son trésor, comme eût fait la mère de cette enfant ; son œil de gnome[1], abaissé sur elle, l'inondait de tendresse, de douleur et de pitié, et se relevait subitement plein d'éclairs. Alors les femmes riaient et pleuraient, la foule trépignait d'enthousiasme, car en ce moment-là Quasimodo avait vraiment sa beauté. Il était beau, lui, cet orphelin, cet enfant trouvé, ce rebut, il se sentait auguste et fort, il regardait en face cette société dont il était banni, et dans laquelle il intervenait si puissamment, cette justice humaine à laquelle il avait arraché sa proie, tous ces tigres forcés de mâcher à vide, ces sbires, ces juges, ces bourreaux, toute cette force du roi qu'il venait de briser, lui infime, avec la force de Dieu.

Et puis c'était une chose touchante que cette protection tombée d'un être si difforme sur un être si malheureux, qu'une condamnée à mort sauvée par Quasimodo. C'étaient les deux misères extrêmes de la nature et de la société qui se touchaient et qui s'entraidaient.

Notre-Dame de Paris, VIII, 6.

Pour préparer l'étude du texte

1. Étudier l'évolution de la scène en mettant en évidence les différents points de vue abordés.
2. Montrer comment s'opère la métamorphose progressive de Quasimodo.
3. A partir du rôle de Quasimodo et de sa « transformation », définir le sens symbolique du texte.

Les misérables

1862

La première partie de ce roman était déjà entre toutes les mains quand, le jour de la mise en vente des deuxième et troisième parties, avant six heures du matin, la foule s'amassa, si nombreuse, devant la porte du magasin, qu'il fallut deux sergents de ville pour la contenir. Les volumes s'enlevèrent en un clin d'œil...

Ce triomphe, pourtant, ne s'accompagna pas d'un égal succès critique. C'est que *Les misérables* venaient à contre-courant des choix esthétiques du temps. La tendance était alors à l' « impassibilité » : l'auteur ne devait pas intervenir directement dans son œuvre ; l'école dominante était celle de l'Art pour l'Art, selon laquelle l'œuvre d'art ne devait avoir d'autre but que l'art lui-même.

Or Hugo non seulement domine tout son roman de sa personnalité, de ses partis pris, de ses commentaires attendris ou vengeurs, mais surtout il fixe à son livre une mission morale, sociale et politique clairement affirmée dans la préface : *« Tant qu'il existera, par le fait des lois et des mœurs, une damnation sociale créant artificiellement, en pleine civilisation, des enfers, et compliquant d'une fatalité humaine la destinée qui est divine ; [...] tant qu'il y aura sur la terre ignorance et misère, des livres de la nature de celui-ci pourront ne pas être inutiles. »*

Et, en effet, ce « livre de charité », comme l'appelait Baudelaire dans un article élogieux, s'imposa en dépit de tout et l'immense succès populaire balaya les dernières réticences.

Le livre, commencé dès 1845 et terminé sur le champ de bataille de Waterloo le 30 juin 1861, avait occupé une grande partie de la vie de son auteur. Depuis *Les misères*, entrepris sous l'influence du roman-feuilleton mis à la mode par Eugène Sue, jusqu'aux *Misérables*, repris après une interruption de douze ans, composé avec passion et enrichi jusqu'à la publication de chapitres entiers, le monumental roman recueillit toutes les préoccupations, toutes les curiosités, tout l'imaginaire de son créateur. La fatalité qui pèse sur certains et les exclut, le scandale de la dégradation sous toutes ses formes, le pouvoir du Bien et de la Charité, l'espoir d'une réhabilitation sociale et de la rédemption divine méritées par les souffrances et l'élévation morale sont les principaux thèmes qu'incarnent les personnages les plus populaires de la littérature romanesque dans une histoire qui détient le record des adaptations cinématographiques.

1. Un gnome est un petit génie laid et difforme dont l'influence est bienfaisante ou malfaisante.

« Jean Valjean pleura longtemps. »

Jean Valjean a été condamné au bagne pour le vol d'un pain. A sa libération, arrivant dans la petite ville de Digne, il est accueilli avec compassion par l'évêque, Mgr Myriel. Mais il vole l'argenterie de son hôte et s'enfuit. Arrêté, il est reconduit devant l'évêque qui l'innocente en prétendant lui avoir fait ce cadeau. Il reçoit même de son protecteur deux flambeaux d'argent... Sauvé par la charité de Mgr Myriel, Jean Valjean s'éloigne de Digne. Mais poussé par le mal, il vole une pièce de quarante sous à un petit Savoyard rencontré en chemin. Cette dernière mauvaise action le bouleverse et il se met à pleurer « pour la première fois depuis dix-neuf ans ».

Il se contempla donc, pour ainsi dire face à face, et en même temps, à travers cette hallucination, il voyait dans une profondeur mystérieuse une sorte de lumière qu'il prit d'abord pour un flambeau. En regardant avec plus d'attention cette lumière qui apparaissait à sa conscience, il reconnut qu'elle avait la forme humaine, et que ce flambeau était l'évêque.

Sa conscience considéra tour à tour ces deux hommes ainsi placés devant elle, l'évêque et Jean Valjean. Il n'avait pas fallu moins que le premier pour détremper[1] le second. Par un de ces effets singuliers qui sont propres à ces sortes d'extases, à mesure que sa rêverie se prolongeait, l'évêque grandissait et resplendissait à ses yeux, Jean Valjean s'amoindrissait et s'effaçait. A un certain moment il ne fut plus qu'une ombre. Tout à coup, il disparut. L'évêque seul était resté.

Il remplissait toute l'âme de ce misérable d'un rayonnement magnifique.

Jean Valjean pleura longtemps. Il pleura à chaudes larmes, il pleura à sanglots, avec plus de faiblesse qu'une femme, avec plus d'effroi qu'un enfant.

Pendant qu'il pleurait, le jour se faisait de plus en plus dans son cerveau, un jour extraordinaire, un jour ravissant et terrible à la fois. Sa vie passée, sa première faute, sa longue expiation, son abrutissement extérieur, son endurcissement intérieur, sa mise en liberté réjouie par tant de plans de vengeance, ce qui lui était arrivé chez l'évêque, la dernière chose qu'il avait faite, ce vol de quarante sous à un enfant, crime d'autant plus lâche et d'autant plus monstrueux qu'il venait après le pardon de l'évêque, tout cela lui revint et lui apparut, clairement, mais dans une clarté qu'il n'avait jamais vue jusque-là. Il regarda sa vie, et elle lui parut horrible ; son âme, et elle lui parut affreuse. Cependant un jour doux était sur cette vie et sur cette âme. Il lui semblait qu'il voyait Satan à la lumière du paradis.

Combien d'heures pleura-t-il ainsi ? que fit-il après avoir pleuré ? où alla-t-il ? on ne l'a jamais su. Il paraît seulement avéré que, dans cette même nuit, le voiturier qui faisait à cette époque le service de Grenoble et qui arrivait à Digne vers trois heures du matin, vit en traversant la rue de l'évêché un homme dans l'attitude de la prière, à genoux sur le pavé, dans l'ombre, devant la porte de monseigneur Bienvenu.

Les misérables, 1re partie, II, 13.

Pour préparer le commentaire composé

1. Étudier le champ lexical de la lumière et celui de la culpabilité.
2. Analyser la valeur symbolique de la lumière dans l'examen de conscience.
3. En quoi cet épisode est-il décisif :
— pour l'évolution du personnage,
— pour la continuité du roman ?

Jean GEOFFROY (1853-1924), *Jean Valjean et Cosette.* Paris, Musée Victor Hugo.

1. La *trempe* d'un métal est le bain dans lequel on le plonge pour lui donner sa dureté. Détremper (l'acier), c'est au contraire l'amollir. Ici, au sens figuré : adoucir.

Sous le titre de *Choses vues* ont été réunis après sa mort des textes en prose laissés par l'écrivain : témoignages, souvenirs, fragments, notes, etc.

On reconnaîtra, dans cette scène vécue, le personnage du prisonnier, le vol du pain, la misère sociale, l'inégalité, l'indifférence et la révolte qui sont déjà les thèmes des futurs *Misérables*. Hugo avait en effet commencé les premières ébauches de ce roman quelques mois auparavant, à la fin de l'année 1845.

Hier, 22 février, j'allais à la Chambre des pairs. Il faisait beau et très froid, malgré le soleil de midi. Je vis venir rue de Tournon un homme que deux soldats emmenaient. Cet homme était blond, pâle, maigre, hagard ; trente ans à peu près, un pantalon de grosse toile, les pieds nus et écorchés dans des sabots avec des linges sanglants roulés autour des chevilles pour tenir lieu de bas ; une blouse courte, souillée de boue derrière le dos, ce qui indiquait qu'il couchait habituellement sur le pavé ; la tête nue et hérissée. Il avait sous le bras un pain. Le peuple disait autour de lui qu'il avait volé ce pain et que c'était à cause de cela qu'on l'emmenait. En passant devant la caserne de gendarmerie, un des soldats y entre, et l'homme resta à la porte, gardé par l'autre soldat.

Une voiture était arrêtée devant la porte de la caserne. C'était une berline armoriée portant aux lanternes une couronne ducale, attelée de deux chevaux gris, deux laquais en guêtres derrière. Les glaces étaient levées, mais on distinguait l'intérieur tapissé de damas bouton d'or. Le regard de l'homme fixé sur cette voiture attira le mien. Il y avait dans la voiture une femme en chapeau rose, en robe de velours noir, fraîche, blanche, belle, éblouissante, qui riait et jouait avec un charmant petit enfant de seize mois enfoui sous les rubans, les dentelles et les fourrures.

Cette femme ne voyait pas l'homme terrible qui la regardait.

Je demeurai pensif.

Cet homme n'était plus pour moi un homme, c'était le spectre de la misère, c'était l'apparition, difforme, lugubre, en plein jour, en plein soleil, d'une révolution encore plongée dans les ténèbres, mais qui vient. Autrefois le pauvre coudoyait le riche, ce spectre rencontrait cette gloire ; mais on ne se regardait pas. On passait. Cela pouvait durer ainsi longtemps. Du moment où cet homme s'aperçoit que cette femme existe, tandis que cette femme ne s'aperçoit pas que cet homme est là, la catastrophe est inévitable.

Choses vues - 1846.

« quelque chose qui ressemblait à de l'espérance et à de la joie »

Jean Valjean, devenu honnête homme, s'installe sous le nom de M. Madeleine à Montreuil-sur-Mer. Il pense que son passé est définitivement oublié, mais l'arrestation d'un homme que l'on a pris pour lui vient tout remettre en question. Pour sauver cet innocent, l'honorable M. Madeleine, devenu maire et bienfaiteur de la ville, avouera-t-il qu'il est le forçat Jean Valjean ? Il se dénoncera, sera envoyé au bagne, d'où il s'enfuira. Car il doit tenir la promesse faite à Fantine, la malheureuse femme que la pauvreté a poussée à la prostitution et que « M. Madeleine » a secourue jusqu'à sa mort. Il part donc à la recherche de la petite Cosette, la fille de Fantine, en service chez les cruels Thénardier. Il aborde dans le bois de Montfermeil une petite fille venue y chercher de l'eau.

Cosette, nous l'avons dit, n'avait pas eu peur.

L'homme lui adressa la parole. Il parlait d'une voix grave et presque basse.

« Mon enfant, c'est bien lourd pour vous ce que vous portez là. »

Cosette leva la tête et répondit :

« Oui, monsieur.

– Donnez, reprit l'homme. Je vais vous le porter. »

Cosette lâcha le seau. L'homme se mit à cheminer près d'elle.

« C'est très lourd en effet », dit-il entre ses dents. Puis il ajouta :

« Petite, quel âge as-tu ?

– Huit ans, monsieur.

– Et viens-tu de loin comme cela ?

– De la source qui est dans le bois.

– Et est-ce loin où tu vas ?

– A un bon quart d'heure d'ici. »

L'homme resta un moment sans parler, puis il dit brusquement :

« Tu n'as donc pas de mère ?

– Je ne sais pas », répondit l'enfant.

Avant que l'homme eût eu le temps de reprendre la parole, elle ajouta :

« Je ne crois pas. Les autres en ont. Moi, je n'en ai pas. »

Et après un silence, elle reprit :

« Je crois que je n'en ai jamais eu. »

L'homme s'arrêta, il posa le seau à terre, se pencha et mit ses deux mains sur les deux épaules de l'enfant, faisant effort pour la regarder et voir son visage dans l'obscurité. La figure maigre et chétive de Cosette se dessinait vaguement à la lueur livide du ciel.

« Comment t'appelles-tu ? dit l'homme.

— Cosette. »

L'homme eut comme une secousse électrique. Il la regarda encore, puis il ôta ses mains de dessus les épaules de Cosette, saisit le seau, et se remit à marcher.

Au bout d'un instant, il demanda :

« Petite, où demeures-tu ?

— A Montfermeil, si vous connaissez.

— C'est là que nous allons ?

— Oui, monsieur. »

Il fit encore une pause, puis recommença :

« Qui est-ce donc qui t'a envoyée à cette heure chercher de l'eau dans le bois ?

— C'est madame Thénardier. »

L'homme repartit d'un ton de voix qu'il voulait s'efforcer de rendre indifférent, mais où il y avait pourtant un tremblement singulier :

« Qu'est-ce qu'elle fait, ta madame Thénardier ?

— C'est ma bourgeoise, dit l'enfant. Elle tient l'auberge.

— L'auberge ? dit l'homme. Eh bien, je vais aller y loger cette nuit. Conduis-moi.

— Nous y allons », dit l'enfant.

L'homme marchait assez vite. Cosette le suivait sans peine. Elle ne sentait plus la fatigue. De temps en temps, elle levait les yeux vers cet homme avec une sorte de tranquillité et d'abandon inexprimable. Jamais on ne lui avait appris à se tourner vers la providence et à prier. Cependant elle sentait en elle quelque chose qui ressemblait à de l'espérance et à de la joie et qui s'en allait vers le ciel.

Les misérables, 2e partie, III, 7.

Pour préparer l'étude du texte

1. Récit et dialogue.
— Donner les limites respectives et les caractéristiques du récit et du dialogue.
— Montrer que chaque reprise du récit apporte un élément important.
— Montrer le poids des silences et leur charge d'affectivité.
2. En quoi cette scène a-t-elle quelque chose de surnaturel ?

Pour un groupement de textes

L'enfance malheureuse au XIXe siècle.

Cf. groupement de textes, p. 258.

« Un fusil ! Je veux un fusil ! »

Jean Valjean emmènera Cosette et l'élèvera avec amour. Mais ces années de bonheur seront bientôt troublées. L'ancien forçat doit se cacher de peur d'être reconnu par le policier Javert qui le poursuit impitoyablement. Et puis, Cosette est devenue grande et charmante. Elle aime le jeune étudiant Marius Pontmercy. Jean Valjean acceptera-t-il de voir Cosette qui est toute sa joie le quitter un jour ?

Survient alors l'émeute parisienne du 5 juin 1832. Avec d'autres insurgés, Marius et ses amis républicains dressent une barricade dans le quartier des Halles. Ils sont aidés par le petit Gavroche, un gamin de Paris malin et généreux.

Gavroche, complètement envolé et radieux, s'était chargé de la mise en train. Il allait, venait, montait, descendait, remontait, bruissait, étincelait. Il semblait être là pour l'encouragement de tous. Avait-il un aiguillon ? oui, certes, sa misère ; avait-il des ailes ? oui, certes, sa joie. Gavroche était un tourbillonnement. On le voyait sans cesse, on l'entendait toujours. Il remplissait l'air, étant partout à la fois. C'était une espèce d'ubiquité[1] presque irritante ; pas d'arrêt possible avec lui. L'énorme barricade le sentait sur sa croupe. Il gênait les flâneurs, il excitait les paresseux, il ranimait les fatigués, il impatientait les pensifs, mettait les uns en gaîté, les autres en haleine, les autres en colère, tous en mouvement, piquait un étudiant, mordait un ouvrier, se posait, s'arrêtait, repartait, volait au-dessus du tumulte et de l'effort, sautait de ceux-ci à ceux-là, murmurait, bourdonnait, et harcelait tout l'attelage ; mouche de l'immense Coche révolutionnaire.

1. C'est-à-dire le pouvoir magique d'être présent en plusieurs lieux à la fois.

Le mouvement perpétuel était dans ses petits bras et la clameur perpétuelle dans ses petits poumons : « Hardi ! encore des pavés ! encore des tonneaux ! encore des machins ! où y en a-t-il ? Une hottée de plâtras pour me boucher ce trou-là. C'est tout petit, votre barricade. Il faut que ça monte. Mettez-y tout, flanquez-y tout, fichez-y tout. Cassez la maison. Une barricade, c'est le thé de la mère Gibou[1]. Tenez, voilà une porte vitrée. »

Ceci fit exclamer les travailleurs.

« Une porte vitrée ! qu'est-ce que tu veux qu'on fasse d'une porte vitrée, tubercule[2] ?

— Hercules vous-mêmes ! riposta Gavroche. Une porte vitrée dans une barricade, c'est excellent. Ça n'empêche pas de l'attaquer, mais ça gêne pour la prendre. Vous n'avez donc jamais chipé des pommes par-dessus un mur où il y avait des culs de bouteilles ? Une porte vitrée, ça coupe les cors aux pieds de la garde nationale quand elle veut monter sur la barricade. Pardi ! le verre est traître. Ah çà, vous n'avez pas une imagination effrénée, mes camarades ! »

Du reste, il était furieux de son pistolet sans chien[3]. Il allait de l'un à l'autre, réclamant :

« Un fusil ! Je veux un fusil ! Pourquoi ne me donne-t-on pas un fusil ?

— Un fusil à toi ! dit Combeferre.

— Tiens ! répliqua Gavroche, pourquoi pas ? J'en ai bien eu un en 1830 quand on s'est disputé[4] avec Charles X ! »

Enjolras haussa les épaules.

« Quand il y en aura pour les hommes, on en donnera aux enfants. »

Gavroche se tourna fièrement, et lui répondit :

« Si tu es tué avant moi, je te prends le tien.

— Gamin ! dit Enjolras.

— Blanc-bec ! » dit Gavroche.

Un élégant fourvoyé qui flânait au bout de la rue, fit diversion.

Gavroche lui cria :

« Venez avec nous, jeune homme ! Eh bien, cette vieille patrie, on ne fait donc rien pour elle ? »

L'élégant s'enfuit.

Les misérables, 4e partie, XII, 4.

Pour préparer l'étude du texte

1. Faire apparaître les deux parties qui composent cet extrait ; analyser les modalités d'écriture ; préciser ce qui les rapproche et ce qui les différencie.
2. Dans les lignes 1-9, étudier tous les éléments sur lesquels est construite la métaphore de la mouche. Chercher à quoi fait référence l'expression « être la mouche du coche ».
3. Le personnage de Gavroche. Le définir et le caractériser à travers la description que Hugo fait de lui.

Pour une étude comparée

Deux « gamins » de Paris : Gavroche *(Les misérables)* ; Momo (*La vie devant soi* de R. Gary).

Victor HUGO, *Gavroche rêveur*. Paris, Musée Victor Hugo.

1. Breuvage composite, rendu proverbial par une farce de l'époque.
2. Allusion à la petite taille de Gavroche. On pourrait dire aujourd'hui : « Microbe ! »
3. C'est la petite pièce qui permet la mise à feu.
4. Cette « dispute » est la Révolution de juillet 1830 qui entraîna l'abdication de Charles X et la fin du règne des Bourbons.

« Il allait ainsi ténébreusement. »

Gavroche sera tué sur la barricade. Jean Valjean, venu soutenir les insurgés, retrouve Javert, qui les espionne. L'ancien forçat pourrait tuer le policier qui le persécute, mais il lui laisse la liberté. Risquant sa vie pour le bonheur de Cosette, il sauve Marius, gravement blessé, en l'emportant sur son dos dans les égouts de Paris.

Quand il eut tourné l'angle de la galerie, la lointaine lueur du soupirail disparut, le rideau d'obscurité retomba sur lui et il redevint aveugle. Il n'en avança pas moins, et aussi rapidement qu'il put. Les deux bras de Marius étaient passés autour de son cou et les pieds pendaient derrière lui. Il tenait les deux bras d'une main et tâtait le mur de l'autre. La joue de Marius touchait la sienne et s'y collait, étant sanglante. Il sentait couler sur lui et pénétrer sous ses vêtements un ruisseau tiède qui venait de Marius. Cependant une chaleur humide à son oreille que touchait la bouche du blessé indiquait de la respiration, et par conséquent de la vie. Le couloir où Jean Valjean cheminait maintenant était moins étroit que le premier. Jean Valjean y marchait assez péniblement. Les pluies de la veille n'étaient pas encore écoulées et faisaient un petit torrent au centre du radier[1], et il était forcé de se serrer contre le mur pour ne pas avoir les pieds dans l'eau. Il allait ainsi ténébreusement. Il ressemblait aux êtres de nuit tâtonnant dans l'invisible et souterrainement perdus dans les veines de l'ombre.

Pourtant, peu à peu, soit que des soupiraux lointains envoyassent un peu de lueur flottante dans cette brume opaque, soit que ses yeux s'accoutumassent à l'obscurité, il lui revint quelque vision vague, et il recommença à se rendre confusément compte, tantôt de la muraille à laquelle il touchait, tantôt de la voûte sous laquelle il passait. La pupille se dilate dans la nuit et finit par y trouver du jour, de même que l'âme se dilate dans le malheur et finit par y trouver Dieu.

Les misérables, 5e partie, III, 1.

Pour préparer l'étude du texte

1. Montrer, en étudiant le champ lexical de l'obscurité et de la lumière, que Jean Valjean passe progressivement de l'une à l'autre.
2. Quelle peut être la signification symbolique de ce passage ?

Quatre-vingt-treize

1874

Ce dernier roman porte à leur point le plus complexe les thèmes et les obsessions qui ont occupé toute la vie de Victor Hugo.

En premier lieu, l'Histoire et sa fatalité. 1793 est l'année où la Révolution s'impose par la Terreur et cherche à éliminer en Vendée les derniers partisans de l'Ancien Régime. Cette date est une question à elle seule et les événements de la Commune de Paris viennent de lui donner une nouvelle actualité quand Hugo écrit son roman. Quelle part la violence peut-elle légitimement avoir dans la réalisation d'un idéal de progrès ? Les secousses révolutionnaires ne sont-elles pas nécessaires à l'édification de la civilisation ?

En second lieu, l'Homme et sa destinée. Trois personnages s'affrontent : le marquis de Lantenac, aristocrate vendéen, Gauvain, le jeune républicain, et Cimourdain, le révolutionnaire intransigeant. Tout serait simple si ces hommes n'étaient liés entre eux par des attachements que les antagonismes politiques ne leur font pas oublier. Car Gauvain est passé dans les rangs des « bleus », mais il est de naissance noble et petit-neveu du marquis qu'il doit tuer ; Cimourdain, chargé de surveiller Gauvain, est déchiré entre son exigence révolutionnaire et sa tendresse pour le jeune homme qu'il a élevé et qu'il considère comme son fils... On le voit, les antithèses, si naturelles à l'écriture de Victor Hugo, sont devenues ici l'expression des contradictions profondes de l'histoire et de l'homme.

« Et ces deux âmes, sœurs tragiques, s'envolèrent ensemble... »

Trahissant la cause de la République, Gauvain a fait évader son grand-oncle, le marquis de Lantenac, chef de l'insurrection vendéenne. Pour ce crime, il est condamné à la guillotine par Cimourdain, son père adoptif, en qui la rigueur révolutionnaire l'a emporté sur les liens du cœur.

[...] Gauvain arriva au pied de l'échafaud. Il y monta. L'officier qui commandait les grenadiers l'y suivit. Il défit son épée et la remit à l'officier, il ôta sa cravate et la remit au bourreau.

Il ressemblait à une vision. Jamais il n'avait apparu plus beau. Sa chevelure brune flottait au vent ; on ne coupait pas les cheveux alors. Son cou blanc faisait songer à une femme, et son œil héroïque et souverain faisait songer à un archange. Il était sur l'échafaud, rêveur. Ce lieu-là aussi est un sommet. Gauvain y était debout, superbe et tranquille. Le soleil, l'enveloppant, le mettait comme dans une gloire.

Il fallait pourtant lier le patient. Le bourreau vint, une corde à la main.

1. Le fond incurvé de l'égout.

En ce moment-là, quand ils virent leur jeune capitaine si décidément engagé sous le couteau, les soldats n'y tinrent plus ; le cœur de ces gens de guerre éclata. On entendit cette chose énorme, le sanglot d'une armée. Une clameur s'éleva : Grâce ! grâce ! Quelques-uns tombèrent à genoux ; d'autres jetaient leurs fusils et levaient les bras vers la plate-forme où était Cimourdain. Un grenadier cria en montrant la guillotine :

« Reçoit-on des remplaçants pour ça ? Me voici. »

Tous répétaient frénétiquement : Grâce ! grâce ! et des lions qui auraient entendu cela eussent été émus ou effrayés, car les larmes des soldats sont terribles.

Le bourreau s'arrêta, ne sachant plus que faire.

Alors une voix brève et basse, et que tous pourtant entendirent, tant elle était sinistre, cria du haut de la tour :

« Force à la loi ! »

On reconnut l'accent inexorable. Cimourdain avait parlé. L'armée frissonna.

Le bourreau n'hésita plus. Il s'approcha tenant sa corde.

« Attendez », dit Gauvain.

Il se tourna vers Cimourdain, lui fit, de sa main droite encore libre, un geste d'adieu, puis se laissa lier.

Quand il fut lié, il dit au bourreau :

« Pardon. Un moment encore. »

Et il cria :

« Vive la République ! »

On le coucha sur la bascule. Cette tête charmante et fière s'emboîta dans l'infâme collier. Le bourreau lui releva doucement les cheveux, puis pressa le ressort ; le triangle se détacha et glissa lentement d'abord, puis rapidement ; on entendit un coup hideux...

Au même instant on en entendit un autre. Au coup de hache répondit un coup de pistolet. Cimourdain venait de saisir un des pistolets qu'il avait à sa ceinture et, au moment où la tête de Gauvain roulait dans le panier, Cimourdain se traversait le cœur d'une balle. [...]

Et ces deux âmes, sœurs tragiques, s'envolèrent ensemble, l'ombre de l'une mêlée à la lumière de l'autre.

Quatre-vingt-treize, 3e partie, VII, 6.

Pour préparer le commentaire composé

Étudier

— tous les éléments qui mettent en relief l'horreur et l'injustice de cette mort ;
— la grandeur pathétique d'une mort acceptée par idéal ;
— les procédés qui « retiennent » le dénouement le plus longtemps possible.

Gustave BRION (1824-1877), *Gauvain*, dessin gravé pour *Quatre-vingt-treize* (1876). Paris, Musée Victor Hugo.

L'ŒUVRE THÉÂTRALE

Hernani (1830), drame en cinq actes en vers. → p. 274.
Ruy Blas (1838), drame en cinq actes en vers. → p. 278.

Maquette de décor pour *Hernani*, en 1867. Collection André Rascoussier.

Hernani
1830

« Tissu d'extravagances », disaient les partisans du théâtre classique. Les jeunes gens, eux, enthousiasmés, écrivaient sur les murs « Vive Victor Hugo ! » en sortant du théâtre. Ce drame, on le voit, a suscité bien des passions.

Avant même la première représentation, des passages étaient colportés, déformés et ridiculisés par ses adversaires. Au contraire, ceux qui voulaient le défendre mobilisaient leurs troupes pour envahir le théâtre dès l'ouverture. A la fin du spectacle, Victor Hugo comptait les vers qui n'avaient pas été sifflés. Impossible : aucun n'y avait échappé ! Il est vrai que ceux qui sifflaient étaient aussitôt hués et pris à partie à leur tour.

Hernani sortit finalement victorieux de ce tohu-bohu. La censure même s'en servit comme d'un salutaire repoussoir. Elle autorisa les représentations car, comme l'écrivait sentencieusement le comité : « Il est bon que le public voie jusqu'à quel point d'égarement peut aller l'esprit humain affranchi de toute règle et de toute bienséance ! » Reconnaissons-le, l'intrigue est compliquée :

Dans l'Espagne du XVIe siècle, trois hommes sont amoureux de la même femme, Doña Sol[1]. L'un est un vieillard, don Ruy Gomez, l'autre est un proscrit, Hernani, le troisième est le roi don Carlos.

C'est Hernani qu'aime Doña Sol. Mais le jeune homme a juré de se venger sur le roi d'Espagne d'une injustice faite à son père et il mène l'existence d'un « bandit ».

Au troisième acte, le vieillard semble triompher : il va épouser Doña Sol. C'est alors qu'un pèlerin lui demande l'hospitalité ; il le reçoit ; c'est Hernani. Sa tête est mise à prix et don Carlos vient le traquer jusque dans le château de Ruy Gomez. Mais les lois de l'hospitalité sont sacrées : le vieillard ne livrera pas Hernani. Il préfère voir emmener Doña Sol en otage. Sorti de sa cachette, Hernani supplie don Ruy Gomez de le laisser libre de poursuivre le roi pour le tuer. En échange de sa liberté, il promet de donner sa vie dès que le vieillard la lui demandera ; il n'aura qu'à sonner du cor.

A l'acte IV, le roi attend le résultat du vote qui doit faire de lui le chef du Saint-Empire ; il se recueille devant le tombeau de Charlemagne. Il a attiré dans un piège les conjurés menés par Hernani. Mais sa méditation l'a porté à la clémence ; il pardonne, même à Hernani qui alors se démasque : il est le grand d'Espagne, Jean d'Aragon !

Dernier acte : Hernani s'apprête à célébrer ses noces avec Doña Sol. Connaîtra-t-il enfin le bonheur ? Ce serait compter sans les rigueurs de l'honneur castillan[2]. Il faut obéir à la promesse faite à Ruy Gomez. Le son du cor se fait entendre : Hernani meurt dans les bras de Doña Sol qui l'accompagne dans la mort.

Aujourd'hui, *Hernani*, après une éclipse, est de nouveau représenté, en raison du retour aux mises en scène spectaculaires et de la redécouverte (amusée !) de l'esthétique du mélodrame. Mais la pièce n'est pas seulement une curiosité, elle garde des qualités d'une grande efficacité dramatique, en particulier les fortes antithèses chères à Victor Hugo :
— l'affrontement du bandit et du roi ;
— la fatale rivalité du jeune homme et du vieillard ;
— la figure « solaire » de Doña Sol et celle, ténébreuse, de Ruy Gomez.

1. *Tres para una* : *trois pour une* est le sous-titre que Hugo donnait à son drame dans le manuscrit.

2. *L'honneur castillan* est le sous-titre du drame dans la version imprimée.

Louis BOULANGER (1806-1867), *Don Carlos, Doña Sol et Hernani.* Paris, Musée Victor Hugo.

« Je suis une force qui va ! »

Hernani a vu les préparatifs des noces de Doña Sol avec don Ruy Gomez. Il accable la jeune femme de reproches ironiques. Mais Doña Sol lui montre le poignard avec lequel elle se tuera pour échapper à ce mariage. Hernani, pris de remords, se jette à ses pieds, la suppliant de le fuir, lui qui n'aurait à offrir qu'une « dot de douleurs », « un écrin de misère et de deuil ».

HERNANI Monts d'Aragon ! Galice ! Estramadoure ![1]
— Oh ! je porte malheur à tout ce qui m'entoure ! —
J'ai pris vos meilleurs fils, pour mes droits, sans remords ;
Je les ai fait combattre, et voilà qu'ils sont morts !
C'étaient les plus vaillants de la vaillante Espagne.
Ils sont morts ! ils sont tous tombés dans la montagne,
Tous sur le dos couchés, en braves, devant Dieu,
Et, si leurs yeux s'ouvraient, ils verraient le ciel bleu !
Voilà ce que je fais de tout ce qui m'épouse !
Est-ce une destinée à te rendre jalouse ?
Doña Sol, prends le duc, prends l'enfer, prends le roi !
C'est bien. Tout ce qui n'est pas moi vaut mieux que moi !
Je n'ai plus un ami qui de moi se souvienne,
Tout me quitte, il est temps qu'à la fin ton tour vienne,
Car je dois être seul. Fuis ma contagion.
Ne te fais pas d'aimer une religion !
Oh ! par pitié pour toi, fuis ! — Tu me crois, peut-être,
Un homme comme sont tous les autres, un être
Intelligent, qui court droit au but qu'il rêva.
Détrompe-toi. Je suis une force qui va !
Agent aveugle et sourd de mystères funèbres !
Une âme de malheur faite avec des ténèbres !
Où vais-je ? je ne sais. Mais je me sens poussé
D'un souffle impétueux, d'un destin insensé.
Je descends, je descends, et jamais ne m'arrête.
Si parfois, haletant, j'ose tourner la tête,
Une voix me dit : Marche ! et l'abîme est profond,
Et de flamme ou de sang je le vois rouge au fond !
Cependant, à l'entour de ma course farouche,
Tout se brise, tout meurt. Malheur à qui me touche !
Oh ! fuis ! détourne-toi de mon chemin fatal,
Hélas ! sans le vouloir, je te ferais du mal !

Hernani, III, 4, vers 973-1004.

Pour préparer le commentaire composé

1. La volonté de voir clair en soi et de se définir : en étudier les modalités (alternance de monologue et de dialogue, introspection et récit d'actions, mélange des temps verbaux).

2. Une personnalité originale. Analyser la manière dont s'expriment un passé, une vie passionnée, un destin tracé.

3. L'archétype du héros romantique. Montrer comment s'opère une généralisation faisant d'un être particulier l'image symbolique du héros romantique.

Pour un groupement de textes

Héros déchirés.

Shakespeare, *Hamlet* (III, 1).
Musset, *Lorenzaccio* (III, 3, cf. p. 95).
Vigny, *Chatterton* (III, 1).
Hugo, *Hernani* (III, 4), *Ruy Blas* (IV, 1, cf. p. 279).

1. Provinces d'Espagne. Hernani y avait recruté des jeunes gens dont il avait fait ses partisans.

« Partons d'un vol égal vers un monde meilleur. »

Le son du cor s'est fait entendre ; don Ruy Gomez réclame son dû ; il faut mourir. Hernani s'apprête à boire le poison, mais Doña Sol lui arrache la fiole : elle veut mourir la première.

HERNANI *à Doña Sol :* Hélas ! je t'en conjure,
Veux-tu me voir faussaire, et félon, et parjure ?
Veux-tu que partout j'aille avec la trahison
Écrite sur le front ? Par pitié, ce poison,
Rends-le-moi ! Par l'amour, par notre âme immortelle !...

DOÑA SOL *sombre :* Tu veux ?
(Elle boit.) Tiens maintenant !

DON RUY GOMEZ *à part :* Ah ! c'était donc pour elle !

DOÑA SOL *rendant à Hernani la fiole à demi vidée :*
Prends, te dis-je !

HERNANI *à don Ruy :* Vois-tu, misérable vieillard !

DOÑA SOL Ne te plains pas de moi, je t'ai gardé ta part.

HERNANI *prenant la fiole :* Dieu !

DOÑA SOL Tu ne m'aurais pas ainsi laissé la mienne,
Toi ! Tu n'as pas le cœur d'une épouse chrétienne.
Tu ne sais pas aimer comme aime une Silva[1].
Mais j'ai bu la première et suis tranquille. — Va !
Bois si tu veux !

HERNANI Hélas ! qu'as-tu fait, malheureuse ?

DOÑA SOL C'est toi qui l'as voulu.

HERNANI C'est une mort affreuse !

DOÑA SOL Non. Pourquoi donc ?

HERNANI Ce philtre[2] au sépulcre conduit.

DOÑA SOL Devions-nous pas dormir ensemble cette nuit ?
Qu'importe dans quel lit ?

HERNANI Mon père, tu te venges
Sur moi qui t'oubliais !
(Il porte la fiole à sa bouche.)

DOÑA SOL *se jetant sur lui :* Ciel ! des douleurs étranges !...
Ah ! jette loin de toi ce philtre ! — Ma raison
S'égare. Arrête ! Hélas ! mon don Juan[3], ce poison
Est vivant ! ce poison dans le cœur fait éclore
Une hydre à mille dents qui ronge et qui dévore !
Oh ! je ne savais pas qu'on souffrît à ce point !
Qu'est-ce donc que cela ? c'est du feu ! Ne bois point !
Oh ! tu souffrirais trop !

HERNANI *à don Ruy :* Ah ! ton âme est cruelle !
Pouvais-tu pas choisir d'autre poison pour elle ?
(Il boit et jette la fiole.)

DOÑA SOL Que fais-tu ?

HERNANI Qu'as-tu fait ?

DOÑA SOL Viens, ô mon jeune amant,
Dans mes bras.
(Ils s'asseyent l'un près de l'autre.)
Est-ce pas qu'on souffre horriblement ?

HERNANI Non.

DOÑA SOL Voilà notre nuit de noces commencée !
Je suis bien pâle, dis, pour une fiancée ?

HERNANI Ah !

DON RUY GOMEZ La fatalité s'accomplit.

HERNANI Désespoir !
O tourment ! Doña Sol souffrir, et moi le voir !

DOÑA SOL Calme-toi. Je suis mieux. — Vers des clartés nouvelles
Nous allons tout à l'heure ouvrir nos ailes.
Partons d'un vol égal vers un monde meilleur.
Un baiser seulement, un baiser !
(Ils s'embrassent.)

Hernani, V, 6, vers 2119-2154.

1. Doña Sol est de la famille noble de Silva.
2. Un philtre est, en vérité, un breuvage magique. Tristan et Yseut avaient, eux, bu le philtre d'amour.
3. Don Juan d'Aragon. Au IVe acte, Hernani a révélé sa véritable identité.

Le théâtre de l'écrivain anglais William Shakespeare (1564 ?-1616), redécouvert par les Romantiques, inspira en grande partie à Victor Hugo sa théorie du drame, poésie du monde moderne, poésie complète, telle qu'il la définit dans la préface de *Cromwell* en 1827. Hugo avait notamment trouvé chez Shakespeare l'expression la plus forte de la dualité humaine dans l'alliance du sublime et du grotesque, « les deux principes opposés qui sont toujours en présence dans la vie et qui se disputent l'homme depuis le berceau jusqu'à la tombe ».

En 1864, Victor Hugo publia *William Shakespeare*, prétexte à une vaste réflexion sur le génie et sur l'utilité de l'art.

De 1860 à 1864, François-Victor Hugo, le fils du poète, avait donné une traduction nouvelle des Œuvres complètes de Shakespeare.

La scène qui suit, extraite de *Roméo et Juliette*, est une des dernières du drame. Pour ne pas épouser un autre homme que Roméo, Juliette s'est fait passer pour morte en buvant un narcotique. Mais Roméo ignore tout de cette ruse ; devant ce qu'il croit être le cadavre de Juliette, désespéré, il s'empoisonne. Juliette, revenant à elle, voit son amant mort à ses côtés. Elle se poignarde.

ROMÉO [...] contemplant le corps de Juliette : *O mon amour ! ma femme ! La mort qui a sucé le miel de ton haleine n'a pas encore eu de pouvoir sur ta beauté : elle ne t'a pas conquise ; la flamme de la beauté est encore toute cramoisie sur tes lèvres et sur tes joues, et le pâle drapeau de la mort n'est pas encore déployé là...* (Allant à un autre cercueil.) *Tybalt ! te voilà donc couché dans ton linceul sanglant ! Oh ! que puis-je faire de plus pour toi ? De cette même main qui faucha ta jeunesse, je vais abattre celle de ton ennemi. Pardonne-moi, cousin.* (Revenant sur ses pas.) *Ah ! chère Juliette, pourquoi es-tu si belle encore ? Dois-je croire que le spectre de la Mort est amoureux et que l'affreux monstre décharné te garde ici dans les ténèbres pour te posséder ?... Horreur ! Je veux rester près de toi, et ne plus sortir de ce sinistre palais de la nuit ; ici, ici, je veux rester avec ta chambrière, la vermine ! Oh ! c'est ici que je veux fixer mon éternelle demeure et soustraire au joug des étoiles ennemies cette chair lasse du monde...* (Tenant le corps embrassé.) *Un dernier regard, mes yeux ! une dernière étreinte, mes bras ! et vous, lèvres, vous, portes de l'haleine, scellez par un baiser légitime un contrat illimité avec la Mort !* (Saisissant la fiole.) *Viens, amer conducteur, viens, guide amer. Pilote désespéré, vite ! lance sur les brisants ma barque épuisée par la tourmente ! A ma bien-aimée !* (Il boit le poison.) *Oh ! l'apothicaire ne m'a pas trompé : ses drogues sont actives... Je meurs ainsi... sur un baiser !* (Il expire en embrassant Juliette.) [...]

JULIETTE [...] *Qu'est ceci ? Une coupe qu'étreint la main de mon bien-aimé ? C'est le poison, je le vois, qui a causé sa fin prématurée. L'égoïste ! il a tout bu ! il n'a pas laissé une goutte amie pour m'aider à le rejoindre ! Je veux baiser tes lèvres : peut-être y trouverai-je un reste de poison dont le baume me fera mourir...* (Elle l'embrasse.) *Tes lèvres sont chaudes !*

PREMIER GARDE derrière le théâtre. — *Conduis-nous, page... De quel côté ?*

JULIETTE — *Oui, du bruit ! Hâtons-nous donc !* (Saisissant le poignard de Roméo.) *O heureux poignard ! voici ton fourreau...* (Elle se frappe.) *Rouille-toi là et laisse-moi mourir !* (Elle tombe sur le corps de Roméo et expire.)

W. Shakespeare, Roméo et Juliette, *V, 3.*
Traduction de François-Victor Hugo, revue par Yves Florenne et Élisabeth Duret, Librairie générale française, 1973.

Pour une étude comparée

Faire une étude comparée qui mette en évidence
— certaines différences entre les deux textes : dans la situation précise des deux héros ; dans la manière de mourir ;
— de nombreuses similitudes : le contexte de mort ; l'expression de l'amour ; la réunion des amants dans la mort.

Pour un groupement de textes

Les dénouements dramatiques.

Shakespeare, *Roméo et Juliette* (V, 3).
Musset, *On ne badine pas avec l'amour* (III, 8, cf. p. 94), *Les caprices de Marianne* (scène 20).
Hugo, *Hernani*.
Dumas, *Antony*.

Ruy Blas

1838

Madrid dans les dernières années du XVIIe siècle. Don Salluste, pour se venger de la reine d'Espagne, se sert de son laquais Ruy Blas en lui donnant l'ordre de se faire aimer de la reine. Ruy Blas se fera passer pour le cousin de don Salluste, don César de Bazan, éloigné de la cour. Or Ruy Blas aime en secret la reine. Celle-ci, de son côté, aime le jeune inconnu qui lui écrit tendrement. Sous sa fausse identité, Ruy Blas va se faire connaître et les deux personnages s'avoueront leur amour. Sous le nom de don César, Ruy Blas accède aux plus hautes fonctions du royaume ; mais don Salluste vient lui rappeler qu'il n'est qu'un instrument à son service.

Le complot se resserre autour de la reine. A la suite d'une série de quiproquos, dus au retour du véritable don César, le plan qu'avait imaginé Ruy Blas pour sauver celle qu'il aime échoue. Au lieu de rester chez elle, la reine accourt chez Ruy Blas et tombe dans le piège que lui a tendu son ennemi. Don Salluste l'humilie : il ne reste plus à la reine d'Espagne qu'à abdiquer puisque celui qu'elle aime est un laquais ! Torturé par le sentiment de son indignité et le rôle qu'il a joué, Ruy Blas s'est empoisonné ; mais il a encore la force de tuer don Salluste avant de mourir dans les bras de la reine qui lui pardonne.

Ruy Blas est le drame des forts contrastes : entre le tragique et le comique ; entre une écriture lyrique et une intrigue de mélodrame ; entre les personnages : le laquais Ruy Blas amoureux de la reine d'Espagne, c'est le « ver de terre amoureux d'une étoile » ; don César l'insouciant est l'envers de son cousin, l'implacable don Salluste.

Mais c'est en chacun des personnages que se trouvent les plus fortes antithèses ; car Ruy Blas est noble de cœur bien qu'il soit de petite condition, don Salluste est vil malgré la Toison d'or et, tout ruiné qu'il soit, don César est un être généreux. Victor Hugo donne un sens à ces contrastes. Dans *Ruy Blas*, écrit-il, « don Salluste serait le drame, don César la comédie, Ruy Blas la tragédie ». Quant aux personnages, leur fonction est clairement symbolique : don Salluste et don César sont les deux faces de la noblesse espagnole, et, en dessous, « on voit remuer dans l'ombre quelque chose de grand, de sombre et d'inconnu. C'est le peuple [...] Le peuple, ce serait Ruy Blas ».

« Bon appétit, Messieurs ! »

L'ascension de Ruy Blas devenu ministre et duc inquiète les conseillers du royaume qui complotent et se disputent cyniquement les richesses de l'Espagne. Mais Ruy Blas a tout entendu. Il interrompt brusquement leurs trafics.

RUY BLAS *survenant* :
Bon appétit, Messieurs ! —
(Tous se retournent. Silence de surprise et d'inquiétude.
Ruy Blas se couvre, croise les bras, et poursuit en les regardant en face.)
O ministres intègres !
Conseillers vertueux ! voilà votre façon
De servir, serviteurs qui pillez la maison !
Donc vous n'avez pas honte et vous choisissez l'heure,
L'heure sombre où l'Espagne agonisante pleure !
Donc vous n'avez ici pas d'autres intérêts
Que remplir votre poche et vous enfuir après !
Soyez flétris, devant votre pays qui tombe,
Fossoyeurs qui venez le voler dans sa tombe !
— Mais voyez, regardez, ayez quelque pudeur.
L'Espagne et sa vertu, l'Espagne et sa grandeur,
Tout s'en va. — Nous avons, depuis Philippe Quatre,
Perdu le Portugal, le Brésil, sans combattre ;
En Alsace Brisach, Steinfort en Luxembourg ;
Et toute la Comté jusqu'au dernier faubourg ;
Le Roussillon, Ormuz, Goa, cinq mille lieues
De côte, et Pernambouc, et les Montagnes Bleues !
Mais voyez. — Du ponant[1] jusques à l'orient,
L'Europe, qui vous hait, vous regarde en riant. [...]
— Charles Quint, dans ces temps d'opprobre et de terrreur,
Que fais-tu dans ta tombe, ô puissant empereur ?
Oh ! lève-toi ! viens voir ! — Les bons font place aux pires.
Ce royaume effrayant, fait d'un amas d'empires,
Penche... Il nous faut ton bras ! au secours, Charles Quint !
Car l'Espagne se meurt, car l'Espagne s'éteint !
Ton globe, qui brillait dans ta droite profonde[2],
Soleil éblouissant qui faisait croire au monde
Que le jour désormais se levait à Madrid[3],
Maintenant, astre mort, dans l'ombre s'amoindrit,
Lune aux trois quarts rongée et qui décroît encore,
Et que d'un autre peuple effacera l'aurore !
Hélas ! ton héritage est en proie aux vendeurs.

1. Le couchant, l'occident.
2. La main droite qui tenait le globe impérial, symbole du pouvoir.
3. Charles Quint disait que son empire était si étendu que le soleil ne se couchait jamais sur ses terres.

Tes rayons, ils en font des piastres[1] ! Tes splendeurs,
On les souille ! — O géant ! se peut-il que tu dormes ? —
On vend ton sceptre au poids ! un tas de nains difformes
Se taillent des pourpoints dans ton manteau de roi ;
Et l'aigle impérial, qui, jadis, sous ta loi,
Couvrait le monde entier de tonnerre et de flamme,
Cuit, pauvre oiseau plumé, dans leur marmite infâme !

Ruy Blas, III, 2, vers 1058-1076 et 1139-1158.

Pour préparer le commentaire composé

1. L'expression de l'indignation : ponctuation, exagérations, antithèses, images, niveaux de langue.
2. La situation de l'Espagne. Étudier le bilan de la première partie de la tirade, l'opposition entre le passé et le présent dans la seconde, et la métamorphose du royaume.
3. L'idéal politique de Ruy Blas : puissance du pays, rôle du souverain.

Ruy Blas pressent que les manœuvres de don Salluste vont perdre la reine. Il voudrait la sauver mais il ne sait comment.

RUY BLAS *à part, et se parlant à lui-même* :
Que faire ? — Elle d'abord ! elle avant tout ! — rien qu'elle !
Dût-on voir sur un mur rejaillir ma cervelle,
Dût le gibet me prendre ou l'enfer me saisir !
Il faut que je la sauve ! — Oui ! mais y réussir ?
Comment faire ? Donner mon sang, mon cœur, mon âme,
Ce n'est rien, c'est aisé. Mais rompre cette trame !
Deviner... — deviner ! car il faut deviner ! —
Ce que cet homme a pu construire et combiner !
Il sort soudain de l'ombre et puis il s'y replonge,
Et là, seul dans sa nuit, que fait-il ? — Quand j'y songe,
Dans le premier moment je l'ai prié pour moi ![2]
Je suis un lâche, et puis c'est stupide ! — Eh bien, quoi !
C'est un homme méchant. — Mais que je m'imagine
— La chose a sans nul doute une ancienne origine, —
Que lorsqu'il tient sa proie et la mâche à moitié,
Ce démon va lâcher la reine, par pitié
Pour son valet ! Peut-on fléchir les bêtes fauves ?
— Mais, misérable ! il faut pourtant que tu la sauves !
C'est toi qui l'as perdue ! à tout prix il le faut !
— C'est fini. Me voilà retombé ! De si haut !
Si bas ! j'ai donc rêvé ! — Ho ! je veux qu'elle échappe !
Mais lui ! par quelle porte, ô Dieu, par quelle trappe,
Par où va-t-il venir, l'homme de trahison ?
Dans ma vie et dans moi, comme en cette maison[3],
Il est maître. Il en peut arranger les dorures.
Il a toutes les clefs de toutes les serrures.
Il peut entrer, sortir, dans l'ombre s'approcher,
Et marcher sur mon cœur comme sur ce plancher.
— Oui, c'est que je rêvais ! le sort trouble nos têtes
Dans la rapidité des choses sitôt faites.
Je suis fou. Je n'ai plus une idée en son lieu.
Ma raison, dont j'étais si vain, mon Dieu ! mon Dieu !
Prise en un tourbillon d'épouvante et de rage,
N'est plus qu'un pauvre jonc tordu par un orage !

Ruy Blas, IV, 1, vers 1497-1530.

Pour préparer l'étude du texte

1. L'expression du trouble : ponctuation, interrogations, hésitations, récit et réflexion alternés.
2. L'image de don Salluste telle qu'elle apparaît à travers les propos de Ruy Blas.
3. Le héros romantique : quelles en sont les traits ? Les comparer à l'image donnée dans *Hernani* (cf. p. 275).

1. Des pièces de monnaie d'usage assez répandu.
2. Ruy Blas avait supplié don Salluste de le délivrer de l'engagement qu'il avait pris de le servir.
3. Don Salluste a installé Ruy Blas dans une mystérieuse petite maison pour qu'il y attire la reine qui sera ainsi compromise.

Les exclus

On ne trouve pas seulement chez Hugo l'idée romantique que l'homme, étranger à ses semblables, est un exilé sur la terre. Toute son œuvre, dramatique, romanesque et poétique, est peuplée d'exclus, figures exemplaires dont la fonction est évidemment symbolique mais également didactique.

Ses personnages d'élection sont les proscrits (Hernani), les hors-la-loi (Jean Valjean) ; mais aussi ceux qui souffrent d'exclusion du fait de leur difformité physique ou morale, les « monstres » : Quasimodo, Gwynplaine *(L'homme qui rit)*, Satan *(La fin de Satan)*. Ce sont enfin les victimes de la pauvreté ou de l'injustice : les pauvres gens, les misérables...

Tous sont dominés par l'Ananké, c'est-à-dire la Fatalité. Celle du cœur humain *(Hernani)*, celle des dogmes *(Notre-Dame de Paris)*, celle des lois *(Les misérables)*... Mais le monde de Victor Hugo n'est pas un monde tragique. L'homme n'est pas le jouet du destin ; il parvient à dominer les forces qui l'oppriment, au prix de sacrifices (Jean Valjean), jusque dans la mort même (Hernani).

Car le monde des exclus n'est pas irrémédiablement clos. La conquête de sa dignité, la rédemption par la souffrance, par l'amour, font accéder le « « proscrit » à la liberté. Satan lui-même, le déchu, le maudit, parvient à s'élever vers le Bien ; il redeviendra Ange de Lumière. Cette dynamique du rachat s'exprime dans la structure même des œuvres : *Les misérables* montrent le peuple dans sa « convulsion vers l'idéal » ; dans *La légende des siècles*, l'humanité suit « un seul et même mouvement d'ascension vers la lumière ». Le destin des parias, des mal-aimés, reçoit, dans l'univers de Hugo, un sens.

C'est que son œuvre est en grande partie une œuvre de réhabilitation : réhabilitation du forçat, de la femme perdue (Fantine), mais aussi celle des végétaux et des animaux méprisés, « l'ortie et l'araignée » *(Les Contemplations)*, « le crapaud » *(La légende des siècles)*, et de la matière, jugée sensible. Enfin, il est d'autres laissés-pour-compte auxquels Hugo, dans son écriture, entend donner leurs titres de noblesse : les mots. Cette entreprise passe par la libération des conventions poétiques, le refus de la distinction entre mots nobles et mots bas (dans son théâtre), et l'utilisation de la langue populaire (l'argot des *Misérables*).

Le combat de Gilliatt et de la pieuvre, dessin de H. de HEM pour *Les travailleurs de la mer* (1866). Paris, Bibliothèque Nationale.

Antagonisme et dualité

L'œuvre de Hugo est un univers de conflit. Le combat y est un motif récurrent : les duels dans les drames, le corps à corps de Gilliatt et de la pieuvre *(Les travailleurs de la mer)*, les guerres, les insurrections, les barricades... Ce conflit peut être intérieur comme celui que connaît Jean Valjean dans le chapitre « Une tempête sous un crâne » des *Misérables*.

Ces combats se résument symboliquement à la lutte entre le Bien et le Mal. L'Histoire, la destinée humaine, la conscience sont le théâtre de l'affrontement de ces deux forces. Mais la partie n'est pas égale : la fragilité des victimes accablées par le pouvoir du mal est un scandale que Hugo dénonce dans toute son œuvre. L'enfant et la guerre, l'enfant et la mort, sont les modèles de cette disproportion.

Pourtant cette lutte de forces antagonistes peut être féconde, engendrer un progrès. Hugo s'est attaché à saisir la grandeur de ces secousses, de ces poussées qui élèvent l'homme de degré en degré.

Cet antagonisme « naturel » des choses, l'antithèse l'exprime avec prédilection dans l'écriture de Hugo : corrélation de termes antinomiques, opposition du haut, du bas, du clair et de l'obscur, etc.

Mais cette figure rhétorique qui associe les contraires exprime aussi un autre aspect de la polarité du monde hugolien : les extrêmes peuvent se rejoindre, les opposés fusionner. L'opposition devient alors dualité. Le crépuscule est à la fois celui du soir et celui du matin ; l'abîme, celui d'en haut et celui d'en bas. Dans *Quatre-vingt-treize*, Cimourdain et Gauvain sont « les deux pôles du vrai », « absolument opposés » mais « étroitement unis ».

L'idée de l'ambivalence de la nature fonde toute la dramaturgie de Hugo dont un des principes est la coexistence du sublime et du grotesque. Plus encore, c'est sur cette dualité que se construit l'archétype du héros hugolien à la fois bon et méchant *(Lucrèce Borgia)*, « grand » et petit (Gavroche), dont la double nature se révèle parfois jusque dans la double identité : Jean Valjean/M. Madeleine, Hernani/Don Juan d'Aragon ; ou dans la double filiation : Gauvain, fils de la monarchie et de la révolution, Cosette, « fille » des Thénardier et de Jean Valjean...

L'âme et le sens du monde

Le monde pour Victor Hugo n'est jamais ni totalement obscur, ni tout à fait muet. Bien au contraire. « Tout est plein d'âmes. »[1] Tel est l'article majeur du dogme philosophique et religieux de l'auteur des *Contemplations*. Cette vision animiste du monde suppose que végétaux et animaux, au même titre que l'être humain, participent de la nature divine. Une telle doctrine postule la croyance en une vie universelle ; Hugo l'attribue à la matière inerte.

« Voyez des âmes dans les choses. »[1]

La révélation d'un monde doué d'âme et de vie est liée au séjour à Jersey et à l'expérience des tables tournantes. Mais ceci ne doit pas faire oublier que toute l'écriture de Hugo tend à « animer » le monde. La métaphore qui établit un rapport d'analogie entre deux univers différents, l'association de l'abstrait et du concret, la personnification sont quelques-unes des figures par lesquelles s'exprime la fusion entre l'esprit et la matière.

Parce qu'il sait que

« Nous ne voyons jamais qu'un seul côté des choses »[2],

le poète est justement celui qui peut faire entrevoir la face cachée de la nature, faire communiquer le visible et l'invisible. Victor Hugo, selon la définition que Baudelaire[3] donne du poète, est un « traducteur », un « déchiffreur » du monde. Pour lui, tout est signe, tout est sens. Car *« Tout parle »*[1].

Cet univers dont le poète mieux qu'aucun autre peut percer le secret, l'œuvre de Hugo se fixe pour but de le rendre intelligible. D'où la fréquence des représentations dont l'imaginaire peut se saisir : l'allégorie ou le mythe. Pour accéder à la vérité des choses, il faut ajouter du sens à la réalité. L'écriture de Victor Hugo n'est jamais purement descriptive ou narrative. Les faits ne lui suffisent pas, ils deviennent idées ; le concret, il le transforme en symbole. Cette « lecture » du monde trouve son expression privilégiée dans l'imagination épique de Hugo qui, selon les lois de ce genre, attribue une fonction symbolique aux choses (l'aéroscaphe de *Plein Ciel*), aux éléments (par exemple, l'océan), ou aux lieux (comme les égouts de Paris dans *Les misérables*).

1. « Ce que dit la bouche d'ombre », *Les Contemplations*, VI, 26.
2. « A Villequier », *Les Contemplations*, IV, 15.
3. *L'art romantique. Réflexions sur quelques-uns de mes contemporains. Victor Hugo.*

Victor HUGO, *Le phare des Cosquets* (1866). Paris, Musée Victor Hugo.

La fonction du poète

Chacune des grandes œuvres de Victor Hugo contient, dans une préface ou un poème, un « art poétique » qui définit la place et la mission du poète. Il s'en dégage trois caractères essentiels :

Le poète est celui qui voit. « Grand œil fixe ouvert sur le grand tout »[1], il capte la totalité du monde. Cette saisie s'opère par l'observation : Hugo est plus que tout un « visuel », peintre de la mer, de la ville, du mouvement, de l'obscurité et de la lumière. Mais le regard du poète est surtout celui de la contemplation. De spectateur, il devient visionnaire. Cette vision peut s'apparenter au rêve, à l'illumination, à la révélation. Le poète est alors l'inspiré, le « rêveur sacré »[2], « un homme qui voit Dieu ». Mais la vision chez Hugo est essentiellement faculté d'imagination : la réalité se transforme sous le regard du poète et se révèle à lui ; le ciel est dans le manteau du mendiant (« Le mendiant », *Les Contemplations*), la liberté à venir dans l'étoile du matin (« Stella », les *Châtiments*). Au reste, Hugo décrit peu ; il est bien plutôt créateur d'images. La création de ce nouvel univers s'élabore dans le langage poétique.

Car le poète est celui qui nomme. Son âme est l'« écho sonore »[3] de la création. Il donne une voix à ce qui n'en a pas. Cette vocation à nommer et à faire parler le monde se traduit chez Hugo par la fécondité de l'écriture, l'abondance verbale, le goût du recensement et de l'accumulation. La puissance créatrice du langage fait de l'écriture un acte quasi divin. « Car le mot, c'est le Verbe, et le Verbe, c'est Dieu. »[4] Si le mot est à ce point magnifié, c'est aussi que la parole est action. La certitude du pouvoir des mots préside non seulement à tous les écrits polémiques et politiques de Hugo (comme les *Châtiments*), mais fait pour lui de l'acte même d'écrire un moyen d'agir. Car les mots peuvent tout ; ce sont les « clairons de la pensée » devant lesquels tombent les murailles de l'ignorance et de la tyrannie.

poète = celui qui éclaire

Le poète est celui qui éclaire. Confondu avec les prophètes et les mages, l'écrivain est le phare qui doit guider les hommes. La fonction sociale de l'art est le credo, jamais désavoué, de l'auteur des *Misérables* qui veut écrire pour le plus grand nombre, espérant éclairer les consciences, voire même susciter des réformes. La foi en un progrès spirituel vers lequel l'humanité tendrait est au centre de la pensée de Hugo. Ce progrès passe par la considération et la confiance accordées aux moyens qui permettront cette ascension et à tous ceux qui en sont les instruments. Au premier rang de ces intercesseurs : le poète.

« Peuples ! écoutez le poète ! »[2]

1. « A celle qui est restée en France », *Les Contemplations*, Aujourd'hui, VI.
2. « Fonction du poète », *Les rayons et les ombres*.
3. « Ce siècle avait deux ans... », *Les feuilles d'automne*.
4. « Suite », *Les Contemplations*, I, 8.

QUELQUES GRANDS ÉCRIVAINS FRANÇAIS DU XIXE SIÈCLE

Les grandes dates

Histoire politique et sociale	Histoire des idées - Essais - Autobiographies	Le théâtre
1799 Coup d'État du 18 Brumaire - Consulat		
	1800 Mme de Staël : *De la littérature*	**1800** Pixérécourt : *Cœlina ou l'enfant du mystère*
1802 Bonaparte consul à vie	**1802** Chateaubriand : *Génie du Christianisme*	
1804 Sacre de Napoléon Ier - Début du **Ier Empire** **1805** Austerlitz		
		1808 Goethe : *Premier Faust*
1812 Campagne de Russie		
	1813 Mme de Staël : *De l'Allemagne*	
1814 Abdication de Napoléon - Exil à l'île d'Elbe **1814 Restauration** - Début du règne de Louis XVIII - Congrès de Vienne **1815** Les Cent-Jours - Waterloo - Exil à Sainte-Hélène - Retour de Louis XVIII - Sainte Alliance		**1816** Goethe : *Second Faust*
1820 Début du gouvernement des « ultras »		
1822 Liberté surveillée de la presse	**1822** Stendhal : *De l'Amour* **1823** Las Cases : *Mémorial de Sainte-Hélène*	
1824 Début du règne de Charles X	**1823-1824** Saint-Simon : *Le catéchisme des industriels* **1825** Stendhal : *Racine et Shakespeare*	
		1827 Hugo : *Cromwell* (et Préface)
		1829 Vigny : *Le More de Venise* **1830** Hugo : *Hernani*
1830 Révolution de Juillet - Chute de Charles X **1830 Monarchie de Juillet** - Début du règne de Louis-Philippe - Début de la conquête de l'Algérie **1831** A Lyon, révolte des Canuts	**1830-1842** Auguste Comte : *Cours de philosophie positive*	
		1833 Hugo : *Lucrèce Borgia*
	1834 Lamennais : *Paroles d'un croyant* **1834-1844** Michelet : *Histoire de France* (I à VI)	**1834** Musset : *Lorenzaccio* **1834** Musset : *Les caprices de Marianne*
	1835 Musset : *La confession d'un enfant du siècle* **1835-1840** Tocqueville, *La démocratie en Amérique*	**1835** Vigny : *Chatterton*
		1836 Dumas : *Kean*
		1838 Hugo : *Ruy Blas*
	1840 Augustin Thierry : *Récits des temps mérovingiens* **1841** Lamennais : *De la religion*	
1841 Loi limitant à 8 heures le travail journalier des enfants de 8 à 12 ans		
		1843 Hugo : *Les Burgraves*
	1844 Kierkegaard : *Le concept de l'angoisse*	
	1846 Michelet : *Le peuple* - Proudhon : *Philosophie de la misère* **1847-1853** Michelet : *Histoire de la Révolution française*	

LES GRANDES DATES

La poésie	Les genres narratifs	Les arts
1800 Novalis : *Hymnes à la nuit* - Schiller : *De la poésie naïve et sentimentale*		
	1801 Chateaubriand : *Atala* **1802** Chateaubriand : *René*	
	1804 Senancour : *Oberman*	
		1808 Beethoven : *Symphonie pastorale*
	1809 Chateaubriand : *Les martyrs*	**1810** Goya : *Les désastres de la guerre*
1811 Millevoye : *Élégies* **1812** Byron : *Childe Harold* (I, II) **1812-1830** Béranger : *Chansons*	**1812** Grimm : *Contes*	
		1815 Delacroix : *Les massacres de Scio*
1816 Byron : *Childe Harold* (fin)	**1816** Benjamin Constant : *Adolphe*	**1816** Rossini : *Le barbier de Séville* - Niepce : première photographie
	1819 Walter Scott : *Ivanhoé*	**1819** Géricault : *Le radeau de la Méduse*
1820 Lamartine : *Méditations poétiques* - Keats : *Odes*		
	1821 Nodier : *Smarra*	
1822 Hugo : *Odes*		
1824 Vigny : *Eloa*		
	1826 Chateaubriand : *Les Natchez*	**1826** Schubert : *Ave Maria*
1828 Hugo : *Odes et Ballades*		**1828** Delacroix : *La mort de Sardanapale*
1829 Hugo : *Les Orientales* **1830** Lamartine : *Harmonies poétiques et religieuses*	**1829** Goethe : *Wilhelm Meister* **1830** Stendhal : *Le Rouge et le Noir*	**1830** Berlioz : *Symphonie fantastique*
	1831 Balzac : *La peau de chagrin* - Hugo : *Notre-Dame de Paris* **1832** G. Sand : *Indiana* - Nodier : *La fée aux miettes* **1833** Balzac : *Le père Goriot* et *Eugénie Grandet*	**1831** Delacroix : *La Liberté guidant le peuple*
	1834 Pouchkine : *La dame de pique*	**1834** Delacroix : *Femmes d'Alger*
1835 Hugo : *Les chants du crépuscule* - Musset : *Les Nuits*	**1835** Balzac : *Le lys dans la vallée* - Vigny : *Servitude et grandeur militaires* - Andersen : *Contes* - Gogol : *Journal d'un fou*	
1836 Lamartine : *Jocelyn* **1837** Hugo : *Les voix intérieures*	**1837-1843** Balzac : *Illusions perdues* **1837** Mérimée : *La Vénus d'Ille* - Dickens : *Oliver Twist*	
1840 Hugo : *Les rayons et les ombres*	**1839** Stendhal : *La chartreuse de Parme* **1840** Mérimée : *Colomba* **1840-1846** Poe : *Histoires extraordinaires*	**1839** Chopin : *Préludes* **1840** Daumier : *Les gens de justice* **1840-1880** Liszt : *Rhapsodies hongroises*
1842 Aloysius Bertrand : *Gaspard de la nuit*	**1842** E. Sue : *Les mystères de Paris*	
	1844 Dumas : *Les trois mousquetaires* et *Le comte de Monte-Cristo*	**1843** Wagner : *Le vaisseau fantôme*
1845 Gautier : *España*	**1845** Mérimée : *Carmen* **1846** G. Sand : *La mare au diable*	**1845** Wagner : *Tannhäuser*

Les grandes dates

Histoire politique et sociale	Histoire des idées - Essais - Autobiographies	Le théâtre
1848 **Deuxième République** - Louis-Napoléon élu président de la République	**1848** Chateaubriand : *Mémoires d'outre-tombe* - Marx et Engels : *Manifeste du parti communiste*	
1851 Coup d'État du 2 décembre	**1851-1896** Les Goncourt : *Journal* **1851-1852** Sainte-Beuve : *Causeries du lundi*	**1851** Dumas fils : *La dame aux camélias*
1852 **Second Empire** - Napoléon III empereur	**1853-1855** Gobineau : *Essai sur l'inégalité des races humaines*	
	1856 Tocqueville : *L'Ancien Régime et la Révolution*	
	1859 Darwin : *De l'origine des espèces*	
1860 Nice et la Savoie sont rattachées à la France **1861-1865** Guerre de Sécession aux États-Unis		**1860** Labiche : *Le voyage de Monsieur Perrichon*
1864 Création de la 1re Internationale	**1865** Claude Bernard : *Introduction à l'étude de la médecine expérimentale*	
1869 Inauguration du canal de Suez	**1867** Marx : *Le capital* **1869** Baudelaire : *Curiosités esthétiques* (posthume)	
1870 Guerre entre la France et la Prusse - Défaite de Sedan - Exil de Napoléon III - **IIIe République** **1871** Commune de Paris (mars-mai) **1873-1879** Mac-Mahon président de la République	**1870** Taine : *De l'intelligence*	
	1875-1893 Taine : *Les origines de la France contemporaine*	
1879-1887 Jules Grévy président de la République	**1880** Zola : *Le roman expérimental*	
1882 L'enseignement primaire, gratuit depuis 1881, devient obligatoire (Loi de J. Ferry)	**1883** Bourget : *Essai de psychologie contemporaine* - Nietzsche : *Ainsi parlait Zarathoustra*	**1882** Becque : *Les corbeaux*
		1886 Courteline : *Les gaîtés de l'escadron*
1887-1894 Sadi Carnot président de la République		
1889-1892 Scandale financier de Panama	**1889** Bergson : *Essai sur les données immédiates de la conscience* **1890** Renan : *L'avenir de la science*	**1889** Claudel : *Tête d'or* **1890** Claudel : *La ville*
1891 Alliance franco-russe **1893-1894** Vague d'attentats anarchistes **1894-1895** Casimir-Perier président de la République - Félix Faure président de la République - Affaire Dreyfus		
	1896 Bergson : *Matière et mémoire* **1898** Zola : « J'accuse » **1900** Freud : *L'interprétation des rêves*	**1896** Jarry : *Ubu Roi* - Feydeau : *Le dindon* **1897** Rostand : *Cyrano de Bergerac* - Tchekhov : *Oncle Vania* **1898** Renard : *Le pain de ménage*

Les grandes dates

La poésie	Les genres narratifs	Les arts
	1848 Thackeray : *La foire aux vanités*	
		1849 Courbet : *L'enterrement à Ornans*
	1851 Melville : *Moby Dick*	
1852 Leconte de Lisle, *Poèmes antiques* - Gautier : *Émaux et camées* **1853** Hugo : *Châtiments*		**1853** Verdi : *La Traviata* et *Le Trouvère*
1854 Nerval : *Les chimères*	**1854** Nerval : *Les filles du feu* **1855** Nerval : *Aurélia*	**1854** Liszt : *Préludes*
1856 Hugo : *Les Contemplations*		**1856** Ingres : *La source*
1857 Baudelaire : *Les Fleurs du mal* **1859** Hugo : *La légende des siècles*	**1857** Flaubert : *Madame Bovary*	**1859** Millet : *L'angélus*
1862 Leconte de Lisle : *Poèmes barbares*	**1862** Hugo : *Les misérables* - Flaubert : *Salammbô*	
	1863 Fromentin : *Dominique*	**1863** Manet : *Le déjeuner sur l'herbe*
1864 Vigny : *Les Destinées* (posthume)	**1864** Verne : *Voyage au centre de la terre* **1865** Les Goncourt : *Germinie Lacerteux*	**1865** Brahms : *Danses hongroises*
1866 Verlaine : *Poèmes saturniens*	**1866** Dostoïevski : *Crime et châtiment* **1867** Zola : *Thérèse Raquin*	**1866** Offenbach : *La vie parisienne*
1869 Verlaine : *Fêtes galantes* - Baudelaire : *Petits poèmes en prose* - Lautréamont : *Les chants de Maldoror*	**1869** Flaubert : *L'éducation sentimentale* - Tolstoï : *Guerre et paix*	
1873 Rimbaud : *Une saison en Enfer* - Cros : *Le coffret de santal* - Corbière : *Les amours jaunes* **1874** Verlaine : *Romances sans paroles*	**1874** Barbey d'Aurevilly : *Les diaboliques* - Hugo : *Quatre-vingt-treize*	**1874** Monet : *Impression, soleil levant* Première exposition des Impressionnistes **1875** Bizet : *Carmen* - Puvis de Chavannes : *Baigneuses* - Renoir : *Le Moulin de la Galette*
1877 Hugo : *L'art d'être grand-père*	**1877** Zola : *L'Assommoir*	
1880 Verlaine : *Sagesse*		**1880** Rodin : *Le penseur*
	1881 Flaubert : *Bouvard et Pécuchet*	
	1883 Maupassant : *Une vie* - Villiers de L'Isle-Adam : *Contes cruels*	
1885 Laforgue : *Les complaintes*	**1884** Huysmans : *A rebours* **1885** Zola : *Germinal* - Maupassant : *Bel-Ami*	
1886 Rimbaud : *Illuminations*	**1886** Vallès : *L'insurgé* (posthume) - Loti : *Pêcheur d'Islande*	
1887 Mallarmé : *Poésies*		**1887** Fauré : *Requiem* - Renoir : *Jeunes filles au piano*
	1888 Barrès : *Le culte du moi*	
	1890 Zola : *La bête humaine*	**1890** Van Gogh : *Champ de blé aux corbeaux*
1893 Heredia : *Les trophées*		
	1894 Renard : *Poil de Carotte*	**1894** Debussy : *Prélude à l'après-midi d'un faune*
	1897 Gide : *Les nourritures terrestres*	
1899 Moréas : *Stances.*		

INDEX DES PRINCIPAUX AUTEURS ET DES ŒUVRES[1]

1. Le nom de l'auteur est immédiatement suivi de la référence au chapitre où il est traité ; les chiffres inscrits à la suite des titres renvoient aux extraits figurant dans l'ouvrage.

Index des genres, des thèmes, des mouvements

Nuit

Paris

Peinture

Peuple

Photographie

Poème en prose

Poète (rôle du)

Réalisme

Rêve

Révolte et révolution

Roman (théorie et esthétique du)

Romantisme

Solitude

Voyage

Table des illustrations

176 Ph. © Archives Hatier
178 Ph. © J.-L. Charmet
180 Ph. © Dagli Orti
181 Ph. © Archives Hatier
182 Ph. © J.-L. Charmet
185 Ph. © Dagli Orti
186 Ph. © Archives Hatier
189 Ph. © Bibliothèque Nationale, Paris/Archives Hatier
191 Ph. © Bibliothèque Nationale, Paris/Archives Hatier
193 Ph. © Archives Hatier
195 Ph. © J.-L. Charmet
198 Ph. © Dagli Orti
199 Cliché : Musées de la ville de Paris
© By Spadem 1988
200 Ph. © J.-L. Charmet
201 Ph. © Bibliothèque Nationale, Paris
202 Ph. © Dagli Orti
203 Ph. © Paolo Cusenza - Mauro Negro
avec l'aimable autorisation des Éditions Herscher
205 Ph. © ACR
207 Ph. © Giraudon
209 Ph. © Giraudon
210 Ph. © Réunion des Musées Nationaux, Paris
211 Ph. © Réunion des Musées Nationaux, Paris
212 Cliché : Musées de la ville de Paris
© By Spadem 1988
216 Ph. © Bulloz
217 Musée de Roubaix
Ph. © Giraudon/Droits Réservés
219 Ph. © J.-L. Charmet
221 Ph. © Jourdain/Artéphot
222 Ph. Jurgen Liene
© Bildarchiv Preussicher Kulturbesitz
225 Ph. © Réunion des Musées Nationaux, Paris
227 Ph. © Explorer Archives
228 Ph. © Explorer Archives
230 Ph. © J.-L. Charmet
232 Ph. © Bibliothèque Nationale, Paris
233 Ph. © Bibliothèque Nationale, Paris
235 Ph. © Collection du Musée de la Publicité, Paris
236 Ph. © Document l'Illustration/Diffusion Sygma
237 Ph. © Blauel-Gnamm/Artothek, Munich
238 Ph. © J.-L. Charmet
239 Ph. © J.-L. Charmet
241 Ph. © Collection du Musée de la Publicité, Paris/Droits Réservés
242 Ph. © J.-L. Charmet
243 Ph. © Dagli Orti
245 Ph. © Bulloz
248 Ph. © Roland Michaud/Rapho
249 Ph. © Roland Michaud/Rapho
251 Ph. © Réunion des Musées Nationaux, Paris
253 Ph. © Marcel Herpeux « Atelier 57 », Thionville
255 Cliché : Musées de la ville de Paris
© By Spadem 1988
257 Cliché : Musées de la ville de Paris
© By Spadem 1988
258 Ph. © J.-L. Charmet
259 Ph. © Archives Hatier
261 Ph. © Réunion des Musées Nationaux, Paris
263 Cliché : Musées de la ville de Paris
© By Spadem 1988
265 Ph. P. Paul
© Musée de Belfort
266 Ph. © Musées Royaux des Beaux-Arts de Belgique, Bruxelles
268 Cliché : Musées de la ville de Paris/Droits Réservés
© By Spadem 1988
271 Cliché : Musées de la ville de Paris
© By Spadem 1988
273 Cliché : Musées de la ville de Paris
© By Spadem 1988
274 Ph. © J.-L. Charmet
275 Cliché : Musées de la ville de Paris
© By Spadem 1988
280 Ph. © J.-L. Charmet
282 Ph. © Giraudon

Couverture : E. Delacroix, la Liberté guidant le peuple (détail), ph. © Hubert Josse.

Achevé d'imprimer
sur les presses
de MAME IMPRIMEURS, à Tours
N° d'impression : 22392
Dépôt légal : mars 1989